L'Esprit et la Machine

Faut-il avoir peur de l'Intelligence Artificielle ?

Serge Boisse

ISBN : 978-1530325597

A Françoise,

Pour son amour, sa générosité, et pour son soutien sans faille tout au long de l'écriture de ce livre

Du même auteur :

Soul Shifter,
Roman,

Dix-sept ans,
Poésie,

Vendre son livre sur Internet
essai,

Ces livres peuvent être achetés en ligne (version papier et téléchargement) sur

http://sboisse.free.fr

http://www.Amazon.com/livres

Avant-propos

Un jour, je devais avoir quatre ans, j'ai eu une révélation. D'un seul coup, pour une raison mystérieuse, une pensée nouvelle apparut dans mon esprit : « j'existe ! ». Cette pensée était tellement originale ! Elle faisait de moi quelqu'un, une petite personne différente des autres, et désormais je le *savais*.

Je n'ai jamais cessé depuis ce jour de m'interroger : mais si j'existe parce que je pense (merci Descartes !), comment est-ce que je peux également penser parce que j'existe ? Comment se fait-il que l'être humain pense, qu'il possède un esprit, et qu'apparemment cet esprit possède une qualité qui le distingue de l'intelligence animale ?

Quand je suis devenu un peu plus grand, j'ai appris à lire et écrire. L'un de mes livres favoris s'appelait « Dis, comment ça marche ?» Il expliquait avec force détails et schémas le fonctionnement d'un millier d'appareils électriques ou mécaniques de la vie quotidienne. Mais si je découvris alors avec ravissement comment pouvait fonctionner une centrale électrique ou un aspirateur, le livre ne répondait pas à la question de mes quatre ans : Finalement, l'esprit, comment ça marche ?

La question de savoir comment nous pensons n'est pas nouvelle. Il existe une multitude d'ouvrages sur la question, certains hautement techniques et spécialisés, d'autres plus généralistes. Adolescent, jeune adulte, adulte, puis adulte plus très jeune (eh oui…) j'ai dévoré bien des opuscules savants sur la psychologie, la biologie, la neurologie, l'informatique, la philosophie, la logique, la théorie des jeux, l'intelligence artificielle, la robotique, et d'autres encore dont les titres même sont totalement incompréhensibles pour le béotien, sans parler de leur contenu abstrait, abstrus, abscons, voire con tout court !. Car pas mal d'idioties ont également été proférées sur le sujet !

Mais plus je lisais, moins j'avais de recul et plus j'approfondissais plus j'avais le sentiment de m'éloigner de la question. C'est qu'elle n'est pas simple, cette question, et qu'il faut pour y répondre une approche pluridisciplinaire et généraliste qui malheureusement se fait rare en nos temps de spécialisation scientifique à outrance.

Depuis une dizaine d'année, cependant, notre compréhension de l'esprit humain a progressé à pas de géant. Il est maintenant possible de répondre à la question. Nous savons, maintenant, comment fonctionne l'esprit. Mais cette réponse, on ne peut la trouver qu'en faisant la synthèse de quelques papiers scientifiques de haut niveau.

Il m'a toujours manqué un ouvrage simple, accessible, qui arrive à répondre de façon simple et accessible à cette question si simple dans sa forme et si compliquée dans son contenu. J'espère que ce livre répondra à ce souhait. J'y tente en effet l'impossible, expliquer d'une manière simple et parlante ce phénomène profondément déroutant, comment l'esprit a pu venir à la matière, et comment nos esprits fonctionnent.

Il paraîtra à certains que cette question est totalement hérétique. Selon certaines personnes, l'existence de l'esprit ne peut s'expliquer que parce que nos cerveaux, siège de la pensée, sont animés d'un « influx » d'origine éventuellement divine, et que l'on nomme âme. Sans âme, nos esprits seraient seulement capables d'accomplir des tâches basiques, « animales », mais seraient dépourvus de « l'étincelle créative » qui fait que nous sommes des humains. Je pense que c'est une idée extrêmement intéressante qui mérite d'être examinée scientifiquement, à la lueur de ce que nous savons aujourd'hui sur le fonctionnement du cerveau. Qu'est ce qui fait que les humains semblent avoir « quelque chose de plus » que les animaux, et de quoi est fait ce « quelque chose » ? Aujourd'hui, il semble possible de répondre sans faire l'hypothèse de l'âme. Il est désormais possible de décrire totalement le mécanisme de notre esprit. C'est quelque chose qui est tout à fait récent. Je vais essayer de dire pourquoi dans ce livre.

A l'inverse, dire que l'esprit s'explique uniquement par l'organisation du matériel « cerveau » et de son logiciel « brainware », c'est faire l'hypothèse mécaniste, et c'est dire que nous serons un jour sans doute capables de créer une vraie intelligence artificielle (IA). Cette idée a des conséquences extrêmement importantes, que le grand public et même les dirigeants politiques sous-estiment grandement. Il est plus que temps de balayer certaines idées reçues sur l'IA et de nous préparer à sa venue.

Car l'arrivée de l'IA vraie est proche, toute proche. Ce n'est plus de la science-fiction. Déjà en 2005, la DARPA, l'agence américaine pour l'armement, a lancé un appel d'offre pour la réalisation de *robots de combats conscients*. D'autres organisations, plus pacifiques (espérons-le !), mais toutes américaines, ce qui est très significatif, se sont lancées dans la réalisation pratique d'entités artificielles capables d'avoir un raisonnement créatif, des émotions, et un sens du « soi » identique à ce que nous appelons la conscience.

Il est urgent pour l'homme de la rue, en particulier pour l'homme de la rue européen, de se réveiller !

La venue de l'IA aura des conséquences bien plus importantes que tout ce qu'on imagine généralement. Beaucoup, beaucoup plus. Notre civilisation est à la veille d'un énorme choc planétaire. Selon toute vraisemblance, il aura lieu avant vingt ans, peut-être même avant dix ans. Cela vous paraît peut-être, ou sans doute, impossible, mais c'est ainsi.

Des expressions telles que « choc du futur », « choc planétaire » font aujourd'hui partie de notre culture, et on les utilise beaucoup trop couramment. Dire qu'il y a un choc planétaire parce que le prix du baril de pétrole est monté de vingt dollars, c'est dérisoire, c'est même risible. Le choc de l'IA, lui, sera un vrai choc.

Aujourd'hui, nous sommes à la veille de la singularité, un événement qui sera pour notre civilisation d'une importance comparable à celle de l'invention du langage ou de l'écriture. Peut-être même plus important que cela encore. Peut-être aussi important que l'apparition de l'espèce humaine sur Terre. Cette évènement singulier, c'est l'apparition de la superintelligence ;

De quoi s'agit-il ? Tout simplement de ceci : l'esprit d'une IA ne sera pas une simple copie d'un esprit humain. Si nous créons un jour une IA, elle ne sera pas « aussi intelligente qu'un être humain ». Elle le sera des millions de fois plus ! Cette affirmation n'est pas une spéculation, c'est un fait démontrable, (et que nous démontrerons), aussi valide qu'un théorème mathématique. Les conséquences en seront colossales, elles transformeront notre civilisation. Il y aura un « avant » et un « après » la singularité, et les deux mondes seront aussi dissemblables que peut l'être notre civilisation de celle des chasseurs-cueilleurs d'il y a vingt mille ans. Peut être même plus.

En lisant ce livre, vous comprendrez ce qu'est l'intelligence, ce que sera la super intelligence, et pourquoi il FAUT dès maintenant, nous préparer, et vite !

Car un énorme danger, très récent, ignoré du grand public, menace notre civilisation et même notre planète, et seule la superintelligence pourra nous en sortir.

Ce danger, c'est le *Grey Goo*. De quoi s'agit-il ? Lisez la suite…

I

Première partie :

Petit tour de l'esprit

1 L'esprit, cet inconnu

TheCubeBehindOurArtificialMind, peinture de Sabin Corneliu Buraga

Petite histoire de l'esprit

Dès la haute antiquité, dès que l'être humain a été capable d'avoir un peu de temps libre pour penser à autre chose qu'à sa propre survie, les questions de l'esprit, de la conscience et de l'intelligence ont hantés les philosophes. Au début, ces trois questions ont été un peu confondues. Par la suite elles se sont séparées, puis complexifiées au point que presque chaque philosophe a donné une définition distincte de ces trois termes, qui restent souvent confondus dans la conscience collective ou la sagesse populaire.

Par exemple : « l'intelligence, c'est ce qui sépare l'homme de l'animal », ou « l'intelligence, c'est ce qui donne la faculté de résoudre des problèmes », ou encore « C'est la propriété qu'a un esprit d'inventer des stratégies en réponse à une situation nouvelle ». Dans le même genre, on peut dire que « l'esprit, c'est ce qui donne la faculté de penser », ou encore « la conscience, c'est ce qui fait que je sais que je suis moi ». Pas très clair, tout ça !

Dans le genre pas clair, je vous donne ma préférée : « L'intelligence, c'est tout ce que l'on ne sait pas expliquer dans l'esprit ». Pas si mal, non ? Et puis cette définition fait que l'intelligence est un peu comme la terra incognita des cartes anciennes, elle se rétrécit avec le temps. Quand nous saurons tout expliquer dans l'esprit, parce que nous serons super intelligents, l'intelligence se réduira à zéro. Euh… Il n'y aurait pas une petite contradiction, là ?

Dans l'antiquité, le fait d'avoir un esprit était attribué seulement à certains êtres humains (tous des hommes, très pratique pour eux), les autres n'avaient pas d'esprit et pouvaient donc être utilisés comme esclaves (encore plus pratique !) La distinction entre esprit et âme interviendra avec la religion chrétienne, et la question de savoir si la femme avait une âme deviendra alors de la plus haute importance ! Ainsi, âme et esprit deviennent peu à peu deux notions distinctes : au moyen âge, si tous les humains, a fortiori tous les êtres vivants n'ont pas une âme, ils ont au moins un embryon d'esprit.

En tout état de cause, l'esprit semble être une propriété que l'humain partage avec au moins certains animaux supérieurs, tandis que la conscience est une propriété des seuls humains (jusqu'à nouvel ordre) ; quant à l'intelligence elle semble plus un ensemble de qualités mesurables qu'une propriété unique : on peut dire qu'Albert est plus intelligent que Barnabé, mais aussi qu'il existe différentes formes d'intelligence. Il existe des tests d'intelligence, mais non des tests d'esprit !

Toute définition a son utilité pratique. Dans ce livre, puisque je veux expliquer comment fonctionne notre esprit, je dirai tout simplement que « L'esprit, c'est l'ensemble des fonctions du cerveau ». En simplifiant à outrance, le cerveau, c'est le matériel, le « brainware », l'esprit, c'est le logiciel.

Nous n'aurons pas besoin de définition pour l'intelligence. Dans ce livre je vais vous expliquer comment fonctionne l'esprit, à vous de voir si mon explication vous aide à comprendre ce que vous identifiez à l'intelligence.

Bon, OK, OK, vous voulez vraiment une définition fonctionnelle et unique de l'intelligence ? Alors voici la mienne :

L'intelligence, c'est l'aptitude à la réduction de l'entropie lors de la compression de l'information.

Cela ne vous avance pas plus ? Pour comprendre vraiment cette définition il faut posséder des notions mathématiques avancées sur lesquelles je ne veux pas m'étendre ici. En gros cela signifie que l'intelligence, c'est « l'aptitude à faire des résumés ». Cela semble assez réducteur à première vue, mais c'est en fait une définition très générale (et même en un sens, la plus générale possible). Et puis, comme je l'ai dit, nous n'aurons pas besoin d'une définition.

Quant à la conscience, nous pouvons en garder la définition naïve qui précède : « Ce qui fait que je sais que je suis moi ».

Le fait que l'esprit peut être analysé n'est pas évident à première vue. L'esprit possède cette qualité curieuse de résister à sa propre introspection. L'immense majorité des fonctions de l'esprit se fait silencieusement, inconsciemment, et passent de ce fait inaperçues.

Pendant des millénaires, les seules fonctions identifiées de l'esprit ont été :

- La fonction de la parole,
- Et celle du choix des actions que nous effectuons, le fameux « libre arbitre ».

Deux fonctions en tout et pour tout !

Trouver le bon angle d'attaque sera un travail qui prendra des siècles !

Par exemple ce n'est que depuis un siècle à peine que nous savons que le système visuel, n'est pas seulement « ce qui fait que nous voyons les choses », mais un système qui arrive à inclure les impulsions lumineuses reçues par la rétine dans une représentation cohérente et tridimensionnelle mais abstraite des objets du monde qui nous entoure, puis à modifier cette représentation en fonction de ce qui est perçu, ou imaginé, et que par conséquent le système visuel fait bien partie de l'esprit !

En fait, on peut prouver que le système visuel dans le cerveau humain est un système extrêmement complexe qui réalise des centaines de milliards d'opérations et de calculs par seconde (notamment des additions et des multiplications), simplement pour nous permettre de « voir »… Ceci explique par exemple qu'aucun programme d'ordinateur actuel ne sait analyser une photographie et répondre à coup sûr par oui ou non à la question « y a-t-il un être humain sur cette photo ? », même en prenant des mois de calculs, alors qu'un humain y arrive quasi instantanément et sans erreur, et qu'il arrive en plus à dire la couleur de ses cheveux, son attitude, son sexe, le style de ses vêtements, et même de qui il s'agit (s'il connaît cette personne), toutes choses dont nos ordinateurs actuels sont bien incapables.

De même il n'y a que quelques décennies que nous savons que « parler » et « comprendre quelqu'un qui parle » sont deux fonctions très différentes, bien que localisées en des endroits proches dans le cerveau. Et là aussi s'il est facile de faire parler des ordinateurs il est bien plus difficile de leur faire comprendre ce qu'on leur dit…

Ainsi, historiquement, les philosophes ont commencé à analyser l'esprit en commençant par les fonctions supérieures ; puis progressivement les fonctions de plus bas niveau ont été identifiées, et très souvent trouvées bien plus complexes que les fonctions supérieures ! Mais les erreurs furent nombreuses. Par exemple Il y a deux siècles on pensait que la fonction « calculer » se décomposait en « faire une addition », « faire une multiplication », etc., que « faire une addition » nécessitait « d'aller chercher dans une table », ce qui nécessitait la fonction « se souvenir »…

C'était une bonne idée, mais elle était totalement fausse ! Il n'y a pas de module « faire une addition » dans le cerveau, de même qu'il n'y a pas de fonction « se souvenir de la table d'addition » ! Nous savons maintenant que nos compétences arithmétiques reposent en réalité sur un « substrat » de fonctions cachées innombrables, qui sont nécessaires pour qu'un esprit puisse simplement saisir le concept de « cinq », ou de « additionner », et de planifier les opérations à faire pour réussir un but donné. Nous y reviendrons.

Ce n'est que tout récemment que les scientifiques ont commencé à comprendre le fonctionnement du cerveau, notre esprit. Cette compréhension est la synthèse de nombreuses approches très différentes, qui sont principalement le fait des neurologues, des psychologues, et des informaticiens.

L'imagerie par résonances nucléaire (IRM) offre un moyen de « voir » en temps réel l'activité du cerveau : elle permet de mesurer en temps réel la consommation en sucre des différentes zones de notre « brainware » ou quincaillerie cérébrale, qui traduisent l'activité des neurones. On arrive ainsi non seulement à cartographier précisément cet organe remarquable, mais on peut montrer comment les différentes zones sont activées tour à tour lorsque par exemple nous parlons en faisant appel à des souvenirs. Notons que l'on n'est pas arriver à prouver que le centre de langage consacré à la bagnole chez l'homme est à peu près de la même taille que le centre du sac à main chez la femme (Enfin, presque !).

A plus petite échelle, l'étude au microscope électronique du système nerveux d'animaux primitifs, comme les vers ou les insectes, nous a permis de comprendre le fonctionnement de systèmes sensoriels simples, ou les système de la locomotion chez les insectes (les neurones qui commandent les pattes et les synchronisent). Les neurobiologistes sont ainsi parvenu à dresser la carte complète des neurones de certaines espèces ! (Naturellement, pour l'homme, on en est encore loin)

Partant de là, on est parvenu à comprendre partiellement le fonctionnement des premières couches de traitement de notre système visuel, en partant de la rétine, qui collecte les informations lumineuses, mais qui effectue déjà des traitements très complexes !

Les psychologues sont alors arrivés à la rescousse : ils ont imaginé des expériences très ingénieuses dans lesquelles on mesure précisément les temps de réactions d'un sujet humain à des stimuli variés, et ils sont arrivés par exemple à comprendre le pourquoi des « illusions d'optiques », ces situations dans lesquels l'œil n'arrive pas à voir si un détail est « en creux » ou « en relief », ou bien perçoit comme courbes des lignes droites parallèles parce qu'elles sont entourées d'autres lignes convergentes, etc.

Tout cela nous aide à comprendre comment marchent certaines parties de notre esprit, assez liées à nos sens ou nos actions réflexes. Mais comment diable fonctionne notre intelligence ?

Ce sont alors les informaticiens qui ont attaqué le problème à la hache. Depuis les années 60, disposant d'un outil merveilleux, l'ordinateur, qu'on appelait alors souvent un « cerveau électronique », ils se sont essayés à, sinon reproduire, du moins simuler certains processus mentaux comme la « résolution de problèmes », ou les jeux d'esprit (comme le jeu d'échec). Cela a donné naissance à une discipline nouvelle, l'intelligence artificielle (IA).

Après l'enthousiasme des débuts, où l'on prédisait « la machine pensante » pour 1980 (!), puis l'amère désillusion qui s'en suivit, l'IA est entrée dans une phase de maturité. Elle s'attache à des objectifs limités, avec parfois des succès, parfois des échecs (mais ceux-ci sont plein d'enseignements), et on arrive peu à peu à donner de plus en plus de compétences à l'ordinateur et à restreindre le champ de ce que l'on considère comme impossible. Surtout, les spécialistes de l'IA collaborent maintenant avec les autres disciplines, y compris les psychologues et les neurobiologistes, et ces collaborations entre disciplines très différentes sont pleines d'espoir.

L'ordinateur et le cerveau sont très différents. Certaines choses qui sont impossibles avec notre cerveau, comme calculer le logarithme de nombres de plusieurs dizaines de chiffres, sont faciles avec un ordinateur, et réciproquement. Aucun programme d'ordinateur ne sait reconnaître les instruments de musique qui figurent dans une chanson enregistrée sur un CD, ni même en extraire la mélodie (s'il y a plusieurs voix). Alors qu'un enfant y arrive sans peine !

Il semble que les tâches qui sont finalement les plus difficiles pour un ordinateur sont celles qui sont les plus simples pour nous : la reconnaissance de formes, d'analogies, la perception des régularités du monde qui nous entoure : le simple fait de trouver son chemin dans une pièce encombrée est pour un robot une tâche d'une complexité quasi insurmontable.

Finalement le principal apport de l'IA est celui–ci :

L'esprit humain effectue un nombre fantastique de calculs : sa puissance est des milliers de fois supérieure à celle du plus puissant ordinateur de la planète. Mais cette puissance colossale ne suffit pas. L'organisation de l'esprit, sa décomposition en innombrables sous-fonctions, complexes ou simples, est la clé.

Le raisonnement et la logique

Attaquons-nous tout d'abord à une idée reçue : penser, c'est raisonner, et raisonner, c'est déduire. En d'autres termes, « pour penser, nous utilisons nos connaissances, et le raisonnement logique, qui permet de construire de nouvelles connaissances à partir de ce que nous savons et de ce que nous observons ».

En d'autres termes encore, notre esprit fonctionnerait parce qu'il dispose d'une mémoire, des informations fournies par les « capteurs » que sont nos sens, et d'un « moteur d'inférence », subtil et compliqué certes, mais dont le rôle essentiel serait de confronter, de mélanger nos perceptions et nos connaissances pour en déduire des nouvelles connaissances et des actions à entreprendre. Ce « moteur » fonctionnerait selon des règles qui restent largement à découvrir, mais qui peuvent être approchées par les règles de la logique mathématique.

Ainsi, pour les chercheurs en psychologie cognitive comme pour les pédagogues, il existait dans les années 1960-1970 une croyance bien établie : l'idéal de la connaissance serait une connaissance abstraite et parfaitement décontextualisée, susceptible de s'appliquer quel que soit le domaine considéré. Les mathématiques et la logique sont considérées comme des disciplines majeures, précisément parce qu'elles impliquent un niveau d'abstraction maximum : elles tendent vers l'universalité.

C'est complètement faux !

Pourtant cette croyance n'est que la reformulation d'une intuition, profondément ancrée même chez tout un chacun, même si vous n'êtes ni psychologue ni pédagogue ; on pourrait la résumer ainsi : "être logique c'est être intelligent", ou bien : "raisonner c'est raisonner logiquement". Le fait que l'on accorde une importance démesurée à la logique et à l'abstraction lorsqu'on cherche à comprendre le raisonnement intelligent fait d'ailleurs écho aux travaux des logiciens et philosophes (Boole, Leibniz...) qui ont supposé, à tort semble-t-il, que la cognition humaine est régie par des règles abstraites de type logique.

Mais en fait, cette croyance, nous dirons même cette foi, dans le caractère essentiel de la pensée logique et déductive, découle d'une autre croyance, encore plus fondamentale : Il s'agit de la croyance selon laquelle l'essentiel de l'activité cognitive consiste à raisonner et à résoudre des problèmes. Dès lors, l'objectif essentiel de la recherche a consisté à décrire, à formaliser puis à modéliser, les règles, les heuristiques et les algorithmes qui régissent notre faculté de penser et de raisonner.

Mais les résultats de cette entreprise, commune à l'Intelligence Artificielle et à la psychologie, n'ont pas été à la hauteur des attentes.

D'une part, de tels modèles n'approchent que de très loin les capacités cognitives des humains, d'autre part, de nombreuses fonctions cognitives demeurent hors d'atteinte de tels modèles (l'induction, la reconnaissance de formes, la décision en situation d'incertitude, ...), enfin et surtout de nombreuses données empiriques ont cruellement parlé en défaveur de cette première conception de "raisonner".

Ainsi, il est apparu de plus en plus clairement que la pensée abstraite et logique semble peu courante. Même les experts humains les plus « pointus » manifestent une étonnante résistance à manipuler l'abstraction et à procéder logiquement. Les logiciens eux-mêmes, sortis de leur domaine d'expertise, c'est à dire mis hors contexte, apparaissent incapables d'utiliser la règle la plus fondamentale de la logique, le modus ponens (que j'expliquerai un peu plus loin).

Il existe un test bien connu (la « tâche de Wason ») qui illustre remarquablement ce point. Dans ce test, on présente au sujet 4 cartes, imprimées en recto-verso, mais dont on ne voit qu'une face :

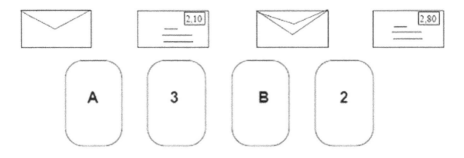

On indique que pour construire ces cartes on a suivi la règle suivante :

« S'il y a une voyelle sur une face, il doit y avoir un chiffre pair sur l'autre face ».

La question est :

Quelle(s) carte(s) faut-il retourner pour savoir si la règle a été respectée, sachant qu'on demande de retourner le nombre minimal de cartes ?

Allez-y, cherchez ! Ne passez pas cette ligne avant d'avoir trouvé !

Celle-ci non plus ! (Tricheur !) Allez, un petit effort !

Vous avez trouvé ? Je vous donnerai plus loin la bonne réponse. Mais attention, ça n'est pas facile ! On constate que seulement 10% des sujets répondent correctement, bien que la maîtrise de la règle élémentaire logique du modus ponens suffise pour trouver la solution.

Cette règle, qui est la règle la plus fondamentale et la plus simple de la logique formelle, s'écrit :

> Si on a : « si P alors Q »,
> ET si P est vrai,
> ALORS Q est vrai.

Dans notre exemple, P est la proposition « il y a une voyelle sur une face » et Q est la proposition « il y un chiffre pair sur une face ». Il est facile de voir que la règle « si P alors Q » n'est pas respectée si et seulement si on a P et non-Q ensemble. C'est pourquoi il faut retourner la 1ere carte « A » (pour vérifier qu'il y a un chiffre pair sur l'autre face) et la seconde carte « 3 » (pour vérifier qu'on n'a pas une voyelle de l'autre côté). En fait il faut retourner les cartes P et les cartes non-Q

La bonne réponse est donc: la 1ère et la 2ème carte. Vous aviez trouvé ? Non ? Vous n'êtes pas seul ! Bien que la solution « logique » de ce test n'utilise qu'une règle logique ultra simple et tellement « évidente », le modus ponens, on a du mal à raisonner avec. Ce n'est pas comme ça qu'on raisonne !

Allez, voilà un autre test pour vous rattraper :

On vous présente 4 enveloppes timbrées, comme suit :

Avec la règle :
« Si une enveloppe est fermée, alors il faut qu'elle porte un timbre à 2,80 ».

La question est la même : "quelle(s) enveloppe(s) faut-il retourner pour savoir si la règle a été respectée?".

Allez, essayez ! Ce test est réussi par 90% des sujets, vous devriez pouvoir le faire !

Non, mais oh, essayez vraiment, quoi ! Ce n'est pas si compliqué que ça... C'est bien moins dur que l'autre... Allez, hop, je le fais ! Je cherche !

Vous avez trouvé ? Comment ? En utilisant la règle du modus ponens ? Hum ! Ça m'étonnerait. Je crois plutôt que vous vous êtes dit quelque chose comme :

Humm. Si une enveloppe est fermée, elle doit être timbrée à 2,80. Bon alors il faut retourner la première enveloppe, qui est fermée, pour voir si c'est bien le cas. Et ensuite ? Retourner l'enveloppe ouverte (la troisième) ne nous dira rien. Pour la quatrième, elle peut être ouverte ou fermée, la règle sera quand même respectée puisque j'ai le droit de mettre un timbre à 2,80 même sur une enveloppe ouverte. Reste la seconde… Ou bien elle est ouverte et la règle ne s'applique pas, ou bien elle est fermée et… dans ce cas elle devrait être timbrée à 2,80, or c'est un timbre à 2,10 qu'il y a, donc il faut que je la retourne pour vérifier qu'elle est bien ouverte… Ok, donc je retourne la première et la seconde enveloppe.

Ah Ah ! C'est en fait le même problème que celui des cartes, sous un déguisement différent, et c'est la même logique qui s'applique, la réponse est la même !

Et pourtant, 10% des gens réussissent le 1er test, et 90% le second…

En fait les gens n'utilisent pas la même logique que les logiciens : ils n'utilisent pas des propositions abstraites comme « cette règle est du type : si P alors Q », mais se basent sur leurs connaissances du domaine, font des analogies, et en déduisent ce qui est « plausible » et ce qui ne l'est pas. Des lettres, des timbres, c'est bien plus parlant que des lettres et des chiffres. On peut s'imaginer retourner l'enveloppe, on peut se voir mentalement en train de coller le timbre. D'ailleurs, vous l'avez fait pendant que vous réfléchissiez, n'est-ce pas ?

Bon, mais alors, si ce n'est pas la logique qui fait « fonctionner » notre esprit, qu'est-ce que c'est alors ?

Petite introspection

Le penseur de Rodin

L'esprit humain est le résultat d'une évolution dont le but était d'amener l'humain à survivre et à se reproduire, et non à se comprendre lui-même. L'esprit n'a pas été conçu pour cela. Nous ne disposons d'aucune « sonde mentale » qui nous dirait comment nous pensons. C'est bien dommage ! Il n'empêche que rien ne nous empêche de chercher comment nous pourrions bien penser, et de confronter ces idées à la réalité. C'est ce que l'on appelle l'introspection.

Essayons de voir ce qui se passe.

Lorsque je pense à un problème, des phrases se forment dans mon esprit. C'est que l'on peut appeler le « fil narratif » de la conscience. Mais comment ces pensées se forment-t-elles ? Il est difficile de le savoir. J'ai l'impression que la prochaine phrase se forme en un éclair, puis que les mots se précisent ensuite, et que je me la récite à moi-même pour m'en souvenir, mais la phrase était déjà là avant que je commence à la verbaliser. Il me semble que les idées viennent d'une couche plus profonde, où elles « vivent » sans être verbalisées, et que c'est seulement lorsqu'elles atteignent le « service du langage » de mon cerveau qu'elles deviennent conscientes.

Je me dis souvent qu'il existe dans mon esprit des processus cachés, que j'appelle des « petits lutins », qui sont lancés lorsque nous avons besoin de rechercher un fait précis dans notre mémoire à long terme, et qui travaillent en « tache de fond », invisibles, jusqu'à ce qu'ils aient trouvé. Il est possible que de nombreux petits lutins travaillent ainsi simultanément, et pas seulement pour trouver de nouvelles idées, mais aussi pour retrouver des faits « oubliés ». Dans ce livre, nous allons trouver des petits lutins un peu partout. N'oubliez pas les petits lutins ! Même quand vous vous reposez, ils travaillent, eux !

L'esprit possède de curieuses lacunes. Par exemple nous avons tous faits l'expérience un jour « d'avoir un nom sur le bout de la langue », mais de ne pas arriver à le retrouver. Nous savons que nous savons, mais nous ne savons pas quoi. C'est très étrange. Lorsque cela m'arrive, je dis « attend, ça va me revenir ». En général, on cherche un peu, puis comme « ça ne vient toujours pas », on passe à autre chose, et brusquement, quelques minutes plus tard (voire quelques jours !) le nom oublié s'impose à notre esprit, avec la clarté de l'évidence : « comment ai-je pu oublier ça ! ». Merci, petit lutin !

Le mathématicien Poincaré raconte ainsi qu'il a cherché pendant des mois une démonstration à un théorème difficile, puis qu'il s'est découragé et n'y a plus pensé, jusqu'à ce que la solution s'impose à lui brusquement, limpide et complète, des semaines plus tard, alors qu'il s'apprêtait à monter dans un bus ! Il semble bien que Poincaré ait fabriqué dans son esprit un petit lutin particulièrement opiniâtre !

J'ai également l'impression que je sais penser de manière non verbale. Quand j'étais enfant, J'imaginais par exemple que j'assemblais des cubes pour faire une tour ou une arche. Je les empilais dans ma tête, jugeant de leur stabilité avant de construire ma tour « pour de vrai ». Contrairement à une idée reçue, le système visuel humain ne sert pas seulement à voir : il permet aussi de fabriquer des images ou des sensations qui sont perçues comme des images. Il suffit de fermer les yeux et d'imaginer…On peut même imaginer des choses en gardant les yeux ouverts, « oubliant » temporairement ce qu'on voit pour de vrai… Et il en est de même pour le système auditif (on peut chanter dans sa tête, voire écouter toute une symphonie), etc. En d'autres termes tous nos sens peuvent fonctionner comme des *décodeurs* (leur fonction principale) mais aussi comme des *codeurs*.

Placez-vous dans le noir et fermez les yeux. Que voyez-vous ? Tout d'abord, vous percevez encore pendant quelques secondes les contours des objets brillants ou sombres qui étaient devant vous, s'estompant progressivement. Ce phénomène, l'impression rétinienne, provient comme son nom l'indique, de la rétine, qui est la première « couche » du système nerveux visuel.

La rétine calcule et garde pendant un certain temps la trace de l'intensité moyenne des différentes zones du champ visuel, et ce qu'elle transmet à la couche suivante de traitement, ce sont les *différences* d'intensité par rapport à cette moyenne temporelle. Notez que si nos yeux ne bougeaient pas sans arrêt, cette différence deviendrait nulle en quelques secondes, et nous n'y verrions plus rien ! C'est pour cette raison que nos yeux sont animés en permanence de micro-saccades inconscientes, mais qui font que le regard « vit ».

Puis c'est le noir. Non ! Pas seulement du noir ! Vous commencez à voir des tâches de couleur, ou bien des lignes parallèles, ou encore des textures, assez régulières, qui défilent à toute vitesse sans ordre apparent. Votre système visuel croit voir des choses. On pourrait penser que c'est un « bruit », ce qui reste quand on a ôté le signal visuel. Mais en réalité, bien que ce bruit soit effectivement présent, il ne suffit pas à expliquer entièrement ces sortes d'hallucinations visuelles.

Notre système visuel contient certes des milliers de petits décodeurs, très spécialisés, fonctionnant tous en parallèle. L'un est chargé de détecter les lignes horizontales, l'autre les lignes inclinées, un troisième repère les brusques changements d'intensité ou de couleur, etc.

Mais il contient aussi des codeurs, qui reçoivent leurs ordres d' « en haut », (on verra plus tard ce que cela signifie), et ont pour métier de fabriquer des signaux visuels. L'un fabrique des lignes horizontales, l'autre des lignes penchées, un troisième s'occupe de « texturer » des surfaces, un peu comme fait la carte graphique d'un jeu vidéo ! Il y en a également des milliers. Certains récupèrent les signaux d'autres codeurs et les transforment, ou les mélangent.

Lorsque nous sommes dans le noir, les yeux fermés, les codeurs-générateurs de formes de base que contient notre système visuel s'en donnent à cœur joie, ils fonctionnement alors « en roue libre ».

Puis finalement votre esprit finit par reconnaître vaguement une image familière dans tout ce fatras aléatoire, il s'y « accroche », impose aux codeurs-générateurs de donner des détails sur cette image, et vous commencez alors à « voir » une scène complète, peut être issue d'un souvenir, peut-être entièrement nouvelle.

Il est fort possible que cette faculté que nous avons de fabriquer pour nous-mêmes des impressions visuelles soit nécessaire au « décodage » de scènes ou d'objets complexes : lorsque l'œil ne sait pas ce qu'il voit, il fabrique des images et des textures, et les compare à ce qu'il voit pour arriver à détecter des coïncidences.

Mais en fait cette imagerie mentale sert aussi un autre but : elle permet la formation et la manipulation des concepts.

L'esprit possède une capacité merveilleuse d'associer des concepts totalement différents en un tout qui nous semble cohérent. Essayez de penser à un « citron rouge » : Votre esprit fabrique aussitôt une image de ce nouveau concept, non ? Mais ce que vous « voyez », c'est un citron dont la surface est de couleur rouge, et non une tâche rouge uniforme en forme de citron, ce qui s'accorderait pourtant tout autant avec la définition d'un « citron rouge ».

Mais lorsque je vous dis « une tache rouge en forme de citron », cette fois vous la voyez en 2D parce que le mot « tache » implique une surface plane.

Il est également fascinant de remarquer que lorsque je visualise mentalement une tâche rouge en forme de citron, je la vois sur un fond blanc. Vous aussi ? N'est-ce pas étrange, alors que « citron » devrait « activer » le concept de couleur jaune et « rouge » celui de couleur rouge, qu'une troisième couleur, le blanc, soit en fait sélectionnée par « notre système de visualisation interne » pour servir de fond à la tache rouge ? Un mécanisme probable est que les mots « tâche en forme de » nous font penser à un dessin, et un dessin est généralement exécuté sur une feuille blanche.

L'esprit préfère créer des représentations tridimensionnelles plutôt que des représentations planes. Nous sommes conçus pour vivre dans un monde en trois dimensions. Lorsque nous « voyons » une scène, ou un objet par exemple une table et des chaises, nous ne nous contentons pas d'analyser l'image reçue par nos deux yeux. Nous concevons simultanément une représentation 3D des objets, que nous pouvons même déplacer mentalement. Nous pouvons imaginer de mettre les chaises sur la table et nous « voyons » immédiatement le résultat.

Lorsque nous nous déplaçons dans une pièce, ou simplement lorsque nous tournons la tête, nos yeux voient des choses très différentes, mais nous n'imaginons pas que c'est la pièce qui change, mais bel et bien que c'est notre point de vue qui change par rapport à la position d'objets 3D que notre esprit « voit » immobiles !

Une ampoule triangulaire

Poursuivons encore un peu cette exploration de nos facultés cachées :

Imaginez une ampoule électrique. Nous « voyons » aussitôt une forme à peu près ronde, en verre transparent, avec un culot métallique. Moi je le vois au-dessus de l'ampoule, comme si elle était fixée dans un lustre : et vous ? Voyez-vous le culot en bas, comme dans le pictogramme de

« j'ai une idée » ? Et pourquoi pas à droite ou à gauche ? Ou de face ? Il semble que ce n'est jamais la première image qui se présente à l'esprit.

Encore une fois le système visuel doit faire des choix pour nous permettre de visualiser des concepts, ce ces choix font appel à la mémoire.

Mais pensez maintenant à « une ampoule triangulaire ».

Que voyez-vous ? La première fois que j'ai pensé à ce concept j'ai « vu » une espèce de pyramide en verre, avec des bords arrondis, de couleur bleutée. Peut-être avez-vous vus un tétraèdre au lieu d'une pyramide. Mais ce que vous n'avez *pas* vu, c'est un triangle en verre. (Ou alors c'était un tube néon plié pour faire un triangle ? Mais non, vous avez vu une forme 3D, n'est-ce pas ?) C'est un processus extrêmement rapide : la visualisation arrive en moins de temps qu'il n'en faut pour le dire.

C'est pourtant un processus compliqué, plus compliqué par exemple que « une ampoule rouge » ou « un parking triangulaire ».

Il semble que les concepts de « triangle » et « d'ampoule » se mélangent pour arriver à un résultat plausible, malgré des conflits. Il semble qu'ampoule renvoie à « rond », « boule », « 3D », « en verre », et que « triangle » renvoie à « coins aigus », « trois », « bords droits », « 2D ». Le mélange des deux sélectionne « 3D, bords droits, angles arrondis, « en verre », conduisant à « pyramide en verre à bords arrondis ».

La couleur bleu-blanc que je visualise semble issue de « verre » qui me fait penser à « transparent » et à « eau », mais aussi de « ampoule » qui fait penser blanc ou jaune. Le mélange de ces couleurs me fait donc penser à une couleur blanc-bleue, et à un matériau plus opaque que transparent, assez épais (comme du verre avec des bulles d'air coincées dedans) D'où vient ce dernier concept ? Je ne me souviens pas d'y avoir pensé.

Mais je n'ai pensé à rien du tout ! Tout ce processus s'est déroulé instantanément, sans intervention de ma conscience, et, semble-t-il, directement dans mon système visuel. N'est-ce pas extraordinaire ?

Résumons un peu les propriétés de l'imagerie mentale que nous venons de mettre à jour :

Le système visuel (mais c'est vrai pour tout système sensoriel) sert à la fois à reconnaître et à produire des images. Cette production se fait parce que les concepts auxquels nous pensons imposent des caractéristiques spécifiques à l'image à produire (ou à une partie d'image, ou d'un objet à intégrer dans une image). Tout se passe comme si les concepts avaient des relations non seulement entre eux (pour faire des associations et détecter les conflits) mais aussi avec les générateurs d'images, et c'est en fait via ces générateurs d'images mentales que les concepts entrent en relation.

La production d'images mentales est également utilisée par le système moteur : avant d'effectuer un mouvement, nous visualisons mentalement (en général inconsciemment) ce mouvement. Cela permet au système moteur de décider quels muscles il faut activer et dans quel ordre.

Nous reviendrons avec plus de détails sur ce fonctionnement lorsque nous chercherons à expliquer le mécanisme global de l'esprit.

Nous, humains, disposons de huit sens (et non cinq !) :

- La vue
- L'ouïe
- Le toucher
- L'odorat
- Le goût
- Le sens de l'équilibre, fourni par l'oreille interne
- La proprioception, le sens de la position de nos membres, qui nous permet de savoir où ils sont même les yeux fermés et sans

le secours du toucher, et qui nous permet également de mouvoir nos bras sans qu'ils se cognent à notre corps (un problème bien connu, et très ardu, en robotique !)
- L'intuition féminine.

Euh, non, erreur… il n'y en a que sept ! Où est l'erreur ?

Ça me fait penser à une petite devinette de Pierre Desproges : cherchez l'erreur dans la liste suivante :

Leucémie, métastase, polype, mélanome, joie.

Bon d'accord, ce n'est pas du meilleur goût, mais j'adore Desproges. Et puis je pense que ces petits tests du genre « cherchez l'erreur » sont très révélateurs de mécanismes très profonds de notre esprit. Nous verrons cela plus loin quand nous parlerons de la manière dont nous arrivons à faire des analogies et à trouver des similitudes et des différences entre des concepts. Mais revenons à nos moutons.

Comme la vision, nos sept sens disposent d'une imagerie sensorielle et sont donc bidirectionnels : ils fournissent des sensations, mais notre esprit peut « simuler » ou « imposer » des sensations perçues par ces sens et créer des concepts à partir de ces simulations.

Par exemple l'imagerie du septième sens (la proprioception) entre en action lorsqu'un golfeur répète mentalement le swing qu'il va devoir faire pour envoyer sa balle. Même un sens « limité » comme le sixième (le sens de l'équilibre) possède son imagerie mentale : elle entre en jeu par exemple si je vous demande d'imaginer que vous êtes en voiture et que vous passez un dos d'âne, ou lorsqu'un acrobate ou un plongeur répète mentalement le saut périlleux qu'il va accomplir.

Perceptions multi sensorielles

Chez le tout jeune enfant, et même dès la naissance, nos sens sont utilisés pour dresser une image mentale du monde qui nous entoure : le but primordial de la nature semble avoir été de faire comprendre au nouveau-né qu'il est entouré d'objets 3D, (et d'autres êtres vivants), que ces objets ont une localisation, et que lui-même est l'un de ces « objets ».

L'une des premières compétences qu'acquiert le jeune enfant, c'est la relation qui existe entre les parties de son corps, et entre son corps et le reste du monde. Regardez un bébé qui agite les bras, les jambes : il attrape son pied avec sa main, très bien ! Il ne le fait pas seulement pour jouer : il le fait pour apprendre. Son septième sens lui dit que son pied « est là », que sa main « est là aussi », et son sens du toucher lui dit « ah, ça se touche, je sens le contact ! ». Le bébé va alors comprendre le lien qui existe entre son sens de la position de ses membres et son sens du toucher. Il va alors essayer d'utiliser son sens du toucher pour « fabriquer un carte de son corps ». Il est remarquable qu'il s'agisse ici d'une détection de coïncidence entre les informations fournies par deux sens différents ! Cette capacité à détecter des coïncidences semble être innée, pré-câblée dans notre cerveau.

Il se trouve que les zones du cortex cérébral qui « traitent » les informations tactiles issues de zones proches sur la peau sont également proches dans le cerveau. Ce n'est pas un hasard. Ces zones sont reliées entre elles, et en glissant un doigt sur la peau, on active des zones successives mais proches, et cela nous donne une impression de continuité ; Cela permet au jeune enfant de comprendre quelles zones de son corps sont proches, et finalement « où elles sont ». Cela avant même qu'il arrive à comprendre qu'il peut bouger consciemment ses membres !

Lorsqu'un jeune enfant touche la paroi de son berceau avec sa main, son septième sens lui dit que la main « est là », et s'il a déjà intériorisé la « carte de son corps », il sait que l'objet que sa main touche n'est pas sur son corps. D'ailleurs il ne sent qu'un contact, et pas deux. C'est donc qu'il touche « autre chose ». En explorant avec le toucher les limites de cette « autre chose », il va en dresser une carte mentale. Et, miracle, il va comprendre la relation entre ce qu'il touche et ce qu'il voit. Il va comprendre que ce qu'il voit, il peut le toucher. Il suffit d'avoir le bras assez long.

N'est-ce pas un mécanisme absolument extraordinaire ? Aucun robot mécanique, même pourvu des programmes les plus sophistiqués, ne sait actuellement accomplir ce que fait pourtant un tout jeune enfant sans complexe !

Psychologie

> « *Après 12 ans de thérapie, mon psychiatre m'a dit quelque chose qui m'a fait venir les larmes aux yeux.*
> *– Ah oui ? Qu'est-ce qu'il a dit ?*
> *– il a dit : 'No hablo francès'* »

Alors, finalement, que peut-on dire de l'esprit en se basant sur l'introspection, et sur les observations que nous pouvons faire des autres esprits ? Cette question est la question centrale de la psychologie. Voici quelques observations de base sur le fonctionnement de nos esprits, faites par les psychologues :

- L'esprit reçoit ses informations par des *canaux sensoriels* : les cinq sens bien connus, plus le système vestibulaire de l'oreille interne (sens de l'orientation), et le sens de la position de nos membres.

- Une « surcharge sensorielle » peut créer du *plaisir* ou de la *douleur*

- A partir des informations reçues, l'esprit est capable de construire une *représentation intern*e de son environnement

- Inversement il est capable de « *visualiser* » une situation désirée ou imaginée.

- L'esprit dispose de fonctions *conscientes* et *inconscientes*

- Il est capable d'agir par des actions conscientes, inconscientes ou réflexes. Ces réflexes peuvent être conditionnés.

- L'esprit humain semble disposer d'un « *fil narratif* » et se « parler à lui-même » silencieusement.

- Parmi les fonctions de l'esprit il existe une fonction *motivationnelle* qui nous pousse à agir vers des *buts* que nous nous fixons de manière consciente, ou pas (les impulsions, et les pulsions).

- Parmi les fonctions inconscientes il existe des fonctions de *censure* qui nous empêchent de penser des choses désagréables (pour nous)

- L'esprit rêve pendant le sommeil paradoxal, et pendant les rêves les censeurs sont « libérés » et censurent moins de choses. Ils apprennent leur métier.

- L'esprit ne se construit pas en une seule fois, mais nécessite un *apprentissage* qui passe par des étapes nécessaires d'acquisition de compétences. Le nouveau-né dispose de certaines compétences, au moins celles qui lui permettront d'en apprendre d'autre. Le moteur le plus puissant de l'apprentissage chez le nouveau-né est *l'attachement* à sa mère. Ensuite viendra l'apprentissage par imitation, puis l'apprentissage par « représentation symbolique »

- L'esprit possède une fonction *linguistique* ou langagière et on peut montrer que les nouveau-nés possèdent déjà une compétence d'analyse grammaticale

- L'esprit semble disposer d'une *mémoire à court terme*, dont la capacité maximale est de cinq ou six concepts ou idées simultanées, et qui s'effacent au bout de quelques minutes.

- Il dispose aussi d'une *mémoire à long terme*, qui engrange nos souvenirs mais aussi nos croyances et nos compétences, et dont la capacité semble être de l'ordre de la dizaine de Téra octets (1 To = 1000 giga octets ou Go). Il est intéressant de noter que certains ordinateurs dans les centres de calculs scientifiques disposent déjà de cette mémoire sur disque. (Ca ne les rend pas plus intelligents pour autant…)

- Le transfert de la mémoire à court terme vers la mémoire à long terme est un processus qui prend du temps, parfois plusieurs minutes voire plusieurs heures. C'est pour cela que souvent les personnes qui ont eu un accident de voiture et ont perdu connaissance à la suite du choc n'arrivent pas à se souvenir de ce qui précède immédiatement l'accident : leur mémoire à court terme n'a pas eu le temps de se « vider » dans la mémoire à long terme.

- Inversement le « rappel » d'un souvenir enfoui dans la mémoire à long terme peut prendre également plusieurs heures, voire des jours !

- L'état global de l'esprit semble pouvoir changer soudainement sous l'influence de décharges chimiques déclenchées par des *émotions*. Ces émotions sont très diverses, mais il semble qu'il existe un groupe d'émotions « de base », les autres étant des compositions de ces émotions de base. Les avis divergent cependant sur la liste de ces émotions « basiques », et même sur leur nombre.

- Chaque individu est unique, non seulement parce que son expérience personnelle, ses souvenirs et ses *compétences* acquises sont différents des autres personnes, mais aussi parce chaque individu « a son caractère propre ».

Emotions et traits de caractère

Nous savons tous que nous sommes sujets à des émotions, nous savons tous que nos caractères sont bien différents. Qu'est-ce que cela veut dire ? Quelle est la différence entre une émotion, un sentiment, un trait de caractère ? Peut-on être plus précis ? Combien y a-t-il d'émotions distinctes, au juste ?

Répondre à ces questions, c'est remplacer l'incertain par l'erreur : il n'y a pas de réponse unique. Mais pourquoi ? Essayons de voir ça de plus près.

Que pensez-vous de la liste suivante ? Est-ce qu'elle vous semble bien cerner toutes nos émotions ?

- Faim, Soif, Satiété
- Plaisir, Douleur
- Calme, Agitation, Impatience, Excitation, Colère,
- Imperturbabilité, Stabilité, Passivité, Emotivité, Impulsivité, Instabilité, Hystérie
- Surprise, Etonnement, Habitude, Familiarité
- Curiosité, Engouement, indifférence, Paresse, Passivité, Ennui
- Sérénité, Crainte, Anxiété, Peur
- Bonheur, Joie, Chagrin, Tristesse, Déprime
- Plénitude, Satisfaction, Insatisfaction, Frustration, Avidité
- Enthousiasme, Lassitude, Paresse
- Amour, Désir, Affection, Amitié, Attachement, Indifférence, Dédain, Mépris, Haine

- Attirance, Répulsion, Dégoût
- Révérence, Admiration, Convoitise, Ambition, Jalousie
- Confiance, Méfiance, Paranoïa
- Fierté, Honte
- Témérité, Courage, Lâcheté
- Extraversion, Convivialité, Renfrognement, Introversion
- Franchise, Droiture, Hypocrisie, Mensonge
- Gentillesse, Indifférence, Méchanceté, Sadisme
- Hypocondriaque, Narcissique, Attentif à soi, Indifférent à soi, Masochiste
- Révolutionnaire, Réformateur, Prudent, Conservateur
- Direct, Fuyant, Tournant autour du pot, Calculateur, Machiavélique
- Simple, Compliqué, Tordu
- Altruisme, Attention aux autres, Indifférence, Egoïsme

Dans chaque ligne de cette liste, figurent des termes qui semblent être rattachés à l'intensité (positive ou négative) d'une même variable, sur une même échelle. Toutefois je ne prétends pas qu'il existe réellement dans nos esprits une échelle unique qui va (par exemple) de l'amour à la haine en passant par l'indifférence. Ces termes sont une aide, ils permettent de caractériser assez rapidement nos « états mentaux ». Mais attention, il ne faut pas croire que ces « variables » ont une existence réelle !

Est-il *possible* cependant que l'immense variété apparente de nos émotions et de nos traits de caractères soient en fait des différences quantitatives d'un petit nombre de variables ?

En haut de ma liste figurent des émotions « basiques », physiologiques. En bas de la liste figurent des termes qui sont plutôt des traits de caractère. Entre les deux figurent ce qu'on pourrait appeler des attitudes mentales et sociales. Il semble que les transitions entre ces catégories soient assez floues. Je crois que l'origine des catégories les plus hautes de ma liste (probablement des messagers chimiques dans le cerveau) est complètement différente de celle des catégories de la fin de la liste, qui semblent résulter de notre éducation et être assez stables.

Les émotions de base sont probablement des *synthèses d'états mentaux*. Il se pourrait bien qu'il existe dans le cerveau des « sondes » de mesure de l'activité de telle ou telle zone, toutes reliées à un processus de synthèse qui élabore… une émotion ressentie. (Nous verrons plus loin, en abordant le thème de la conscience, comment nous pouvons « ressentir » quelque chose consciemment). Cependant, comme pour tout système sensoriel, ce processus est bidirectionnel : certaine pensées engendrent des émotions. Là encore, nous nous attarderons plus loin sur ce sujet fascinant.

Il est clair que certains messagers chimiques ont une influence directe sur l'état de notre esprit (pensez à l'adrénaline, ou à la faim et la soif). Cependant il ne faut pas croire que toutes les catégories de ma liste sont liées à la chimie du cerveau !

La question centrale qui doit nous préoccuper est celle-ci : est-ce que ces émotions, attitudes et traits de caractères sont des propriétés intrinsèques d'un esprit, ou s'agit-t-il de caractéristiques *émergentes*, qui résultent de l'organisation complexe de nos systèmes mentaux ?

Il est fascinant de voir à quel point les jeunes enfants savent déjà ce qu'ils aiment et ce qu'ils n'aiment pas. Ils semblent avoir déjà une personnalité, parce que nous croyons ferment que ce sont nos goûts et dégoûts qui forment notre individualité (ou au moins une part importante de celle-ci).

En fait le concept « d'aimer quelque chose » est, au début, fort simple : il se résume à un commandement :

- Aime ce que tes sens trouvent bon ! (le sein de maman…)

En particulier le sens du goût est probablement celui qui est le plus capable (chez le très jeune enfant) de « remonter » vers les niveaux supérieurs des sensations « agréables » ou « désagréables ».

Ensuite, ça se complique… D'autres « commandements » semblent se rajouter :

- Aime ce que tu connais bien ! (Ta maman, ton doudou, tes jouets)
- N'aime pas ce que tu ne connais pas !

Puis d'autres encore :

- Aime ce qui provient de ceux que tu aimes (les cadeaux, les récompenses…)
- Aime ce qui ressemble à ce que tu aimes !
- N'aime pas ce qui ressemble à ce que tu n'aimes pas (ou qui a la même odeur ou le même toucher, etc.)
- Aime ce que tu sais bien faire (le début du sentiment de fierté)

Mais d'où viennent ces « commandements » ? Quelles sont les règles qui nous font varier nos émotions ?

Worden a modélisé en 1996 le comportement émotionnel des primates. Quand un jeune singe voit une menace potentielle, comme un gros oiseau au-dessus de lui, il regarde un singe adulte et expérimenté et calque son comportement sur celui-ci. En effet, l'évolution n'a pas donné aux jeunes singes une connaissance innée pour distinguer entre un gros oiseau dangereux comme un aigle et un qui n'est pas dangereux comme un vautour. Cela donne les deux règles suivantes :

> Si une scène peut présenter un danger
>
> Si Autre, plus expérimenté, a peur
>
> Alors Soi a peur.

> Si une scène peut présenter un danger
>
> Si Autre, plus expérimenté, n'a pas peur
>
> Alors Soi n'a pas peur.

Remarquons que ces deux dernières règles supposent que le jeune singe sait reconnaître les émotions d'un autre individu.

Avec un millier de règles semblables, on arrive à modéliser correctement de nombreux comportements émotionnel des primates (Attention : il ne s'agit que de modéliser les émotions : le comportement intellectuel, même pour les primates, ne se laisse pas résumer à un ensemble de règles).

Une idée serait alors de chercher si les humains n'auraient pas des règles semblables :
En 1985, Pfeifer a utilisé des règles pour prédire le comportement d'un individu. Par exemple :

> Si l'état est négatif pour Soi
>
> Si l'état a été causé par une autre personne
>
> Si l'autre personne était en contrôle
>
> Alors engendrer la colère envers Autre.

Supposons que nous voulions créer une intelligence artificielle (IA) au moyen de programmes d'ordinateur : faut-il alors coder directement les variable « amour » et « peur » dans le programme et leur donner une échelle de valeurs numériques, et ensuite coder des procédures complexes pour faire varier la valeur de ces variables en fonction des « commandements » précités, de règles, et sans doute de bien d'autres choses encore ?

Ou bien faut-il… ne rien faire en espérant que l'amour ou l'altruisme résulteront de l'éducation que nous donnerons à notre IA et de sa structure mentale ?

Je pense qu'il faut choisir la seconde solution ! Je crois en fait que la principale difficulté pour le programmeur d'une IA sera de savoir *ce qu'il ne faut pas* coder. J'y reviendrai plus loin.

Ce qui est certain, c'est que l'attachement et l'amour sont pour le très jeune enfant le plus puissant moteur de l'apprentissage. Il semble que, là aussi, d'autres « commandements » soient à l'œuvre :

- Imite les gestes des personnes que tu aimes, et aime les imiter !
- Recommence ce que tu aimes faire !

Très vite, l'enfant fait l'expérience de l'autre comme « quelque chose » qui peut « faire la même chose » que lui. En imitant et en étant imité les enfants apprennent que de tous les objets qui les entourent seuls les êtres humains peuvent vivre les mêmes expériences qu'eux.

Comment fonctionne au juste ce processus d'imitation ?

L'imitation

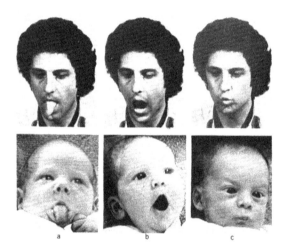

Le célèbre psychologue suisse Piaget a créé un modèle remarquable des compétences successives que l'enfant doit acquérir, et donc des étapes qu'il doit franchir avant d'accéder à une compétence supérieure. Pour lui, « imiter » est une compétence qui nécessite une capacité de « représentation symbolique », et qui donc apparaît seulement vers l'âge d'un an. Piaget fait quatre hypothèses :

- Les hommes apprennent progressivement à imiter durant les premières années de l'enfance.

- Une forme élémentaire de représentation symbolique est nécessaire pour pouvoir imiter.
- Les nouveau-nés sont incapables de faire un lien entre ce qu'ils voient chez les autres et ce qu'ils sentent chez eux-mêmes.
- Dès que l'enfant est capable d'imiter cela reste une faculté mineure et enfantine.

En 1983 deux chercheurs américains, Andrew Meltzoff et Keith Moore, ont prouvé que Piaget avait tort : les nouveau-nés sont capables d'imiter, même seulement 32 heures après la naissance ! Ces deux chercheurs ont prouvé que les quatre suppositions ci-dessus étaient fausses !

En 2003, Meltzoff a monté une série d'expériences pour comprendre comment les enfants arrivaient à imiter les adultes, et il est parvenu à une conclusion vraiment surprenante :

Dans une première expérience un chercheur montrait à des petits d'environ 18 mois comment il essayait d'enlever le bout d'un 'mini-haltère' pour enfants. Au lieu d'achever l'action il faisait semblant qu'il n'arrivait pas à enlever le bout du jouet. Les enfants ne voyaient donc jamais la *représentation* exacte du but de l'action. En usant de différents groupes de contrôle les chercheurs ont remarqué que les petits avaient saisi la visée de la démarche (ôter le bout du haltère) et qu'ils imitaient cette intention du chercheur et non ce qu'ils avaient réellement vu, et qu'ils étaient contents après avoir réussi.

Les enfants comprennent donc les *intentions* des adultes, même si ces adultes n'arrivent pas à les accomplir. Ils imitent ce que les chercheurs *voulaient* faire, plus que ce qu'ils faisaient concrètement.

La seconde expérience était conçue pour voir si les enfants attribuent des motifs à des objets. Pour ce test les chercheurs avaient fabriqué une petite machine (avec bras et grappins) qui exécutait exactement la même action avortée de la première expérience. Très vite il s'est avéré que les bambins qui avaient profité de cette démonstration n'étaient pas mieux disposés pour attribuer une intention à l'appareil que d'autres qui étaient confronté au petit haltère sans démonstration. Il semble donc que les enfants n'attribuent pas d'intentions à des objets inanimés.

Une troisième expérience allait rendre plus visible encore combien l'enfant prête attention aux motifs de ses congénères et combien ces motifs et ces intentions sont importants pour lui. Dans ce test les bouts du petit haltère étaient collés solidement à la barre. Ils ne pouvaient donc pas être enlevés. Le chercheur répétait ici la même démonstration que dans les expériences précédentes: il essayait d'ôter la part extérieure du jouet mais sa main glissait du bout sans le saisir. Chez les enfants la même chose exactement se produisait nécessairement (les bouts étant collés), mais les bambins n'étaient pas du tout satisfaits par la pure reproduction de ce qu'ils avaient vu faire l'adulte. Ils répétaient leurs tentatives d'enlever le bout, mordaient dedans et lançaient des regards suppliants à maman et au chercheur.

Le travail de Meltzoff renforce donc l'idée selon laquelle les bambins commencent à concentrer leur attention sur les *buts* des adultes et pas simplement sur leurs actions. Plusieurs savants vont encore plus loin et suggèrent que l'imitation chez l'homme est toujours - à un niveau fondamental - l'imitation *d'intentions* et de *buts* plutôt que d'actions et de représentations.

Les animistes, qui pensent que même les objets inanimés peuvent avoir un esprit, ne sont pas si éloignés de la vérité : nos modalités sensorielles sont « câblées » pour affecter des rôles et des buts aux objets, animés ou non, qu'elles détectent. Mieux que cela, elles arrivent à affecter des buts aux objets animés (humains) seulement !

Ceci indique que la capacité de distinguer entre objet animé ou non existe dès le tout jeune âge. En fait il est probable qu'il existe déjà à la naissance des circuits visuels pré câblés pour reconnaître un visage.

Nous parlerons plus loin des buts et des intentions, et de comment elles apparaissent dans notre esprit. Mais continuons un peu à explorer ce domaine fascinant de l'imitation, car nous ne sommes pas au bout de nos surprises :

Comment diable les très jeunes enfants font-ils donc pour discerner du premier coup les intentions des adultes, alors qu'ils sont encore incapables de la « représentation symbolique » chère à Piaget ?

C'est ici qu'intervient une autre découverte très récente, et assez peu connue. Cette découverte est le fait, non pas d'un psychologue, mais d'un neurologue italien, Giacomo Rizzolati (1996). C'est la découverte des *neurones miroirs*. Bien que non signalée par les médias, il s'agit probablement de la découverte psychologique la plus importante de la décennie, probablement aussi importante pour la psychologie que la découverte de l'ADN l'a été pour la biologie.

De quoi s'agit-t-il ?

Les chercheurs ont remarqué - par hasard - que des neurones (dans la zone F5 du cortex prémoteur) qui étaient activés quand un singe effectuait un mouvement avec un but précis (par exemple: saisir un objet) étaient aussi activés quand le même singe observait simplement ce mouvement chez un *autre* singe ou chez le chercheur, qui donnait l'exemple.

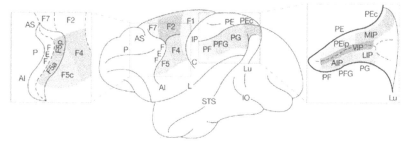

Zone F5 du cortex prémoteur

Il existe donc dans le cerveau des primates un lien direct entre *action* et *observation*. Cette découverte s'est faite d'abord chez des singes, mais l'existence et l'importance des neurones miroirs pour les humains a été confirmée.

Shirley Fecteau a montré que le mécanisme des neurones miroirs est actif dans le cerveau immature des petits enfants et que les réseaux de neurones miroirs continuent de se développer dans les stades ultérieurs de l'enfance. Il faut ajouter ici que les savants s'accordent pour dire que ces réseaux sont non seulement plus développés chez les adultes (comparé aux enfants), mais qu'ils sont considérablement plus évolués chez les hommes en général comparé aux autres primates

Les neurones miroirs sont un élément d'une machinerie cérébrale complexe qui identifie dans ce qui est vu les objets animés, et cherche à attribuer des *buts* à ces objets et des *rôles* aux objets inanimés. Nous en reparlerons.

Humain, Animal, Imitation et violence

L'homme est un animal social qui diffère des autres animaux en ce qu'il est plus apte à l'imitation, Aristote le disait déjà (Poétique 4). Aujourd'hui on peut comprendre et tracer les sources cérébrales de cette spécificité humaine.

Mais nous ne sommes pas au bout de nos surprises : cette découverte du fait que la faculté d'imiter prend ses racines directement dans les neurones, et cela probablement chez tous les mammifères, permet d'expliquer la tendance innée des humains à la *rivalité* et à la *violence* :

L'homme possède la plus haute capacité d'imitation du règne animal. Il est aussi le plus violent. Ces deux faits sont-ils liés ?

Cela semble paradoxal, parce qu'il est probable que l'imitation joue un rôle déterminant dans l'instinct grégaire et l'harmonie sociale. L'homme devrait donc être l'animal le moins violent !

Et pourtant, il est dangereux d'imiter ! *Trop* imiter conduit inéluctablement à la violence.

D'où vient ce danger de l'imitation? Rappelons que dans le cortex prémoteur des singes étudiés par Rizzolati, les neurones miroirs étaient activés quand l'animal effectuait un mouvement avec un but précis, le plus souvent « saisir un objet ». Imaginons maintenant un singe qui tente de s'emparer d'un objet et un autre qui l'imite aveuglément, « inconsciemment ». Ces deux mains également avides qui convergent vers un seul objet ne peuvent manquer de provoquer un … conflit.

Voilà que l'imitation peut être la source de conflits, de violence, si l'on voit que les comportements d'acquisition et d'appropriation (le fait de prendre un objet pour soi) sont aussi susceptibles d'être imités.

Encore un exemple : Imaginons deux bambins dans une pièce pleine de jouets identiques. Le premier prend un jouet, mais il ne semble pas fort intéressé par l'objet. Le second l'observe et essaie d'arracher le jouet à son petit camarade. Il n'était pas fort captivé par la babiole, mais soudain, parce que l'autre est intéressé cela change, et il ne veut plus le lâcher. Des larmes, des frustrations et de la violence s'ensuivent. Dans un laps de temps très court un objet pour lequel aucun des deux n'avait un intérêt particulier est devenu l'enjeu d'une rivalité obstinée.

Il faut noter que tout dans ce désir trop partagé pour un objet impartageable est imitation, même l'intensité du désir dépendra de celui d'autrui. C'est ce que Girard appelle la *rivalité mimétique*, étrange processus de « feedback positif » qui sécrète en grandes quantités la jalousie, l'envie et la haine.

Si l'imitation est souvent dangereuse pour les singes il en va de même pour les humains. Mais la différence, c'est que les singes ne risquent pas de se bagarrer à mort pour de la nourriture, des partenaires, un territoire, etc. parce qu'il existe chez eux des freins instinctifs à la violence, des rapports de domination et de soumission. Chez les hommes, nous le savons, ces freins instinctuels n'existent plus.

Comme le disait déjà Jacques Monod :

> Dominant désormais son environnement, l'Homme n'avait devant soi d'adversaire sérieux que lui-même. La lutte intra spécifique directe, la lutte à mort, devenait des lors l'un des principaux facteurs de sélection dans l'espèce humaine. Phénomène extrêmement rare dans l'évolution des animaux. [...] Dans quel sens cette pression de sélection devait-elle pousser l'évolution humaine ? (Monod, 1970).

Je vais ici risquer une théorie personnelle : Les émotions sont nécessaires à la création d'un système de buts et d'intentions, qui est lui-même nécessaire à la formation des pensées. La capacité humaine à penser résulte de la richesse de nos émotions, richesse qui n'a pu se mettre ne place que dans un environnement de rivalité et de violence. La présence biologique de très nombreux neurones miroir dans le cerveau humain, conduisant à une aptitude immense à l'imitation, a donc été la cause de la création de notre conscience.

La violence a été nécessaire à l'apparition du genre humain. Le danger était grand bien sûr de voir ce genre humain disparaître aussitôt par extermination mutuelle de ses membres ! Cela ne s'est pas produit, parce que les humains ont pu, grâce à leur nouvelle faculté de pensée créative, mettre en place des barrières et des interdits sociaux qui ont suppléé à l'instinct de soumission/domination des singes. Par exemple la création de castes de chef et de sorciers, l'invention de la religion, etc.

Penser

Continuons un peu notre « tour d'horizon » de l'esprit : nous avons un peu parlé de nos sens et de notre imagerie mentale, puis nous avons fait un détour vers les concepts de plus haut niveau, que sont nos émotions, nos attitudes mentales et sociales, et la manière dont nous les apprenons par imitation. Entre les deux, se situe la terra incognita du « comment diable faisons-nous pour penser ? »

Il semble que « penser, c'est se réciter des idées à soi-même ». Grave erreur ! Nous savons que nous sommes capables de penser de manière non verbale, en faisant appel à notre imagerie mentale. Encore plus grave, le fait de « se réciter des idées à soi-même », c'est à dire notre « fil narratif interne » est quelque chose qui n'arrive pas tout seul ! J'ai déjà dit que lorsque je me mets à penser, j'ai l'impression que la prochaine phrase que je vais me dire « arrive déjà toute prête dans mon esprit », et que je ne fais que la réciter à moi-même pour la mémoriser… et savoir si je peux l'utiliser ou la rejeter. En fait le « fil narratif » est un processus de *délibération*, qui se situe au-dessus du niveau de l'esprit où se forment les pensées. Les niveaux de la pensée et de la délibération sont distincts. Et les pensées n'ont rien à voir avec les mots. Les pensées sont *des arrangements de concepts*, tout comme les concepts sont des arrangements de percepts issus de notre imagerie mentale.

L'idée maîtresse qui se dégage de tout cela, c'est que notre esprit semble constitué d'une quantité innombrable de « petits lutins » ou *agents*, et que ces agents sont organisés en niveaux qui semblent à peu près distincts (au moins conceptuellement), chaque niveau profitant des compétences de ceux qui se trouvent en dessous :

- Le niveau des sens, plus précisément celui des modalités sensorielles
- Le niveau des concepts
- Le niveau des pensées et des idées
- Le niveau de la délibération et des buts

- Le niveau de la conscience et du « fil narratif »

Cette organisation reflète l'évolution du cerveau : les services qui gèrent les modalités sensorielles sont les plus anciens, les gènes qui les codent sont vieux de plusieurs dizaines, voire centaines, de millions d'années. Le niveau « délibération » est présent chez l'homme, mais aussi partiellement au moins chez les mammifères supérieurs, dont certains sont capables d'échafauder des plans pour avoir des buts (Le fameux exemple du singe qui doit pousser une caisse et monter dessus pour avoir des bananes suspendues trop haut pour qu'il les attrape autrement).

Le niveau des *concepts* est probablement partagé par tous les mammifères, et peut être par d'autres classes d'animaux. Il reçoit les informations parfois très complexes élaborées par nos modalités sensorielles, et en déduit de nouveaux concepts. Inversement il permet de visualiser un concept en l'imposant aux générateurs présents dans nos modalités sensorielles.

Lorsqu'un chien qui porte un grand os dans sa gueule « pense » à incliner la tête pour passer à travers les barreaux d'une grille, et ce bien avant d'arriver à la grille, c'est vraisemblablement parce qu'il possède les concepts de « largeur », de « longueur », de « ça passe ou ça passe pas », et de « pencher la tête », et sans doute d'autres. Le chien possède aussi un niveau supérieur, un niveau « pensée » (éventuellement différent de celui des humains), et c'est ce niveau qui est capable de fabriquer l'idée de « quand l'os est plus large que les barreaux, il faut pencher la tête pour que ça passe », idée qui mélange différents concepts.

Les concepts

Mais qu'est-ce qu'un concept ?

Pour le savoir, rien ne vaut un exemple. Pensons au concept de « *papillon* ». Lorsque je pense à un papillon, il se passe plein de choses :

1) Je visualise aussitôt un papillon (pour moi il est jaune et noir, et pour vous ?).

2) Mais ce n'est pas tout : je suis capable de reconnaître un papillon si j'en vois un. Pourtant je sais que mon système visuel ne sait rien des papillons. Mon système visuel « sait » des choses sur les couleurs, l'orientation, la détection de contours, la détection de mouvements, la détection des arêtes et des volumes, mais rien sur les papillons…

3) Je sais apprendre tout seul ce qu'est un papillon, si je n'en ai jamais vu. Dans mon enfance, j'ai vu des papillons. J'ai compris que c'étaient des choses qui volent en battant des ailes, un peu comme les oiseaux (mais j'ai tout de suite *vu* qu'un papillon n'est pas un oiseau). Et tout cela bien avant qu'un adulte me dise « c'est un papillon, mon enfant ».

4) Je sais associer des caractéristiques à un papillon. Je sais qu'un papillon a des ailes et un corps, que ces ailes sont brillantes et multicolores et qu'elles ont cette forme si caractéristique, que son corps est pourvu de longues pattes, etc.

5) Je sais imaginer un papillon qui aurait d'autres caractéristiques : par exemple un papillon blanc, un papillon translucide, un papillon sans aile, un papillon marin, une libellule avec des ailes de papillon (vous aussi vous avez *vu* une libellule avec quatre ailes ?), etc.

6) Enfin je sais nommer ce concept : *papillon*.

Il semble que mon esprit sait faire quatre choses avec les concepts :

- Il sait détecter qu'un concept est présent dans mon imagerie mentale courante.
- Il sait créer de nouveaux concepts, automatiquement, à partir de mon imagerie sensorielle (en particulier visuelle, mais pas seulement).
- Il sait aussi *ne pas créer* de nouveaux concepts inutiles. Si je devais créer un concept pour chaque chose que je vois, ma mémoire serait rapidement saturée.
- Il sait « réifier » un concept, c'est dire lui donner une « place à part », l'enregistrer en mémoire, mais aussi le relier à d'autres concepts, le manipuler, le modifier en réponse à un but, ou le « passer au niveau supérieur », celui des pensées.

Pensons au programmeur de notre IA qui voudrait créer le concept de « papillon » ; Sa première idée serait de créer une structure en mémoire, avec des champs tels que le nom du concept, les concepts proches, les propriétés originales du concept ou les différences avec les concepts proches, et des méthodes pour affecter une valeur à ces champs. En informatique « orientée IA », on appelle cela un *cadre*. Ce qu'il faut comprendre, c'est que c'est une fausse bonne idée. Un concept, c'est bien plus qu'un cadre avec des propriétés.

Les concepts de *gauche* et de *droite* par exemple, s'ils semblent très simples superficiellement, sont certainement très compliqués de manière interne. La *latéralisation* d'un jeune enfant, le fait qu'il apprenne à distinguer sa gauche de sa droite, et la gauche et la droite des objets et personnes autour de lui, prend des années. Un concept ne décrit pas seulement des choses, il *fait* des choses. L'évocation d'un concept déclenche dans notre esprit des mécanismes extraordinairement subtils.

La principale caractéristique du concept de concept (ah ah !), c'est que les concepts surgissent de l'imagerie sensorielle, et peuvent en retour être imposés à notre imagerie mentale. Un cadre ne peut pas être imposé à notre imagerie mentale, et ne peut pas surgir spontanément de notre imagerie mentale. Pour créer un modèle informatique d'un concept, il nous faut peut-être des cadres, mais certainement aussi autre chose. Il ne nous suffit pas de savoir de quoi les concepts sont faits, il nous faut saisir comment ils se créent, et ce qu'ils font, c'est à dire comment ils agissent.

Mais quoi ? Comment ça se passe au juste ? Comment arrivons-nous à créer de nouveaux concepts, des concepts *utiles* ?

Pour le savoir, commençons par un concept très simple : le concept de la couleur *rouge*.

Rouge

Notre système visuel a été conçu pour reconnaître des objets dans monde en 3D, et pour fournir des informations sur ces objets. L'une de ces informations est la couleur. Nous percevons qu'un objet a une couleur intrinsèque, indépendamment des conditions d'éclairage. Un objet rose sous un éclairage blanc pourra émettre la même lumière (le même spectre) qu'un objet blanc sous un éclairage rougeâtre, mais le système visuel humain est capable de maintenir la *consistance des couleurs*, et de voir l'objet comme blanc même s'il paraît rose à cause de l'éclairage. Il était primordial pour nos ancêtres (et même nos ancêtres mammifères primitifs) de percevoir les régularités de leur environnement.

En fait il a été prouvé que les variations de la lumière naturelle n'ont que trois degrés de liberté, et que l'œil et le système visuel humain sont configurés pour mesurer ces trois degrés de liberté. Ce sont :

- la variation *sombre-clair*, qui dépend de la lumière totale reçue par un objet
- la variation *jaune-bleu*, qui détermine si une partie d'un objet est directement exposée à la lumière solaire ou se trouve dans l'ombre (auquel cas elle est illuminée par le ciel)
- La variation *rouge-vert*, qui dépend de la hauteur du soleil dans le ciel et de la présence de vapeur d'eau dans l'air.

Les trois canaux de couleur que fournit le système visuel humain sont précisément ce qu'il faut pour maintenir la consistance des couleurs. Cela permet de reconnaître le même objet lorsqu'il est vu plus tard, sous un éclairage (naturel) différent.

Nos sens nous permettent de reconnaître, non seulement des régularités, mais aussi et surtout des invariants dans le monde qui nous entoure. L'un de ces invariants est la couleur (intrinsèque) des objets.

Maintenant, comment le concept de « rouge » a-t-il pu se former dans mon esprit ? Très simplement par un mécanisme de détection des répétitions pour une caractéristique unique fournie par le système visuel. Lorsque le nombre d'objets pour lesquels la caractéristique *couleur* est identique ou très voisine dépasse un certain seuil, mon esprit (la partie de mon esprit chargée de la création des concepts) a automatiquement créé un concept pour caractériser ces « points très proches » dans l'espace des couleurs.

Lorsque j'étais jeune enfant, on m'a présenté des objets en me demandant lesquels étaient « rouge ». Je suppose que j'ai répondu au départ un peu au hasard, mais mon esprit contenait heureusement un « petit lutin » chargé de détecter les répétitions d'une caractéristique fournie par mon système visuel. La caractéristique « couleur » des objets que l'on me présentait comme « rouge » étant identique (ou très proche), le petit lutin n'a pas tardé à s'en rendre compte (c'est son job, il n'a que ça à faire). Et voilà ! Le concept de rouge était né, avec en plus des exemples en mémoire (des objets rouge), et la connaissance inconsciente que c'est la caractéristique « couleur » qui est importante pour ce concept, me permettant d'imposer la couleur *rouge* à une image mentale, par exemple pour imaginer un « citron rouge ».

Ensuite j'ai pu faire varier mentalement la couleur à partir du rouge et me préparer à reconnaître et conceptualiser d'autres couleurs ! Evidemment d'autres concepts voisins (« pourpre », « magenta », etc.) peuvent être crées par ce procédé, et ces catégories se chevauchent dans l'espace des couleurs. C'est alors la fréquence de l'utilisation future de ces concepts qui déterminera s'il faut les garder ou non.

Naturellement ce mécanisme de focalisation sur une seule caractéristique et de détection des répétitions est trop primitif pour donner naissance à tous les concepts. Mais il y a d'autres petits lutins dans mon esprit : certains sont chargés de détecter les corrélations entre deux caractéristiques, ou les coïncidences d'évènements dans le temps, par exemple.

Et bien sûr la création de concept telle que je viens de la décrire est trop dépendante du sens de la vue, alors que je suis capable de raisonner sur un objet sans en avoir d'image visuelle, et parfois sans même savoir à quelle modalité sensorielle je devrais l'attribuer : par exemple je sais raisonner sur « un objet qui vaut 50 € ». J'arrive à imaginer, à défaut d'une apparence, quelle taille pourrait avoir cet objet (pas très grand), et éventuellement même quelle odeur s'il s'agit d'un parfum (ce que je ne sais pas, mais je sais que c'est une possibilité)

Leçon à retenir : les concepts naissent de l'imagerie sensorielle et sont créés par des « petits lutins » chargés en permanence de détecter des régularités ou des couplages dans les invariants fournis par le système sensoriel.

Même pour des concepts complexes, qui semblent résulter purement de nos pensées, ces pensées créent des images mentales (pas forcément uniquement visuelles) dans lesquelles les concepts sont alors détectés.

Cinq

Voyons maintenant un concept un peu plus compliqué : celui du nombre *cinq* :

Comprenons-nous bien : j'essaye d'imaginer comment, alors que je devais avoir trois ou quatre ans (peut-être moins), j'ai compris le concept de « cinq » alors que j'ignorais encore le concept de nombre, encore plus celui d'addition, et que je ne savais pas encore compter. Je vais supposer que mon système visuel ne comptait pas les objets identiques, ce qui est faux car il est acquis que nous percevons immédiatement le nombre d'objet d'un ensemble, tant que ce nombre reste petit, inférieur à cinq ou six en général. Je vais supposer qu'au moment où j'ai appris le concept de « cinq », je ne savais pas compter, j'ignorais l'existence du mot « cinq », et qu'il se pourrait même que j'ignorais aussi le concept de « quatre » ! (Un peu plus tard, lorsque j'ai commencé à savoir compter, j'ai persisté pendant des mois à réciter « un, deux, trois, six, quatre !», au grand dam de mes parents…)

Pour identifier le « cinq » dans ce que je voyais ou entendais (frappez cinq fois dans vos mains), le problème n'était pas de savoir identifier la caractéristique numérique dans ce que je voyais, mais de savoir qu'il y avait une caractéristique numérique à chercher en premier lieu, une « cinq-itude ».

Comprendre un concept, c'est savoir le reconnaître, savoir l'imposer à nos images mentales, et savoir l'identifier et le manipuler par ses caractéristiques.

Commençons par la fin ; supposons que je possède le concept de « cinq », mais que je ne sais toujours pas compter. Comment est-ce que je me débrouille (en supposant que mon système visuel ne sait pas compter lui non plus) pour identifier qu'il y a cinq pommes dans un panier ?

Je regarde le panier. Je rappelle depuis ma mémoire un exemplaire de « cinq » que j'ai déjà vu, par exemple cinq oranges. (Beaucoup plus probablement, pour « cinq », l'exemple type est celui de nos cinq doigts. Mais pour six, l'exemple des oranges serait mieux adapté ! Je continue donc mon explication avec des oranges, mais souvenons-nous que ce pourrait être n'importe quoi que j'ai déjà associé à « cinq », par exemple les cinq bras d'une étoile de mer.) *Je visualise donc ces cinq oranges. Je fais une correspondance 1 à 1 entre les oranges et les pommes. S'il ne reste pas une pomme ni une orange de côté, c'est qu'il y a bien cinq pommes.*

Détaillons un peu plus la phase-clé : pour faire une correspondance 1-1 entre les oranges et les pommes, je dois relier une orange et une pomme, puis recommencer en veillant à ne pas faire de correspondance avec un objet déjà utilisé. Je dois continuer tant qu'il reste des couples orange-pomme non utilisés.

Ouf ! C'est un rien compliqué simplement pour vérifier un concept ! Simplement il se trouve que c'est le moyen le plus général de tester le concept de « cinq-itude ». De plus il suffit de modifier légèrement cette procédure pour trouver d'autres concepts : s'il reste des oranges à la fin, il y a *moins-de-cinq* pommes. S'il reste une pomme, c'est qu'il y avait *plus-de-cinq* pommes. Deux concepts nouveaux pour le même prix !

De plus cette procédure ne fait appel qu'a la capacité (au concept) de correspondance 1-1, qui semble bien être un *prérequis* à la compétence de reconnaître un nombre d'objet. Ce concept de correspondance 1-1 fait appel à « tracer une ligne mentale entre deux objets » (ou « grouper deux objets »), qui est une compétence que les enfants apprennent très vite, à « répéter » (encore plus vite, probablement inné)   et à « reconnaître qu'on a déjà utilisé cet objet », compétence plus compliquée qui s'acquiert plus tard, un peu avant en fait d'apprendre « cinq » !

La preuve : vous avez sans doute déjà remarqué avec amusement comment les jeunes enfants dessinent des bonhommes : ils font un seul ovale pour le corps et la tête, tracent quatre traits qui partent du rond, puis mettent une bouche et deux yeux dans l'ovale.

C'est parce qu'ils suivent *l'algorithme* suivant :

- Tracer un rond (pour le corps).
- Mettre des bras
- Mettre des jambes
- Tracer un rond (pour la tête) *Ah ! mais il y a déjà un rond, c'est magique ! Bon, et bien tant pis, je ne le trace pas.*
- Tracer la bouche
- Tracer les yeux.

Ils savent qu'ils ont déjà tracé un rond, et ne comprennent pas pourquoi il faudrait encore un autre rond puisqu'il y en a déjà un ! Ceci prouve que « reconnaître qu'on a déjà utilisé cet objet » n'est pas encore acquis : les enfants savent qu'il faut un rond pour la tête, mais ils ne voient pas que c'est un *autre* rond qu'il faudrait.

Nous pouvons maintenant dire comment se crée le concept de « cinq » ou plus précisément de « cinq-itude ». Cela réclame un certain nombre de compétences :

1. Comprendre que les objets n'apparaissent pas ni ne disparaissent spontanément, qu'ils sont toujours là même quand on ne les regarde pas. C'est ce que l'on appelle la *continuité physique*, et cette compréhension est grandement facilitée par les recherches d'invariants que fabrique le système visuel

2. Comprendre le concept de correspondance entre deux objets, ou de relation binaire. Cela est facilité par le fait que notre système visuel nous « dit » qu'un objet a une certaine position, et pas deux : un objet n'est pas à deux positions à la fois, et s'il y a deux choses a deux positions différentes, ce sont deux objets distincts et on peut les relier, ou en déplacer mentalement un pour le mettre à la place de l'autre.

3. Comprendre le concept de « passer en revue tous les objets d'un ensemble » et de « appliquer une relation à tous les objets d'un ensemble ». Réaliser que tant qu'il reste des objets non utilisés « c'est pas bon », mais que quand on a réussi à utiliser tous les objets, « c'est bon ».

4. Comprendre le concept de correspondance 1-1 entre deux ensembles d'objets, qui utilise les deux concepts précédents : passer en revue tous les objets d'un ensemble et les mettant en relation avec les objets d'un autre ensemble. Réaliser que tant qu'il reste des objets non utilisés « c'est pas bon », mais quand on a réussi à *appairer* tous les objets, « c'est bon ».

5. Il devient possible de fabriquer le concept de « cinq » dès qu'il existe un exemplaire « type » en mémoire : Pour comprendre qu'il y a un « cinq » dans ce qui est vu, il faut supposer que des « petits lutins » testent sans arrêt nos concepts précédemment acquis ; l'un de ces « petits lutins » est chargé en particulier de

tester le concept de relation 1-1 : il cherche sans arrêt des correspondances entre des objets vu et des exemples dans notre mémoire, pour lesquels le concept de « relation 1-1 » a déjà servi : nos cinq doigts, ou un panier de cinq oranges, ou les bras d'une étoile de mer. Ah ah, il y en a cinq !

Maintenant que nous savons tout ce qui se cache derrière « cinq », nous pouvons peut-être généraliser à tous les nombres ? Ah Ah ! Pas si simple ! Le concept de *nombre* est bien plus que la juxtaposition des concepts de « un », « deux », « trois », etc.

Pour fabriquer le concept de *nombre*, notre esprit aura besoin de comprendre que le concept de « relation 1 pour 1 » est *transitif* : c'est à dire que si deux groupes d'objets différents peuvent chacun être mis en relation 1-1 avec un exemple de « cinq », alors ces deux groupes peuvent être mis en relation 1-1. La relation 1-1 définit des classes d'équivalences, et ces classes sont précisément les nombres.

Ça a l'air très « matheux », mais à la réflexion et on ne voit pas pourquoi un esprit intelligent ne devrait pas s'apercevoir à la longue que lorsqu'on utilise le concept de « relation 1 pour 1 » entre deux groupes d'objets, puis entre l'un de ces groupes et un troisième, il y a encore relation 1-1 entre tous les groupes ainsi reliés… La détection des coïncidences est l'un des mécanismes de base de notre esprit.

Plus précisément, associer les concepts entre eux, c'est le job du niveau « *pensées* ». Nos pensées se situent « un niveau au-dessus » des concepts. Elles mélangent et associent des concepts, elles matérialisent les analogies entre concepts. Elles provoquent aussi la formation de nouveaux concepts (comme le concept de nombre), exactement de la même manière que les concepts provoquent la formation de nouvelles images mentales, « un niveau au-dessous ».

Encore une dernière chose sur les concepts : ils sont permanents, ce qui signifie qu'ils peuvent être stockés dans notre mémoire à long terme. Nous verrons que ce n'est généralement pas le cas des pensés.

Pensées

Nous l'avons dit : *les pensées sont des arrangements de concepts*. Mais ils ne sont pas arrangés n'importe comment. Ils répondent à une « syntaxe ».

Les premières pensées d'un jeune enfant semblent être de simples juxtapositions de concepts. En, fait, elles sont déjà bien plus que cela, sinon elles resteraient simplement des concepts un peu élaborés.

Je vais vous raconter deux petites histoires :

Lorsque mon fils Rémi, âgé de deux ans, fit pour la première fois une promenade nocturne avec ses parents, il aperçut soudain une étoile dans le ciel. Il n'en n'avait jamais vu, et ne connaissait pas encore le mot « étoile » :

- « Oh, petite lumière ! », s'exclama-t-il
- « Oui, c'est une étoile », répondis-je.

Cette pensée est plus que la découverte d'un nouveau concept. Elle traduit la conjonction de deux concepts, « petite » et « lumière », et d'une émotion « oh, voilà une chose nouvelle », plus un désir : « il faut que je dise ça à papa pour qu'il me dise ce que c'est ». La pensée s'est formée parce que le niveau « concept » de son esprit a remonté au niveau « pensées » l'information que « il y avait quelque chose de nouveau, une petite lumière dans le ciel», mais aussi parce que le niveau supérieur, celui des buts, a généré une émotion et un désir. A moins que ce ne soit une sorte de réflexe ou d'injonction : « quand tu vois quelque chose de nouveau, dis-le »

A peu près au même âge, mais je crois en fait que c'était même avant deux ans, mon fils s'amusait à regarder une fontaine, lorsqu'une goutte d'eau lui tomba sur la main. Comme il n'aimait pas ça, il s'adressa d'un ton offusqué au jet d'eau, en lui disant :

- Non main, l'eau !

Ce qu'on pourrait traduire par « Eh toi, l'eau, ne viens pas sur ma main ! ».

Ici encore il y a mélange entre deux concept « non, ne fais pas ça », et « tomber sur la main », et d'une émotion : « j'aime pas » qui ont provoquées ensemble la formation d'une nouvelle pensée et sa verbalisation, incomplète parce que l'enfant ne savait pas encore dire « venir (ou tomber) sur la main », et qu'il a simplement dit « main ». Il y avait aussi probablement aussi un agent « but » actif quelque part, avec une heuristique du genre « quand quelqu'un te fait quelque chose que tu n'aimes pas, dis le lui et proteste » qui a provoqué la verbalisation de l'idée, une vraie nouvelle pensée. De plus, mon fils s'est adressé au jet d'eau parce qu'il avait eu l'idée que le jet d'eau, qui bouge et s'agite, devait être vivant et comprendre ce qu'on lui disait ! Je trouve ce mécanisme mental absolument formidable, surtout en sachant que cette interjection « Non main, l'eau ! », était en fait la *première phrase* jamais prononcée par mon fils, qui jusqu'à ce jour n'avait parlé que par mots isolés.

Pour comprendre les pensées, il faut comprendre ce qu'elles *sont*, ce qu'elles *font,* et *comment* elles apparaissent.

Les pensées sont des arrangements de concepts qui suivent une syntaxe, et qui répondent à un *but*.

L'exemple type est celui des phrases que nous nous récitons à nous-mêmes dans notre esprit, mais il existe d'autres genres de pensées. Par exemple quand nous pensons à une scène mettant en œuvre plusieurs objets, la « syntaxe » est ici l'arrangement géométrique des objets, leurs positions, le fait qu'ils ne peuvent pas s'interpénétrer, mais qu'ils peuvent bouger, tourner, etc. Quand nous pensons à un événement, il y a dans notre esprit une succession d'images, et la « syntaxe » est ici données par les relations de causalité : les faits qui provoquent d'autres faits et les conséquences.

Comme les concepts, les pensées peuvent activer notre imagerie sensorielle. Mais à la différence d'un concept, une pensée unique peut activer simultanément plusieurs images, probablement autant qu'il y a de « place » dans notre mémoire à court terme, soit cinq ou six.

Les pensées sont plus proches du niveau « délibération » de notre esprit que les concepts, et se prêtent mieux à l'introspection. Intuitivement, nous « nous rendons compte » qu'il semble exister plusieurs types de pensées :

- Les observations, remarques, constatations, portant sur l'imagerie sensorielle, mais aussi sur nos émotions et sentiments
- Les questions
- Les buts, objectifs et désirs
- Les problèmes à résoudre
- Les idées et intuitions
- etc...

Notons que les décisions ne sont pas des pensées : les décisions appartiennent au niveau « délibération » de notre esprit, pas au niveau « pensées »

Les pensées sont *immédiates* : à la différence des concepts qui ont une certaine permanence, les pensées sont créées « au fil de l'eau », elles permettent à notre esprit de prendre en compte les changements dans l'état du monde qui nous entoure, ainsi qu'en nous-mêmes, dans notre système de but.

Pour créer une pensée, mélanger des concepts ne suffit pas. Sinon il suffirait de mélanger arbitrairement des concepts pour créer des pensées et notre esprit serait submergé d'un nombre illimité de pensées sans intérêt. L'exemple de « l'ampoule triangulaire » cité plus haut montre également que lorsque deux concepts se mélangent, ils créent un nouveau concept, *pas* une pensée.

Les pensées n'ont pas une origine unique. Dans notre esprit existent plusieurs « générateurs de pensées ». Ensemble, ils créent sans cesse un « océan de pensées potentielles » ou *proto-pensées*. Mais seules les pensées « intéressantes » acquièrent le droit devenir des pensées véritables, le droit d'activer l'imagerie sensorielle. En plus des générateurs, il existe donc des filtres qui éliminent les proto-pensées sans intérêt.

Comme c'est un peu abstrait, donnons des exemples de générateurs de (proto)pensées :

- L'apparition d'un nouveau concept crée une pensée : « tiens, c'est nouveau ça »

- La reconnaissance d'une *analogie* entre deux concepts crée une pensée : « mais c'est presque pareil ! » et trois buts : « trouve les différences », « trouve les points communs », et « cherche en quoi l'analogie peut aider à résoudre un problème en cours, ou atteindre un but » Nous parlerons plus loin des buts.

- L'agrégation des images sensorielles associées à différents concepts dans un même (petit) espace créée une pensée : « pourquoi ces concepts ont-ils un point commun ? ». Quand je dis l'agrégation des images sensorielles, je ne fais pas uniquement référence à la position des objets, mais à leur couleur, forme, taille, texture, en fait à toute caractéristiques « remontée » par le système visuel. Pour le système auditif, l'esprit recherche également les point commun entre des évènements sonores : hauteur, timbre, intervalle, rythme, volume, etc. En fait, toute régularité (ou irrégularité) observée peut être le point de départ d'une nouvelle pensée.

- L'observation d'une série d'évènements crée une série de concepts de cause et d'effet, et des questions du genre « en quoi tel événement peut-il être la cause du suivant ? », « de quel autre effet pourrait-il être la cause ? », « quelle autre cause peut produire cet effet ?», etc.

- Lorsqu'un but B est actif, les concepts analogues (par leur imagerie sensorielle) sont recherchés, et s'ils sont déjà connus comme l'effet d'un concept cause X, une pensée « un concept voisin de X pourrait aider à atteindre B » est générée.

Et cætera, nous possédons sans doute des dizaines de tels petits générateurs de proto-pensées. Ensemble, ils en créent sans doute des dizaines, voire des centaines à chaque seconde, ce qui est bien moins que ce que produirait un « mélangeur de concept aléatoire » mais encore trop car la grande majorité de ces proto pensées n'ont pas d'intérêt et ne sont pas dignes d'être mémorisées.

Lorsque nous voulons concevoir une bicyclette, nous imaginons des roues en métal, à la limite en plastique, mais *pas* en pudding au tapioca. Lorsque le téléphone sonne, nous pensons que quelqu'un nous appelle, mais *pas* que le téléphone a faim et réclame à manger. (Par contre lorsqu'un tamagoshi sonne, c'est qu'il réclame à manger).

C'est ici qu'interviennent les *filtres à pensées*. Là encore, il y en a de plusieurs sortes, mais sans doute moins que de générateurs :

- Si une pensée se rapporte à l'objet d'une émotion, elle est intéressante.
- Si une pensée a été créée par un but actif, elle est intéressante
- Si aucun concept présent dans une protopensée n'est actif dans l'imagerie sensorielle (perçue ou générée par des pensées précédentes) il vaut mieux la rejeter (cela permet de préserver une continuité minimale dans le fil de nos pensées)
- Si une pensée est dangereuse, elle doit être rejetée

La dernière phrase fait référence à l'existence dans notre esprit de *censeurs*, qui nous disent ce qu'*il ne faut pas* penser. C'est la tarte à la crème de Freud. Nous en parlerons plus loin.

Comment fonctionnent les filtres à pensées ? C'est un problème bien plus complexe qu'il n'y paraît : lorsque Kasparov a les noirs dans une ouverture qui commence par le pion du roi, jouer le pion de la tour en réponse lui paraît aussi absurde qu'une roue de vélo faite en soupe au tapioca. C'est parce qu'il raisonne par analogie avec des parties d'échec déjà connues. De même pour une roue de vélo nous imaginons qu'il faut un matériau unique, dur, solide, qui résistera au poids du cycliste, et par analogie nous voyons immédiatement qu'il faut du métal. Nous comprenons immédiatement pourquoi la tête de Louis Philippe ressemble à une poire, et pas à une orange, et pourquoi l'Italie ressemble à une botte, et pas à une chaussette. Fascinant mécanisme !

Analogies

« Je hais, déteste, abhorre, abomine et maudis les synonymes ! »

Nous avons vu que les analogies sont l'un des moteurs les plus puissants pour créer de nouvelles pensées. Lorsque nous voulons concevoir une machine volante, nous pensons instantanément aux oiseaux, et cette analogie va nous aider grandement…

L'esprit humain crée sans cesse de nouvelles analogies. Il possède pour cela une facilité déconcertante. Réfléchissez à la question suivante :

Qu'est ce qui est à la France ce que Londres est à la Grande-Bretagne ?

Paris, bien sûr, trop facile !

Bon, mais alors *qu'est ce qui est à la région Midi-Pyrénées ce que Londres est à la Grande-Bretagne ?*

Ici nous hésitons un peu plus : « Paris » est une réponse plausible pour la même raison que dans la question précédente, parce que c'est la capitale de la France, et Londres est la capitale de la Grande-Bretagne. Mais la réponse « Toulouse » est certainement meilleure, parce qu'en fait la Grande-Bretagne peut être vue comme une région du Royaume uni, et Londres joue alors le double rôle de capitale d'un pays et capitale d'une région.

Allez, une autre : *qu'est ce qui est à la France ce que Monte-Carlo est à Monaco ?* J'aimerai bien savoir pourquoi je pense à « Nice » comme une réponse évidente ! Visiblement « Monte-Carlo » m'a fait penser à « casino », et en cherchant « une ville de France qui possède un Casino célèbre », j'ai pensé à Nice. La réponse « Monte Carlo » est aussi possible, mais la question semble suggérer qu'il faut considérer Monaco comme un pays et non comme une ville et que c'est dans le pays France qu'il faut chercher la réponse. Voilà un travail mental tout à fait remarquable !

Essayons quelque chose de plus simple : *Qu'est ce qui est à dix-sept ce que onze est à treize ?* La réponse « quinze » saute aux yeux, parce que $15 = 17 - 2$ comme $11 = 13 - 2$.

Mais certaines personnes assez « tordues » (dont moi) pourront répondre « treize » parce qu'ils auront remarqué que 17, 11 et 13 sont trois nombres premiers, que 11 est le nombre premier qui précède 13, et que donc la bonne réponse est « le nombre premier qui précède 17 », soit treize !

Ceci fait penser aux questions « trouvez la suite » que l'on trouve très fréquemment dans les tests d'intelligence : Dans ces problèmes, il y a parfois plusieurs réponses plausibles. En fait, il y en a toujours des dizaines ! Mais l'une d'entre elle nous semble « plus simple », ou « meilleure ».

La « recette » à appliquer pour trouver le terme suivant de la suite n'est pas toujours simple. Parfois il suffit de « translater » ou de multiplier une suite connue comme la suite des entiers naturels. Parfois il suffit de faire des différences entre termes et de considérer ces différences. Parfois chaque terme de la suite ne dépend que du précédent, parfois des deux précédents, parfois de tous les autres…

Un exemple :

1, 2, 6, 24, 120, …. ?

Le terme suivant est 720 (120 x 6), parce que 120 = 24 x 5 et 24 = 6 x 4, etc.

C'était trop simple ? Que pensez-vous de celui-ci, alors :

4, 10^{12}, 5, 2 ,2, 9,…?

La réponse est 20 : voyez-vous pourquoi ? Non ? Et si je vous dis que le nombre qui suit encore est 8, ça vous aide ? Pas beaucoup ? Allez, réfléchissez, je vous donnerai la solution à la fin du chapitre.

Pour trouver la solution à ce genre de problèmes, nous essayons de nous « ramener une suite connue », c'est à dire de trouver une régularité dans la suite qui nous permettra de trouver une analogie avec une suite connue. Mais comment nous y prenons-nous pour trouver ces régularités ? En fait, nous exploitons la *forme* de la suite : par exemple pour la suite :

1, 1, 2, 2, 3, 3, 2, 2, 1, …??

Nous « voyons » que la suite est composée de chiffres « doublés », qui partent de 1, « montent » jusque 3, et redescendent ensuite, si bien que la solution, 1, nous paraît « évidente » et nécessaire. Nous avons fait une analogie avec une montagne :

```
                    3 3
            2 2              2 2
      1 1                           1 1
```

Il est alors clair que 3 3 joue le rôle de sommet, et que les deux paires 1 1 sont les flancs de la montagne.

Les analogies ne se passent pas seulement au niveau des concepts : elles font appel à l'imagerie sensorielle. Notre imagerie sensorielle (ici : visuelle), ne se contente pas de nous donner une « image visuelle » de la suite : elle nous « montre » que la suite est composée de paires de nombres, que 3,3 constitue la « paire centrale », que son *rôle* est de « stopper la montée et commencer la descente ».

Dans la suite : 1, 2, 3, 2, 3, 4, 3, 4, …?

La réponse la plus probable est 5, parce que vous *visualisez* la forme suivante :

```
                    ?
            4       4
       3    3    3
     2    2
    1
```

ou encore celle-ci :

```
        3   4   ?
      2   3   4
    1   2   3
```

ou encore :

```
1   2   3
    2   3   4
        3   4   ?
```

Et dans tous les cas la réponse ne peut être que 5.

Le célèbre informaticien Douglas Hofstadter a écrit un programme, seek-whence, (qui se prononce comme « séquence » en anglais), qui arrive à « intuiter » les *rôles* des chiffres dans une suite, et à répondre à des questions comme « quel est le rôle du 4 dans la suite 1,2,3,4,5,5,4,3,2,1 ? » : ici, c'est le chiffre qui encadre la « paire centrale 5,5 ». Par bien des côtés, seek-whence est un programme vraiment génial : il arrive très souvent à trouver les mêmes réponses que les êtres humains, sur des questions qui sont en fait loin d'être intuitives. Hofstadter a pu montrer combien ces questions simples en apparence sont complexes : elles sont en fait au cœur de l'intelligence. Hofstadter a ensuite écrit un autre programme encore plus génial, *Copycat*, qui sait faire des analogies et répondre à des questions comme : « qu'est-ce qui est à *iijjkk* ce que *abd* est à *abc* ? (autrement dit : si *abc* devient *abd*, que devient *iijjkk* ?)

Je pense toutefois qu'il a sous-estimé le rôle de l'imagerie sensorielle : Celle-ci nous permet certes de visualiser des formes, mais aussi de comprendre le rôle de chaque élément qui participe à la forme. Et c'est cette compréhension des rôles qui nous permet de deviner le rôle du chiffre qui manque et donc … sa valeur.

Ce mécanisme de détection des rôles par nos sens (aux moins celui de la vision) est certainement tout sauf trivial. Malheureusement nous ne pouvons faire que des hypothèses sur ce qui se passe vraiment dans les profondeurs de notre esprit. Nous essaierons de comprendre comment ça marche un peu plus loin, lorsque nous allons parler des *buts*.

La leçon à retenir est celle-ci : Notre imagerie sensorielle ne fournit pas seulement des images de ce qui nous entoure, mais possède aussi des fonctions chargées de détecter les *rôles* des objets et les *buts* des agents perçus. Pour ce faire, elle procède à des comparaisons guidées par les buts et les rôles, c'est à dire à des analogies, et non de simples comparaisons brutes entre les perceptions (réelles ou simulées).

Bon alors, et pour notre suite 4, 10^{12}, 5, 2 ,2, 9, 20, 8, … ?

Ah, oui, voici la solution : le chiffre 4 est le premier nombre dont l'écriture en français, *quatre*, comporte la lettre 'a'. Le chiffre 10^{12}, *un billion,* est le premier nombre dont l'écriture en français comporte la lettre 'b'. Le chiffre 5, *cinq,* est le premier nombre dont l'écriture en français comporte la lettre 'c'. Etc.… Ah, ça n'était pas facile !

Langage et lecture

73

Un exemple : Dans l'écriture d'un mot, le *rôle* de la première lettre est de commencer le mot, celui de la dernière est de le terminer. Le rôle des autres lettres est de « faire du remplissage », de relier la première et la dernière lettre. Lorsque nous lisons, nous ne déchiffrons pas les mots lettre après lettre : nous visualisons le mot « d'un bloc » et nous en déchiffrons le sens en faisant des analogies entre les caractéristiques significatives du mot et celles des mots que nous connaissons déjà. Ces caractéristiques significatives sont : la première lettre, la dernière lettre, et le remplissage (même dans le désordre). Vous ne me croyez pas ? Essayez de lire ceci :

Sleon une édtue de l'Uvinertisé de Cmabrigde, l'odrre des ltteers dnas un mtos n'a pas d'ipmrotncae, la suele coshe ipmrotnate est que la pmeirère et la drenèire soit à la bnnoe pclae. Le rsete peut êrte dnas un dsérorde ttoal et vuos puoevz tujoruos lrie snas porlblème.

C'est prace que le creaveu hmauin ne lit pas chuaqe ltetre elle-mmêe, mias le mot cmome un tuot.

Frappant, n'est-ce pas ? Pour lire, nous visualisons globalement chaque mot lu, puis nous demandons à notre mémoire de « rappeler » les mots qui ont la même longueur (ou les même lettres de remplissage, sans tenir compte de leur ordre) et qui commencent et finissent par les bonnes lettres. Ensuite, nous effectuons une comparaison brute entre le mot lu et le petit ensemble de mots rappelés, et nous réduisons cette liste en ne retenant que les mots qui ont un rôle grammatical correct pour un mot à cette position dans la phrase. En général, il n'en reste qu'un !

Ce mécanisme marche d'ailleurs à tous les niveaux :

Au niveau des lettres : des sujets à qui on demande de se souvenir de lettres qui leur sont présentées brièvement font plus d'erreurs sur les lettres dont le son est proche (F et S, B et V, Q et U, etc.) Il est bien connu que lorsque nous lisons nous prononçons silencieusement. Pour mémoriser une lettre, nous effectuons une analogie *auditive*, basée sur des « sons clés ».

Un autre exemple, l'expérience du « texte fourmillant » : Quand vous regardez, vos yeux se meuvent par saccades et parcourent ainsi le champ de votre vision. C'est tout particulièrement et continûment le cas lorsque vous lisez. Lors d'une saccade oculaire, le mouvement des yeux est *balistique*. Une fois lancés vers un certain point du texte, leur mouvement ne s'ajuste plus en cours de route ; il est entièrement déterminé par l'impulsion initiale. Ce qui est alors balayé par l'œil entre deux fixations n'est pas intégré dans la lecture. On réalise l'expérience suivante. Vous êtes assis(e), tête maintenue immobile, devant un écran d'ordinateur ; un dispositif dépiste le début de chacune de vos saccades, calcule votre prochain point de fixation bien avant que vous l'ayez atteint, et change tranquillement le mot sur lequel votre lecture repart aussitôt après. Résultat : vous croyez lire un texte aussi stable que s'il était gravé dans le marbre, mais pour celui qui lit par dessus votre épaule - et dont les saccades oculaires ne sont pas synchronisées avec les vôtres - ce texte fourmille et se transforme sans cesse.

Voici un petit test pour voir si vous êtes observateur : Que lisez-vous ci-dessous ?

Vous êtes sûr ? Relisez bien.

Allez, un autre test :

L'enjeu consiste seulement à compter combien de fois la lettre F apparaît dans ce texte :

FINISHED FILES ARE THE RE-
SULT OF YEARS OF SCIENTIF-
IC STUDY COMBINED WITH
THE EXPERIENCE OF YEARS.

Allez-y, comptez… Voir un peu plus loin la solution.

Voici un autre exemple, au niveau des phrases : Essayez de lire les phrases suivantes :

Pour ………. le sens … phrase, nous …… … mots clés, et … autres ….. … pas d'importance.

D'ailleurs cette phrase pas de verbe !

Avez-vous schtroumpfé les schtroumpfs précédentes, malgré l'absence de schtroumpf ?

Bravo ! Vous schtroumpf un bon schtroumpf, même si vous ne schtroumpfez pas schtroumpf. Ceci dit la schtroumpf de cette schtroumpf est schtroumpfement schtroumpf et je schtroumpfe que votre schtroumpf ne schtroumpfe pas toujours, surtout si le schtroumpf de schtroumpf est trop grand.

Mmm… La dernière schtroumpf est moins schtroumpf, non ? La raison en est que j'ai fait exprès de mettre beaucoup de « schtroumpf », alors que lorsque nous lisons un texte « normal » les mots-clefs que nous en extrayons sont choisis par notre système visuel et non par l'auteur du texte.

Mais dans un texte normal (sans schtroumpf) c'est le système visuel qui choisit les mots-clefs qui lui permettront au système linguistique de réaliser l'analyse sémantique, l'analyse du sens.

Comment fait-il ? Il examine le rôle de tous les mots avant même de choisir les mots-clefs. Par rôle, j'entends ici position dans la phrase, distance par rapport aux mots-clefs déjà choisis, importance (ici intervient la mémoire, qui va dire au petit lutin responsable de choisir quels mots ont déjà « fait leur preuves » en tant que mot clef dans l'analyse de phrases).

Finalement la compréhension de phrases écrites se déroule ainsi :

- Le système visuel décode les mots (en reconnaissant les lettres de début, fin et remplissage)
- Le système visuel détermine les rôles des mots et choisit des mots-clefs
- Le système linguistique cherche le sens de la phrase : il active les concepts correspondant aux mots-clefs, qui en retour activent l'imagerie sensorielle, qui recherche aussitôt des analogies et des « résonances » avec les buts courants…
- Pendant ce temps le décodage des autres mots se poursuit en parallèle et le sens de la phrase est conforté, enrichi ou infirmé, auquel cas le processus opère un « retour arrière » et un autre choix (de mot clef, de concept, d'imagerie…) est tenté.

L'entraînement à la lecture rapide, dont vous avez peut être entendu parler, permet de supprimer la dernière étape : la lecture va alors plus vite mais il existe des risques d'ambiguïtés sémantiques parce que les étapes de vérification sont sautées purement et simplement.

Juste une dernière chose : lorsque le système visuel analyse des objets inanimés, il leur affecte des rôles. Lorsqu'il analyse des objets animés, il leur affecte des *buts*. Notre sens de la vision distingue très tôt ce qui est animé et ce qui ne l'est pas, ceci probablement parce qu'il est vital pour un animal de savoir si « quelque chose qui est vu » représente un danger, un prédateur, ou au contraire une proie. Enfin l'analyse des buts est très semblable à l'analyse des rôles. Un rôle peut être décomposé en sous rôles de la même manière qu'un but peut être décomposé en sous buts. Le système de fabrication et de gestion des buts de l'être humain est toutefois d'une immense sophistication, comme nous l'allons voir.

Ah, oui, et nos « F » ?

Il y a 6 fois la lettre "F". Et si !

> FINISHED FILES ARE THE RE-
> SULT OF YEARS OF SCIENTIF-
> IC STUDY COMBINED WITH
> THE EXPERIENCE OF YEARS.

Une personne ayant un sens de l'observation en voit 3.
Si vous en avez vu 4, alors vous vous trouvez au-dessus de la moyenne.
Si vous en avez vu 5, alors vous pouvez écœurer pas mal de monde.
Si vous en avez vu 6, alors vous êtes un génie

Personnellement j'en avais vu 4. J'ai pu constater que ne n'étais pas un génie…

Rôles, analogies et unification

« Toutes les généralisations sont abusives »

Bon, mais qu'est qu'un rôle ? Considérons le problème très simple d'analogie ci-dessous :

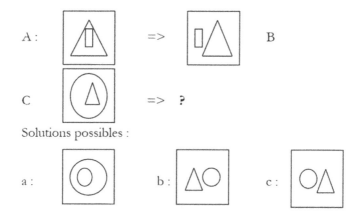

Il s'agit de trouver parmi a, b ou c « **ce qui est à C ce que B est à A**. »
Ou encore : si A devient B, que devient C ?

Alors, vous avez trouvé ? Vous n'avez même pas essayé ? Quel fainéant vous faites ! Allez, essayez, ça n'est pas très difficile... Regardez bien : si A devient B, alors C devient... alors, a, b, ou c ?

En intelligence artificielle « classique », on a trouvé une solution pour qu'un ordinateur puisse de sortir de ce genre de problème : l'algorithme *d'unification*.

Pour ce faire, on réalise une description « symbolique » du problème, comme suit :

A = rectangle dans triangle
B = rectangle à-gauche-de triangle
C = triangle dans cercle

Puis on se donne des buts, qui sont les descriptions des trois solutions possibles :

a = cercle dans cercle
b = triangle à-gauche-de cercle
c = cercle à-gauche-de triangle

Et on tente « d'unifier » le problème A => B successivement avec C=> a, C => b et C => c, jusqu'à trouver une « unification » qui réussisse (ici avec b) :

> A=>B :
> rectangle dans triangle => rectangle à-gauche-de triangle

> Généralisation :
> > X dans Y => X à-gauche-de Y
> > (dans l'exemple, X = rectangle, Y = triangle)

> Essai avec C => b :
> > Triangle dans cercle => triangle à-gauche-de cercle
> > Succès avec X = triangle, Y = cercle

Cet algorithme (que je ne détaillerai pas ici, car il est bien connu des informaticiens) donne la solution la plus générale. Pour cette raison beaucoup d'informaticiens pensent que notre esprit contient un algorithme d'unification.

Mais le problème majeur réside dans le choix de la description symbolique : faut-il dire que « le triangle est-à-droite-du carré » ou que « le carré est à-gauche-du triangle ? Encore plus dur, faut-il dire « triangle » ou « ensemble de trois lignes dont les extrémités se touchent deux à deux » ? (après tout, le système symbolique d'un enfant ne connaît peut être pas encore le concept de « triangle », mais il peut quand même faire des analogies)

Et comment décrire alors des figures comme celle-ci :

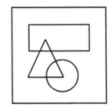

de manière non ambiguë, avec des expressions logiques élémentaires comme « cercle », « triangle », « à-gauche de », « en-dessous-de », « chevauchant », etc. ? C'est clairement impossible à faire dans le cas général, il y a trop de cas particuliers.

L'utilisation de l'imagerie mentale supprime ce problème : on peut faire les déductions (les spécialistes disent des inférences) directement à partir de l'image mentale sans avoir à la traduire en « symboles » !

Pour résumer, notre esprit est capable de faire des inférences et des unifications pour trouver des analogies, des rôles et des buts, mais ces analogies ne se font pas sur des expressions logiques, mais directement sur les images qui sont fabriquées et analysées par notre imagerie sensorielle.

Trouver le *rôle* d'un élément visuel, c'est faire une analogie avec un élément visuel déjà connu (inanimé) et dont on connaît le rôle.

Trouver le *but* d'un élément visuel, c'est faire une analogie avec un élément visuel déjà connu (animé) et dont on connaît le but.

Pas si différent, finalement !

Buts

Un père à son fils : « Désobéis-moi ! »

Nous avons des buts conscients et inconscients.

Nos buts conscients, nos objectifs, sont des pensées du genre « il faut que je fasse ceci aujourd'hui », ou encore « je dois perdre trois kilos avant les vacances ». Finalement, ces buts ne se distinguent pas qualitativement des autres pensées, et leur « traitement » se fait par la délibération, au niveau du « fil narratif » de notre pensée.

Mais notre esprit fabrique aussi en permanence et de manière inconsciente des centaines de buts internes. Ces buts internes sont gérés par un système complexe et caché, que j'appellerai simplement notre *système de gestion des buts*. C'est de ce système dont je voudrais discuter ici. D'une certaine façon il est au cœur de l'intelligence : la création de nouvelles pensées ne pourrait se faire s'il n'existait pas.

Soyons clair : tous les « petits lutins » qui forment notre esprit ont un but local : rechercher un souvenir, des analogies, etc. Mais certains petits lutins ont un but qui est la recherche de pensées qui pourront être des buts « globaux », ou de solutions pour satisfaire une pensée-but.

Vous êtes dans la rue, il fait chaud, et vous avez envie d'un verre de bière bien fraîche et gouleyante. Vous vous adressez à une personne qui vous croise pour lui demander où se trouve le bar le plus proche.

Pour comprendre ce comportement bien compréhensible (!) il faut comprendre :

- Que vous avez un but : boire une bière
- Un plan : aller dans un bar (parce que vous savez que dans les bars on trouve de la bière, qu'en ville il y a généralement des bars, et que trouver un bar serait probablement la façon la plus simple pour vous de boire de la bière)
- Ceci génère un nouveau but : trouver un bar
- Ce qui génère un nouveau plan : interroger quelqu'un (parce qu'il vous faut quelqu'un qui connaît bien le quartier, et que vous savez que les piétons d'un quartier le connaissent souvent bien)
- Ce qui génère à son tour une focalisation de votre perception sur les gens proches de vous, avec l'intention de leur poser une question

On voit que même pour une action en apparence si simple et naturelle plusieurs sous-buts sont générés, et que de nombreuses connaissances ont été nécessaires.

De même dans la reconnaissance visuelle, supposons que nous ayons déjà reconnu les contours d'une brique :

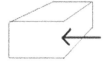

Ceci déclenche la création d'un but : « trouver une arête verticale dans la zone indiquée »

Notre esprit contient donc un *système de gestion des but*s qui a pour fonctions de fabriquer des pensées à propos de nos buts :

- Découper un but de haut niveau en sous-but
- Raisonner à partir de nos connaissances pour prédire de futures perceptions
- Raisonner à partir d'observations inexpliquées pour inventer des hypothèses qui pourraient en être la cause,

- Comprendre les liens de cause à effet entre des phénomènes observés
- Organiser des séquences de pensées pour résoudre les problèmes qui se posent dans la poursuite de nos buts dans le monde réel.

Gérer les buts est une activité a priori fort différente de celle qui consiste à gérer les concepts ou les pensées. Les concepts peuvent être appris, les pensées peuvent être fabriquées, mais les buts doivent être *inventés*.

Un but est une image abstraite qui « veut être vraie ». Un but possède une *désirabilité*. Les buts sont des « aimants » qui vont « attirer » certains concepts et certaines pensées. Par exemple lorsque notre esprit fabrique une pensée concernant un évènement E (qui peut être une action que nous projetons de faire), nos générateurs de pensées (cf. plus haut) vont fabriquer la question « peut-on prédire le résultat de E ?». Mais si un but B est actif, il va « orienter » le fabricateur de questions vers la question plus spécifique « le résultat de E peut-il être B ou un des sous but connus de B ? »

Pour répondre à ces questions le plus probable est que l'esprit recherche dans nos croyances causales, nos croyances sur les causes et effets de certains évènements. Ces croyances causales sont des pensées d'un certain type, stockées dans la mémoire à long terme. Comme toutes les pensées, nos croyances causales sont d'abord fabriquées sous forme de proto-pensées, avant de passer l'épreuve du filtre à pensées (voir plus haut).

Il en va de même des buts. Avant de devenir un vrai but, un but doit donc passer par un filtre, sinon trop de buts inutiles seraient fabriqués et nous n'arriverions tout simplement pas à raisonner.

Le mécanisme est le même que pour les pensées « ordinaires » : Un but active une image mentale du résultat souhaité, et active donc la recherche d'analogies entre ce but et d'autres images de concepts connus, mais ici ce sera des images de la causalité entre évènements : si un concept actif concerne un événement « E est la cause de F », et si F possède une analogie avec le but cherché B, B pourra survivre et E deviendra un nouveau but (un sous but de B).

Enfin presque, parce que généralement quand un proto-but B est fabriqué, il est fort peu probable que notre mémoire contienne déjà une pensée causale de la forme « X est la cause de B », ce serait trop simple ! Ce que notre esprit contient peut-être, c'est une pensée « E est la cause de F » où F possède une analogie certaine avec B, mais n'est pas identique à lui. Savoir que E est cause de F peut nous aider à trouver une cause pour B, mais E ne sera pas directement la cause de B, c'est une version modifiée de E qui le sera. Il faut donc fabriquer un nouveau sous-but : « comment modifier E pour qu'il devienne la cause de B, sachant que E est la cause de F qui possède telle analogie avec B ». Ça se complique !

Un autre filtre est celui qui nous empêche de penser deux fois la même chose : il détecte les boucles et nous empêche de tourner en rond dans la chaîne des buts. Ce mécanisme de détection des boucles est très complexe et il constitue un sous-système complexe qui doit être entraîné, et qui utilise lui aussi des heuristiques et des buts.

Toutes ces complications font que le niveau de notre esprit qui gère les buts, le niveau de la délibération, est un niveau tout aussi compliqué que le niveau des concepts ou celui des pensées. Ce niveau comprend forcément tout un système de gestion des plans, qui garde la trace des buts et de leurs sous-buts.

Mais cela ne suffit pas parce que le raisonnement que nous venons de décortiquer, qui consiste à décomposer un but en sous buts jusqu'à trouver des buts élémentaires pour lesquels il existe directement des actions simples qui y mènent, n'est pas la seule manière que nous avons de trouver comment atteindre un but :

Nous pratiquons aussi le « raisonnement en avant », qui consiste à partir d'une liste d'actions possibles et de voir lesquelles nous rapprochent du but.

Notre cerveau ne s'est pas fait tout seul, et l'évolution de notre esprit a plutôt favorisé la « recherche de processus cognitifs qui feront des suggestions utiles », et pas « l'optimisation d'un algorithme unique de recherche exhaustive dans toutes nos croyances » Ceci signifie qu'il existe dans notre répertoire différentes formes de recherches de croyances sur la causalité, par exemple « trouver une croyance dont les conséquences sont analogues à une image mentale d'un but », ou « trouver un évènement qui conduise au but », et bien sûr « trouver si nous n'avons pas déjà résolu un but similaire auparavant».

Un but possède une *désirabilité*, que l'on peut voir comme une mesure de son utilité potentielle, à moins que ce but provienne d'une sorte de pulsion fondamentale, innée, à laquelle nous sommes soumis en permanence (on en reparlera).

Ce concept de désirabilité des buts engendre une désirabilité des actions : une action qui conduit à un but désirable devient désirable elle aussi. Mais attention : il y a des cas où ça ne marche pas. Par exemple lorsque nous voulons séduire une créature de l'autre sexe (but A, très désirable), nous pouvons considérer qu'un des moyens d'y parvenir est de lui montrer notre sincérité (un sous-but B, également très désirable), et un des moyens de parvenir à ce sous-but B est de lui avouer que nous sommes amoureux d'un(e) autre… Oui, mais patatras ! Nous recevons alors une gifle. Ce faisant, nous atteindrons bien le but B, montrer notre sincérité, mais nous avons détruit en même temps le moyen de parvenir au but A !

Dans le même genre, nous pouvons en poursuivant un but A imaginer une action S, qui conduit bien vers A mais qui aura pour « effet de bord » de diminuer la désirabilité de A. Le « calcul des buts » dans notre esprit est quelque chose de très complexe !

Une autre complication provient de la distinction qu'il faut faire entre implication causale et prédiction : l'implication est utile pour chercher des chaînes d'actions qui conduiront à un but fixé, la prédiction est utile pour… prévoir le résultat d'actions dont on ne sait pas à priori si elles conduiront ou pas vers un but. Mais la prédiction ne suffit pas pour planifier des actions : si l'on prédit que l'observation de A conduira à l'observation de B, cela ne signifie pas qu'il faut parvenir à l'état A pour arriver à l'état B : les deux états peuvent avoir une cause C, commune et cachée. Dans ce cas A est un bon prédicteur de B, mais pour arriver à B ce n'est pas par A qu'il faut passer, mais par C !

Un exemple : nous pouvons observer une corrélation forte entre la consommation de mazout et le taux de mortalité des personnes âgées. Faut-il alors supprimer le chauffage au mazout pour diminuer cette mortalité ? Non bien sûr, il n'y a corrélation que parce que les deux chiffres augmentent en hiver…

OK. Nous avons décrit comment les buts peuvent donner lieu à des sous buts, et finalement à des plans pour les réaliser, mais nous n'avons pas dit *d'où* viennent les proto-buts ?

Une première classe de générateurs de proto-buts consiste à « remplir les blancs ». Nos connaissances sont imparfaites, nos prédictions sont imparfaites, notre compréhension des causes et des effets est imparfaite. Notre esprit dispose de « générateurs de buts » pour remplir ces blancs :

Le générateur de buts *expliquer* remplit des blancs dans notre connaissance du passé.
Le générateur de buts *prédire* remplit des blancs dans notre connaissance du futur.
Le générateur de buts *découvrir* remplit des blancs dans notre connaissance du présent.
Le générateur de buts *curiosité* remplit des blancs partout !

Ce dernier générateur remplit des blancs dont nous ignorons même qu'ils existent. L'activité de la petite lutine « curiosité » pourrait se résumer à « trouver n'importe quoi (un concept, une pensée, un but, une image) qui pourrait être intéressant à se souvenir plus tard ». La curiosité maintien des liens très abstraits avec le service de « calcul d'utilité », mais il y en a un qui est intangible : la curiosité *est* utile !

Une seconde classe de générateurs de buts provient d'agents (petits lutins, toujours eux) qui sont probablement innés et actifs dès notre naissance (la curiosité pourrait appartenir à cette classe) :

- Satisfaire un besoin corporel (uriner, respirer, dormir)
- Imiter (une autre personne)
- Reproduire ce qui a été fait par d'autres (une action, une construction)
- Répéter encore ce que l'on vient de faire
- S'attacher à une personne
- Jouer
- Se reproduire
- Explorer
- Entrer en contact avec les autres
- *Etc.*

Nous avons déjà parlé des agents *imiter*, et *s'attacher*, qui sont le point de départ de notre apprentissage.

Reproduire et *jouer* sont des agents qui sont très actifs chez les enfants. L'évolution a mis en place ces agents parce qu'ils servent à perfectionner nos compétences, mais aussi à entraîner nos « détecteurs de boucles » qui évitent à notre esprit de se fourvoyer toujours dans les mêmes ornières mentales.

Se reproduire ne devient vraiment actif qu'au moment de la puberté (ah oui ?), mais il ne fait aucun doute que l'évolution a prévu que ce but soit généré dans notre esprit, sinon nous ne serions pas là pour en parler !

Explorer est un agent qui obéit à *découvrir* et *curiosité*. L'exploration est active dès la naissance, elle peut être tactile, visuelle, et même gustative, et plus tard elle fera appel à d'autres agents tels que *se déplacer, marcher*, etc.

Entrer en contact avec les autres est un générateur qui est apparu évolutivement plus tard mais ce but « primaire » est le socle sur lequel repose toute notre intelligence sociale, c'est à dire la faculté que nous avons de comprendre et maîtriser nos interactions avec nos semblables. Conjointement avec l'apparition des neurones miroirs qui ont pour but de calculer les buts des autres humains, ces deux super-buts ont permis l'apparition des liens sociaux et du langage.

Ces agents constituent ensemble une « mini moralité » qui servira de départ à notre sens moral, lequel nous dit ce que nous avons envie de faire et de ne pas faire.

Le système moral prendra toute son importance lorsque nous construirons une intelligence artificielle : Comme il s'agit d'une entité potentiellement dangereuse pour l'être humain, Nous devrons soit la doter d'un sens moral amical envers les humains, soit lui imposer des injonctions qui la contraindront à rester amicale (l'exemple type en étant les fameuses trois lois de la robotique d'Isaac Asimov).

Nous discuterons abondamment de ces notions plus loin, mais nous pouvons déjà nous rendre compte que la tâche ne sera pas facile. Dans la description de l'esprit que je viens de brosser à grands traits, où placer les lois d'Asimov ? Et d'abord, ces lois sont-elles souhaitables ? En fait il semble bien que non. Les trois lois sont incompatibles avec une liberté d'action et de raisonnement telle que celle que prête Asimov à ses chers robots. Les robots « three laws safe » appartiennent à l'imaginaire de la science-fiction, pas à notre futur.

Ce qui n'empêche qu'il faudra quand même trouver quelque chose. Allez, je vous donne la solution ici : la solution, c'est la *méta-moralité*. Bon, maintenant, pour savoir ce que cela veut dire, vous pouvez sauter à la fin de ce livre. Mais je vous conseille quand même de continuer la lecture dans l'ordre : les liens hypertexte, c'est bien, mais on perd vite le fil de ce que l'on cherche ! Vive le livre en papier !

Le puzzle se met en place

Bon ! Nous pouvons nous asseoir un peu et souffler. Nous avons maintenant tous ce qu'il faut pour comprendre comment les buts peuvent créer des concepts qui vont aider à résoudre un problème en cours.

Considérons les deux listes (ci-dessous) de diagrammes, comportant chacun quatre rectangles incluant des figures géométriques, et séparées par un trait.

Le problème consiste à trouver le concept qui est commun aux diagrammes de la « bonne liste » mais qui n'est partagé par aucun diagramme de la « mauvaise liste » :

En d'autres termes, quel est le concept qui sous-tend tous les dessins qui se trouvent dans les quatre boîtes de la « bonne liste », mais qui ne s'applique à aucune boîte de la « mauvaise liste » ?

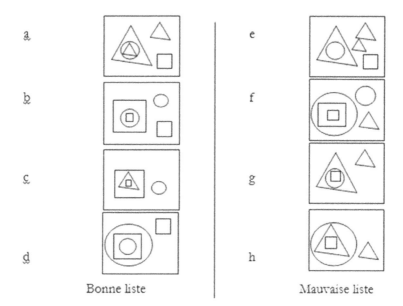

Bonne liste | Mauvaise liste

Allez, cherchez un peu… On appelle ce genre de problème des *problèmes de Bongard*, du nom du chercheur russe qui les a créés dans les années soixante (nous en reparlerons un peu plus loin à propos du programme informatique *Phaeaco*, qui résout effectivement de telles énigmes)

Ecoutons les petits lutins :

Hum ! Pas simple ! Bon, *expliquer* va créer un but « trouver un concept commun aux figures de gauche », et *prédire* va chercher à voir si ce concept s'applique aux figures de droite (il ne devrait pas)

Dans le même temps l'imagerie sensorielle engendre des descriptions des huit figures, et *concepts* voit qu'il y a là une foule d'instances de concepts de « ronds, cercles, carrés, objets emboîtés, à gauche/droite de, un, deux, trois », et quelques instances de « quatre ».

Pensées reprend à son compte ces constatations et produit des descriptions des figures : par exemple la première figure en haut à gauche (a) peut être décrite comme « il y a deux groupes d'objets, l'un à gauche formé de trois figures emboîtées l'une dans l'autre, l'autre à droite formé de deux figures isolées, un carré et un triangle ».

L'imagerie reprend à son compte les descriptions faites par pensées, et remarque que toutes les figures comportent trois objets emboîtés, sauf (e)

Les deux buts, qui étaient inactifs faute de grain à moudre, se réveillent alors : *trouver un concept commun* triomphe : « il y a trois figures emboîtées » presque partout ! Que nenni, répond *tester si ça s'applique aux figures de droite* : Ça ne suffit pas parce que (f), (g) et (h) ont aussi trois figures emboîtées et ils figurent sur la mauvaise liste.

Expliquer reprend alors la main, relance « trouver un concept commun aux figures de gauche » en lui priant de trouver un autre concept, et engendre deux nouveaux buts : « trouver un concept commun à (f), (g) et (h) » et « trouver un concept commun aux figures emboîtées de gauche ».

Seul ce dernier but réussira, je ne m'attarderai donc pas sur le cheminement suivi par les autres.

« Trouver un concept commun aux figures emboîtées de gauche » relance le niveau *concepts* en lui priant de trouver une autre description que « trois figures emboîtées ». *Concepts* s'exécute, en augmentant le niveau de détail. Pour la figure (a), cela donne « un triangle dans un rond dans un triangle », pour (b) « un carré dans un rond dans un carré », etc. A ce stade *concepts* remarque que la figure intermédiaire est dans les deux cas un rond, et une pensée est générée : « tiens, tiens ! », qui entre en résonance avec le but « trouver un concept commun » malheureusement dans la figure (c) la figure intermédiaire est un triangle et cette pensée est tuée dans l'œuf.

Mais le but « trouver un concept commun » cherche en même temps dans la mémoire une méthode pour trouver un concept commun et se rend compte qu'on peut y parvenir en « généralisant les descriptions », ce qui est un nouveau but, lequel engendre une pensée-question « qu'est ce qui est commun entre « un carré dans un rond dans un carré », « un triangle dans un rond dans un triangle », « un carré dans un triangle dans un carré », etc.

Concepts lance alors une *unification* qui remonte « X dans Y dans un X plus grand» comme concept le plus général possible. (Attention, je ne prétends pas que notre esprit fait de l'algèbre et qu'il utilise des inconnues, l'expression « X dans Y dans un X plus grand » est juste une manière de formuler en langage humain un concept qui n'a rien à voir avec le langage et qui ne fait appel qu'à nos facultés d'imagerie visuelle).

Ah ah ! Fait *trouver un concept commun* : j'en tiens un autre ! La figure emboîtée la plus petite doit être identique à la figure la plus grande !

Tester si ça s'applique aux figures de droite, qui rongeait son frein, s'empare de la pensée et demande à concepts une unification entre « X dans Y dans un X plus grand » et les quatre figures de gauche, cela ne réussit pour aucune et le but d'unification est bien déçu, mais le but supérieur, lui sait que c'est précisément ce résultat négatif qu'il fallait obtenir : super !

Expliquer triomphe : Il faut qu'il y ait trois figures emboîtées, dont la plus petite doit être identique à la plus grande. *Prédire* est content lui aussi : le concept s'applique aux figures de gauches et pas à celles de droite, c'est que l'on voulait.

Et voilà ! Ouf ! Naturellement la description ci-dessus est une vue très grossière de ce qui se passe vraiment pour la décrire en totalité, il faudrait des pages, et il est vraisemblable que des milliards de calculs ont été faits pour parvenir au résultat.

Notons deux choses :

1) Les petits lutins (buts, concepts…) travaillent en parallèle, et s'il arrive que certains attendent le résultat d'un autre, très souvent ils se débrouillent tout seul.

2) Le concept final est très général et il ne dit pas que la figure qui doit être à la fois à l'intérieur et à l'extérieur doit être un carré, un rectangle ou un rond. Si l'on créait une figure avec un octogone dans un losange dans un octogone, nous n'aurions aucun mal à reconnaître que cela respecte le concept que nous venons d'apprendre. Telle est la puissance de l'unification, dont nous avons discuté plus haut.

Bon ! Ça commence à se mettre en place ! Nous commençons à comprendre ce qui se passe dans notre petite tête ! C'est le moment de prendre un peu de recul.

Intermède

Jusqu'à présent j'ai essayé de vous faire « toucher du doigt » quelques faits réels sur l'esprit, des faits qu'il a fallu des années d'études ardues pour mettre à jour. Nous avons décortiqué un peu le fonctionnement de nos modalités sensorielles, la manière dont nous fabriquons des concepts, des pensées, des analogies, des buts.

Pourtant cela semble si général, si abstrait. Cela ne nous donne en aucun cas la « recette pour fabriquer un esprit », ou au moins pour comprendre vraiment comment il marche.

Nous allons arrêter là cette petite exploration de notre esprit par introspection, pour nous concentrer davantage sur le sujet principal de ce livre : L'esprit, comment ça marche, et quelle est sa structure ?

Mais auparavant, avant de parler du *comment*, il faut dire un mot sur le *pourquoi*.

2 Esprit et cerveau

L'évolution de l'intelligence

La *cause* de l'intelligence humaine est l'évolution. L'intelligence constitue un avantage évolutif parce qu'elle nous permet de modéliser la réalité, y compris notre réalité interne, ce qui nous permet en retour de prédire, décider, et finalement manipuler la réalité.

Cela a commencé par une aptitude à modéliser l'environnement, puis est apparue l'aptitude à ressentir des émotions et à imiter des comportements, puis à modéliser l'environnement social (les autres esprits), enfin l'aptitude à modéliser son propre comportement.

En fait, on sait qu'il y a eu trois grandes étapes dans l'évolution du cerveau :

Le cerveau **reptilien** est apparu chez les poissons il y a près de 500 millions d'années. Il s'est ensuite développé chez les amphibiens et a atteint son stade le plus avancé chez les reptiles, grosso modo il y a 250 millions d'années. Il assure fonctions vitales de l'organisme en contrôlant, la fréquence cardiaque, la respiration, la température corporelle, l'équilibre, etc. Il comprend le tronc cérébral et le cervelet, essentiellement ce qui forme le cerveau d'un reptile. Il est fiable mais a tendance à être plutôt rigide et compulsif…

Le **système limbique** est pour sa part apparu chez les petits mammifères il y a environ150 millions d'années. Il est capable de mémoriser les comportements agréables ou désagréables, et par conséquent responsable chez l'humain de ce que nous appelons les émotions. Il comprend principalement l'hippocampe, l'amygdale et l'hypothalamus. C'est le siège de nos jugements de valeur, souvent inconscients, qui exercent une grande influence sur notre comportement.

Enfin, Enfin, le **néocortex** a commencé sa fulgurante expansion chez les primates il y a à peine 3 millions d'années avec l'apparition du genre Homo. C'est grâce à lui que se développera le langage, la pensée abstraite, l'imagination, la conscience.

Je pense que l'évolution a accompli un bon travail, mais que ce travail est imparfait. Je crois que l'importance démesurée du cerveau reptilien et du système limbique est la cause de notre aptitude bien trop grande à la colère et à la violence. Je suis persuadé que si nous devons un jour créer une intelligence artificielle, il serait bien avisé de ne pas recopier servilement la nature, et de « n'implémenter » que certaines des fonctions de ces deux systèmes primitifs.

Ceci dit, ne jetons pas le bébé avec l'eau du bain. Au cours de cette évolution nous avons acquis des capacités utiles pour certains problèmes d'adaptations, mais aussi des facultés qui peuvent servir dans de multiples contextes, ce que nous appelons l'intelligence générale. Les problèmes d'adaptation de nos ancêtres ne se limitaient pas à la cueillette de baies et à la chasse au renne. L'intelligence a été un avantage évolutif parce qu'elle permettait de modéliser et prévoir notre environnement, y compris les autres humains.

En un sens cette capacité est faible, elle n'est pas aussi rapide et précise que notre capacité à voir en 3D par exemple, mais nous arrivons en général à des explications de la réalité qui sont suffisamment vraies pour nous permettre de nous débrouiller dans la vie.

C'est ce qui nous a permis de passer la première « crise » de l'histoire humaine, l'explosion de violence due à l'accroissement soudain de notre capacité d'imitation, dont nous avons déjà parlé. Il est probable que les quelques dizaines de milliers d'humains qui peuplaient la terre alors (il y a trois millions d'années) ont échappé de peu à l'anéantissement. Ils n'ont survécu que parce que leur intelligence leur permettait de prévoir le comportement de leurs semblables.

Pour comprendre l'évolution de l'esprit humain, il nous faut plus que le darwinisme classique : il nous faut une théorie qui date de 1992 et qui est le *modèle causal intégré de la génétique des populations*. Cette théorie au nom compliqué nous dit que l'évolution agit par une pression sélective exercée sur les gènes. La contribution d'un gène au succès de sa propre propagation est déterminée par les régularités de son environnement *total*, l'environnement extérieur de l'organisme *et* l'environnement génétique – les gènes qui l'entourent.

Ainsi il ne suffit pas qu'une mutation donne un avantage à un groupe d'individus pour que cette mutation perdure dans leurs gènes : il faut que les gènes y trouvent eux aussi leur compte, et que la mutation donne un avantage évolutif à l'individu, *compte-tenu* des autres gènes qu'il possède.

On a découvert par exemple que les gènes qui font qu' un animal a un avant et un arrière, comme par exemple un homme a une tête, un tronc et des membres ou bien comme un insecte a une tête, un thorax et un abdomen, sont les mêmes chez tous les animaux, vertébrés et invertébrés. Ils existent sans doute depuis que l'on a fabriqué sur Terre le premier vers qui avait un avant et un arrière. Les gènes qui font que nous avons cette série de vertèbres sont une séquence d'ADN qui est exactement la même que la séquence qui fait qu'une mouche par exemple a le corps découpé en anneaux. Et le fait que ce soit la même mécanique génétique qui organise le corps d'animaux aussi différents que les vers, les insectes, les souris ou les hommes, est la meilleure preuve qui soit de l'hypothèse de Lamarck, de l'hypothèse fondamentale de l'évolution, selon laquelle toutes les espèces animales auraient une origine commune à partir des formes de vie animales les plus simples. Cette preuve ne date de que quelques années alors que l'hypothèse de Lamarck a plus de deux siècles...

Une nouvelle adaptation ne peut se répandre que si elle constitue un avantage immédiat : les gènes ne prévoient rien, ils s'adaptent. Pour que le cortex cérébral se développe, il a fallu que les neurones soient là, que le cervelet soit là pour coordonner les mouvements, etc. En un sens, le cerveau s'est construit par couches successives, mais toutes sont nécessaires pour que l'intelligence finisse par exister.

Un exemple : tous les animaux supérieurs dorment, tous les mammifères rêvent. Dormir est un besoin fondamental, quelque chose que nous ne pouvons pas nous empêcher de faire. Notre cerveau sécrète des « hormones de sommeil », qui, lorsqu'elles s'accumulent en quantité suffisante, nous *forcent* à dormir. Pourtant nous ne savons pas au juste *Pourquoi* nous avons besoin de dormir. Les explications comme « le corps à besoin de se reposer » n'expliquent rien : l'évolution aurait très bien pu nous fabriquer un corps qui n'aurait pas besoin de dormir. Pourquoi a-t-elle choisi de ne pas le faire ? Quel avantage évolutif énorme nos gènes ont-ils trouvé dans le fait de dormir ?

Il y a tout d'abord le fait qu'un animal qui dort dans une cachette risque moins pendant ce temps d'être la proie des prédateurs, surtout des prédateurs nocturnes, qui sont mieux adaptés à la nuit. Un animal qui n'est pas un prédateur nocturne, qui ne possède pas des « gènes de prédateur nocturne », a intérêt à dormir pendant la nuit. Inversement, un animal qui est adapté à la nuit à tout intérêt à ne pas se montrer de jour.

Mais ce n'est probablement pas la seule raison. Nos cerveaux eux aussi ont besoin de se reposer, de rêver. Nous ne savons pas *pourquoi*, mais nous savons que si l'on empêche, disons un chat, de rêver, cela se traduira pas de graves troubles psychologiques pour lui. Pourquoi ? Peut-être tout simplement parce que les gènes qui définissent l'organisation du cerveau ne sont pas parfaits, et que le cerveau des premiers poissons et reptiles, dont l'organisation a conditionné par la suite la forme et l'organisation de tous les cerveaux de tous les animaux qui en sont pourvu, est apparu parce qu'il était difficile pour les gènes de fabriquer du premier coup un cerveau efficace 24 heures sur 24, et qu'un « petit » défaut comme le besoin de dormir périodiquement ne constituait pas, au fond, un handicap sérieux (à cause de ce que nous venons de dire sur les prédateurs).

Il est possible également que cette explication ne soit pas la bonne. Il se peut que l'esprit, même chez un animal primitif, ait besoin de se couper périodiquement du flux de sensations externes qui lui arrivent, pour « faire le point », consolider les souvenirs et expériences utiles, et ajuster finement le réseau de censeurs et suppresseurs qui l'empêchent de penser « n'importe quoi ». Il est possible qu'un cerveau qui ne dorme pas ne soit tout simplement pas fonctionnel, pour une raison que nous ignorons encore. A mon avis il est pourtant beaucoup plus probable que ces ajustements qui ont lieu dans notre esprit pendant notre sommeil et nos rêves ont été inventés par l'évolution *après* la construction du cerveau-qui-dort-mais-qui-ne-rêve-pas primitif, et que nos gènes ont profité de ce qui était un inconvénient pour l'atténuer en lui trouvant des fonctions utiles.

Il est probable que le système de censeurs/suppresseurs cher à Freud, qui se trouve dans nos esprits et qui « régule » nos pensées en nous empêchant de penser n'importe quoi, trouve son origine dans le fait tout simple que les gènes ont d'abord fabriqué un cerveau-qui-dort parce que c'était plus simple à faire qu'un cerveau-qui-ne-dort-pas, puis qu'ils ont ensuite amélioré la chose en inventant un cerveau-qui-rêve, puis un cerveau-qui-se-régule-pendant-les-rêves, ce qui permet à l'esprit de réaliser des fonctions supérieures qui auraient été impossibles autrement.

Pourquoi notre intelligence utilise-t-elle notre cortex visuel ? Parce qu'il est là ! L'évolution a inventé la vision bien avant l'apparition des mammifères. Et les évolutions suivantes ont utilisé ce cortex à leur avantage. Les échecs répétés de l'IA prouvent que concevoir une intelligence sans l'équivalent du cortex visuel (ou d'une autre modalité sensorielle) ne conduit pas à un système intelligent.

Le cœur humain n'est pas un organe qui permet de courir après une proie. Le cœur humain est un organe qui transporte le sang et l'oxygène vers les autres organes. Supprimer le cœur ne donne pas naissance à un humain moins efficace, mais à un humain qui aura cessé de fonctionner. Il en va de même de l'esprit intelligent. Supprimer une ou plusieurs modalités sensorielles importantes ne conduit pas à une intelligence moins sensible à son environnement, mais à pas d'intelligence du tout (les aveugles ne voient rien, mais ils possèdent un cortex visuel et une modalité sensorielle de la vision, qui leur permet de comprendre la topologie de l'univers autour d'eux et de faire du raisonnement spatial et temporel)

Cependant, parce que l'évolution a suivi un chemin aveugle pour aboutir à l'intelligence, le cerveau n'a sans doute pas l'architecture la plus efficace possible. Si nous avions la possibilité de faire du génie génétique ultra performant, ou si nous avions plus de connaissance en intelligence artificielle, il est probable que nous pourrions créer des êtres plus intelligents que nous, parce que, à la différence de l'évolution, nous n'aurons pas à progresser laborieusement de petite adaptation en petite adaptation, nous pourrions d'un seul jet concevoir la structure finale et la fabriquer.

Certaines fonctions de notre esprit ne sont radicalement **pas** optimisées :

- Le calcul : nous sommes incapables de multiplier des nombres de dix chiffres entre eux de tête, sans une vraie prise de tête, et que dire d'extraire une racine cubique. Pourtant nos neurones effectuent bel et bien des calculs internes, mais « avoir le sens des nombres » ne constitue pas un avantage évolutif, et c'est pourquoi nous sommes si nuls en calcul, de même que nous ne savons pas par exemple trier en un instant des milliers de nombres, ou décoder un fichier binaire, chose que le premier ordinateur venu fait facilement.

- Le raisonnement logique : essayez sans prise de tête de savoir si l'argument suivant est valide :

  « Si le libre arbitre n'existe pas, alors le concept de responsabilité est un non-sens. Si la responsabilité est un non-sens, alors le système judiciaire aussi. Donc si le libre arbitre est possible alors le système judiciaire n'est pas un non-sens. »

  Euh… quelqu'un à une aspirine ? (solution plus loin)

- Les capacités d'introspection : nous n'avons aucun moyen de savoir et surveiller directement ce qui se passe à l'intérieur de nos esprits. Si nous comprenions mieux notre inconscient, nous pourrions « maîtriser nos pulsions » et nous améliorer. En fait, nous pourrions faire bien mieux : nous pourrions nous *reprogrammer*.

- La possibilité de nous auto-améliorer. Nous n'avons aucun moyen de changer notre façon de penser, les algorithmes utilisés par notre cerveau. Ceci dit il est probable que cette capacité serait plus dangereuse qu'utile : sauf si nous comprenons parfaitement ce qui se passe en nous, la moindre modification de la délicate mécanique de notre esprit risquerait de tout casser et de faire de nous des légumes... Mais *si* nous comprenions *vraiment* comment nous fonctionnons, nous aurions tout intérêt à pouvoir nous modifier nous-mêmes car dans ce cas nous *saurions* comment nous rendre plus intelligent et nous voudrions le faire.

- La possibilité de choisir ce que nous voulons oublier : nous n'avons aucun contrôle conscient sur ce que notre mémoire va enregistrer, ou oublier. Il y a des moments que nous ne voudrions jamais oublier, et d'autres... euh... Oublions-les.

> Est-ce que vous n'avez pas, un jour ou l'autre, voulu avoir une de ces capacités ? Nos gènes nous ont créés, mais maintenant ils nous limitent. Mais le jour est proche ou ces limites seront dépassées. Si nous parvenons à créer une IA « vraie », cela changera radicalement la donne. Une IA n'est qu'un programme, et il sera facile de lui donner ces capacités qui nous manquent, et bien d'autres encore. Une IA ne sera pas une copie d'un esprit humain. Une IA sera une IA, et (au moins) certaines de ses capacités seront largement supérieures à celle d'un esprit humain, qu'on le veuille ou non. C'est un fait inéluctable, dont les conséquences sont extraordinaires. J'en parlerai à la fin de ce livre.

Le génie génétique est une autre voie qui permettrait à l'espèce humaine de s'améliorer : nous pourrions « programmer » nos gènes pour que nos enfants aient des meilleurs cerveaux... à condition de comprendre comment ils fonctionnent, mais aussi comment ils se forment à partir de cellules souches, comment les gènes contrôlent cette formation, et comment contrôler les gènes… Hum ! Voilà qui fait franchement science-fiction. A mon avis, l'IA arrivera *bien avant* que nous puissions agir sur nos propres gènes en sachant ce que nous faisons. Je vous dirais plus loin pourquoi.

Au fait, à propos de la phrase sur le libre-arbitre et le système judiciaire de la page précédente, l'argument *n'est pas* valide :

Soit les phrase :
L : « le libre arbitre est possible »,
R : « la responsabilité est un non-sens », et
J : « le système judiciaire est un non-sens ».

Les hypothèses sont : « non L => R », et « R => J », et la conclusion proposée est :
« L => non J », ce qui est équivalent à « non L ou non J », ou encore à « non (L et J) »

Or nous ne pouvons pas déduire cette conclusion des hypothèses : tout ce qu'on peut dire c'est que « non L => J », c'est à dire « L ou J ». Il se pourrait que le libre-arbitre soit possible, et que le système judiciaire soit quand même un non-sens ! Vous aviez trouvé ? Bravo ! Vous ferez un bon juriste !

Le cerveau

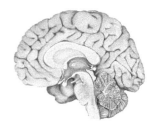

Alors, le cerveau, comment ça marche ?

Vous n'avez jamais remarqué que le cerveau ressemble à un chou-fleur ? Les deux semblent partager à peu près la même structure grumeleuse. Plus précisément, un chou-fleur semble fait de grumeaux qui sont eux-mêmes faits de grumeaux, eux-mêmes faits de grumeaux plus petits, un peu comme une carotte sauvage semble faite de fleurs qui sont faites de fleurs plus petites, sur quatre ou cinq niveaux d'organisation. Cette sorte de structure dont on trouve d'abondants exemples dans la nature porte le nom de structure fractale. Alors, le cerveau est-il *fractal* ?

Eh bien, non ! Les grandes structures du cerveau (au nombre de 52 par hémisphère) sont bien divisées en structures plus petites, séparées par des *sillons*, mais ces sous-structures ne se ressemblent pas entre elles, pas plus qu'elles ne ressemblent à la structure principale à échelle réduite. L'aspect « en chou-fleur » du cerveau provient uniquement du fait que le tissu cérébral est semblable à une grande feuille de papier chiffonné, très replié sur lui-même. Ce repliement permet de concentrer une grande surface dans un petit volume, il permet aussi d'optimiser la longueur des « câbles téléphoniques » qui assurent les communications entre zones éloignées. Mais les différentes zones du cerveau ne sont pas identiques, elles sont au contraire hautement spécialisées.

(Pas si sûr : bien que la fonction de chaque module soit différente, leur architecture interne pourrait être semblable : chaque module pourrait être comme le cerveau entier, en « modèle réduit ». Par ailleurs une équipe de chercheurs vient de prouver qu'il existe des systèmes de traitement de l'information dans les plantes : je me demande si je vais continuer à aimer manger du chou-fleur !)

Voici comment on découpe habituellement le cerveau en zones fonctionnelles :

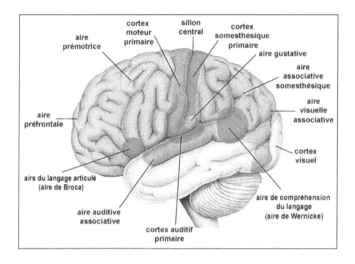

(Vous reprendrez bien un peu de cervelas ?)

Ce qui est remarquable, c'est que, bien que chacun de nous soit unique, nos cerveaux ont tous la même forme, le même nombre de sillons et de replis, et chaque repli a la même fonction pour tous les humains. Par exemple l'aire préfrontale est impliquée dans mémoire à court terme.

L'organisation physique du cortex cérébral est celle d'une mince feuille très repliée sur elle-même. Dans l'épaisseur de cette « feuille », existent six couches de neurones qui semblent remplir des rôles distincts (nous y reviendrons). Mais il apparaît que les différentes zones de cette feuille sont très spécialisées : nous y retrouvons par exemple une zone dédiée aux facultés linguistiques, et une autre dédiée au système sensori-moteur (le toucher et les muscles) dont on peut dresser une véritable carte. On constate par exemple que l'aire du cerveau qui traite les mains et les doigts a une taille comparable celle qui traite tout le reste du corps !

L'aire visuelle, qui détermine ce que vous voyez, se situe à l'arrière de votre tête. Ça ne laisse pas de me troubler, j'ai toujours pensé que mon esprit se situait « juste derrière mes yeux », et bien non ! C'est à la base de mon crâne que ça se passe. De même c'est le cerveau gauche qui traite les informations du champ visuel droit, et respectivement. Curieux, non ? Ça me donne mal à la tête, quand j'y pense.

Une caractéristique très importante du cerveau est qu'il comporte deux hémisphères, qui jouent des rôles distincts dans notre système de pensée. Je ne m'étendrai pas ici sur les rôles des deux hémisphères (logique-langage vs graphique-émotionnel), qui sont bien connus.

Mais une question importante surgit ici : *Pourquoi* a-t-on cette organisation en deux hémisphères ? En quoi est-elle un avantage évolutif si marquant que tous les animaux qui ont un cerveau possèdent cette organisation ? On encore : si nous voulons créer une intelligence artificielle, est-ce qu'il sera nécessaire de prévoir une organisation en « deux sous-cerveaux artificiels » ?

Voilà une question fascinante, dont je ne connais pas la réponse. Le philosophe et théoricien de l'informatique Marvin Minsky écrit, dans son magnifique ouvrage *la société de l'esprit*, qu'il pourrait être intéressant d'avoir un « cerveau-B », relié au « cerveau-A » qui fait le traitement principal : Le cerveau-A serait relié au monde extérieur par les connexions sensorielles, et le cerveau-B aurait un rôle « régulateur » vis à vis du cerveau-A : Aussi intelligent que ce dernier, ses « sens » seraient des sondes de mesure de l'activité du cerveau-A : Ainsi il lui éviterait de ressasser sans cesse les mêmes pensées, de succomber sous le coup d'émotions trop fortes, ou de passer trop de temps dans des recherches stériles. C'est une idée diablement excitante : un second cerveau qui régule le premier, et pourquoi pas un troisième (plus petit) qui régulerait le second ? Ou bien est-ce le premier qui régulerait le second, tout en étant régulé par lui ?

La nature n'a pas choisi de faire ainsi, probablement à cause du câblage inextricable que cela demanderait. Elle a trouvé une solution différente, non pas spatiale mais temporelle : c'est pendant notre sommeil que notre cerveau se régule lui-même, qu'il engrange les connaissances utiles dans la mémoire à long terme, et qu'il détruit les connaissances ou idées nuisibles à son propre fonctionnement. Ce système « en temps différé » est doublé d'un système « en temps réel » qui utilise des messagers chimiques capables d'influer globalement sur le cerveau tout entier. (Il se pourrait aussi que les cellules gliales jouent un rôle dans la régulation du cerveau. Ces cellules, qui sont présentent dans le cerveau, et même plus nombreuses que les neurones, agissent sur les synapses et régulent la transmission des neuromédiateurs, de plus elles communiquent entre elles).

L'idée de Minsky d'un cerveau-B est une alternative qui permettrait d'atteindre le même résultat dans un cerveau artificiel, sans avoir à lui imposer des cycles de sommeil et de rêves. Est-ce une bonne idée, ou faut-il suivre ce qu'a fait l'évolution ? Le débat reste ouvert.

Nous verrons un peu plus loin, à propos de la conscience, que celle-ci, sans être un cerveau-B au sens de Minsky, joue quand même un grand rôle dans la régulation du reste du cerveau. Il se pourrait que la conscience soit apparue simplement parce qu'elle est un processus simple de régulation de l'activité mentale !

Quoi qu'il en soit, les hémisphères gauche et droit de nos cerveaux *ne sont pas* les cerveaux A et B de Minsky : Ils sont bien tous les deux connectés aux même canaux sensoriels, et il n'y en a pas un qui contrôle l'autre. Leur rôle est bien connu, mais le *pourquoi* de ces rôles reste énigmatique.

L'imagerie par résonance nucléaire fonctionnelle (IRM-f) permet de voir ce qui se passe dans le cerveau. Elle mesure la consommation instantanée en oxygène de différentes zones. On atteint maintenant une résolution de l'ordre de 100x100x100 « voxels » ou pixels cubiques, c'est à dire que l'on sait mesurer en temps réel l'activité individuelle de chacune de ce million de zones, au cours de nos pensées. Et on constate que les zones qui sont actives simultanément sont toujours reliées entre elles par des « zones relais » dont le nombre est très faible.

En d'autres termes, l'architecture fonctionnelle du cerveau ressemble à celle du réseau Internet : il y a des « centres de traitement » reliés à des « nœuds de communications », eux même reliés par des « autoroutes ». En fait, si l'on se souvient que la vitesse de réaction d'un neurone typique est de l'ordre d'un centième de seconde, chaque neurone impliqué dans une grande fonction cérébrale est à moins de deux tics d'horloge, c'est à dire deux centièmes de secondes, de ceux des autres « centre de traitements » impliqués dans la même fonction ! Voilà une architecture diablement efficace !

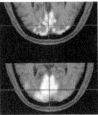

Voici les zones de votre cerveau qui sont activées lorsque vous regardez une image très lumineuse.

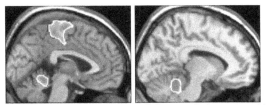

Le cerveau pendant un orgasme réel (à gauche) et simulé (à droite)

Le composant de base du cerveau est le neurone, ou cellule nerveuse. Il y en a cent milliards dans votre cerveau. Un neurone peut être comparé à une petite unité de traitement d'information. Mais en fait ces informations sont distribuées dans le neurone lui-même, mais aussi dans ses connexions avec ses voisins. Ces connexions, très nombreuses, permettent au neurone de communiquer avec ses voisins par des signaux chimiques et électrochimiques. Un neurone possède des connexions « en entrée », ou *dendrites*, qui sont des filaments assez courts issus du corps principal de la cellule, et des connexions « en sortie », souvent beaucoup plus longues, disposées le long d'un « tronc commun » qu'on appelle *l'axone*.

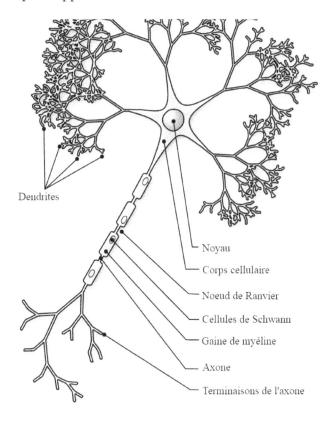

Dendrites

Noyau

Corps cellulaire

Noeud de Ranvier

Cellules de Schwann

Gaine de myéline

Axone

Terminaisons de l'axone

La liaison entre une terminaison de l'axone d'un neurone transmetteur et une dendrite d'un neurone récepteur voisin s'appelle une *synapse*. Chaque neurone est ainsi relié à des milliers de voisins.

Il faut bien dire que, bien que l'on sache beaucoup de choses sur les neurones, on ne sait pas encore comment ils fonctionnent vraiment, et en particulier comment ils traitent l'information.

Un neurone est capable de réaliser des opérations mathématiques simples, comme la somme, la multiplication par une constante, et la comparaison à un seuil. Mais un neurone ne semble pas posséder de mémoire en lui-même : par contre les connexions entre neurones, les synapses, semblent être une composante de cette mémoire : la synapse est capable d' « apprendre » quels signaux il faut laisser passer, et lesquels il faut bloquer.

Vous avez peut-être entendu parler des « réseaux de neurones formels », qui sont des modèles mathématiques et informatiques, sensés reproduire le fonctionnement d'un ensemble de neurones. Sinon, sachez tout de même qu'il s'agit d'une simplification outrancière du fonctionnement d'un vrai neurone, qui semble effectuer plus de calculs que des simples additions, multiplications et comparaison à un seuil. Néanmoins ce modèle simpliste permet de mettre en évidences des phénomènes d'*émergence* qui jouent très certainement un rôle important dans les cerveaux réels. J'en parlerai plus loin un peu plus en détail.

Il y a deux manières (d'ailleurs pas du tout contradictoires) d'étudier ce qui se passe dans un cerveau :

- L'approche « bottom up », ou de bas en haut : on part des neurones en essayant de comprendre comment ils s'organisent en groupes, unités fonctionnelles, zones, aires, etc., puis comment ces fonctions physiques créent des fonctions mentales. On peut par exemple étudier les animaux simples comme les vers ou les insectes, dont on peut essayer de reconstituer le système nerveux tout entier, et voir ce qui se passe alors (des expériences passionnantes ont été faites sur la locomotion des insectes). Ou encore analyser au microscope électronique les connexions entre neurones, disons du système visuel, et essayer de comprendre quels traitements ont lieu.

- Et l'approche « top down », ou de haut en bas : on part du cerveau entier, et on essaye de comprendre quel rôle joue chaque partie et chaque sous partie, etc. On peut pour cela s'appuyer sur l'IRMf ou sur l'étude de personnes qui ont subi des lésions de certaines parties du cerveau. C'est ainsi que l'on a mis en évidence la célèbre différence entre l'hémisphère gauche et l'hémisphère droit, sur laquelle je ne m'étendrai pas ici.

Une question passionnante est : est-ce que pour réaliser une intelligence artificielle, il faudra reproduire le cerveau jusqu'au niveau des neurones ? En d'autres termes, est ce que nos pensées nécessitent pour exister le « substrat » des cent milliards de connexions entre neurones que nous possédons tous, ou bien les fonctions mentales peuvent-elles être remplies tout aussi bien par un autre « substrat », par exemple un super ordinateur ?

Pour y répondre, je vous propose de choisir tout d'abord l'approche « top-down », et de partir à la découverte des grands systèmes sensoriels de l'être humain, en commençant par le système visuel. Nous reviendrons à l'approche « bottom-up » plus tard, à propos des réseaux de neurones formels et des conclusions passionnantes qu'on peut en tirer.

Le système visuel humain

L'œil humain focalise les rayons lumineux sur la rétine, au fond de l'œil, où se trouvent les cellules sensibles à la lumière, les cônes (sensibles à la couleur, et proches du point focal la *fovéa*, où la vision est la plus nette), et les bâtonnets, situés autour du cercle occupé par les cônes, qui ne distinguent pas les couleurs mais sont bien plus sensibles : c'est pourquoi dans l'obscurité vous y voyez en noir et blanc, et flou.

Une lumière trop vive détruit les bâtonnets, qui mettent un certain temps à se reconstituer : c'est pourquoi nous mettons un temps pour nous accoutumer à l'obscurité.

Il y a environ dix millions de cellules sensibles à la lumière dans la rétine : on pourrait ainsi la comparer à un appareil photo numérique de dix millions de pixels. Cependant les pixels de la rétine ne sont pas carrés, et ne sont pas disposés linéairement : il y en a plus près de la fovéa qu'en périphérie : tout se passe comme si le cerveau voyait à travers un objectif « fish eye », à courte focale : mais le traitement du signal visuel occulte cette caractéristique, et nous n'avons pas du tout l'impression de voir les choses déformées !

Une petite région de la rétine, là où prend naissance le nerf optique, ne porte pas de cellules sensibles à la lumière : l'œil ne voit rien dans la région du champ visuel qui correspond à cette *tâche aveugle*, et c'est le cortex visuel qui reconstitue l'image « probable » que l'on « devrait » voir dans cette zone, si bien que vous n'avez pas du tout l'impression d'un « trou » dans votre champ de vision… trou qui existe pourtant ! N'est-ce pas fascinant ? Il est probable que le processus qui reconstitue les images qui devraient être vues par la tâche aveugle fait appel aux *codeurs,* des neurones qui fabriquent des fausses images et qui sont un composant essentiel du raisonnement visuel, tout aussi essentiel que les *décodeurs* de formes.

Les cônes sont de trois types, sensibles à trois bandes de longueur d'ondes lumineuse, respectivement dans le rouge, le vert et le bleu. C'est à partir de ces informations que nous reconstituons les couleurs. Cependant très vite, avant même que le signal optique n'arrive dans le cortex visuel, ces informations de couleur sont transformées, et les signaux visuels ne sont plus des intensités de rouge, vert et bleu, mais des différences entre les perceptions rouge-vert, jaune-bleu et noir-blanc (les contrastes). Notre système visuel traite ainsi six couleurs de base, fonctionnant en trois paires antagonistes. Comme je l'ai expliqué dans la première partie de ce livre, ceci correspond précisément à ce qui est nécessaire pour discriminer les couleurs propres des objets vus, malgré les différences d'éclairement naturel (soleil-ombre => jaune-bleu, midi-soir => vert/rouge).

Les daltoniens ont une atrophie congénitale du « canal rouge-vert » : ils discriminent très bien entre le jaune et le bleu, mais très mal entre le rouge et le vert. Les taureaux n'ont pas non plus ce canal rouge-vert. Agiter devant eux une cape rouge et une cape verte, pour eux c'est du pareil au même. Par contre, un très grand nombre d'animaux savent discriminer entre le jaune et le bleu, tout simplement parce pour un animal en train de courir pour fuir un prédateur vers un rocher partiellement dans l'ombre, il est vital pour lui de se rendre compte que la partie exposée au soleil de ce rocher (plutôt jaune) et la partie dans l'ombre (plutôt bleue) font bien partie du *même* rocher.

Ces trois canaux « différentiels » rouge-vert, jaune-bleu et noir-blanc ont ainsi des importances évolutives différentes : le plus important est le canal noir-blanc, car c'est lui qui permet de reconnaître les objets. Ensuite vient le canal jaune-bleu, puis le canal rouge-vert. Néanmoins, ils sont traités de manière identique par le système visuel. Ce traitement consiste à repérer les brusques variations, qui sont généralement les frontières des objets (ou d'une ombre et d'un objet), et à en déduire la disposition spatiale la plus probable des *faces* ou surfaces, qui composent ces objets dans un univers supposé en 3D. Simultanément, la comparaison entre les images vues par l'œil gauche et l'œil droit fournit une estimation de la distance de ces surfaces. En confrontant ces distances estimées aux hypothèses 3D sur le monde, le cortex visuel affine et valide le modèle 3d des objets qui nous entourent.

Ceci pose une question philosophique fascinante : Comme notre système visuel est basé sur le fait que le monde qui nous entoure est en 3 dimensions, et que ce système exploite les nombreuses contraintes qui découlent de cette supposition, nous sommes persuadés de vivre dans un monde tridimensionnel. Mais si nos sens n'étaient pas basés sur cette hypothèse, qu'en serait-il ? Au fait : le monde est-il vraiment en 3D, ou est-ce une illusion de nos sens ?

Arrêtons là cette parenthèse philosophique, et revenons à nos moutons :

La rétine effectue déjà des traitements complexes du signal visuel : comme nous l'avons déjà vu, elle calcule entre autres, et pour chaque zone du champ visuel, les différences entre l'intensité moyenne et l'intensité instantanée, ce qui est à l'origine du phénomène de « l'impression rétinienne ». Il y a déjà à ce niveau des cellules qui détectent l'orientation des grosses variations de contraste (comme les bordures des objets), par exemple des cellules sensibles aux lignes verticales, diagonales, ou horizontales.

En partant de la rétine, le signal visuel chemine dans le nerf optique, jusqu'à une région en forme de X située à l'avant du cerveau, le chiasma optique, où les signaux issus de l'œil gauche et de l'œil droit se mélangent :

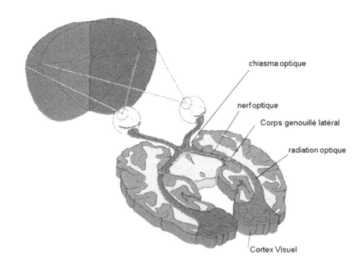

Ici a lieu un phénomène intéressant : les signaux qui correspondent à la droite du champ visuel de chaque œil se mélangent et sont dirigés vers le cortex visuel gauche ; inversement les signaux issus de la gauche du champ visuel de chaque œil sont dirigés vers le cortex visuel droit.

A quoi ça sert ? Probablement à « sécuriser » le traitement visuel : si chaque hémisphère traitait un seul œil, il devrait non seulement faire plus de calculs, car il y a aurait deux fois plus de pixel, mais en cas de perte d'un œil on aurait toute une moitié du cortex visuel qui ne servirait plus à rien, ce qui serait un vrai gâchis de neurones. En outre, le traitement de détection des reliefs, qui nécessite la comparaison entre ce qui est vu par l'œil droit et l'œil gauche, serait bien plus difficile : il vaut mieux mélanger les signaux le plus tôt possible pour faire ce traitement le plus vite possible.

Un mot sur cette détection des reliefs : elle est basée sur le fait que, lorsque les « lignes de mire » de nos deux mirettes sont parallèles, les objets lointains apparaîtront grosso modo à la même position dans l'image perçue, alors que les objets proches seront à des positions différentes.

Ce qui a l'air simple en apparence ne l'est pas en réalité, et les chercheurs ont montré que la détection des reliefs nécessitait des millions de calculs. Il y a donc des millions de neurones impliqués là-dedans ! Cependant, on arrive avec un ordinateur connecté à deux caméras, à lui faire dresser des cartes du relief de ce qu'il voit avec une bonne précision ; on est toutefois encore loin des performances du système visuel humain, qui arrive en particulier à discerner précisément le relief même lorsque l'une des deux images est floue.

L'information « relief » n'est toutefois utilisée dans nos cerveaux que comme une *confirmation* des hypothèses sur la disposition relative en 3D des surfaces planes ou courbes perçues par les yeux. Le calcul (car c'est un vrai calcul) de ces hypothèses se base sur les nombreuses régularités d'un monde fait d'objet en 3d perçu par un organe de vision : par exemple les coins d'un objet anguleux sont généralement à la convergence de trois arêtes si ce coin est vers nous, ou de deux arêtes si l'une d'elle est cachée, les ombres de plusieurs objets sont toutes vers le même côté s'il n'y a qu'une source d'éclairement (ce qui est le cas général dans la nature) etc.

Là encore, les informaticiens sont arrivés à écrire des programmes qui « reconnaissent » les différents objets d'une scène, même s'ils sont encore très loin d'égaler la merveilleuse précision de notre système visuel.

Ce dernier peut toutefois être pris en défaut : rappelons-nous qu'il est conçu pour discerner, dans la nature, les contours et surfaces des objets 3D qui nous entourent, malgré les contrastes d'ombres, et les objets partiellement cachés par d'autres. Ainsi c'est généralement le canal « blanc-noir » qui est le plus utile pour ce travail. Mais les deux autres canaux ont leur rôle à jouer : ils permettent de fabriquer la notion abstraite de « couleur intrinsèque » d'un objet : Dans une pièce aux murs peints en blanc, nous voyons les murs… blancs. Pourtant, si on prend une photo de la pièce et qu'on en analyse les couleurs, on se rend compte que ce que l'on perçoit comme « blanc » recouvre de très nombreuses couleurs différentes, dont certaines pourront paraître jaune, grise, bleue… dans un autre contexte !

Je vous en donne un exemple extraordinaire :

Edward H. Adelson

Regardez bien le damier ci-dessus, formé de cases grises claires et sombres, avec un cylindre posé dessus, et dites-moi, si les cases marquées A et B ont la même couleur.

Non, définitivement non ! La case B est bien plus claire que A, même si elle est dans l'ombre du cylindre.

Eh bien…

Vous avez tort : A et B sont de la même couleur, exactement !

Quoi ?

Mais si : regardez l'image ci-dessous :

Ici, j'ai tracé un trait épais *de couleur constante* entre les cases A et B : le « dégradé » de gris que vous semblez voir n'existe que dans votre imagination ! Formidable, non ?

La preuve :

Mais suivons encore le chemin des informations visuelles. Après être passées par le chiasma optique, elles se concentrent sur le cortex visuel. Ce dernier occupe à lui seul 15% de la surface cérébrale, c'est dire son importance. Plus précisément, l'aire visuelle du cortex, située à l'arrière du cerveau, peut être décomposée en cinq sous-aires plus spécialisées :

La première, V1, est l'aire visuelle primaire. C'est la plus importante. Sans elle, on serait aveugle. Les informations en provenance directe de la rétine arrivent droit sur elle. Le cortex visuel primaire V1 fait une première analyse des informations recueillies (forme, couleur, mouvement) et les distribue ensuite aux autres aires.

L'aire V2, trie les informations de façon encore plus fine. La zone V2, traite à la fois les contours, l'orientation (horizontale, verticale), les textures et les couleurs.

V3 analyse les formes en mouvement et calcule les distances

V4 s'occupe du traitement des couleurs et des formes immobiles.

V5 s'occupe de la perception des mouvements (direction et vitesse).

Voici une illusion qui met en œuvre l'aire V5 :

Approchez et éloignez vos yeux de cette figure, en fixant le point central : les cercles semblent tourner ! Ceci parce que le déplacement élémentaire le plus simple est la translation, non la rotation, et que lorsque vous vous approchez, l'aire V5 fournit pour chacun des losanges une information de déplacement en translation… mais dans une direction qui n'est pas exactement celle du rayon point central-losange, mais plutôt celle de la diagonale de ce losange (diagonale qui est, exprès, non dirigée vers le point central), d'où une impression de rotation globale.

En fait, il a été prouvé qu'il existait une couche de traitement, très en amont dans le système visuel, qui réalise une conversion de coordonnées rectangulaires (x, y) en coordonnées polaires (distance au centre, angle). Ainsi un cercle nous semble une « forme parfaite » parce que c'est la forme la plus simple en coordonnées polaires. Cette illusion met en évidence un dysfonctionnement de cette conversion de coordonnées dans certains cas. Mais la détection des mouvements est un processus complexe : à partir de l'image brute, comment déterminer ce qui bouge, comment ça bouge, et si ça bouge vraiment ou si c'est simplement un mouvement apparent dû à la rotation des yeux ou de la tête ?

Examinons ce qui se passe sur un exemple ultra simplifié : supposons que notre œil ne puisse pas voir des images 2D, mais seulement une seule ligne horizontale, formées uniquement de points clairs et sombres, que nous pouvons symboliser par des « X » et des « O », comme ceci :

OOOOXXOOOOOXOOOXXOOOOXXXOOOOXXOXOXOOOX

Bon, OK, ça n'est pas très parlant. Mais maintenant, supposons que notre « modalité sensorielle XO » perçoive la succession de « trames » suivante (on peut imaginer que les X et O représentent des ampoules allumées et éteintes sur une enseigne publicitaire formée d'une seule ligne d'ampoules : le temps s'écoule vers le bas) :

OOOOXXOOOOOXOOXOXOOOOOXXXOOOOXXOXOXOOOX
OOOOXXOOOOOXOOOXOXOOOOXXXOOOOXXOXOXOOOX
OOOOXXOOOOOXOOOOXOXOOOXXXOOOOXXOXOXOOOX

Il nous paraîtra « évident » que les X et les O sont les « échos » d'objets fixes ou mobiles, et que l'un de ces objets, en forme de « XOX » (ou de OXOX ? Ou encore de XOXO ?) se déplace vers la droite en passant « derrière » un autre objet représenté par XXXX (ou peut être XXXXO, on ne sait pas encore, il faudrait attendre de voir l'objet mobile ressortir de l'autre côté)

Oui, pour nous c'est peut être évident (en tout cas ça le serait si au lieu de mettre les « trames » les une au-dessus des autres, je vous avais montré leur succession en vidéo, comme dans un film d'animation, mais ça n'est pas possible avec un livre ;-)

Oui, mais le système visuel, comment fait-il pour déduire tout ça ?

Tout d'abord, il faut qu'il « comprenne » que les objets persistent dans le temps, et que si une partie de la trame reste inchangée, c'est que les objets n'ont pas bougé. Inversement, si les X et les O ont tous bougés dans le même sens, alors c'est probablement l'observateur qui est en mouvement par rapport à ces objets : Lorsque nous tournons la tête, ou lorsque nous marchons, nos yeux voient quelque chose de complètement différent à chaque instant, pourtant nous n'avons pas du tout l'impression que les objets bougent autour de nous : il nous semble que les objets sont fixes, et que c'est nous qui nous déplaçons : ce processus mental exige des calculs très complexes, et pourtant il nous paraît tout à fait naturel et « évident ».

Ensuite, il faudra que le système détecte les sous-structures qui sont stables mais qui se décalent à la même vitesse (ou approximativement) par rapport aux autres, qu'il « sache » que cela correspond à un objet mobile, et que l'objet mobile peut passer devant ou derrière un autre objet, et que cela peut masquer partiellement ou totalement l'un ou l'autre. Il doit faire des hypothèses sur ce à quoi pourra ressembler la trame suivante, et comparer ce qu'il voit alors avec l'hypothèse faite au coup précédent. De nombreuses hypothèses sont maintenues en parallèle, certaines seront confortées, d'autres abandonnées. Diable ! Ça risque de faire pas mal de calculs !

Et ça en fait. Même avec notre système ultra simplifié de « vision XO », Le système visuel est obligé de faire des milliers de comparaisons pour « comprendre » ce qui se passe. En 2D, avec une image qui fait dix millions de pixels, c'est encore bien pire ! En fait, il existe des groupes de neurones spécialisés, qui cherchent à détecter des « mouvements » vers le haut, le bas, la gauche, la droite ou les diagonales (il n'y en a pas plus : par exemple un déplacement d'un objet « vers la droite en montant avec une pente de 15% dans le champ visuel » est détecté comme tel parce que le détecteur de mouvement vers la droite donne un signal fort, et celui vers 45% à droite et en haut un signal un peu moins fort. Pourquoi pas, si cela suffit ?

Ce qui est remarquable, c'est que l'œil peut analyser environ dix images par seconde, et ce alors que les « processeurs » du système, les neurones visuels, mettent déjà cinq à dix millisecondes pour faire une simple addition ! C'est dire le degré de parallélisme du traitement visuel.

Enfin, après tous ces calculs, et en sortie de l'aire V5, une description de la scène observée est finalement synthétisée : c'est une description d'un niveau intermédiaire, qui ne fait pas encore appel à la mémoire. Cette description ne dit pas encore « c'est une voiture que je vois », ou « c'est le visage de grand-mère », mais elle dit « il y a un objet connexe, formé de différentes surfaces, dont les caractéristiques (couleur, texture, forme, arêtes, mouvement…) sont comme ceci et comme cela, et ces surfaces sont liées entre elles par des relations comme « au-dessus de », « à droite de », « à l'intérieur de », « se déplace vers », « devant », « derrière », etc.

En bref, le système visuel fournit une description de la scène 3D qu'il a pu reconstituer, description qui est formée de la description de tous les objets, et des relations spatiales entre eux. Ces descriptions sont elles-mêmes des « phrases » assez courtes, dont les « mots » sont choisis dans un nombre (assez grand, mais fixé) de *primitives visuelles*, qui vont permettre plus loin dans le traitement *l'unification* de ce qui est perçu avec des concepts connus, comme nous l'avons vu dans la première partie de ce livre.

Cette description est parfois incomplète ou imprécise, ce qui permet de nombreuses illusions d'optique comme celle-ci :

Toutes les lignes horizontales sont droites et parallèles !

La description de la scène fournie par le cortex visuel au niveau supérieur, celui de l'identification des concepts, utilise ici des termes comme « carré blanc », « carré noir », « au-dessus et à gauche », « au-dessus et à droite », mais pas « ligne horizontale avec en haut en bas des carrés noirs et blancs alternés, ceux –ci étant décalés », un concept trop compliqué pour figurer parmi nos primitives visuelles. Et voilà pourquoi on ne voit pas les lignes parallèles ! Il n'y a pas de primitives pour les décrire, mais il faut bien dire que ce type de surface un rien pathologique n'apparaît pas très couramment dans la nature !

En voici une autre :

Toutes les lignes sont droites !

La vision fonctionne un peu comme l'inverse de la carte graphique 3D d'un ordinateur qui exécute un jeu vidéo. Vous savez qu'une carte 3d prend en entrée des descriptions de surfaces 3d (forme, texture), d'éclairage et de mouvement, fournies par le programme de jeu, et synthétise une image sur nos écrans. Et bien le cortex visuel, c'est l'inverse.

Toutefois, la vision fonctionne comme une carte 3D *plus* son inverse. Comme tous nos *sens*, la vision fonctionne dans les deux *sens*. (Ah Ah ! Avez-vous remarqué le changement de sens du mot *sens* ? Comment pouvons-nous détecter si facilement de tels glissements de sens ?)

Comme une carte 3D qui serait « bidirectionnelle », la vision humaine transforme des descriptions d'objets 3D en images et réciproquement.

En analyse, elle détecte les positions et les mouvements des objets, reconnaît leurs textures, leurs couleurs, etc.

En synthèse, elle fabrique des images à partir de la description des objets et de leurs mouvements. La partie « détection », est toutefois un rien plus compliquée que la partie « génération », oh, disons environ un million de fois ?

Cette synthèse, outre le fait qu'elle est utilisée dans nos rêves ou dans notre imagerie mentale, est probablement utilisée par le système visuel lui-même, dans les cas compliqués, pour vérifier qu'il ne s'est pas trompé. C'est souvent le cas lorsqu'il y a plusieurs interprétations possibles de la même scène :

L'esprit a du mal à choisir une interprétation… et balance entre les deux.

Un autre exemple de l'utilisation des codeurs par le système visuel : L'image ci-dessous n'est qu'un ensemble de taches noires :

Qu'est-ce que c'est ?

Pourtant notre esprit arrive à compléter l'image avec les traits qui manquent et à reconnaître l'image d'une main posée contre un mur, avec son ombre. Voilà qui est tout à fait remarquable ! Ce sont bel et bien les codeurs qui sont chargés de cette tâche. Certains codeurs ajoutent des traits là où il n'y en a pas, pour faciliter la tâche de la reconnaissance des concepts.

Enfin, en fin de traitement visuel, la description symbolique intermédiaire de la scène vue est comparée aux concepts en mémoire, afin de déterminer si ce qui est vu ressemble au moins partiellement à quelque chose qui a déjà été vu quelque part. Comme nous l'avons vu au début de ce livre, un concept est créé lorsqu'un certain nombre de régularités sont détectées. Il existe donc à ce niveau un détecteur de faits curieux ou répétitifs, de régularités, qui permet la création de concepts visuels (comme celui de « rouge » ou de « cube »).

Fonctionnellement, un concept visuel est quelque chose qui peut être activé lorsque ces régularités sont à nouveau détectées (par unification) dans les descriptions intermédiaires fournies par le cortex visuel.

A l'inverse, un concept peut servir de générateur et activer les codeurs qui permettront de se représenter l'image mentale du concept. Enfin, un concept visuel permet le lien entre l'imagerie visuelle et d'autres imageries sensorielles, ainsi que d'autres concepts.

Dans les années 1960, les neuropsychologues se sont demandés s'il existait quelque part un « neurone grand-mère », qui s'activerait seulement lorsque mémé apparaît dans le champ visuel. Cela leur paraissait absurde, mais ils ne voyaient pas autrement comment nous pourrions nous y prendre pour reconnaître cette chère vieille dame.

Nous pouvons dire avec certitude : bien sûr que non ! Il n'y a pas de neurone grand-mère. En revanche, il y a bien un concept visuel de notre grand-mère.

En sortie du cortex visuel, on retrouve une description symbolique (faisant appel à des primitives) d'un ensemble de percepts, mais à ce stade l'esprit ne « sait » pas encore qu'il s'agit de grand-mère. Cependant votre concept de « grand-mère » est perpétuellement à l'affût de l'image de mamy (en fait il cherche à unifier les descriptions symboliques fournies par le cortex visuel avec celles qu'il connaît, qui ont été à l'origine de sa création.

Et il se trouve qu'un certain ensemble de percepts, lorsqu'ils sont activés simultanément, *constituent* le signal de la reconnaissance de notre grand-mère par le concept « grand-mère ».

Coucou ! Bonjour mamy !

En réalité, bien sûr, ça ne se passe pas tout à fait comme cela : si chaque concept devait comparer en permanence tous les percepts avec son propre « ensemble de percepts attendus », cela serait beaucoup trop gourmand en temps de calcul, même avec de millions et des millions de neurones en parallèle : ce qui se passe, c'est qu'il y a comparaison simultanée des percepts issus du système visuel avec un très grand nombre de concepts, au travers d'une *mémoire associative*, dite aussi « mémoire à adressage par le contenu ».

Vous savez sans doute qu'une mémoire d'ordinateur n'est qu'un ensemble de case possédant chacune un numéro, ou adresse : pour trouver le contenu d'une case, il *faut* son adresse, sinon point de salut.

A l'inverse, les circuits de notre cerveau sont capables d'adressages par le contenu : si on présente à cette mémoire un contenu partiel, ou brouillé, elle est capable de trouver puis « ressortir » le contenu entier !

Nous reparlerons de cette fonction quasi magique de mémoire associative lorsque nous aborderons l'étude de la mémoire.

Le système auditif

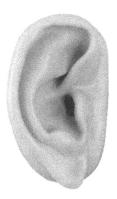

Si notre système visuel est époustouflant, le système auditif humain l'est tout autant, sinon plus !

« Bonjour, mon enfant », vous dit votre chère mamy. Nous sommes tellement habitués à comprendre instantanément ce qu'on nous dit, que nous ne nous rendons pas du tout compte du miracle que cela constitue.

Il n'y a même pas trente ans, on pensait que faire comprendre à un ordinateur ce qu'on lui dit (le problème de la reconnaissance) était à peine plus compliqué que de le faire parler (le problème de la synthèse). Nous savons maintenant que le premier problème est infiniment plus compliqué : on trouve partout des machines parlantes, mais aucune qui nous comprend sans erreur.

Notre système auditif est capable :

- De reconnaître quasi instantanément d'où vient un bruit, et s'il vient de devant ou de derrière, même avec seulement deux oreilles (alors qu'il en faudrait trois en théorie, pour ce faire)

- De reconnaître les paroles et les mots de notre langue maternelle, et de les comprendre, même si nous ne connaissons pas la voix de la personne qui nous parle, et ce qu'elle parle normalement, qu'elle crie, qu'elle chante ou qu'elle chuchote.

- De « suivre » la mélodie d'un seul instrument de musique, même lorsqu'il fait partie de tout un orchestre qui joue en même temps ; de même, de suivre une conversation dans un cocktail ou une boite de nuit très sonore !

- De reconnaître, dans un son, sa hauteur, son intensité, et son timbre : de dire de quelle source (personne, instrument de musique, animal, objet sonore…) il provient.

- D'estimer la distance entre la source sonore et l'oreille, par l'atténuation des fréquences aiguës avec la distance : c'est à dire de comparer le signal perçu avec ce qu'il *devrait être* s'il était plus proche ! Un gong lointain nous parait plus fort qu'un chuchotement dans le creux de notre oreille…

- D'identifier une personne qui parle rien qu'en l'écoutant, si nous avons déjà entendu sa voix ; sinon, au moins de dire son sexe et même souvent son état émotionnel et son niveau de stress.

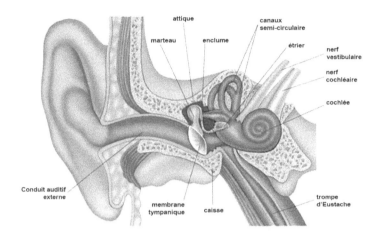

C'est dans la cochlée que le signal auditif est enregistré par une série de cellules ciliées ultrasensibles, qui vibrent doucement, et l'intensité de cette vibration est transmise au nerf auditif. La vibration du tympan, transmise par une série d'os minuscules, finit par arriver dans cette drôle de coquille d'escargot, qui agit comme un filtre, de sortes que certains de ces micro-cils sont sensibles principalement aux fréquences aiguës, d'autres aux fréquences moyennes, d'autres enfin aux fréquences graves.

Après le passage dans le nerf auditif, les premiers étages du traitement du signal sonore dans le système nerveux amplifient ces différences, réalisant une véritable analyse fréquentielle du signal.

Il est possible de représenter graphiquement l'intensité des différentes fréquences perçues en fonction du temps. On appelle cela un *sonagramme*. Voici à quoi cela ressemble :

Fréquence

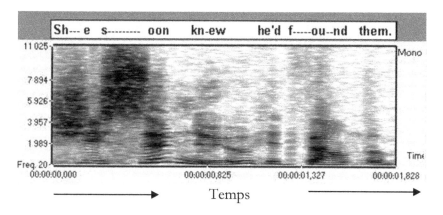

Temps

L'image ci-dessus est le sonagramme de la prononciation d'une phrase anglaise. « She soon knew he'd found them » (Elle sût bientôt qu'il les trouverait). Le temps figure sur l'axe horizontal, courant de gauche droite. Les fréquences (ou hauteurs du son) sont sur l'axe vertical, les graves en bas, les aigus en haut. Plus le signal est fort, plus l'image est sombre : ainsi le début du mot *soon* contient beaucoup de fréquences aiguës (tâche sombre vers le haut de l'image).

Imaginons que nous voulions faire comprendre cette phrase à un ordinateur. Prononcée par un locuteur anglais, cela donnerait quelque chose comme « *chissouniou-idfaounzem* ». Bigre !

La première chose serait de reconnaître les phonèmes là-dedans, puis d'essayer de voir à quels mots ça pourrait correspondre.

Une manière d'y arriver consisterait à fabriquer l'image du sonagramme à partir du signal sonore enregistré par un micro, en utilisant ce qu'on appelle *l'analyse de Fourier*. Cela consiste, à partir du signal sonore qui représente la variation de la pression de l'air en fonction du temps, à détecter les différentes fréquences présentes dans le signal, et à calculer « l'intensité » instantanée de chaque fréquence. Un sonagramme n'est que la représentation graphique de ces intensités. Le traitement mathématique de ce problème est bien connu depuis deux siècles, et il existe des circuits électroniques qui réalisent la « transformation de Fourier » en temps réel.

Dans une seconde phase, on analyse le tableau des fréquences calculées (ou l'image du sonagramme obtenu), en comparant certains morceaux à des modèles préenregistrés de chaque phonème, et en essayant ainsi de reconstituer la suite des phonèmes qui ont été prononcés. Malheureusement les informaticiens qui ont essayé cette méthode se sont heurtés à un obstacle redoutable :

Beaucoup de phonèmes se ressemblent beaucoup, de sorte que leurs images sont quasi identiques. Pour arriver à notre but, il faudrait un sonagramme possédant une résolution fréquentielle et temporelle beaucoup plus fine que l'image « floue » du sonagramme ci-dessus (l'oreille humaine arrive à distinguer des écarts de fréquence infimes, on estime qu'elle analyse à peu près trois mille bandes de fréquences, c'est donc le nombre de lignes qu'il devrait y avoir dans l'image du sonagramme)

Revenons à notre « chissouniou-idfaounzem » :

Ça pourrait commencer par « chi » comme le mot anglais « she », mais aussi par « chiss » comme dans « she's ». De sorte que les premiers mots de la phrase pourraient être « she soon knew » mais aussi «see those new », « she owns you », « she saw you », et des dizaines d'autres possibilités. Et encore cela suppose que les consonnes et voyelles ont été correctement reconnus, mais en anglais il y a peu de différences entre la prononciation du « o » et du « a », du « ou » et du « a », du « e » et du « i », du « d » et du « t », etc., de sorte que le programme doit considérer la possibilité de ses propres erreurs. Par exemple le premier phonème « ch » pourrait être le « th » anglais, de sorte que ça pourrait être aussi « this oignon », « this harms you », etc. Et que dire si « chissou » est un nom propre, que le programme ne connaît pas ? Si le système réalisait cinq tentatives pour chacun des dix phonèmes contenus dans une phrase de dix syllabes, il existerait cinq puissance dix possibilités de les comprendre, soit 1 953 125 possibilités, dont un grand nombre seraient syntaxiquement correctes (conformes à la syntaxe de la langue). Laquelle est la bonne ? C'est ce que l'on appelle « l'explosion combinatoire ».

OK, « y a qu'à », on augmente la résolution de l'analyse de Fourier, donc celle de l'image, en espérant diminuer l'ambiguïté sur les phonèmes. Mais alors, outre le fait que ça prend beaucoup de temps de calcul même avec un ordinateur très rapide, c'est *aucun* phonème que l'on arrive à reconnaître ! En effet aucun locuteur ne prononce le même mot deux fois de suite exactement de la même façon : il y a des variations de timbre, de hauteur, etc., qui font changer tellement l'image du sonagramme que, en pratique cela ne correspond jamais exactement à un des modèles. (C'est encore pire si on cherche à reconnaître des phrases prononcées par un locuteur différent de celui qui a enregistré les modèles).

Et si on adopte une approche probabiliste, en calculant « les chances que ça puisse être tel ou tel phonème », on retombe sur le problème de l'image floue : le nombre de phonèmes candidats est trop grand. En pratique, même en ajustant aux mieux tous les paramètres, les résultats des ordinateurs sont tout simplement… mauvais. Les performances des systèmes de reconnaissance vocale ne deviennent passables que lorsqu'on les utilise avec un vocabulaire restreint, et seulement après une phase laborieuse d'apprentissage, où le locuteur enregistre avec sa voix tous les mots que le système devra pouvoir reconnaître.

Mais notre esprit, alors, comment fait-il ? Il semble user d'une stratégie « tous azimuts » en faisant plusieurs choses à la fois. En fait, le travail (tout à fait inconscient) que fait notre système auditif pour comprendre et analyser les sons qu'il perçoit est gigantesque :

Tout d'abord il échafaude des hypothèses sur ce que pourrait être la suite du son qu'il entend. Par exemple pour reconnaître une phrase, il anticipe sur les prochains phonèmes que le locuteur pourrait prononcer. En d'autres termes, il utilise un *codage prédictif* de ce qui est attendu.

Il compare alors ce qui est entendu avec ce qui est attendu : non pas avec tous les sons, phonèmes, bruits etc. possibles et imaginables, mais seulement avec ceux qu'il a déjà déterminé comme étant les plus plausibles, sur la base d'hypothèses qui bien sûr peuvent être affinées ou remises en cause à tout moment.

Les meilleurs systèmes automatiques de reconnaissance de la parole utilisent d'ailleurs un tel codage prédictif, basé sur la syntaxe et la grammaire de la langue à reconnaître. Mais même ainsi, leurs performances restent très en deçà de ce que nous sommes capables de réaliser. Cela donne toutefois lieu à des applications utiles, comme la reconnaissance d'ordres simples donnés à un téléphone portable, ou à un ascenseur (parce que la liste des phonèmes attendus dans une situation donnée est très réduite dans ces applications)

Il semble que, pour aller plus loin, il faille utiliser, en plus de l'analyse de Fourier et du codage prédictif, d'autres stratégies, qui sont bel et bien à l'œuvre dans notre esprit.

Il existe une analogie assez forte entre la reconnaissance auditive et la reconnaissance visuelle. Tout comme cette dernière, la reconnaissance auditive réalise une « extraction » des percepts les plus pertinents, des « formes de base » qui sont susceptibles d'apparaître dans le sonagramme de que nous entendons. Ces formes de base, lorsqu'elles se répètent, donnent lieu à la création de concepts auditifs, voire de concepts tout court (lorsque nous entendons un batteur donner trois coups de grosse caisse rapides, il ne fait aucun doute que notre concept de *trois* est activé)

Parmi les « concepts auditifs de base », on trouve ceux de la hauteur d'un son, de la variation de son timbre (ou de son spectre) dans le temps, de sa localisation, de son déplacement, de son origine probable, de son intensité perçue, de son intensité absolue, etc.

Comme pour les signaux visuels, notre esprit crée ensuite des pensées (inconscientes) relatives aux concepts auditifs, et élabore ainsi une véritable grammaire de l'enchaînement de ces concepts dans le temps.

Toujours comme pour les signaux visuels, le système auditif est capable de fonctionner dans les deux sens, en reconnaissance et en synthèse. Nous pouvons parfaitement « entendre » ce à quoi va ressembler un son que nous imaginons. Je ne dis pas que cela va jusqu'à la synthèse sonore complète, mais cela reconstitue au moins les percepts et concepts sonores que nous attendrions à l'écoute de ce son.

La comparaison entre des percepts attendus et des percepts entendus est beaucoup plus facile que la comparaison brute entre deux sonagrammes. L'extraction de concepts sonores favorise donc le codage prédictif.

Il existe encore un grand nombre d'autres « d'astuces » mis en œuvre dans le système auditif. Nous n'allons pas les énumérer ici. Les scientifiques ont étudié en détail ce processus, en particulier ils ont trouvé des illusions acoustiques qui, comme les illusions visuelles, nous permettent de mieux comprendre comment fait notre esprit pour analyser le signal sonore. Il existe toute une littérature sur le sujet

Mais en vérité, nous comprenons ce que l'on nous dit parce que nous sommes des humains, que nous disposons des même ressources mentales que celui qui nous parle, que nous sommes capables de nous mettre dans le « même état d'esprit » que lui, et d'anticiper ainsi ce qu'il va nous dire. Je subodore que, pour comprendre *tout* ce qu'on lui dit, une machine devra faire de même. Remarquons que le fait de connaître le locuteur, et d'être attaché à lui, aide souvent à la compréhension : Les mamans sont capables de reconnaître les mots prononcés par leur bébé, même s'ils sont incompréhensibles pour les autres ! C'est parce qu'elles *veulent* comprendre ce qu'il dit, et qu'elles mobilisent davantage de ressources cérébrales sur l'audition. Je parlerai un peu plus loin de comment fonctionne le mécanisme de l'attention.

La vue et l'ouïe sont des sens très complexes, et très utiles, qui possèdent beaucoup de similarités. Ils sont également très étudiés et nous savons beaucoup de choses sur eux. Mais Je vais maintenant vous parler d'un sens bien moins connu, très différent, et dont la plupart des gens n'ont jamais entendu parler : la *proprioception*.

La proprioception et la coordination du mouvement

Proprioception ? Késako ? Ce mot barbare désigne le sens qui nous permet de connaître la position de nos membres. Cela nous semble si naturel que nous pouvons même douter qu'il y ait un « sens », des organes sensoriels et des systèmes de traitements entier dédiés à ces sens. Pourtant, la proprioception existe bel et bien, et les personnes qui en sont dépourvues, il en existe, sont gravement handicapées. Ces personnes doivent par exemple sans arrêt vérifier avec leurs yeux la position de leurs membres, elles ont des difficultés à accomplir des gestes aussi simple que celui de manger avec une fourchette sans se blesser, elles sont incapables de lancer un objet avec précision, etc.

Les senseurs de la proprioception sont les fuseaux neuromusculaires (sensibles à la vibration nerveuse), les organes tendineux de Colgi (qui mesurent la tension sur le muscle), les récepteurs articulaires (qui détectent les angles extrêmes de nos articulations, et mesurent le mouvement de l'articulation), et les récepteurs cutanés. Toutes ces informations convergent vers le cervelet, qui les traite et effectue le calcul des angles de toutes nos articulations. Inversement, les commandes de mouvements musculaires issues du cortex transitent par le cervelet, qui synchronise tous les muscles impliqués, et vérifie que les membres vont bien vers la position souhaitée, à la vitesse voulue, pour accomplir le mouvement demandé.

La taille du cervelet, qui est respectable, donne une idée de la complexité des traitements qui ont lieu dans cet organe. Le cervelet est un vestige primitif, c'est un organe très ancien, qui a été inventé par l'évolution dès que les animaux se sont mis à avoir plusieurs membres qu'il fallait synchroniser pour accomplir des actions déterminées.

Vous me direz que les insectes n'ont pas de cervelet, et qu'ils sont pourtant capables de mouvements coordonnés, mais c'est une illusion : chaque patte d'un insecte a son système de commande indépendant, qui fonctionne de manière purement réflexe, et la marche d'un insecte par exemple n'est qu'une fonction *émergente*, elle ne résulte que de la simultanéité d'un grand nombre de réflexes simples et non coordonnés entre eux. On a pu réaliser des robots qui se déplacent comme les insectes, et les moteurs de ces robots ne réagissent qu'à des signaux élémentaires et peu nombreux, avec des lois de commandes très simples.

Mais dès lors qu'il s'agit de réaliser des actions *dans un but donné*, par exemple courir après une proie qui se déplace, le traitement informatique nécessaire devient gigantesque, et, pour des organismes vivants, un système propriocepteur et un cervelet sont nécessaires.

Mais en quoi est-ce si compliqué de déterminer la position de nos membres, à partir des angles mesurés sur chaque articulation ? Demandez à un roboticien, et il lèvera les yeux au ciel ! Imaginez le nombre de muscles et d'actions qu'il faut coordonner pour simplement se verser une tasse de thé !

Encore plus simplement, considérons un robot muni d'un bras mobile, orientable, avec une articulation à mi- longueur. Le problème consiste à faire faire à l'extrémité du bras (la pince) un mouvement de translation horizontale, à vitesse constante :

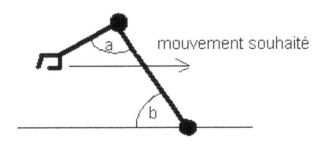

Plus formellement, le problème consiste à trouver la *loi de commande* des deux moteurs attachés aux articulations, c'est à dire à trouver de quels angles ils doivent tourner et à quelle vitesse (variable en fonction du temps !) pour que l'extrémité du bras accomplisse le mouvement demandé. Vous conviendrez avec moi que c'est déjà un problème mathématique redoutable, mettant en jeu de nombreux calculs trigonométriques. Que dire alors de ce que nous accomplissions sans nous en rendre compte avec des membres qui possèdent *des dizaines de degrés de liberté*, et qui savent exécuter des mouvements complexes, sans entrer en collision avec des obstacles sur notre propre corps, ou sur les obstacles extérieurs ?

Imaginez la situation suivante : vous êtes assis à votre bureau, une feuille de papier blanche devant vous, et un crayon à la main. Maintenant, fermez les yeux, et essayez de tracer un cercle sur le papier. Ouvrez les yeux et regardez ce que vous avez dessiné : ce n'est pas un cercle parfait (sauf si vous êtes très doué), mais ça y ressemble beaucoup. Réfléchissez maintenant à toutes les commandes que votre esprit a données à *chacun* des muscles de vos doigts, de votre main, de votre bras et même de vos épaules pour accomplir ce résultat. Mais comment a-t-il fait pour calculer tout ça ?

Dans le cas d'un robot industriel, les lois de commandes sont calculées mathématiquement, à l'avance, en utilisant des relations trigonométriques. C'est parfois un travail redoutable, qui nécessite des mathématiques très pointues et des calculs très compliqués, même sur de gros ordinateurs. A la fin, on obtient la liste des angles à obtenir pour chaque articulation et à chaque instant, et il n'y a plus qu'à envoyer les commandes aux moteurs et aux actionneurs.

Le cerveau serait-il capable de calculer des sinus et cosinus ? Connaîtrait-il de manière innée le théorème de Pythagore, les propriétés du triangle et du cercle ? Bien sûr que non !

En réalité, nous procédons ainsi : nous *visualisons* la trajectoire que notre main devra accomplir, nous décomposons le mouvement en mouvements plus petits, et nous essayons d'accomplir chaque petit mouvement en visualisant ce que ça donnerait si je bandais un peu plus tel muscle, quitte à corriger le tir (éventuellement avec une autre articulation) si ça donne une erreur par rapport à la trajectoire idéale. En plus de cela, nous essayons d'accomplir le geste global de la manière la plus souple possible, c'est à dire en minimisant les discontinuités : un muscle (ou une articulation) qui est utilisé à un instant donné devra être contrôlé pendant toute la durée du mouvement.

Revenons à notre bras articulé, et imaginons qu'il soit commandé par notre esprit : Comment cela peut-il marcher ? Que se passe-t-il à l'intérieur de notre esprit lorsque nous essayons de faire suivre une trajectoire à l'une de nos extrémités ? Peut-être bien quelque chose comme ceci :

Humm… faire accomplir à la pince un mouvement horizontal vers la gauche, hein ? Voyons voir : si je referme l'angle (a), la pince va partir à peu près dans la bonne direction. C'est moins clair pour l'angle b, qui va faire partir la pince plutôt vers le haut (si je l'ouvre) ou vers le bas (si je le ferme).

Bon, eh bien voyons donc ce qui se passerait si je commençais par fermer l'angle (a), disons de (da) = 20 degrés :

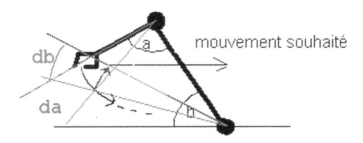

Eh bien ça progresse, mais ça ne va pas, la pince descend trop… Il faut que compense… forcément avec l'articulation b. Il faut faire remonter la pince*, j'ouvre donc l'angle (b) d'un angle (db) tel que la pince sera horizontale. Sur la figure ci-dessus (qui est l'image mentale que je me fais du mouvement), (db) est un poil plus petit que (da).*

Bon, eh bien c'est parfait, je vais commencer par fermer l'angle (a) avec une vitesse v, *tout en ouvrant l'angle (b) avec une vitesse v x 90%, pour voir ce que ça donnera : hop, j'y vais !*

Ça bouge… ça se passe bien, on dirait que je ne me suis pas trompé. Je continue… oh là ! Qu'est-ce qui se passe ! Je ne suis plus sur la bonne trajectoire !

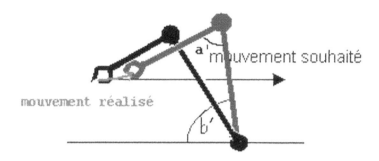

Ça part trop haut… Bon, il faut soit réduire la vitesse d'ouverture de l'angle *(b)*, *soit accélérer la vitesse de fermeture de* l'angle *(a)*. *Je vais plutôt choisir la première solution, ça ira moins vite et je pourrai mieux rattraper les erreurs futures…*

Soyons clairs : lorsque nous accomplissons un tel geste de manière automatique, « sans y penser », il va de soi que nous ne nous disons pas à nous-mêmes les phrases qui sont ci-dessus en italique. Je ne prétends rien de tel J'ai juste essayé de formuler, ou de décrire, verbalement des processus inconscients, non verbaux, qui ont lieu au niveau des systèmes de coordinations de nos gestes et de représentation des attitudes corporelle.

A mon sens, un tel scénario est beaucoup plus proche de ce que fait réellement notre esprit que le scénario « robotique » qui consisterait à calculer toutes les lois de contrôle à l'avance. Notre scénario fait appel à des détections de caractéristiques qualitatives, comme « à gauche « , « au-dessus », « plus loin », « plus vite », « trop haut », etc., qui font appel à des compétences de services qu'on attendrait plutôt dans le système visuel.

Comme tout n'est pas calculé à l'avance, il faut surveiller le mouvement réel et le comparer au mouvement attendu, et prendre des décisions basées sur ces comparaisons. Nous verrons plus loin comment pourrait fonctionner ces processus de microdécisions non conscientes, qui ont lieu sans cesse dans notre esprit.

Telle est donc la manière dont nous contrôlons nos mouvements. C'est un processus compliqué, mais moins compliqué, et surtout beaucoup plus résistant aux impondérables et aux erreurs que le scénario « robotique ».

Ce système ne fonctionne pas tout seul, il nécessite un apprentissage. Le tout petit enfant, lorsqu'il agite les mains et les bras dans son berceau, réalise des centaines d'observations sur les corrélations entre ce qu'il voit et ce qu'il ressent par ses sens du toucher et son sens de la proprioception, et que c'est à la suite de ces centaines de petites observations qu'il se construit une représentation visuelle et tactile de son corps et de son environnement immédiat.

Il est certain qu'il existe dans notre esprit un véritable système de représentation spatiale des attitudes de notre corps et de nos membres, système qui interagit fortement avec le système visuel. Ce n'est pas un hasard si le centre de la vision de notre cortex est situé à l'arrière de notre tête, près du cervelet. Il est intéressant de voir que le cortex moteur primaire se situe assez loin de ces zones, à l'arrière du lobe frontal. Dans ce cortex, ont lieu les délibérations qui conduisent aux décisions de bouger tel ou tel membre, mais pas la coordination de ces mouvements.

Savoir ce qu'il faut bouger pour accomplir un geste, c'est un problème. Savoir quels gestes il faut accomplir dans un but donné, c'est un autre problème !

Voilà, nous n'allons pas parler ici des autres sens, du toucher, du goût, de l'odorat, du sens de l'équilibre. Il nous suffit de savoir que chaque sens dispose de son propre cortège de neurones chargés du traitement des signaux reçus, et que l'ensemble de ces neurones constitue en fait pratiquement plus de la moitié des neurones de notre cerveau.

Les systèmes sensoriels (et moteurs) constituent une large part de notre esprit, et, probablement, de n'importe quel esprit. Je soutiendrai plus loin qu'il ne peut pas exister d'esprit intelligent sans système sensoriel, et que c'est une des explications de la lenteur des progrès de l'intelligence artificielle.

Quittons maintenant le domaine des sens pour explorer l'une des capacités les plus étonnantes de notre cerveau : la mémoire humaine.

La mémoire à long terme

La mémoire à long terme est le lieu où nous stockons... nos souvenirs à long terme. Il existe en effet plusieurs sortes de mémoire dans notre esprit, à commencer par la mémoire interne de nos systèmes sensoriels, la mémoire à court terme, et les mémoires à moyen et long terme.

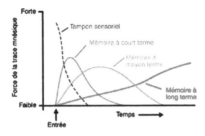

De combien de souvenirs, de combien de faits pouvons-nous nous rappeler ? On estime généralement la capacité de la mémoire humaine à 10^15 bits, ce qui est en gros mille fois la capacité du disque dur d'un PC de bureau récent (100 Go). Cette estimation est basée sur le nombre de neurones que nous possédons, et sur une estimation du nombre de bits retenus par chaque neurone. Mais Cette approche pèche par de nombreux côtés, entre autres parce que la mémoire humaine est très redondante, et parce qu'il n'est pas du tout sûr que *chaque* synapse du cerveau contribue à la mémoire humaine !

Mais il existe une autre estimation, due Thomas K. Landauer en 1986. A l'inverse de l'estimation « hardware » ci-dessus, Landauer donne une estimation *fonctionnelle*, basée sur ce que nous pouvons retenir de nos expériences. Il a analysé une quantité d'expérimentation faites par lui-même et par d'autres, au cours desquelles on demandait à un sujet de lire des textes, de regarder des images, d'écouter de courts passages de musique, de phrases et de syllabes sans signification. Après un délai variant entre quelques minutes et plusieurs jours, les sujets passaient des tests visant à déterminer ce qu'ils avaient retenu. Ces tests étaient très précis, permettant de savoir précisément ce qui était effectivement retenu ou pas, même vaguement. Les mêmes questionnaires étaient également posés à des humains n'ayant pas entendu ou vu les stimuli, afin de contrôler précisément la part de ce qu'un humain pourrait deviner à partir des seules questions.

Landauer a pu ainsi disposer d'un corpus impressionnant de tests, robuste et peu sensible aux erreurs aléatoires. En calculant la somme de ce qui avait effectivement été retenu, puis en le divisant par le temps alloué à la mémorisation, il a réussi à déterminer combien de bits par seconde passent effectivement dans notre mémoire à long terme.

Le résultat, très intéressant, de ce test, est que dans tous les cas, il a pu montrer que les sujets mémorisaient environ *deux* bits d'information par seconde. Deux, pas plus. Que ce soit des textes, de la musique, des paroles, ou n'importe quoi d'autre, toujours deux bits par seconde !

Cumulé sur une vie humaine, ce taux d'apprentissage nous donne un total d'un milliard de bits, ou 100 Mo, même pas le millième de la capacité de votre disque dur !

Même si ce résultat n'est vrai qu'approximativement, parce que Landauer n'a pas tout mesuré (par exemple à quelle vitesse acquérons-nous des informations sur la manière de faire du vélo ? Et combien d'informations ?), il n'en reste pas moins *un million de fois plus petit* que l'estimation « hardware » ! Cela suggère que, peut-être, la puissance informatique nécessaire pour construire un esprit capable d'intelligence générale, dont la mémoire serait encore plus grande que la nôtre, se trouve déjà sur votre bureau !

Mais attention. Ces deux bits par seconde que nous enregistrons dans notre mémoire à long terme, c'est du concentré ; c'est la moelle de l'os, la quintessence de la pensée, l'élixir de nos souvenirs ! C'est le résultat d'un traitement de *compression* qui peut prendre des jours !
Cette compression est nécessaire à tout esprit intelligent, parce qu'un esprit intelligent collecte chaque jour des milliards d'informations, et qu'il ne peut se permettre de stocker telles quelles en mémoire, comme le ferait un bête ordinateur sans intelligence. Cela ferait beaucoup trop, et de plus, comment ensuite retrouver dans tout ce fatras les informations *utiles* ? Il est nécessaire de *classer* nos souvenirs, mais cela ne suffit pas : il faut les relier à d'autres informations, pour pouvoir être à même de les rappeler plus tard, si besoin est, dans des contextes très différents. Le mot-clef dans la phrase précédente est « si besoin est » : Les voies qui peuvent conduire au rappel de nos souvenirs sont parfois si tordues ! Pensez à Proust, croquant une madeleine, et retrouvant, par ce goût familier, d'un seul coup tous les souvenirs de son enfance, qu'il croyait perdus à jamais !

145

Or, relier les informations les unes aux autres, c'est déjà les compresser : si vous savez comment reconstituer une idée complexe à partie d'autres qui étaient déjà mémorisées, il est inutile de mémoriser la nouvelle idée compliquée : il suffit de mémoriser la manière (simple) dont on pourra la reconstituer à partir des autres. Et voilà !

Peut-être avez-vous été interloqué par ma définition personnelle de l'intelligence, que j'ai donnée au début du premier chapitre : *l'intelligence, c'est l'aptitude à la réduction de l'entropie lors de la compression de l'information.* C'est notre habileté à comprimer, sans trop de pertes, des millions de petits faits perçus à chaque instant en... deux bits par seconde. Avec cette définition, *winzip* et *winrar,* des programmes très répandus de compression de fichiers, sont parmi les programmes d'ordinateurs les plus intelligents jamais conçus ! En fait, c'est juste une boutade : ces programmes compressent bien, mais pour retrouver un morceau précis du fichier, il faut décompresser à nouveau tout le fichier. Je n'ose penser ce qui se passerait si l'on « décompressait » d'un seul coup tout ce qui se trouve dans une mémoire humaine... Un « Codec MPEG » ou « Divx » se débrouille déjà mieux : il permet de compresser à la volée une énorme suite d'images (un film), et de n'en décompresser que la partie qui nous intéresse.

D'autant que notre mémoire ne stocke pas que des souvenirs : elle stocke aussi des concepts, des pensées, des idées, et des procédures et des méthodes. Elle est à la fois *déclarative* et *procédurale* :

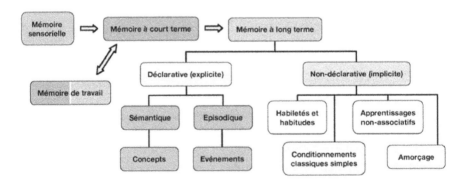

Juste un petit mot sur ce qu'on appelle « l'amorçage » de la mémoire : il s'agit du fait que, si on vous met dans la disposition voulue, vous vous rappellerez plus facilement et plus vite de certains faits ou de certains mots. Par exemple les sujets à qui on présente une suite de mots sans liens entre eux, qu'ils doivent retenir, comme « voiture, nuage, requin, docteur, nager » mettront plus longtemps à lire et retiendrons moins bien qu'ils ont lu le mot « docteur » que si on leur avait présenté la liste « accident, hôpital, infirmière, docteur, soigner »

Comme nous l'avons brièvement évoqué plus haut à propos du système visuel, la mémoire humaine est *associative*, ou « à adressage par le contenu ». Il suffit (en principe) de lui donner en pâture quelques bribes de souvenirs, quelques faits qui ont un rapport avec le souvenir cherché, et hop ! Celui-ci vous est rappelé en intégralité. (Plus précisément, il est reconstitué pour vous : les « petits lutins » de notre esprit, les agents de recherche dans la mémoire, vous remettent au moins partiellement dans l'état d'esprit où vous étiez lors de l'enregistrement du souvenir).

Vous connaissez déjà un type d'adressage par le contenu : ce sont les moteurs de recherche sur Internet. Lorsque vous tapez une série de mots-clefs dans Google ou Alta Vista, le moteur de recherche vous renvoie une liste de pages web complètes, contenant les mots-clefs ou même des mots sémantiquement proches. C'est ainsi que fonctionne une mémoire associative : Supposons que vous vouliez vous souvenir d'un événement dont vous ne vous rappelez pas tous les détails. Vous vous souvenez bien, par contre, du lieu où s'est produit cet événement, des personnes qui étaient impliquées, etc. Qu'à cela ne tienne, votre esprit fabrique pour vous, sans que vous en ayez conscience, des « petits lutins » qui vont fouiller votre mémoire, tout comme le ferait un moteur de recherche, pour vous « ressortir » le souvenir de l'événement.

Ces agents ne réussissent pas toujours : il leur faut parfois du temps, parce que le souvenir est trop profondément enfoui dans la mémoire. Vous dites alors « ah, zut, je l'ai sur le bout de la langue » … et le lendemain matin, vous vous réveillez en vous frappant le front : « ah ça y est ! » Oui, mais c'est trop tard…. Et si vous continuez, vous allez finir par avoir le front tout plat !

Au fait, qu'est-ce que cela veut dire, « trop profondément enfoui » ?

Cela signifie simplement que pour reconstituer le souvenir, il a fallu en reconstituer beaucoup d'autres, et il a fallu faire appel à de nombreux autres agents et services de notre esprit. Les agents de recherche disposent donc d'une mémoire de travail, qui leur sert à stocker ces reconstitutions temporaires, qui ne serviront plus à rien après le travail de recherche. Il est probable que les souvenirs sont disséminés un peu partout dans le cerveau, mais que la mémoire temporaire nécessaire à leur reconstitution se trouve dans l'hippocampe, une petite structure qui fait partie du système limbique (en plus foncé sur l'image ci-dessous).

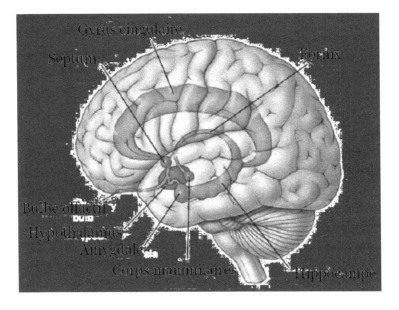

Et qu'est-ce que cela signifie, « vous remettre, dans l'état d'esprit où vous étiez » ? Comment peut-on enregistrer un état d'esprit ?

La réponse la plus claire à cette question est qu'il existe dans l'esprit des « petits lutins » appelés *Lignes k* (K-line, ou knowledge line, en anglais) par leur inventeur, Marvin Minsky, dont le rôle est précisément d'activer des « états d'esprit partiel ». Comment ça marche ?

Supposons que vous soyez particulièrement bricoleur, et que vous passiez avec ravissement tous vos week-ends à réparer la tondeuse à gazon, à régler la voiture où à refaire les plafonds de votre maison. Seulement, vous n'arrivez jamais à vous souvenir de quels outils vous avez besoin pour faire ceci ou cela, et vous n'avez jamais le bon outil sous la main. Zut ! Comment faire pour ne plus avoir à pester tous les jours contre vous-même ?

Voici une bonne idée : la prochaine fois que vous aurez à réparer la tondeuse, trempez vos mains dans de la peinture rouge juste avant de commencer : de la sorte, tous les outils nécessaires pour la tondeuse seront marqués en rouge, et la fois suivante, vous n'aurez plus qu'à vous souvenir de « rouge pour la tondeuse ». De même, trempez vos mains dans de la penture verte juste avant de régler l'avance à l'allumage de la voiture, et dans de la peinture bleue avant de faire de la maçonnerie, etc. Au bout d'un certain temps, non seulement vous pourrez facilement vous souvenir de quels outils il faut pour une tâche donnée (bien sûr, certains outils qui servent à plusieurs choses seront marqués de plusieurs couleurs), mais vous verrez aussi quels outils en votre possession ne servent à rien : ils ne sont pas marqués !

De même, lorsque votre esprit a résolu un problème, il peut marquer les petits lutins qui ont été utilisés pour résoudre ce problème. Mais en fait, au lieu de les marquer avec une couleur (ce qui serait difficile !), l'esprit crée un agent qui tient à jour une liste des agents concernés, et qui pourra les « activer » tous ensemble : la ligne K :

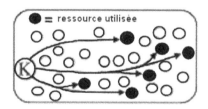

De la sorte, la prochaine fois qu'il faudra résoudre un problème similaire, il suffira d'activer la ligne K, et pas tous les agents un par un. Il en va de même pour les souvenirs. Le concept de « pomme » par exemple, fait intervenir de nombreux autres concepts comme « couleur rouge ou jaune ou verte, forme ronde, de la taille d'un poing, texture croquante, goût acide… »… qui peuvent être activés tous ensemble par une ligne K, celle qui est aussi connectée au nom « pomme ».

Dans un souvenir tel que : « cousin jaques faisait voler son cerf-volant », les concepts de « jacques » et de « cerf-volant » sont activés, mais aussi ceux de « jeune, cousin, jouer, rire, courir, vent, ficelle, forme en losange, toile fixée sur des baguettes », etc. En fait un nombre immense de minuscules détails, certains relatifs à jacques, d'autres au cerf-volant, d'autres aux deux. En fait, vous avez dans votre esprit une ligne K relative à votre souvenir qui active au moins deux autres lignes K, une pour jacques et une pour le cerf-volant. Une ligne K est un agent qui vous remet dans un état d'esprit partiel, celui relatif au souvenir en cours.

Pour stocker un souvenir dans la mémoire à long terme, il devient alors inutile d'y enregistrer les moindres détails, mais seulement quelles lignes K seront nécessaires pour réactiver le souvenir. Cela fait évidemment beaucoup moins de données à archiver ! C'est ainsi que marche la fameuse compression dont nous avons parlé plus haut.

Naturellement, comme l'esprit évolue dans le temps, de nouvelles lignes K sont créées chaque jour, et d'autres, devenues inutiles, sont supprimées : de ce fait, pour faire « revivre » un souvenir de notre enfance, qui avait été enregistré dans un contexte (en fait dans un esprit) éventuellement très différent de ce qu'il est aujourd'hui, il est nécessaire de reconstituer les lignes K qui existaient à cette époque (du moins celles qui étaient activées au moment de l'enregistrement). C'est le rôle des petits lutins chercheurs de souvenir, dont l'humble tâche, méconnue et parfaitement inconsciente, peut durer de quelques secondes à plusieurs jours, voire plusieurs semaines !

Les réseaux de neurones artificiels et la mémoire

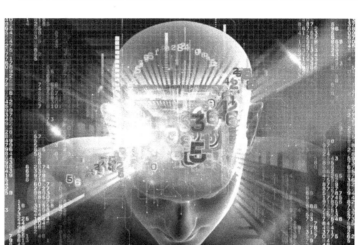

Si l'on cherche à savoir plus en détail comment l'esprit arrive à se servir du « matériel cerveau », que l'on appelle parfois aussi « brainware » ou « wetware » pour réaliser physiquement toutes ces fonctions de la mémoire, il faut étudier les réseaux de neurones. Et précisément, les simulations de neurones que l'on a pu réaliser sur ordinateur ont donné des résultats fascinants, particulièrement pour ce qui est de la mémoire : on arrive à réaliser des mémoires associatives avec des « circuits logiques » très simples, qui sont censés représenter certaines fonctions d'un neurone !

Un réseau de neurones formels (RNF) est un réseau constitué d'un ensemble (en général quelques centaines à quelques milliers) de dispositifs logiques très simples et tous identiques, interconnectés les uns avec les autres : les neurones formels, ou « neurones simplifiés ».

Un neurone formel possède une série d'entrée, les synapses, sur lesquels arrivent des messages numériques (des nombres) qui sont censés représenter l'intensité de chaque signal. Le neurone formel multiplie chaque entrée par une constante que l'on appelle « *poids de la connexion* », fait la somme de sous ces résultats, la compare à une valeur fixée appelée seuil, et calcule une fonction de sortie en fonction de cette comparaison :

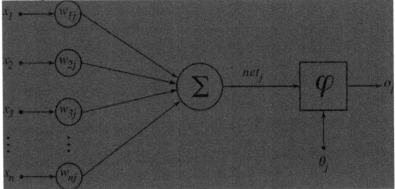

La plus simple des fonctions de sortie envoie « +1 » si la somme est supérieure au seuil, et « -1 » si elle est inférieure, mais on peut aussi utiliser d'autres fonctions comme les « sigmoïdes ». (Cela ne change pas qualitativement les résultats).

Muni de ces neurones formels (réalisés concrètement sous forme de circuits électroniques, ou simulés sur un ordinateur), nous pouvons les associer ensemble pour former un « *Réseau de Neurones Artificiels* », ou *RNA* :

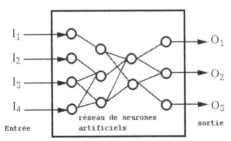

Depuis les années 1990, les RNA ont été très étudiés, et on en a fabriqué certains qui comportent des dizaines de milliers de neurones artificiels.

A quoi ça sert ? Les deux applications principales des RNA sont la reconnaissance des formes, et la mémoire associative. Supposons que l'on veuille reconnaître une série de caractères issus d'un texte issu d'un scanner (par exemple la poste utilise de tels systèmes pour reconnaître automatiquement les codes postaux qui sont écrits sur les enveloppes). Vous entrez dans le réseau les bits issus du scanner, représentant un caractère, et vous récupérez à la sortie le code ASCII de la lettre :

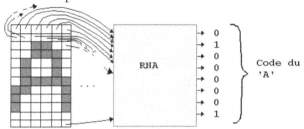

Pour réaliser une telle application, qui fonctionne et qui reconnaisse un grand nombre de caractères, il faut déterminer quels sont les paramètres à entrer dans le RNA, c'est à dire trouver les poids à affecter à chaque connexion entrante de chacun des neurones. Cela fait souvent des dizaines de milliers de paramètres à ajuster, tous interdépendants ! Comme ce serait extrêmement difficile à faire, même avec un ordinateur (et comment le programmer ?), les théoriciens ont inventé un modèle *d'apprentissage* des RNA, qui ajuste progressivement les poids :

On commence avec des poids tirés au hasard, puis on présente au RNA différentes entrées, et on ajuste légèrement les poids pour que la sortie soit plus proche de celle désirée. Puis on recommence. Après des dizaines, voire des centaines de milliers de tels ajustements, le réseau est déclaré « bon pour le service ».

On observe alors un phénomène curieux, qui fait tout l'intérêt des RNA : On constate que le réseau est alors capable de reconnaître non seulement les entrées qui lui ont été présentés comme des modèles, *mais aussi d'autres entrées*, légèrement différentes. Dans une application de reconnaissance de caractères, par exemple, le réseau est capable de reconnaître des 'A' (ou des 'B', etc.) Même s'ils sont *mal écrits*, à condition que ça ne ressemble pas trop à une autre lettre « modèle ». En fait, le réseau se débrouille un peu comme l'esprit humain !

(Ceci n'est pas à prendre trop au pied de la lettre : nous avons vu que le système visuel humain est bien plus complexe qu'un simple RNA. Cependant il ne fait nul doute que des mécanismes semblables à ceux qui sont simulés par les RNA sont bien utilisés par notre esprit, non seulement dans les systèmes sensoriels, mais un peu partout, et en particulier dans la mémoire.)

Pour réaliser une mémoire associative avec un RNA, on utilise un réseau qui a autant de sorties que d'entrées. Le réseau renvoie en sortie la forme « modèle » qui lui a été apprise et qui est la plus proche de la forme « mal écrite » en entrée :

On peut interpréter cela en disant que le RNA reconstitue le souvenir de ce qui lui a été appris, à partir d'un fragment, partiel et même éventuellement légèrement déformé, de ce souvenir ! Voilà un mécanisme fascinant !

Au fait, qu'est-ce que ça veut dire, « le modèle le plus proche de l'entrée », et « légèrement déformé » ? Pour répondre, il faut expliquer un peu le modèle théorique d'une mémoire associative. Voici une expérience très simple :

Supposons que vous disposiez d'une grande feuille de métal mince, placée horizontalement sur des tréteaux : vous prenez un marteau, et vous donnez des grands coups au hasard sur la feuille, pour la déformer, en formant des cuvettes ici et là. Retournez la feuille, et donnez des coups de marteau dans l'autre sens. Vous venez de faire « apprendre » à votre feuille les formes de base qu'elle va pouvoir reconnaître. Maintenant, vous prenez une bille, vous la tenez quelques centimètres au-dessus de la feuille toute bosselée, et vous la lâchez : la bille va rouler vers le fond de la cuvette la plus proche. Vous venez de faire fonctionner votre modèle d'un RNA !

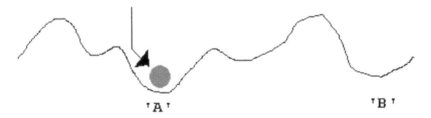

Les coordonnées de la position initiale de la bille lorsque vous la lâchez, exprimée en centimètres, mesurés horizontalement et verticalement à partir d'un coin de la feuille, codent le symbole à reconnaître. La position finale de la bille code le symbole reconnu. On dit que le système constitué par la bille et la feuille de métal évolue d'un état initial (la position initiale de la bille) vers un état final qui est un *attracteur stable* du système : un grand nombre d'états initiaux, constituant le bassin d'attraction, vont conduire au même état final.

Naturellement pour prendre en compte les nombreuses connexions entrant et sortant d'un RNA, les mathématiciens ont fabriqué un modèle un peu plus compliqué, dans lequel notre feuille de métal sera remplacée par un ensemble d'attracteurs dans un espace abstrait à plusieurs dimensions. Peu importe.

Lorsque l'on ajuste les poids des connexions neuronales, on modifie le « paysage » de ces attracteurs. Cela va en déformer certains, les faire grandir ou diminuer, voire les supprimer ou en créer de nouveaux. Apprendre, c'est modifier le paysage des attracteurs de la mémoire, c'est créer de nouvelles bosses et de nouveaux creux dans ce paysage.

Comme rien n'est parfait en ce monde, il pourra exister dans le système un certain nombre d'attracteurs non prévus, qui ne correspondent pas à des modèles appris.

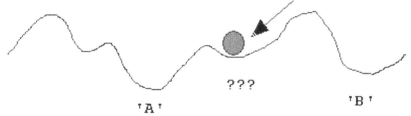

La « bille » qui symbolise le calcul effectué par le RNA pourra se trouver prise dans un « minimum local » non prévu, un attracteur « parasite ». Dans le cas d'un mémoire associative, cela pourrait donner lieu au rappel d'un souvenir qui n'a pas été enregistré, qui n'existait pas. C'est ce qui se passe lorsque vous avez une impression de *déjà-vu* : en fait, vous n'avez pas déjà vu ce que vous voyez, c'est simplement votre mémoire qui vous joue en tour, un attracteur imprévu qui se manifeste.

On démontre que ce phénomène de déjà vu a une probabilité d'apparition qui diminue avec le nombre de neurones dans le système : dans l'esprit humain, qui met en œuvre des millions, voire des milliards, de neurones pour chaque sous-système, ce phénomène est donc assez rare.

L'oubli

Néanmoins, lorsqu'on tente de faire apprendre trop de choses à un réseau trop petit, il se met à oublier certains faits. C'est ce qu'on appelle « l'effacement catastrophique ». Il faut alors faire ré-apprendre le réseau. Il est probable que l'enfouissement progressif des souvenirs et leur compression dans la mémoire à long terme ont lieu durant le sommeil profond, alors que les rappels destinés à éviter les effacements catastrophiques ont lieu pendant le sommeil paradoxal.

Au fait, comment faisons-nous pour oublier ?

Dans un passage de 2001, l'odyssée de l'espace, d'Arthur C Clarke, le héros Dave Bowman s'adresse à l'ordinateur HAL :

« - Très bien, Hal, restons en là »

Il faillit ajouter : « et oublie tout ça »

Mais c'était une chose dont HAL était incapable.

Je pense que Clarke fait là une erreur : certes, nos ordinateurs actuels n'oublient jamais rien sauf ce qu'on leur demande d'effacer. Mais une IA vraie devra posséder une mémoire associative, qui, elle, est capable d'oublier.

Un résultat remarquable, issu de recherches récentes, est que les performances d'un système capable d'apprentissage augmentent lorsqu'il est également capable d'oublier des connaissances ! Les systèmes d'IA qui peuvent apprendre ont en effet un comportement qui « plafonne » au bout d'un certain temps : leur mémoire est encombrée par des connaissances inutiles ou peu utiles, si bien que le nombre d'essais qu'il faut faire pour résoudre un problème augmente au lieu de diminuer lorsque le nombre de connaissances devient très grand. Le problème, c'est qu'il ne suffit pas d'accumuler du savoir, il faut savoir ne garder que les connaissances utiles. Les êtres humains oublient, mais ce n'est pas forcément un handicap !

Inversement, un patient suivi pendant 30 ans par le grand neurologue soviétique Alexandre Luria avait l'étonnante capacité de ne rien oublier ! En regardant pendant quelques minutes des pages de 30, 50, 70 mots ou chiffres, il était capable une semaine, six mois, voire 15 ans après (!) de les répéter sans aucun trou de mémoire.

Sans être autiste ou fou, ce patient n'était cependant pas normal. Il était doué entre autre de synesthésie, c'est-à-dire qu'il n'y avait pas de frontière entre ses différents sens, ce qui lui permettait de curieuses correspondances. Il avait entre autre l'étrange capacité d'associer une couleur, un son ou encore une texture à un mot ou à un chiffre. Il disposait ainsi d'autant d'hameçons pour les accrocher dans sa mémoire.

Mais cette faculté n'était pas sans inconvénients: notre homme avait énormément de difficultés à retenir le sens d'un texte qu'il apprenait, par exemple. Pour répondre à une simple question sur ce texte, il lui fallait le relire tout entier dans sa tête ! Par contraste, on voit bien la force de notre petite mémoire "ordinaire": coder avant tout de la signification. Autrement dit, on oublie les mots du texte, mais on retient l'essentiel de l'histoire, ce qui est quand même beaucoup plus utile dans la vie...

L'oubli a fait l'objet de différentes théories, que l'on peut résumer en quatre processus, qui semblent être à l'œuvre dans notre esprit : le *déclin*, l'*oubli motivé*, l'*entrave*, et l'*interférence*.

Le déclin :

La mémoire se dégrade et se fragmente au cours du temps comme tous les processus biologiques.

L'oubli serait dû au manque d'exercice et à l'absence ou à la rareté des rappels.

Cela se confirme dans la manière dont, statistiquement, on oublie les mots du langage. Les noms propres, moins souvent répétés, disparaissent d'abord, puis les substantifs, puis les adjectifs (plus fréquents, car ils peuvent caractériser plusieurs substantifs), puis les verbes, enfin les exclamations et les interjections.

L'oubli motivé

Il y aurait des mécanismes inconscients qui nous font oublier des faits déplaisants ou angoissants.

Les psychanalystes montrent en effet que l'oubli est souvent associé à des événements ayant une connotation désagréable ou porteurs de stress.

Freud postule un processus sélectif par lequel le sujet rejette ou maintient dans l'inconscient certains souvenirs liés à des traumatismes passés dont l'évocation serait insupportable pour lui. La psychanalyse s'appuie sur l'idée que ces souvenirs refoulés n'ont pas été oubliés et qu'on peut les faire revenir à la conscience du sujet.

L'entrave

L'oubli est une perturbation de la récupération et non du stockage de l'information. L'inaccessibilité momentanée d'une information surviendrait en raison d'un encodage insuffisant, d'un manque de relation avec les acquis sémantiques ou d'indices de récupération inappropriés.

Mais l'information stockée existe toujours quelque part dans la mémoire, puisque à un autre moment, on peut tout à coup y avoir accès.

L'interférence

Il y aurait oubli d'une donnée parce qu'une autre empêche sa récupération.

Dans l'interférence rétroactive, les nouveautés tendent à effacer les souvenirs plus anciens. Et inversement dans l'interférence proactive se sont les souvenirs plus anciens qui empêchent une bonne mémorisation des faits nouveaux.

Les interférences rétroactives et proactives permettraient une mise à jour des connaissances du monde : les informations nouvelles prennent le pas sur certaines informations anciennes (rétroaction) sans pour autant toutes les effacer (proaction).

Finalement...

En fait, l'oubli est un mécanisme *nécessaire*. La raison profonde de l'oubli est qu'il permet l'apprentissage d'un concept à partir d'exemples seulement, même sans avoir vu de contre-exemple. Nous verrons cela un peu plus loin quand nous parlerons de l'apprentissage en détail.

Quelle mémoire associative pour une IA ?

Juste un dernier petit mot avant d'en finir avec la mémoire. Pour créer une intelligence artificielle, il nous faudra sans doute créer une mémoire associative de toutes pièces. Mais il n'est pas dit qu'il faille copier servilement ce qui se passe dans le cerveau. Certes, ce dernier semble fonctionner avec un mécanisme qui ressemble bigrement aux RNA. Mais il est dépendant d'un matériel constitué de neurones biologiques, et avec ce « brainware » il n'y a guère d'autres méthodes pour réaliser une mémoire associative efficace. En revanche, avec un ordinateur, il existe certainement des méthodes plus rapides en temps de calcul, et surtout plus faciles à mettre à jour, comme l'indexation des fichiers (méthode utilisée par les moteurs de recherches).

Bon ! Il est temps d'élargir un peu le débat. Résumons-nous :

Alors finalement, qu'est-ce que l'intelligence ?

Chez les humains, l'intelligence est une qualité particulière d'un esprit supporté par un cerveau formé de cent milliards de neurones et de mille fois plus de synapses, un cerveau complexe formé de parties complexes dont chacune à son rôle. L'intelligence, est rendue possible par l'association d'un grand de sous-systèmes, des sous-systèmes qui ne sont pas conçus chacun pour nous donner une capacité particulière, mais chacun pour remplir une fonction interne bien précise.

Pour fonctionner, un esprit intelligent a besoin de *systèmes sensoriels*, qui lui permettront d'acquérir de nouveaux *concepts* sur le monde qui l'entoure, mais également de visualiser, ou plus généralement de re-percevoir ces concepts. Il a besoin d'un système de génération de *pensées*, qui lui permet de relier ensemble différents concepts. Il a besoin d'une *mémoire à court terme*, qui lui permet de stocker temporairement les pensées et les concepts courants. Il a besoin d'une *mémoire associative à long terme*, pour stocker les souvenirs et procédures. Et il a besoin également d'un système de *planification des buts*, et d'un système de *délibération*, pour décider quoi faire, et d'un système moteur, pour coordonner ses actions. (En général il existe aussi des systèmes réflexes, qui court-circuitent le niveau « délibération » en déclenchant directement des actions à partir de certains percepts bien définis). Enfin, il a besoin d'un *système de contrôle*, pour allouer efficacement les ressources (temps de calcul ou de recherche, par exemple) disponibles, et d'un *système de censure*, qui limite le champ des pensées possibles à un moment donné et évite à l'esprit de se perdre dans des méandres sans fin.

Les mammifères, donc l'homme, disposent en outre d'un système de gestion des désirs, pulsions et émotions. Seul l'homme et, peut-être, certains animaux, semblent en outre disposer d'une *conscience* d'eux-mêmes.

Tous ces systèmes sont décomposables en sous-systèmes, et l'unité de base semble être l'agent, ou « petit lutin », qui sait faire une tâche élémentaire et sait exploiter les capacités d'autres agents. L'impression d'unité que nous avons de notre esprit n'est qu'une illusion, issue du fait que l'un de ces petits lutins s'appelle le « moi », et du fait (indépendant du premier) que nous possédons une conscience qui ne semble traiter qu'une pensée à la fois.

Ce qui nous amène au problème de la conscience.

Qu'est-ce que la conscience ?

L'étude de la conscience a fait d'immenses progrès ces dernières années. Après des siècles d'investigations par les seuls philosophes, qui se sont heurtés aux limites de l'introspection, puis par les psychologues qui s'y sont cassé les dents, elle est devenue un champ d'investigation pour les neuropsychologues. Ces derniers ont pu réaliser des expériences, avec l'aide de tout un appareillage (EEG, IRMf, ordinateurs), analyser les résultats, monter d'autres expériences, et finalement faire progresser notre connaissance à pas de géant. Ce travail n'est pas terminé, loin de là, mais il semble d'ores et déjà envisageable que les informaticiens prennent le relais, en testant les hypothèses des neuropsychologues sur ordinateur. Simuler (à défaut de reproduire) la conscience sur ordinateur, c'est pour bientôt !

Ces progrès ont été possibles parce que l'on sait maintenant distinguer des « morceaux » bien définis du champ flou qui constitue la conscience, et étudier séparément chacun d'eux :

- La *conscience d'accès* : elle apparaît dès qu'une personne est capable de communiquer par la voix ou le geste, qu'elle a bien perçu quelque chose (donc consciemment).
- La *conscience phénoménologique* : elle englobe une *conscience à la troisième personne*, le fait de savoir que « quelqu'un » sait quelque chose, et *à la première personne*, le fait de se représenter que ce « quelqu'un » qui sait ou fait quelque chose, c'est bien moi.

Tous les signaux qui entrent dans le cerveau ne « déclenchent » pas la conscience d'accès : comme nous l'avons vu, nos « petits lutins », ou modules, traitent beaucoup d'information sans que nous en soyons conscients. Tout se passe comme s'il y avait dans le cerveau deux zones, une zone non consciente, et une zone consciente. On peut alors expliquer la conscience d'accès : nous devenons conscients de quelque chose dès lors que le signal créé parce quelque chose pénètre dans la zone consciente.

La zone consciente ne traite qu'une chose à la fois, et pour que cette chose entre dans le champ de la conscience, il faut que la chose soit suffisamment intéressante pour prendre le dessus et remplacer ce dont nous étions conscients précédemment : il existe ainsi un filtre, qui ne permet qu'à des « choses » intéressantes de pénétrer dans la zone consciente. Ce filtre, c'est l'attention.

Quelles sont ces « choses » ? Précisons un peu : l'interface entre la zone consciente et la zone non consciente est constituée par un *échange de pensées*, au sens où nous les avons déjà définies : les pensées sont des arrangements de concepts qui répondent à une syntaxe et un but, et les idées sont un cas particulier de pensées. Une telle définition est opérationnelle, elle peut être traduite en langage informatique.

Des expériences ont été montées, pour étudier la conscience d'accès, pour visualiser ce qui se passe lors de la « prise de conscience ».

Décrivons l'une de ces expériences :

On montre au sujet un petit disque noir, puis très vite à sa place un anneau noir qui l'entoure exactement (ou plus exactement l'entourerait si le disque était encore projeté). Le résultat est que le sujet voit l'anneau seulement. Pourtant, si le disque était montré seul, exactement le même temps qu'il apparaît dans l'expérience du masquage, il aurait largement le temps de l'apercevoir. Que dire : le disque a-t-il été perçu consciemment, puis définitivement effacé par l'anneau qui a suivi ? Ou bien le disque n'a-t-il jamais été perçu en réalité ?

Non, bien sûr : le disque a bien été perçu, mais le signal a été trop bref pour mobiliser l'attention, et n'est pas entré dans le champ de la conscience, au contraire de l'anneau.

L'attention est un mécanisme de filtre des pensées « candidates à la conscience ». L'attention attribue à chaque pensée une priorité intrinsèque (qui pour un percept est directement liée à l'intensité et à la durée du percept), mais leur donne aussi une priorité liée aux attentes de la conscience : cette dernière informe en effet le mécanisme d'attention qu'elle attend ou recherche certains percepts (les attentes changent avec le temps, bien sûr). En fonction de ces deux priorités, l'attention permet à la pensée la plus prioritaire de pénétrer dans la zone consciente.

C'est ainsi que lorsque vous êtes dans un café, en train d'attendre une personne qui a rendez-vous avec vous, votre attention est focalisée sur les personnes qui entrent dans le café, et les pensées qui sont fabriquées en permanence par le système vision+concepts+générateurs de pensées (mécanisme inconscient) auront plus de chance de passer le filtre si elles concernent ces personnes. Les attentes sont donc des descriptions de haut niveau, analogues aux pensées ou aux buts. (Nous avons déjà parlé des buts, qui sont un type spécial de pensées.)

Voici une autre expérience, bien plus complexe et riche d'enseignement, qui a été faite à Orsay en 2005 :

Le sujet porte un casque électro-encéphalographique, muni d'électrodes qui permettent de détecter l'activité de différentes zones du cerveau (disons une trentaine) avec une très bonne résolution temporelle.

On place devant le sujet un écran, initialement noir, mais sur lequel dès le début de l'expérience on va faire défiler à toute vitesse des « mots », formés de lettres au hasard (genre XRTO, IOZNX, FBAXQ, etc.), chaque mot étant remplacé très vite par le suivant, de sorte que le sujet n'a pratiquement pas le temps d'en lire un seul.

On informe le sujet que le premier de ces mots sera choisi entre deux, par exemple OXXO et XOOX, et on lui demande de se concentrer pour lire le premier mot qui apparaîtra.

Mais à l'insu du sujet, un des mots qui apparaissent par la suite, disons une demi-seconde après le début du défilement, possède bien une signification : disons que c'est le mot CINQ. On lui pose la question à la fin de l'expérience : avez-vous vu un CINQ ?

On règle tous les paramètres pour que le sujet ait une chance sur deux de détecter consciemment (en plus du premier mot de la liste) que le mot CINQ est apparu à un moment donné dans la suite de la liste. La moitié des sujets auront donc perçu consciemment le CINQ, l'autre moitié n'aura pas eu le temps, trop concentré à déterminer si le premier mot était OXXO ou XOOX. C'est ce que l'on appelle le « clignement attentionnel ».

On répète l'expérience un grand nombre de fois, avec plusieurs sujets, en enregistrant à chaque fois en continu l'activité cérébrale, milliseconde après milliseconde. On classe d'un côté les enregistrements des sujets qui ont vu consciemment le CINQ, de l'autre ceux de ceux qui ne l'on pas perçu. On fait la moyenne des enregistrements de chaque série, et on soustrait l'enregistrement moyen de la seconde série (ceux qui n'ont rien vu) de celui de la première (ceux qui ont perçu consciemment le CINQ). On dispose alors d'un « film » de ce qui se passe spécifiquement quand on perçoit consciemment quelque chose de connu, par opposition au fait de voir, mais inconsciemment, la même chose !

C'est une vraie fenêtre ouverte sur la conscience.

On observe les faits suivants :

Lorsque le sujet n'est pas conscient d'avoir vu CINQ, le cortex visuel est excité en premier, avec un pic à 96 millisecondes après le début de l'expérience, puis l'activité diminue et finit par retomber à zéro ; mais lorsque le sujet a consciemment vu le mot, les choses n'en restent pas là. On observe alors une véritable avalanche d'activations de neurones dans le cerveau :
C'est tout d'abord, à 276 millisecondes, le cortex frontal, puis, le cortex préfrontal, puis le cortex cingulaire antérieur avec un pic d'activité à 436 millisecondes, et enfin le cortex pariétal, puis, à nouveau, visuel.

Il existe donc une zone du cerveau qui est activée spécifiquement par les processus conscients. Cette zone est très étendue, couvrant au moins de vastes régions du cortex frontal, pariétal et cingulaire (bien sûr, la résolution spatiale de l'expérience étant très faible, on ne peut pas encore déterminer quels circuits précis sont mis en œuvre dans notre cerveau)

Que se passe-t-il à l'intérieur de cette zone du cerveau qui permet la conscience ? Quel est le but de cette résonance / réverbération entre système perceptif et zone consciente ?

Il me semble que la réponse qui s'inscrit le mieux dans la théorie de l'esprit qui est exposée dans ce livre, est que les *buts* sont générés dans cet espace. Ces buts sont ensuite envoyés à l'extérieur de la zone consciente, où ils sont traduits en un réseau de concepts, puis en image mentale par le biais des codeurs de l'imagerie sensorielle, qui créent ainsi une véritable « vision » de l'objectif à atteindre. Comme l'attention est précisément à ce stade focalisée sur le nouveau but et ses conséquences, ces images mentales, qui constituent de nouveaux percepts, reviennent vers la zone consciente, franchissent le barrage de l'attention comme s'il n'existait pas, et la zone consciente crée alors des nouveaux sous-buts et contraintes, et ainsi de suite. Dans un laps de temps de quelques dixièmes de seconde au maximum, il peut y avoir ainsi plusieurs aller-retour jusqu'à ce que la pensée-but soit validée et « cristallisée », et placée dans la mémoire à court terme, puis à long terme.

Bon, OK, il se pourrait donc que la conscience perceptive, la conscience d'accès, puisse être modélisée. Mais qu'en est-il de cette « insaisissable et indicible qualité » qui constitue la conscience phénoménale ? Ici nous devons nous aventurer en terrain spéculatif, et je suis bien obligé de proposer ma propre théorie, qui cadre parfaitement avec le fonctionnement de l'esprit qui est décrit dans ce livre. Cette théorie s'articule autour de trois idées simples :

L'idée de base, c'est que la conscience phénoménale « à la première personne » a fortement « quelque chose à voir » avec les émotions. Un rai de soleil sur la joue, un souvenir oublié qui ressurgit, une musique qui nous tire des larmes, un orgasme, voici des évènements qui sont non seulement perçus mais semblent vécus de l'intérieur, engendrant parfois une émotion intense que nous semblons ne pas pouvoir décrire ni partager.

Dans le cerveau, l'amygdale, structure qui tire son nom de sa forme en amande, est probablement le siège de nombreuses émotions, et particulièrement de la peur. L'amygdale est située dans la partie frontale du lobe temporal, elle fait partie des zones impliquées dans la conscience…

Nous avons déjà abordé superficiellement le sujet des émotions. Les émotions sont des synthèses, des résumés, des « condensation en un seul mot » de certains états mentaux. Mais d'où viennent-elles ? Il faut que nos esprits contiennent un vrai système de gestion des émotions !

La seconde idée est donc : *dans le cerveau, les émotions sont gérées par un système distinct (et inconscient) de celui des percepts, concepts, pensées et buts inconscients.* Ce système est pourvu de capteurs qui analysent l'activité de l'ensemble de l'esprit inconscient, et lui permettent d'en élaborer une synthèse : Cette synthèse, *c'est* l'émotion. Inversement, ce système émotionnel est capable de *générer* des émotions, en général par la libération de substances chimiques agissant sur le cerveau dans son ensemble, sans qu'il y ait besoin transmettre des signaux neuronaux jusqu'à un grand nombre de sous-systèmes récepteurs (l'évolution est une grande fainéante).

Et enfin la troisième idée est que, puisque qu'il y a dans l'esprit des circuits détecteurs et codeurs d'émotions, il n'y a pas de raison pour la perception consciente de ces émotions suive un processus différent de celui qui existe pour les perceptions conscientes « ordinaires ». Il va donc exister un système d'attention émotionnelle, filtrant les émotions et n'en laissant passer que certaines de manière consciente. Cette perception consciente d'émotions, ajoutée à la perception sensorielle, *c'est* précisément la conscience phénoménale !

Finalement, le schéma global de la conscience est celui-ci :

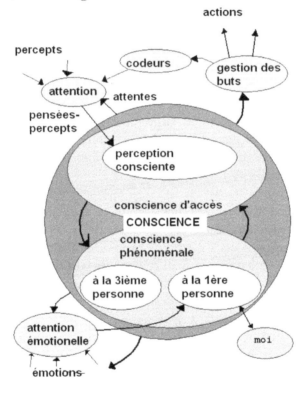

Le fait qu'il y ait dans notre esprit des capteurs qui en mesurent l'activité, et qui synthétisent des « états mentaux » n'a rien de magique : Comme nous l'avons dit, les différentes fonctions de l'esprit sont accomplies par une quantité innombrable de « petits lutins », ou agents, qui communiquent, s'utilisent, et se combattent les uns les autres. Seule une très petite proportion de ces agents est connectée directement aux systèmes sensoriels : les autres tirent leurs informations d'autres agents : ils sont *déjà* des observateurs !

Un mot sur le symbole « moi » que j'ai fait figurer à l'extérieur de la conscience : il ne fait aucun doute que nous disposons d'un agent « moi », qui nous permet de distinguer entre ce qui est « nous » et ce qui ne l'est pas. Mais il faut se méfier, cela ne suffit pas, loin de là !

Lorsqu'un ordinateur, programmé pour répondre à un être humain, écrit sur l'écran « je pense que ceci ou cela », cela ne signifie pas qu'il « pense que ». Il a juste été programmé pour afficher la chaîne de caractère « je pense que » devant le reste de la phrase. De même, un ordinateur, un peu plus évolué, qui stockerait dans un objet informatique nommé « moi » des informations sur lui-même ou sur les traitements qu'il effectue, et qui serait capable de les rapporter en les faisant précéder de « je pense que » ne possède pas pour autant une conscience de lui-même.

Dans notre esprit, nous avons sans nul doute un agent « moi » qui est chargé de collecter des informations sur ce qui se passe autour de lui dans notre esprit. Mais ce n'est pas parce que cet agent peut être nommé « moi » qu'il est conscient de lui-même, c'est pourquoi je l'ai fait figurer en dehors de la zone consciente du cerveau. Pour que nous soyons conscients de nous-mêmes, il faut que nous ayons une conscience phénoménale du phénomène « moi », c'est à dire que notre attention puisse être portée sur le « moi » inconscient, et que nous prenions conscience, littéralement, que « ce qui est rapporté par l'agent nommé « moi », c'est bel et bien ce qui se passe en nous ». C'est bien autre chose ! Cela implique des émotions bien particulières, et la création d'une pensée spécifique.

Pour bien comprendre ce qui se passe, supposons que l'agent « moi » inconscient soit nommé « schmilblick » et non « moi ». Prendre conscience de soi, c'est être capable de tenir le raisonnement suivant : « cet esprit est capable de percevoir des choses, donc cet esprit existe, et de plus il est capable d'observer (à la troisième personne), ce qui se passe en lui, ces observations sont centralisées dans un agent nommé schmilblick, et lorsque cet esprit perçoit quelque chose, schmilblick, perçoit les mêmes choses, mais il perçoit en plus ce qui se passe dans cet esprit, donc non seulement schmilblick est inclus dans cet esprit, mais cet esprit est inclus dans schmilblick. Par suite cet esprit et schmilblick ne font qu'un, et je peux dire « cet esprit est schmilblick », ou tout simplement « je suis schmilblick », et « cet esprit est mon esprit » ». Ouf !

Résumons-nous :

La conscience est un mécanisme qui permet à l'esprit de sélectionner la prochaine pensée et le prochain super-but à activer. Ce super-but est alors transmis à l'agent « moi », et enregistré dans la mémoire à long terme comme « la décision du moi ». La conscience reçoit en entrée toutes les proto-pensées et proto-buts candidats. Elle sélectionne alors la prochaine pensée ou le prochain but à activer. Elle peut réaliser cette sélection en comparant les proto-pensées candidates avec les concepts qui font à ce moment l'objet de l'attention : la « bonne » prochaine pensée est celle qui a le plus de concepts en commun avec les concepts pertinents pour l'attention. Cette attention est elle-même un mécanisme de choix, qui se base sur les émotions, signaux remontés par des agents « observateurs » de l'esprit, pour choisir les concepts pertinents. En l'absence d'émotion particulière, les concepts qui font l'objet de l'attention sont tout simplement ceux mis en jeu par les cinq à sept dernières pensées sélectionnées. Une émotion comme la surprise provoque tout naturellement un glissement de l'attention vers de nouveaux concepts, permettant à la conscience de sélectionner de nouvelles pensées et buts.

Ce mécanisme est bien sûr théorique, mais il me semble qu'il correspond à la réalité. Mieux : un (très) bon programmeur pourrait sans doute le simuler sur ordinateur, et obtenir de cette simulation des résultats semblables à ce que l'on observe au cours des expériences que nous avons décrites.

La conscience apparaît finalement comme un mécanisme de régulation, assez analogue à l'hypothèse des « cerveaux-B » de Minsky. Elle semble mettre en œuvre d'importantes quantités de neurones dans diverses zones du cortex cérébral, ce qui suggère une architecture complexe. Il se pourrait bien que la boîte « conscience » du schéma ci-dessus soit organisée comme un vrai « mini esprit » avec ses modalités sensorielles, ses concepts, pensées et buts propres, tout comme l'esprit « principal ».

Notons que par rapport au reste de l'esprit, la conscience est singulièrement limitée : elle ne peut percevoir qu'une chose à la fois, et sa mémoire est à court terme et limitée à cinq ou six pensées, idées, désirs ou concepts simultanés.

Pourquoi en est-il ainsi ? Tout simplement parce que la conscience a besoin de faits « bruts », non encore filtrés par notre système de buts : elle a besoin d'une quantité impressionnante d'informations sur les agents-pensées qui font l'objet de notre attention du moment. Elle stocke donc dans sa mémoire à court terme toutes ces informations, d'où sa capacité limitée aux cinq ou six pensées (complexes) qui ont le plus récemment été l'objet de ses attentions.

Ainsi l'introspection de la conscience est difficile, elle nous paraît insaisissable, indicible, pour au moins deux raisons : tout d'abord il s'agit d'une zone distincte de notre esprit, qui exploite les informations de capteurs situés uniquement dans la zone inconsciente. Ensuite, parce que se concentrer sur nos états mentaux très récents, stockés dans la mémoire à court terme, implique de créer de nouveaux états mentaux conscients qui seront nécessairement stockés dans cette mémoire à court terme elle-même, et qui viendront la perturber.

Quel est le but de la conscience ? Pourquoi l'évolution a-t-elle créée une conscience ? Tout simplement parce qu'il fallait qu'un organisme évolué dispose d'un moyen de choisir sa prochaine action, un moyen assez « rigide » pour que l'animal ne saute pas sans arrêt du coq à l'âne et aie « de la suite dans les idées », et cependant assez souple pour qu'un fait nouveau, s'il est important, puisse modifier très rapidement la décision à prendre. La conscience est simplement ce moyen. En bonus, elle permet d'archiver les décisions prises dans la mémoire à long terme en les associant avec un marquage « c'est *ma* décision », ce qui permet des échanges sociaux très évolués, les organismes pouvant alors communiquer leurs décisions aux autres et comparer leurs décisions avec celles des autres.

Mécanisme et Ame

Oh là ! La conscience mécanisée ? Et que faites-vous de l'âme, mon bon monsieur ? Nous pouvons répondre comme Laplace, à qui Napoléon avait demandé ce qu'il faisait de Dieu dans la mécanique céleste : « sire, je n'ai pas eu besoin de cette hypothèse ». Pour réaliser un esprit, il n'est pas besoin d'une âme.

On entend souvent dire que « un ordinateur ne peut pas avoir une âme ». Alan Turing, l'inventeur de l'ordinateur, répond à cela qu'il ne voit pas pourquoi Dieu ne pourrait pas donner une âme à un ordinateur intelligent, s'il le souhaitait. L'une des principales objections à l'IA est que les ordinateurs sont incapables d'avoir de l'originalité. Turing répond que les ordinateurs peuvent surprendre les humains, en particulier lorsque les conséquences de différents faits ne sont pas immédiatement reconnaissables.

Un ordinateur *peut* composer une musique qui engendre chez nous des émotions. Mieux : même si nous ne savons pas si un ordinateur peut éprouver des émotions de la même manière que nous, nous pouvons arriver à programmer un ordinateur pour que son comportement, ses réponses, ses actions, soient si bien simulées que nous ne pourrons les distinguer de ceux d'un humain qui éprouverait des émotions. Dans ce cas, à quoi sert-t-il de s'interroger ?

J'espère vous avoir, dans ce livre, convaincu que la vision que je donne d'un esprit intelligent formé d'un nombre immense de petits mécanismes inintelligents par eux-mêmes mais si merveilleusement agencés, est finalement bien plus humaine que la vision des humanistes qui méprisent les ordinateurs.

Nous reviendrons toutefois plus loin, dans un contexte différent, sur le problème de l'âme. En effet, une intelligence artificielle possède une caractéristique intéressante, à laquelle peu de gens ont réfléchi : elle peut être dupliquée à volonté. Ce qui n'est pas sans conséquences philosophiques… Mais passons là-dessus pour le moment.

L'intelligence animale

Comme nous l'avons dit, la principale différence entre l'esprit d'un animal et celui d'un humain est sa capacité d'imitation. Certains animaux savent imiter, mais leur capacité d'imitation est sans commune mesure avec celle de l'être humain.

Les animaux n'ont pas le même système sensoriel que nous, ni les mêmes capacités de préhension. Mais dame nature a pallié ces différences : La chauve-souris et les dauphins « voient » avec leurs oreilles, et les chiens avec leur nez, par exemple. Un Papillon mâle est capable de sentir sa femelle a des kilomètres de distance.

Les espèces animales les plus variées sont capables d'inventer des solutions originales adaptatives tout à fait inattendues. Un exemple, celui des mésanges bleues et des bouteilles de lait : Au début du vingtième siècle en Angleterre, on a commencé à livrer le lait à domicile. Le lait était déposé devant les portes dans des bouteilles fermées par une capsule en carton. A partir des années vingt, on a constaté que des mésanges avaient pris l'habitude de percer la capsule et de boire une partie du lait... Et ce phénomène s'est propagé, non seulement aux alentours mais aussi dans d'autres régions d'Angleterre alors que les mésanges ne se déplacent pas à plus de vingt kilomètres de leur nid !

Mais les rats font encore mieux ! Ceci est permis par le fait que l'organisme extrait de son environnement, par un apprentissage qu'Edward Toldman avait appelé latent, des cartes cognitives lui permettant de se repérer au mieux. Il s'agit d'une pensée sans langage que l'on peut appeler "représentations internes". Les représentations mentales du monde extérieur permettent à l'animal de produire des réponses adaptées (dans une gamme donnée) aux stimulations qu'il reçoit. Elles sont acquises individuellement (c'est un aspect de l'individuation). Il n'est pas sûr par contre qu'elles puissent véritablement être transmises par imitation et s'incorporer à un savoir collectif culturel. (Ce point est discuté).

Les réalisations diverses des animaux (nids de feuilles cousues par certaines fauvettes, construction de barrages par les castors, emploi d'outils par les primates (pêche aux fourmis et termites)) montrent qu'il ne s'agit pas d'instincts aveugles, mais de constructions pensées répondant à un but, utilisant de véritables outils. C'est le cas chez beaucoup d'animaux auxquels on ne pense pas, notamment les oiseaux. Le cerveau d'un passereau contiendrait 130.000 neurones par mm^3, contrairement à celui du cachalot (1000 par mm^3) Mais ceux de l'oiseau sont miniaturisés. Ces dispositifs cérébraux peu connus sont sans doute hérités du temps des dinosaures, il y a 200 millions d'années.

Les gallinacés par exemple manifestent une grande stabilité de leur relations de dominance. Le mécanisme principal en est la reconnaissance individuelle, basées sur des représentations mentales abstraites de leurs congénères. La poule peut notamment pratiquer la reconnaissance visuelle sur diapositives. Elle peut discriminer entre congénères. Elle peut également identifier un congénère à partir d'une patte, même si auparavant seule une aile lui a été présentée. La poule semble capable de générer "l'idée de poule" ou le "concept de poule", à partir d'un archétype, ce que la plupart des autres animaux sont incapables de faire, au sein de leur espèce.

Cependant aucune espèce animale, malgré la diversité de ses moyens de communication, ne peut être créditée d'un langage (ni non plus du sens de l'humour et du rire). Cependant, de nombreuses recherches ont montré que, spontanément dans la nature, ou à l'occasion d'apprentissages d'ailleurs longs et difficiles, de nombreuses espèces peuvent acquérir un vocabulaire non négligeable de signes renvoyant de façon non équivoque à des représentations mentales, elles-mêmes renvoyant à des objets du monde extérieur perçus par elles. Mais l'articulation structurale phonologique (sons-signifiants) et sémiologiques (signifiants-signifiés) n'apparaît pas, non plus que la capacité de construire un nombre infini de phrases à partir d'un nombre fini de signifiants (grammaire générative). Chez l'homme, le mot peut désigner des choses n'ayant pas entre elles de rapports naturels. Il est abstrait et ne prend son sens ou valeur que par opposition ou contraste avec les autres mots. L'animal n'en semble pas capable - n'en est pas capable, diront les linguistes. Il s'ensuit que la représentation de soi dans son groupe ou dans son environnement ne leur est pas possible.

Les bases biologiques de la conscience semblent les mêmes chez l'homme et l'animal. La reconnaissance des visages, par exemple, relève de l'hémisphère droit, le chant de l'hémisphère gauche. Les hommes, les chimpanzés et les Orangs outangs (et peut-être les dauphins, mais c'est moins évident) semblent être les seuls animaux capables de se connaître dans un miroir : lorsqu'on peint à son insu une tache de couleur sur le front d'un de ces singes, et qu'il se voit dans un miroir, il porte immédiatement la main à son front. Existe-t-il une conscience animale ?

Desmond Morris a étudié les émotions, les arts, la peinture chez l'homme et l'animal. Un artiste peint en utilisant une pensée non verbale, analytique. Des chimpanzés peignant peuvent avoir un contrôle visuel, expérimenter de nouvelles formes et couleurs. Mais ils restent au niveau de l'abstrait. Ils ne peuvent représenter une image. Leur cerveau est sur ce plan proche de celui de l'enfant de 2 ans.

Un mot encore sur le phénomène d'intelligence collective, qui apparaît chez les insectes sociaux. Un insecte n'a aucun comportement intelligent, individuellement, même si cela y ressemble parfois. L'exemple type est celui de la guêpe américaine *sphex*, popularisé par Douglas Hofstadter. Cette guêpe se nourrit en paralysant d'autres insectes. Elle les traîne ensuite vers son nid (généralement un trou dans le sol ou dans un mur), puis les laisse devant la porte, entre dans le nid pour l'inspecter, puis ressort, et traîne enfin la proie dans le nid. Un comportement qui semble complexe et intelligent !

Cependant, si un expérimentateur déplace la proie pendant que la guêpe est en train « d'inspecter » le nid, la guêpe, en sortant, ne trouve plus la proie à sa place. Elle la localise rapidement, mais cela provoque la remise à zéro de son « programme » : la guêpe *sphex* ramène la proie devant le nid, puis retourne à nouveau l'inspecter, oubliant qu'elle vient de le faire. Et si l'expérimentateur persiste, et déplace encore une fois la proie, le même manège se répète, indéfiniment, des centaines de fois s'il le faut. Cela montre qu'un comportement qu'on pourrait penser hautement évolué n'est en fait qu'une réaction génétiquement programmée à un stimulus. Hofstadter a utilisé le terme *sphexique* pour caractériser un comportement répétitif, sans intelligence.

Pourtant, alors que les insectes pris individuellement sont tout à fait « idiots », les expériences menées sur les sociétés d'abeilles, de termites, de fourmis, mettent en évidence le comportement holiste de ces sociétés, capable d'avoir des comportements collectifs tout à fait étonnant et imprévisible, à partir de la seule 'action d'individus en compétition répondant à des stimulants très simples. Il y a sélection "naturelle" de l'information. C'est le travail qui, en quelque sorte, guide l'ouvrier. Le sujet a été repris abondamment par l'IA, qui a simulé de tels comportements, avec notamment des populations d'insectes synthétiques sur ordinateur (travaux de Ferber et Drogoul en France) qui reproduisent ces comportements complexes émergeant à partir d'individus qui ne répondent qu'à des règles très simples.

Il existe une analogie certaine entre les sociétés d'insectes et les neurones. De là à dire que ces sociétés pensent… Mais au fait, qu'est-ce que la pensée, au juste ? Y a-t-il une seule forme de pensée ?

L'intelligence extra-terrestre

Il peut sembler étrange de faire figurer un chapitre avec ce titre dans un tel livre. Mais soyons clairs : je ne veux pas discuter ici de savoir s'il existe ou non des extra-terrestres (même si j'en suis profondément convaincu), mais je pense qu'il peut être curieux, amusant, et instructif de se poser la question suivante :

> *Si* des intelligences extra-terrestres existent,
> *Alors* à quoi *pourrait* ressembler leur esprit et leur(s) forme(s) d'intelligence ?

En d'autres termes, l'intelligence humaine est-elle nécessairement telle qu'elle est ? Est-il obligatoire qu'une intelligence générale ne résulte que d'un esprit semblable à l'esprit humain, ou bien peut-on concevoir, au moins philosophiquement, des esprits très différents, qui seraient néanmoins capable de ce que nous appelons « intelligence générale » ?

Les auteurs de science–fiction, jamais à court d'imagination, ont inventé des centaines d'apparences possibles pour des extra-terrestres, allant du « petit homme vert » au « pur esprit fait de lumière », en passant par les robots conscients, les monstres les plus divers, les baleines géantes télépathes, ou même des créatures insaisissables, invisibles et impalpables, perceptibles uniquement par des « vibrations de l'Ether » ? Nous voilà bien avancés ! Je vais toutefois émettre, et argumenter, l'hypothèse suivante : s'ils existent, et s'ils sont intelligents, alors peu importe leur apparence, leur culture, et les différences qui peuvent exister entre leur esprit et le nôtre, nous *saurons* communiquer avec eux.

Je ne suis pas seul à penser ainsi : Marvin Minsky a écrit un remarquable papier, *Communication with Alien Intelligence*, dans lequel il défend cette thèse. Quels sont donc ses arguments ?

Tout d'abord, il existe des faits et des concepts universels, sur lesquels n'importe quelle intelligence doit tomber un jour : l'existence des nombres entiers et de l'arithmétique par exemple. Les mathématiques créées éventuellement par un esprit extra-terrestre, pourraient être très différentes des nôtres. Il n'empêche qu'elles doivent contenir une théorie des nombres entiers, parce que l'action de compter et de comparer des quantités est essentielle à l'évolution d'un esprit (Rappelons-nous que, même si nous n'avons jamais appris à compter, nos systèmes sensoriels, eux, savent le faire, au moins pour les petits nombres). Les concepts d'*utilité*, d'*approximation*, de *gestion des ressources* et de *processus* sont aussi universels. Il en existe d'autres.

Ensuite, et c'est l'objet même de ce livre, il existe des ingrédients qui doivent figurer dans n'importe quel esprit conscient, parce que sinon ce ne serait tout simplement pas un esprit conscient :

- Des concepts et sous-concepts, pour pouvoir synthétiser une description de l'environnement
- Des Buts et sous-buts, pour décomposer les problèmes complexes en problèmes plus simples
- Des symboles de causalité, pour expliquer et comprendre comment les choses changent
- Un système de planification, pour organiser le travail et remplir les détails
- Une mémoire, pour garder la trace des expériences passées et trouver les similitudes avec les problèmes en cours
- Une gestion économique, pour allouer les ressources disponibles aux tâches à faire
- Une conscience de soi, pour la survie du propriétaire de l'esprit

Tout esprit intelligent doit avoir un système de représentation interne du monde, sous forme de symboles représentant les objets, idées et processus, et les relations entre ces symboles.

De même, tout esprit intelligent doit être capable de trouver des ressemblances et des différences entre ces symboles. Sinon la pensée par analogie n'est pas possible, ni la pensée par déduction logique, et la pensée causale n'est pas possible non plus. En effet :

Dès lors qu'un esprit a trouvé une différence entre deux symboles ou un changement dans un symbole, il doit pouvoir concevoir cette différence à son tour en termes de symboles. Ceci permet de raisonner sur les causes : pourquoi cette différence ? Qu'est ce qui a causé ce changement ?

Un esprit intelligent doit pouvoir créer des structures causales, qui expliquent les causes, et permettent de prédire les effets de causes similaires. Dans ces structures, un esprit peut traiter une expression ou une description comme un simple morceau d'une autre description : en représentant nos pensées précédentes par des objets, nous pouvons magiquement remplacer des conceptualisations entières par de simples symboles, et recommencer encore à construire d'autres concepts par-dessus, comme un jeu de lego. Cela nous permet de créer des nouvelles idées à partir d'anciennes, ou en d'autres termes, de *penser*.

Tout esprit, humain, extra-terrestre ou artificiel, doit posséder ces composants. Et parce que nous avons des choses en commun, et que ces choses sont communicables dans un langage, nous pourrons communiquer. Peu-importe si le système visuel d'un extra-terrestre n'est sensible qu'à l'ultraviolet, et que le concept de « rouge » leur est impossible à imaginer, le concept de « 3 » est un concept universel, de même que la structure de base d'un esprit, et nous pouvons progressivement définir ensemble un langage universel entre eux et nous.

Ce langage existe déjà. Les astronomes ont depuis longtemps planché sur ce sujet, et pondu leur solution. Hans Freudenthal a conçu un langage, LINCOS (LINga COSmica), construit par petites touches à partie de notions d'arithmétique élémentaire, et qui parvient progressivement à définir jusqu'à l'organisation sociale et administrative et les concepts philosophiques propres à une planète !

LINCOS est un langage conçu pour être transmis par des signaux radio, qui seraient envoyés depuis la terre vers l'espace. Il utilise un nombre réduit de mots, et on peut le définir comme une encyclopédie auto-explicative, dont chaque notion complexe est définie à partir de notions plus simples qui ont été expliquées précédemment... L'encyclopédie LINCOS est très longue, elle est très redondante, pour s'assurer que chaque notion est bien comprise. Donnons quelques exemples :

On commence par définir les nombres, en utilisant le langage binaire :
. = 1,
. . = 10,
. . . = 11,
. . . . = 100,

Etc. (le point '.' est un bip court, les signes '=', '0' et '1' sont des signaux plus complexes qui codent des mots du langage, le récepteur est sensé comprendre le sens de « = » à partir du contexte)

L'idée est qu'une civilisation extra-terrestre assez évoluée pour fabriquer un récepteur radio interstellaire (un radiotélescope) *doit* pouvoir comprendre le concept d'égalité et celui de nombre codé en binaire.

Une fois que les nombres ont été définis, on peut définir (en donnant suffisamment d'exemples) les relations 'différent de', '<', '>', l'addition, la soustraction, la multiplication, la division et les notions de « vrai », et de « faux », qui permettent d'introduire le calcul propositionnel (la logique d'ordre zéro).

On définit ensuite les unités de temps, en utilisant un signal de temps, que j'écris ici '_____', par exemple un bip qui dure une seconde pour le premier exemple et deux secondes (10 en binaire) dans le second exemple :
Dur _____ = Sec 1
Dur _____= Sec 10
Etc.

Ensuite on définit des symboles, qui sont syntaxiquement constitués d'un préfixe qui donne la « classe » et d'un numéro qui identifie « l'instance ». Par exemple H est un symbole pour la classe des « humains », et si les membres d'une classe sont nommés par les lettres a,b,c, alors « Ha » signifie « l'humain a ». La classe des nombres est la première introduite, puis la classe des opérations sur les nombres, la classe des unités de temps, celle des entités physiques, etc.

On passe ensuite à la description de *comportements* en introduisant des dialogues entre deux humains Ha et Hb :

Phrase LINCOS	Signification
Ha Inq Hb ?x 2x=5	Ha dit à Hb: Quel est le x tel que 2x=5?
Hb Inq Ha 5/2	Hb dit à Ha: 5/2.
Ha Inq Hb Bien	Ha dit à Hb Hb: bien.
Ha Inq Hb ?x 4x=10	Ha dit à Hb: Quel est le x tel que 4x=10?

Hb Inq Ha 10/4	Hb dit à Ha: 10/4.
Ha Inq Hb Mal	Ha dit à Hb: mauvais.
Hb Inq Ha 1/4	Hb dit à Ha: 1/4.
Ha Inq Hb Mal	Ha dit à Hb: mauvais.
Hb Inq Ha 5/2	Hb dit à Ha: 5/2.
Ha Inq Hb Ben	Ha dit à Hb: bien.

Notons la différence entre « vrai » et « bien », et entre « faux » et « mal ». Le résultat 10/4 est vrai, mais il est mauvais parce que l'on veut la fraction la plus simple, soit 5/2

Les notions d'espace, de masse, de mouvement, sont introduites ensuite, et cela continue encore et encore, ce n'est que le début, d'accord, d'accord…

Bon, OK, ça ne remplacera jamais le français. Mais pour communiquer avec des extra-terrestres, c'est certainement mieux que le français…

A ce jour (2006) aucun signal LINCOS n'a encore été envoyé par les terriens dans l'espace. Mais les astronomes sont convaincus que s'ils recevaient un tel signal, ils sauraient le décoder.

Entre parenthèses, mais cela va nous ramener directement à l'objet de ce livre, aucun signal extra-terrestre n'a été reçu à ce jour malgré les nombreux projets d'écoute SETI. Ceci est connu comme « le paradoxe OZMA », du nom d'un projet SETI, ou « le paradoxe de Fermi » : Si, comme cela se confirme un peu plus chaque jour, presque toutes les étoiles ont des planètes ; si, comme le pensent la majorité des scientifiques, la vie est un phénomène qui apparaît mécaniquement dès lors que les conditions sont favorables, et si, comme le pensent les biologistes, la vie évolue dès qu'on lui laisse assez de temps, vers une forme d'intelligence, alors pourquoi n'a-t-on jamais détecté ces extra-terrestres qui devraient être innombrables, même dans le voisinage de notre soleil ?

Diverses explications ont été avancées pour résoudre ce paradoxe. J'en ajouterai une de plus, à laquelle personne à ma connaissance n'a déjà pensé :

Ils existent, mais ils sont déjà des *puissances*.

Une puissance est une super-intelligence qui a accès à la super-nanotechnologie. Qu'est-ce que cela veut dire ? Lisez la suite…

3 L'apprentissage

L'existence même d'un langage comme LINCOS repose sur le présupposé que l'apprentissage est universel : un esprit intelligent, c'est un esprit qui apprend et arrive à tirer *le mieux possible* parti de ce qu'il a appris.

Ici, ce qui est important, c'est « le mieux possible » : il faut pouvoir utiliser ce qu'on a appris dans des situations nouvelles. Quand un animal apprend d'un congénère un certain comportement, à avoir dans une certaine situation, puis qu'il imite ce comportement uniquement dans cette situation, sans savoir comment réagir dans une situation analogue, mais néanmoins différente, il s'agit certes d'un apprentissage, mais pas d'un apprentissage *intelligent*.

Au moyen âge, et jusqu'au XIXème siècle en fait, on pensait que l'enfant ne se différenciait de l'adulte que par ses connaissances : l'enfant disposait de toutes les compétences d'un adulte, et il suffisait de lui « remplir l'esprit » pour en faire un adulte. Puis, au début du XXème siècle, la tendance s'est inversée : les psychologues ont montré que l'enfant ne dispose ni des connaissances, ni des compétences de l'adulte, et que c'est par l'apprentissage qu'il acquiert de nouvelles compétences. Mais nous savons aujourd'hui que certaines compétences sont innées et d'autres acquises. Cela pose un problème redoutable : quelles sont les compétences minimales qui sont nécessaire à un esprit pour qu'il puisse évoluer par apprentissage ?

Si nous créons un jour une intelligence artificielle générale, il ne suffira pas de lui donner des mécanismes électroniques qui reproduiront ceux de notre esprit : il faudra que ce nouvel esprit tout neuf apprenne les millions de faits, de procédures, de comportements et de compétences qui nous permettront de partager avec lui tous les éléments de notre culture.

Or, il n'est pas du tout certain que cela soit possible. Chez les humains comme chez les animaux, aucun apprentissage ne se fait à partir de rien. Nous avons d'innombrables aptitudes et instincts innés, qui constituent le socle à partir duquel nous pouvons commencer à apprendre. Quel est ce socle ? Comment apprenons-nous à partir de lui ?

Le tout jeune enfant

Dès la naissance, l'enfant interagit avec « l'autre ». Comme nous l'avons dit au chapitre 1, le mécanisme d'imitation est certainement inné, de même que l'aptitude à reconnaître les buts de l'autre par le biais des neurones miroirs.

Dès trois mois, L'enfant effectue des échanges avec sa mère et son père ; dès un an, il apprend à partager. Spontanément, il montre des objets et les offre à d'autres personnes pour provoquer une communication avec elles. A onze mois, il prend soin des autres. Il donne à boire et à manger à sa poupée, avec une nourriture imaginaire. C'est vers cet âge qu'il saisit la notion de permanence de l'objet, qui continue d'exister même lorsqu'il sort de son champ de vision.

La capacité à se représenter les émotions des autres apparaît très précocement. Elle permet à l'enfant de se représenter l'autre comme un autre soi-même, et comme un individu sentant. La *sympathie*, un comportement qui vise à soulager l'inconfort de l'autre, apparaît entre dix-neuf et trente-six mois. Puis l'enfant apprend à obéir, et comprend qu'il a une responsabilité. Dès neuf à douze mois, l'enfant suit les ordres de sa mère, et à dix-sept mois, il se donne des ordres à lui-même. Il devient progressivement capable de coopérer avec l'autre à une action commune.

Entre deux et trois ans, il établit une conversation. Il présente très tôt des sentiments d'affection, avec des sourires et des baisers, il est intéressé par les autres, mais il a parfois peur de l'étranger. Enfin, à partir de huit ans, il manifeste l'aptitude à se mettre à la place d'autrui.

Pourquoi les jeunes enfants semblent-ils vivre dans un monde imaginaire ? Parce qu'ils *vivent* dans un monde imaginaire ! Les générateurs que contiennent leur système sensoriel et leur système de représentation des concepts et des buts, sont en quelque sorte encore « lâchés en liberté ». Ils n'ont pas encore appris à faire la différence entre ce qui est réel et ce qui est imaginaire. Il faut donc croire que faire cette différence une compétence très compliquée, puisque l'être humain l'apprend si lentement.

Toute sa vie, l'être humain apprend, et il apprend non seulement de nouvelles connaissances, mais de nouvelles compétences et de nouveaux comportements. Ce n'est pas le cas de la plupart des animaux.

Lorenz et les oies

Konrad Lorenz et l'une de ses « oie-ouailles »

Le phénomène de l'empreinte, décrit pour la première fois par Lorenz, illustre bien la part de l'inné et de l'acquis dans le comportement animal. A un stade précis de sa vie, le petit animal s'identifie à un autre être vivant, quel qu'il soit, et il a ensuite tendance à le suivre tout le temps. C'est, précise Lorenz, la nature (l'inné) qui lui dit *suis*, et c'est la culture (l'acquis) qui lui dit *qui suivre :*

Les oisons suivent l'homme avec le même empressement mais à une distance plus grande. En se baissant, les oisons se rapprochent aussi près que d'une mère oie. C'est encore plus flagrant dans l'eau. Dès que je nage la tête hors de l'eau, les oisons se rapprochent tout près et essaient de me grimper dessus. C'est ainsi que j'ai passé quelques étés comme une oie parmi les oies. C'est une épreuve de patience, car ces animaux sont très paresseux. Un homme dynamique ne le supporterait pas. Il en deviendrait fou. Les oies me suivent dans l'eau et sur terre mais aussi dans les airs. Elles obéissent à mon cri "kokoko"... et se posent à côté de moi, surtout si je mime un battement d'ailes en m'asseyant.

Lorenz s'est intéressé tout particulièrement à ce qu'il a appelé les réactions à vide. Un oiseau par exemple peut accomplir tous les gestes ou rites de la chasse aux insectes, alors qu'il n'y a aucun insecte dans son champ de vision et qu'il n'a jamais été témoin d'un comportement semblable chez un autre oiseau. Une telle réaction à vide est bien la preuve que le comportement en cause est déterminé par les gènes.

Les animaux perçoivent le monde non tel que nous croyons qu'il est, mais tel que l'animal le voit pendant les quelques heures ou jours de la "période sensible" après la naissance, au moment où l'organisme est particulièrement apte à recevoir un processus d'acquisition. L'empreinte ne se limite pas à l'empreinte filiale, mais à tous les messages reçus de l'environnement (dans la gamme de perception ouverte à l'animal, plus large sans doute qu'il n'y parait). Les jeux jouent un rôle important, avec exploration du corps de l'autre. Le même phénomène joue chez l'homme, mais la néoténie prolonge longtemps voire indéfiniment la « période sensible ». (La néoténie désigne la conservation de certaines caractéristiques juvéniles à l'âge adulte)

Notons toutefois que les « enfants sauvages », qui n'ont pas été exposé au langage avant leur puberté, ne semblent plus capables d'apprendre un langage. Certaines facultés comme le langage ne semblent pouvoir être apprises que dans les premières années…

Piaget et les compétences

189

Le psychologue suisse Jean Piaget est resté célèbre pour ses expériences sur les jeunes enfants, réalisées dans les années 1940. Sa « méthode clinique » consiste à interviewer de jeunes enfants un peu comme un père le ferait, dans des échanges peu structurés où l'on s'attache à observer comment l'enfant raisonne sans chercher à l'influencer.

Voici un exemple de dialogue typique de Piaget avec un enfant.

Piaget: Qu'est-ce qui fait le vent ?

Julia : Les arbres.

P : Comment le sais-tu ?

J : Je les ai vus bouger leurs branches.

P : Comment cela fait-il du vent ?

J : Comme ça (en bougeant ses mains devant son visage). Les branches sont seulement plus grosses. Et il y a beaucoup d'arbres.

P : Qu'est-ce qui fait le vent sur l'océan ?

J : Il souffle là en venant de la terre. Non. Ce sont les vagues…

Piaget en conclut que les croyances de cette petite fille de 5 ans sur le vent, bien que fausses, sont complètement cohérentes du point de vue de son jeune système de pensée.

L'une des plus célèbres expériences de Piaget concerne la conservation des quantités : dans cette expérience, on place devant l'enfant deux récipients de même taille et contenant la même quantité de liquide. L'enfant est d'accord pour dire que les deux récipients contiennent la même quantité d'eau. Puis, devant lui, on transvase le liquide d'un des récipients dans un troisième, plus haut et plus fin :

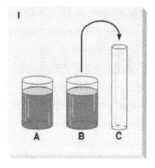 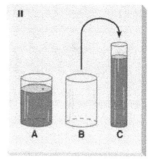

On demande à nouveau à l'enfant dans quel récipient il y a le plus d'eau :

- Enfant de cinq ans typique « il y en a plus dans celui qui est le plus haut »
- Enfant de sept ans typique « il y en a pareil, puisque c'est la même eau ».

Piaget théorise que cette notion de conservation ne peut être acquise que lorsque l'enfant a compris que l'on a rien ajouté ni retranché, que l'on peut revenir à l'état initial en faisant le transvasement inverse, et que les modifications apparentes d'une dimension (hauteur) peuvent être compensées par des modifications dans une autre dimension (largeur)

Dans une expérience analogue, et tout aussi célèbre, Piaget dispose devant un enfant des coquetiers et des œufs. Même s'il ne sait pas compter, L'enfant est d'accord pour dire qu'il y a autant d'œufs que de coquetiers :

Puis, devant l'enfant, on écarte les œufs, en laissant les coquetiers en place :

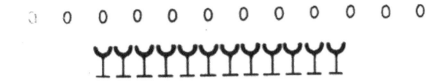

Et on demande à nouveau à l'enfant s'il y a plus d'œufs ou de coquetiers :

Enfant de cinq ans typique « plus d'œufs »
Enfant de sept ans typique : « il y en a autant, bien sûr ! »

Comment expliquer ces différences de comportement ? En posant d'autres questions à l'enfant, on montre clairement que l'enfant plus jeune se base sur « l'étendue » de la rangée d'œufs pour dire qu'il y en a plus. L'enfant plus âgé se base sur « l'historique » du processus et, parce qu'il sait que l'on en n'a ni ajouté ni retranché, il y a le même nombre d'œufs avant et après.

Supposons que l'on veuille expliquer au plus jeune enfant pourquoi il se trompe : on peut lui dire « Oui, les œufs occupent plus d'espace après, mais numériquement il y en a le même nombre ». J'espère que vous êtes convaincu que l'enfant est incapable de comprendre un tel argument ! Le jeune enfant possède déjà quelques notions de ce qu'est une quantité : mais son problème, c'est qu'il ne sait pas comment ni quand appliquer ces notions ! Il ne sait pas « décrire ses descripteurs » de quantité. S'il le pouvait, le problème n'en serait plus un ! Essayons d'imaginer ce qui se passe dans l'esprit de l'enfant plus âgé, qui hésite mais arrive à choisir le bon descripteur : Imaginons un « processus de supervision » des raisonnements sur la quantité :

Humm. Est-ce qu'il y a plus d'œufs maintenant ?
Choisissons un type de règles : il y a des règles QUANTITATIVES et HISTORIQUES :

Choisissons une règle QUANTITATIVE, c'est plus simple a priori :

 Dans les règles quantitatives, il y a des règles SPATIALES et NUMÉRIQUES.

  Allez, choisissons une règle SPATIALE :

  Voyons ce que je connais :

   On a l'ETENDUE (qui implique plus d'œufs)

   et l'ECARTEMENT (qui implique moins d'œufs)

  Bof, c'est pas très cohérent. Laissons tomber les règles SPATIALES.

 Allons-y donc pour les règles NUMÉRIQUES. Hum ! Il y en a trop pour compter !

La méthode QUANTITATIVE est donc rejetée.

Restent les règles HISTORIQUES.

 On commence par l'IDENTITE :

  Les œufs ont bougé, mais aucun n'a été ajouté ou enlevé.

  Ça veut dire PAREIL !

 Test de cohérence avec les autres règles HISTORIQUES :

  Essayons REVERSIBILITE

  L'opération ECARTER les œufs est réversible.

  Ça veut dire PAREIL !

Donc les règles HISTORIQUES semblent consistantes !

Comment savoir s'il y a plus d'œufs après les avoir écartés ?

Bien entendu l'enfant ne se tient pas consciemment un tel raisonnement. Mais les services inconscients de son esprit, eux, se sont probablement tenu le raisonnement ci-dessus.

Apprendre, ce n'est pas se demander :

« Comment est-ce que telle ou telle « réponse » peut être connectée à tel ou tel « stimulus » ?

Mais plutôt :

« Comment est-ce que telle ou telle procédure peut être ajoutée à tel ou tel système de déduction » ?

Notons, toujours à propos des expériences de Piaget, que celles-ci ont été reprises d'innombrables fois, avec des variantes, comme de remplacer la quantité d'eau par des billes, ou des bonbons. Et lorsqu'on promet à l'enfant un bonbon s'il donne la bonne réponse, on obtient bien plus de bonnes réponses, même avec de très jeunes enfants ! En 1974, McGarrigle et Donalson ont pu montrer que les enfants de 3 ans admettent l'égalité de deux rangées de jetons malgré la modification faite sur la longueur de l'une d'entre elles, en plongeant le problème dans un cadre ludique et en faisant intervenir "un vilain ours" qui aime faire des bêtises comme celle d'allonger une de deux rangées de jetons.

Enfin en 1990, Starkey, Spelke et Gelman ont montré chez des nourrissons de quelques mois, l'existence de capacités précoces à se représenter des petites quantités d'objets. Aussi actuellement, nous admettons que l'enfant est capable bien avant l'âge scolaire d'abstraire des quantités à partir des objets.

Piaget avait donc partiellement tort, mais son apport reste immense dans notre compréhension de la manière dont le jeune esprit raisonne et peut apprendre.

Chomsky et le langage

Noam Chomsky

L'une des facultés les plus étonnantes et les plus impressionnantes de l'être humain est la capacité langagière, ou linguistique. Comment apprenons-nous à parler ?

Pendant longtemps, on a cru que l'origine du langage s'expliquait par essais, erreurs et récompenses, autrement dit on croyait que l'enfant apprenait par simple imitation en écoutant et reproduisant ce que disait l'adulte.

Or les jeunes enfants sont capables, sans enseignement formel, de produire et d'interpréter avec cohérence des phrases qu'ils n'ont jamais rencontrées auparavant. C'est cette capacité extraordinaire d'accéder au langage malgré une exposition très partielle aux variantes syntaxiques permises qui amena Noam Chomsky à formuler son argument de la « pauvreté de l'apport » qui fut à la base de la nouvelle approche qu'il proposa au début des années soixante.

En 1957, paraît aux États-Unis *Structures syntaxiques*. C'est une révolution dans la linguistique. Chomsky, alors assistant au MIT, élabore le concept d'une grammaire innée (grammaire générative), arguant que l'aptitude au langage est un système biologique, comme peut l'être la vision. Pour lui, l'acquisition du langage ne peut pas être un répertoire de réponses à des stimuli puisque chaque phrase que quelqu'un produit peut être une combinaison totalement nouvelle de mots. En effet, lorsque nous parlons, nous combinons un nombre fini d'éléments, les mots, pour créer une infinité de structures plus grandes, les phrases.

« Nous parlons comme nous voyons ; nous n'apprenons pas notre langue, elle est innée, inscrite dans notre biologie ». Depuis cette « révolution chomskyenne », la linguistique est devenue une science à part entière. Son but est de découvrir les règles universelles du langage, les règles qui nous servent à produire toutes les phrases « correctes », et à éliminer les phrases « incorrectes ». C'est ce que l'on appelle la grammaire générative. Notons que cette grammaire n'a que peu à voir avec la grammaire que l'on enseigne à l'école, et qui sert principalement à éviter les fautes d'orthographe.

La grammaire générative nous explique pourquoi on dit « tout le monde dit » plutôt que « le monde tout dit ». Ou encore pourquoi « le » et « Pierre » ne peuvent désigner la même personne dans la phrase « Pierre l'aime » mais le peuvent dans « le père de Pierre l'aime ».

Pour Chomsky, si les enfants développent si facilement les opérations complexes du langage, c'est qu'ils disposent de principes innés qui les guident dans l'élaboration de la grammaire de leur langue. En d'autres termes, l'hypothèse de Chomsky est que l'apprentissage du langage est facilité par une prédisposition innée de nos cerveaux pour certaines structures de la langue.

Mais quelle langue ? Car on voit que pour que l'hypothèse de Chomsky tienne la route, il faut que toutes les langues du monde partagent certaines propriétés structurelles. Or malgré des grammaires très différentes, Chomsky et les autres linguistes dits « générativistes » comme lui, ont pu montrer que les quelques cinq ou six mille langues de la planète partagent un ensemble de règles et de principes syntaxiques. Pour eux, cette " grammaire universelle " serait innée et inscrite quelque part dans la circuiterie neuronale du cerveau humain. Les enfants seraient donc à même de sélectionner parmi les phrases qui leur viennent à l'esprit uniquement celles qui sont conformes à une " structure profonde " encodée dans nos circuits cérébraux.

Toutes les langues reposent en fait sur une seule grammaire universelle, et la structure des langues que l'homme est susceptible de parler est limitée. Pourquoi? Parce que nous sommes conditionnés par notre patrimoine génétique. « Notre biologie ne nous permet pas de produire ou de combiner n'importe quels sons, car le langage est le produit de notre évolution naturelle ». Exemple : aucune langue ne distingue les phonèmes *u* et *i* si elle ne possède pas un phonème *a* auquel s'opposent ensemble les deux autres. Autre exemple : de nombreuses langues marquent le pluriel en ajoutant au mot un phonème supplémentaire ; aucune ne fait l'inverse. Mais l'originalité, chez l'homme — différent en cela de toutes les autres espèces « parlantes » —, c'est qu'avec des moyens limités, son esprit peut engendrer un nombre infini de combinaisons.

Et c'est un fait que toutes les langues peuvent s'apprendre et se traduire dans une autre langue. Aucune difficulté de traduction n'est insurmontable au sein de l'espèce humaine.

Ce ne sont pas les adultes qui apprennent à parler à leurs enfants ; les enfants savent parler comme ils savent voir ou comme l'oiseau sait voler. L'adulte ne fait que stimuler l'enfant : il l'oriente vers une certaine langue, dans le cadre contraignant de la grammaire universelle. Seule une absence *totale* d'exposition au langage pourrait empêcher un enfant de parler. Le fait est, dit Chomsky, que tous les enfants savent parler. « Je ne peux pas vous apporter des preuves, précise Chomsky, je ne peux que citer des faits. Il n'y a pas de 'preuves' en science, il n'y a que des faits. Seuls les mathématiciens "prouvent…" »

Chaque fois qu'un enfant apprend un mot, il intègre simultanément un ensemble de connaissances. Exemple : lorsqu'un enfant apprend à dire

« une personne », il découvre rapidement ce qu'est une personne, même si celle-ci vieillit ou si on lui coupe un bras ou une jambe. Un enfant « sait » cela sans qu'on le lui enseigne parce que la capacité d'interpréter la réalité fait partie de notre patrimoine génétique. Le mot « personne » est une notion qui appartient à notre « langue primitive ». De plus, dès qu'il parle, un enfant applique spontanément les règles de grammaire très complexes qu'on ne lui a jamais enseignées. Le langage relève donc de la biologie, comme la croissance du corps ; il ne relève pas de l'enseignement.

L'apprentissage de la langue coïncide avec les étapes de notre développement physique. La langue est donc organique, et non pas intellectuelle. Chomsky a observé des expériences menées avec des enfants aveugles qui démontrent que la cécité ne retarde pas l'acquisition du langage, même pour apprendre les couleurs. Les enfants, aveugles ou clairvoyants, utilisent tous, spontanément, les couleurs comme des adjectifs. Bien entendu, par la suite, seul les clairvoyants appliquent ces adjectifs aux situations réelles.

On ne peut pas dire non plus que certaines langues soient particulièrement difficiles. Le japonais, par exemple, ne présente aucun caractère inusuel, et ses structures sont semblables à celles des langues européennes. Un enfant japonais apprend sa langue avec la même dextérité qu'un enfant français la sienne, sans qu'on puisse dire que l'un est plus capable ou plus intelligent que l'autre. Si, d'aventure, une langue devenait trop complexe, les enfants élimineraient cette complexité, car ce sont eux qui recréent la langue à chaque génération. Aucune langue, précise encore Chomsky, ne peut évoluer au point de devenir trop difficile pour qu'un enfant l'apprenne, sinon cette langue disparaîtrait en tant que telle au bout d'une génération. C'est pourquoi aucune langue n'est plus compliquée qu'une autre, et aucune n'évolue vers plus de complexité.

Les esclaves africains, brutalement déracinés et envoyés aux Antilles dans les plantations, utilisaient pour communiquer un *pigdin*, un alignement chaotique de mots de différentes langues Il ne s'agit pas d'un langage à proprement parler puisqu'il y a énormément de variations dans l'ordre des mots et très peu de grammaire. Mais les enfants élevés de parents qui parlaient un pidgin ne se contentèrent pas de simplement reproduire les suites de mots de leurs parents, ils y introduisirent spontanément une complexité grammaticale. En l'espace d'une génération, une nouvelle langue créole était née.

Parce qu'elles sont innées, toutes les langues, dès leur origine, sont uniformément complexes. Cela, dit Chomsky, est frappant lorsqu'on étudie les langues des aborigènes d'Australie. Ces peuples, que l'on qualifie de primitifs, ont une langue qui n'est simple ni dans son vocabulaire, ni dans sa grammaire. Comme tous les peuples pré-technologiques, les aborigènes parlent une langue d'une extrême richesse, particulièrement développée pour classifier les éléments naturels ou les systèmes de parenté (par exemple plus de 150 mots pour désigner les différentes formes de nuages, ou encore des termes pour désigner les liens de parenté sur cinq générations) De très nombreux mots des langues dites primitives n'ont pas d'équivalents, dans les langues « civilisées », celles-ci étant plus pauvres dès qu'il s'agit de traduire la Nature ou les sensations. Par conséquent, souligne Chomsky, « aucune langue n'est compliquée, aucune n'est étrange, et aucune n'est primitive ».

Les théories de Chomsky ont été critiquées et enrichies, et on pense aujourd'hui que le langage est une compétence apprise qui repose sur des structures biologiques qui, elles, sont innées. La « grammaire universelle » n'est pas innée, mais les processus qui engendrent cette grammaire le sont. De plus on sait que la syntaxe et la sémantique (le sens) des mots et des phrases sont fortement dépendants, d'où l'idée d'une sémantique générative, comme il existe une grammaire générative. Ainsi la métaphore, autrefois vue comme une simple construction linguistique, est aujourd'hui vue comme une construction conceptuelle essentielle et centrale dans le développement de la pensée.

L'apprentissage des ordinateurs

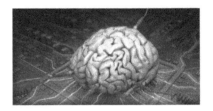

Alors, comment un ordinateur peut-il apprendre ? De plein de façons différentes !

Il existe d'ailleurs de nombreuses façons d'apprendre :

- Apprendre par maturation ou développement
- Apprendre sans description (par adaptation quantitative)
- Apprendre en construisant et en modifiant des descriptions
- Apprendre en étant enseigné
- Apprendre par analogie
- Apprendre en écoutant
- Apprendre par programmation (en se programmant ou se reprogrammant)
- Apprendre en comprenant
- Apprendre par essais et erreurs
- Apprendre par adaptations incrémentales

L'apprentissage est un domaine sur lequel les chercheurs en intelligence artificielle se sont jetés avec voracité depuis trente ans. Et le résultat en est une multitude de programmes, qui, tous, peuvent apprendre d'une façon ou d'une autre, mais toujours dans un domaine limité. Il n'existe pas à ce jour de programme capable d'apprendre d'une manière *vraiment générale*.

Toutefois les progrès ont été impressionnants.

Les premiers essais dans ce domaine ont consisté à faire apprendre à des programmes des concepts simples dans un monde simple. On général, on choisit soit le monde de la logique formelle, dans lequel toutes les connaissances sont représentées par des propositions logiques comme « père-de(serge, Rémi) » pour exprimer que serge est le père de Rémi, soit le « monde des blocs ». Ce « micro-monde » consiste en un ensemble de cubes, sphères, cylindres, cônes, etc. disposés sur une table (virtuelle, bien sûr, quoique des essais avec des robots qui manipulent des vrais blocs ont été tentés… et réussis).

Voyons par exemple, dans le monde des blocs, comment on peut faire apprendre au programme le concept de ce qu'est une *arche*. Faire apprendre cela au programme, c'est lui apprendre à fabriquer une arche à partir de blocs, mais aussi lui apprendre à reconnaître une arche lorsqu'il s'en trouve une dans son petit monde virtuel.

Or des arches peuvent avoir des aspects très différents : on peut faire une arche avec trois blocs, comme cela :

Mais aussi avec d'autres blocs, ou plus de blocs, comme ceci :

Patrick Winston est arrivé dans les années 1970 à faire apprendre à un programme ce qu'est une arche en lui présentant des « scènes » qui représentent des arches (exemples), ou qui ne sont pas des arches (contre-exemples). Le programme formule une description logique de chaque scène qui lui est présentée, à partir de concepts simples comme « est-un », « supporte », « à-gauche-de », « en contact avec », « partie-de » etc.

Par exemple :

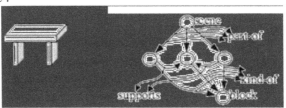

On lui donne ensuite des contre-exemples, comme celui-ci :

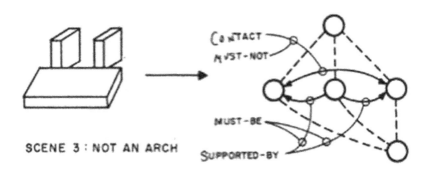

Ou celui-ci :

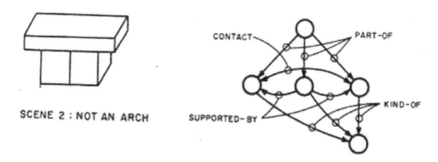

Ensuite la machine trouve la description logique la plus générale possible qui respecte tous les exemples, et aucun des contre-exemples. Cela donne ceci :

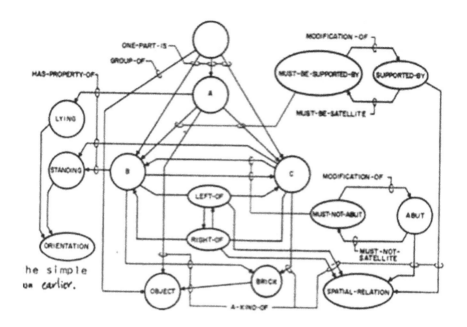

he simple
un *earlier*.

Auriez-vous pensé que le concept « d'arche » était aussi compliqué ? Souvent des concepts « simples » ne sont en fait pas si simples que ça !

Là où le programme de Winston fait très fort, c'est qu'il est capable, une fois qu'il a appris un concept, de s'en resservir pour simplifier une description d'une scène nouvelle : Par exemple s'il n'avait pas appris le concept d'arche, il aurait produit un réseau de relations ultra complexe et impossible à utiliser pour décrire la scène suivante , formée de neuf blocs. Mais après avoir appris le concept d'arche, la scène se décrit simplement avec les relations « est-un » (kind-of) et « à-gauche-de » (left-of) :

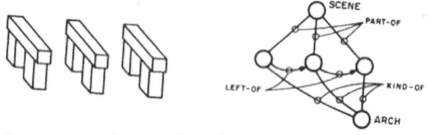

Comment construire une arche, maintenant que nous avons appris ce que c'était ? Il faut convertir le réseau de relations qui décrit une scène en une procédure pour construire une telle arche. En fait, c'est un problème de programmation qui a été résolu également dans les années 1970. C'est le même problème que de construire un robot qui manipule des blocs en suivant les instructions de l'utilisateur, comme « pose la pyramide sur le cube rouge ». Tout serait donc parfait si ce n'était que le problème de trouver quelles relations de base sont indispensables reste entier. Dans le cas de l'esprit humain, ces relations sont les percepts directement issus de nos systèmes sensoriels.

Regardons comment un enfant peut arriver au concept « d'arche » sans avoir besoin d'un éducateur ou d'un professeur qui lui explique ce que c'est. Supposons que l'enfant soit en train de jouer, par exemple de construire une route pour une petite voiture. Devant la route, il y a un obstacle formé de deux briques verticales. L'enfant écarte les deux briques pour faire passer la route au milieu, et il a alors l'idée de poser une troisième brique « chapeau » au-dessus des deux autres. Il trouve cela joli, et même s'il ne connaît pas encore le mot « arche » ou « tunnel », il forme mentalement un concept pour ce qu'il vient de construire : *une structure formée de deux briques verticales qui en supportent une troisième*. Il pourra même, parce qu'il a déjà construit une maison avec des cubes, avoir l'idée de remplacer la brique « chapeau » par une brique en forme de toit. Il formule alors un concept un peu plus général, *deux briques verticales qui supportent un objet quelconque qui « fait le toit »*. Ce n'est pas encore le concept d'arche, parce qu'il n'y a pas encore l'idée de passage ou de trou.

Mais l'enfant a envie d'expérimenter, et il construit, devant la route, une nouvelle structure « deux briques plus un toit ». Il vaut y faire passer la route, mais les briques verticales ne sont pas assez écartées. En les écartant, il va arriver cette fois à un concept d'arche qui inclura l'idée d'un passage suffisamment large pour faire passer une route. Il découvrira aussi que s'il écarte trop les briques, l'ensemble s'écroule, et en déduira une nouvelle propriété de l'arche, sa fragilité.

Voilà un mécanisme mental vraiment intéressant ! Ce raisonnement n'est possible que parce que l'enfant sait déjà une foule de choses ; que l'on peut poser un bloc sur un autre ; que l'on peut poser un bloc sur deux blocs de même hauteur (mais seulement s'ils sont assez proches l'un de l'autre, ou s'ils se touchent) ; que deux blocs qui se touchent par une face sont comme un seul bloc mais plus large ; que l'on peut écarter deux blocs qui se touchent, etc. Cet « apprentissage par la découverte » est au cœur d'un programme d'ordinateur extraordinaire, *AM*, dû à Douglas Lenat, et qui apprend les mathématiques élémentaires en inventant, réellement, de nouveaux concepts partir d'anciens. Nous en reparlerons plus loin.

Il est également possible d'apprendre *sans* construire des réseaux de relations nouvelles. Un programme de dames ou d'échecs, par exemple, analyse les positions du jeu en affectant un poids numérique à telle ou telle caractéristique comme la force du roque ou le nombre de pions restants, puis il donne à chaque position un score, qui est la somme des mesures des caractéristiques, pondérées par des coefficients. La force du programme dépend ainsi largement de l'ajustement de ces coefficients. Or il est possible de faire en sorte que le programme apprenne de lui-même comment ajuster ces coefficients : il suffit de le faire jouer contre lui-même (ou contre une version précédente de lui-même) : s'il gagne, on augmente les coefficients qui ont mesuré un avantage positionnel, et on diminue les autres. Et inversement s'il perd. Samuel a ainsi réalisé un programme pour le jeu de dames anglaises, qui est du niveau du champion du monde.

L'inconvénient de cet « apprentissage », c'est que le résultat n'est qu'une suite de coefficients, une série de chiffres très dépendants les uns des autres, au point que chacun d'eux est presque dépourvu de signification lorsqu'il est pris isolément, et dont il est difficile de tirer quelque chose. On ne peut pas « faire apprendre à apprendre » un tel programme. Pour arriver à apprendre à apprendre, il faut que l'expérience acquise puisse être convertie d'une manière ou d'une autre en une procédure ou un programme.

Souvent les êtres humains apprennent en répétant les mêmes essais, les mêmes erreurs, les mêmes gestes. On apprend un concept mathématique en faisant des dizaines d'exercices. On apprend à jouer au tennis en frappant des milliers de fois sur une balle. Il est tentant de penser qu'à chacun de ces essais il y a dans notre esprit une sorte d'ajustement progressif de paramètres numériques, dont le résultat est que nous jouons ou comprenons de mieux en mieux.

En fait il semble y avoir une opposition entre le point de vue « numérique » ou « adaptif », selon lequel nous apprenons en ajustant de mieux en mieux des paramètres, et le point de vue « symbolique », selon lequel nous apprenons en construisant et en modifiant des réseaux de relations entre concepts.

Je pense que l'apprentissage humain est essentiellement symbolique, et que l'impression que nous pouvons avoir d'un ajustement adaptif des paramètres est une illusion. Même quand nous apprenons à jouer au tennis, chaque frappe de la balle implique des changements conséquents dans nos stratégies ou nos plans pour relier nos perceptions à nos gestes. Naturellement certains aspects physiologiques de la coordination de nos mouvements nécessitent pour être appris de nombreuses répétitions du même geste, mais pour apprendre vraiment, il faut le faire au niveau symbolique.

Les gens qui sont doués pour l'athlétisme n'ont pas « magiquement » une meilleure coordination musculaire que les autres, mais ils ont « simplement » construit pour eux même des schémas abstraits très expressifs pour manipuler les représentations d'activités physiques.

Apprentissage et oubli

Le programme de Winston apprend des concepts à partir d'exemples et de contre-exemples. Mais nous savons qu'un être humain peut apprendre à partir des exemples seulement : un enfant peut apprendre toute une langue sans avoir même entendu un seul contre-exemple, un seul mot « mal formé ».

Pourtant, lorsqu'on tente de faire apprendre un ordinateur à partir des exemples seulement, on se heurte à une difficulté que l'on pourrait appelle la « sur-généralisation ». Si l'ordinateur doit apprendre un concept à partir d'exemples et de contre-exemples, il n'y a pas de difficulté à lui faire « délimiter correctement » l'étendue du concept :

Ici les exemples sont représentés par des « + » et les contre-exemples par des «-»

Mais lorsque l'ordinateur a à sa disposition seulement des exemples, comment éviter de sur-généraliser ?

Un exemple :

La *timidité* est le fait d'être timide. *L'immensité* est le fait d'être immense. *L'authenticité* est la propriété d'être authentique. Mais *l'électricité* n'est pas la propriété d'être électrique !

C'est ici que la faculté d'oublier vient à notre secours. Considérons un système qui ne reçoive que des exemples positifs, mais qui ne le stocke pas en mémoire éternellement. Au contraire, les exemples et les généralisations qu'ils suscitent « s'affaiblissent » progressivement, sauf s'ils reçoivent une confirmation. Lorsqu'un exemple devient trop « affaibli », il est purement est simplement effacé (oublié). Supposons que le système ait procédé à quelques généralisations abusives et incorrectes. Ceci est décrit par la figure suivante, dans laquelle les généralisations qui n'ont pas reçu de confirmation récente sont en couleur plus claire :

Les « + » noirs sont supposés avoir été confirmés plusieurs fois. Les « + » qui sont en dehors du concept (les fausses généralisations) n'ont pas été confirmés, donc ils ont commencé à s'affaiblir. Quelques exemples à l'intérieur (des bons exemples) n'ont pas été confirmés non plus, ils se sont donc également affaiblis, mais avec l'espoir qu'ils seront bel et bien confirmés. La frontière du concept elle-même est floue, mais lorsque les faux exemples seront éliminés elle deviendra plus nette et plus claire.

De la sorte, le système peut apprendre sans contre-exemple, et également apprendre jusqu'à quel point il faut (ou pas) généraliser !

Synthèse provisoire

Finalement, l'esprit apparaît comme moins mystérieux qu'il ne le semble. L'esprit n'est pas unique, mais est au contraire formé d'un grand nombre de systèmes qui coopèrent. Certains de ces systèmes gèrent nos sensations, d'autres nos concepts, d'autres nos pensées et nos idées, d'autres nos buts, nos émotions et notre conscience. Tous ces systèmes interagissent, évoluent, et sont capables d'apprendre, et d'apprendre non seulement de nouvelles connaissances, mais de nouveaux comportements.

Le tableau final est celui d'une vaste société de « petits lutins », ou agents, dont chacun est dépourvu d'intelligence, mais dont les interactions incessantes créent le phénomène que nous appelons intelligence.

C'est cette société que nous allons maintenant décrire, mais avec non plus seulement l'intention de comprendre comment ça marche dans notre esprit, mais de décrire comment on pourrait reconstruire artificiellement une telle organisation, afin de créer, finalement, une intelligence artificielle véritable (IAV).

II

Deuxième partie :

Recette pour construire un esprit

4 La société de l'esprit

Tel est le titre d'un livre de Marvin Minsky, publié en 1988, qui a fait l'effet d'un pavé dans la mare du petit microcosme de l'IA. (Bien que cela soit anecdotique, le livre a fait une grande impression sur *moi* aussi). Très énervant à lire, parce que formé d'une infinité de courts chapitres donnés en vrac et sans ordre ni lien apparent (mais l'esprit est comme ça, dixit Minsky), il n'en est pas moins passionnant, car il regorge d'idées très concrètes sur le fonctionnement de notre esprit.

Je dirai que c'est un anti-livre de philosophie : foin de la théorie, de la pratique ! Du cambouis ! Des processus de bas niveau !

L'idée de base de Minsky, c'est que l'intelligence est un processus qui émerge à partir de l'interaction d'un très grand nombre de processus inintelligents, les *agents*. Si vous avez réussi à lire ce livre jusqu'ici, vous avez déjà une bonne idée de ce que cela veut dire, car tout le début de ce livre n'est que la description de ces processus, et de la raison pour laquelle nous avons l'illusion d'avoir un esprit unique : nous ne sommes pas capables de voir dans notre esprit, de percevoir les myriades de petits traitements qui y ont lieu simultanément.

Pour Minsky, les agents sont des systèmes autonomes qui communiquent, coopèrent et parfois luttent entre eux. Les agents peuvent s'associer pour former des super agents, nommés *agences*, ou *services*, ceux-ci pouvant s'unir à d'autres agents ou services, etc. Il ne s'agit toutefois pas d'une hiérarchie, et un même agent ou service peut être utilisé par plusieurs autres services. Minsky parle d' « hétérarchie », ou hiérarchie enchevêtrée. L'ensemble de l'esprit ressemble finalement à un plat de nouille, mais un plat de nouille *organisé* !

Minsky détaille dans son livre un grand nombre de ces agents. Il y manque toutefois un schéma qui serait le « plan d'ensemble » de l'esprit. Afin que vous ayez les idées plus claires, avant que nous disséquions quelques-uns de ces agents, je vous rappelle donc ici une idée qui est l'une des thèses de ce livre, l'architecture globale de l'esprit en cinq niveaux :

- Le niveau des sens, plus précisément celui des *modalités sensorielles* et des systèmes sensori-moteurs,
- Le niveau des *concepts*,
- Le niveau des *pensées* et des idées
- Le niveau de la *délibération* et des buts
- Le niveau de la *conscience* et du « fil narratif »

La plupart des agents décrits par Minsky relèvent des niveaux sensoriels et concepts, quelques-uns du niveau délibération. Minsky semble ignorer le niveau « pensées », dont nous avons déjà parlé au chapitre 1.

Les agents

Un *agent* très évolué (?)
(Affiche du film *Matrix reloaded*)

Pour Minsky tout est agent. On va ainsi trouver dans notre esprit des agents de différents types :

- Agents buts (jouer, construire, imiter, répéter)
- Agents de création de concepts (plus)
- Agents de service (lignes K, détecter les boucles)

Ces agents peuvent coopérer et utiliser les services d'autres agents. C'est ainsi que l'agent *jouer* pourra utiliser *jouer-avec-des-cubes,* qui pourra utiliser *construire,* qui va utiliser *déplacer,* qui va utiliser *saisir,* qui va utiliser *bouger-la-main.* Une telle organisation rappelle fortement celle d'un programme informatique, avec ses sous-programmes.

Néanmoins les agents peuvent aussi se combattre. C'est ainsi par exemple que, dans l'esprit d'un enfant, plusieurs agents « buts de haut niveau » sont actifs simultanément et luttent pour prendre le contrôle : par exemple *dormir, s'amuser, jouer, obéir*, etc. *Jouer* est d'ailleurs utilisé par *s'amuser*. Un autre agent qui voudrait prendre le contrôle sur *jouer* pourra utiliser *s'amuser* pour ce faire, et lui proposer une autre activité amusante.

Imaginons qu'un enfant joue encore un peu avec des cubes le soir, avant de se coucher. L'agent *dormir*, dont la priorité augmente progressivement à cause du besoin physiologique de sommeil de l'enfant, essaye de prendre le contrôle, mais *jouer* résiste parce qu'il est en train de construire une tour et qu'il trouve cela amusant ; *s'amuser* laisse donc le contrôle à *jouer*. C'est alors que *dormir* appelle subrepticement *démolir*, à l'insu de *jouer*. Une fois activé, *démolir* profite d'un moment de répit dans l'activité de *jouer* pour donner un coup de pied dans la tour, qui s'écroule.

C'est ainsi que, sans raison apparente, l'enfant démolit d'un coup sa tour, et va se coucher !

Mais ce n'est qu'une partie de l'explication. Il est probable que, pour prendre le contrôle sur *jouer*, qui est lui-même supervisé par *s'amuser*, *démolir* a sans doute proposé à *s'amuser* une autre activité amusante, celle de démolir la tour. *S'amuser* doit donc trancher entre deux agents qui lui offrent des activités amusantes. Il laissera faire *jouer* tant que celui-ci est actif, mais dès la première pause ou hésitation de *jouer*, *il* donne à *démolir* l'autorisation de prendre le contrôle. Et une fois la tour démolie, la priorité de *jouer* baisse d'un coup, car il n'y a plus rien pour jouer, sauf à tout reconstruire, et *démolir*, qui a fini sa tâche, rend le contrôle à *dormir* qui peut enfin arriver à ses fins.

Certains agents jouent donc le rôle d'arbitre pour gérer les conflits, et les agents les plus subtils comme *dormir* arrivent à manipuler l'arbitre pour arriver à leur but !

Ce mécanisme de coopération-compétition ne se retrouve pas seulement chez les agents de type *but,* mais en fait tout agent a un but « interne », une priorité, et un « coût » qui correspond à la difficulté de la tâche qu'il veut accomplir. Ces coûts et ces priorités sont calculés par des agents « de service » qui utilisent ce qu'on appelle le raisonnement bayésien, dont je parlerai plus loin en détail.

Ainsi le coût de *jouer* reste faible tant qu'il ne s'agit que de poser des cubes sur la tour en construction, mais il augmente brusquement après la démolition de la tour, car il faut tout reconstruire. Notons que parfois l'enfant reconstruit bel et bien sa tour, parce qu'il y a aussi dans son esprit un agent *répéter* qui l'incite à re-faire ce qu'il vient de faire. Dans le cas de notre petite histoire, *répéter* ne parvient pas à son but parce que c'est *dormir* qui a activé *démolir,* avant que *répéter* n'ai « eu cette idée ».

Cette petite histoire pourrait laisser croire que ces agents sont finalement bien intelligents. Mais ce n'est le cas que pour ceux qui ont appris à utiliser les services d'autres agents (de plus bas niveau, ou bien de niveau égal, ou même supérieur, en fait il n'y a pas de niveau hiérarchique précis chez les agents, mais seulement des hiérarchies transitoires). En fait, tous les agents ont la même « intelligence » et cette intelligence est très limitée. L'apparence intelligente du comportement de *dormir* ne résulte que du fait qu'il connaît l'existence d'autres agents comme *jouer, démolir,* et *s'amuser,* et qu'il applique des règles simples comme :

Si je veux prendre le contrôle sur un agent A

Et que cet agent A utilise pour le moment un agent J

Et que je ne peux pas prendre le contrôle sur J

Et que l'agent D peut aussi être utilisé par A

Alors

Activer l'agent D en lui demandant d'être utilisé par A

Dans notre histoire, J=*jouer,* A=s'amuser, D=*démolir,* mais la règle est très simple et générale

De tels processus sont à l'œuvre dans l'esprit des enfants, mais aussi dans celui des adultes. En fait, de tels processus *sont* l'esprit.

Minsky cite ainsi dans son livre une petite histoire, celle du professeur Martin, qui travaille tard le soir dans son laboratoire pour mettre au point un nouveau médicament. Martin aurait bien envie de rentrer chez lui, mais il pense tout à coup au professeur Challenger, dans le labo d'à côté qui est concurrent du sien, et il se dit qu'il faut absolument qu'il arrive à mettre au point le médicament avant Challenger, sinon tout ce travail n'aurait servi à rien. Il reste donc dans le labo jusqu'à après minuit… Et cela bien que le professeur Challenger n'ait jamais existé que dans son imagination !

Il est facile de décrire ce qui se passe dans l'esprit du professeur Martin en terme de lutte entre agents, de manière très similaire à ce qui se passe pour l'enfant qui détruit sa tour avant d'aller se coucher.

Un autre type d'agents cité par Minsky est celui des agents de création de concept. Prenons par exemple le concept de *plus* : Ce mot recouvre tant de significations !

- Plus haut
- Plus large
- Plus fin
- Plus gros
- Plus nombreux
- Plus coloré
- Plus joli
- Plus dense ou plus serré
- Pas pareil et pas moins
- Etc.

L'agent *plus*, lorsqu'il doit comparer deux perceptions visuelles, par exemple, peut faire appel aux services de *haut, large, gros, compter*, etc. Notons que *gros* implique en général à la fois *haut* et *large*. Ceci nous permet d'expliquer directement les expériences de Piaget sur la conservation, dont nous avons parlé au chapitre précédent. Le jeune enfant possède bien des notions (donc des agents) relatifs à ce que veut dire « plus haut » « plus large », etc., mais son agent *plus* ne dispose pas encore de la bonne stratégie de contrôle pour trancher entre les réponses contradictoires de ces sous-agents.

Dans l'expérience où l'on écarte les œufs devant les coquetiers, le réseau d'agents de la « société du plus » du jeune enfant pour la question « y-a-t-il plus d'œufs après ? » ressemble à ceci :

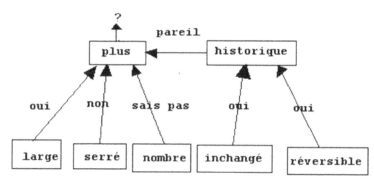

Ce qui manque à l'enfant pour acquérir la conservation, ce ne sont pas de nouveaux agents, mais une règle pour que *plus* puisse trancher dans ce cas de figure :

S'il y a autant d'agents qui répondent « oui » que « non »
Et Si un agent répond « pareil »
Et que tous les autres agents éventuellement consultables répondent « je ne sais pas »
Alors vérifier que l'agent qui répond « pareil » est sûr de lui et pourquoi.
Et si c'est le cas répondre « pareil » avec la raison remontée à l'étape précédente.

En fait cette règle est certainement très ad-hoc, parce qu'elle suppose que les agents peuvent répondre par « oui », « non », « pareil » ou « je ne sais pas », mais en réalité aucun agent ne sait parler ou donner de telles réponses : les seules réponses des agents sont en réalité d'autres agents.

Néanmoins il semble n'exister qu'un petit nombre de stratégies de gestion de priorité vraiment utiles, comme la règle majoritaire, la règle majoritaire avec veto, etc. Dans le cours de son apprentissage, un agent va essayer ces différentes règles de priorité, et se « figer » en conservant celle qui lui aura donné le plus de succès. Ce succès est mesuré (par d'autres agents) en fonction de la désirabilité des buts atteints, en utilisant encore le raisonnement bayésien (dont nous n'avons pas encore parlé, mais ça viendra, promis).

Finalement la société de l'esprit décrite par Minsky est une société extrêmement riche d'agents, de structures et de processus, qui est le résultat de millions d'années d'évolution et d'années d'expériences individuelles. Cette société d'agents n'est pas comparable à une assemblée d'humains, car les humains sont capables de tout faire : au contraire, les agents sont très spécialisés.

L'idée de la société de l'esprit lui est apparue vers 1970, alors qu'il essayait avec Seymour Papert de construire un robot pourvu d'un bras et d'une caméra, dans le but de déplacer des blocs posés sur une table et de lui faire faire des constructions. Pour ce faire, il a dû écrire un grand nombre de sous-programmes comme voir, déplacer, attraper, etc., et il a découvert qu'aucun algorithme simple ne pouvait donner une méthode générale. Par exemple pour discerner la forme d'un objet, le robot ne pouvait presque jamais y arriver par la seule vision : il avait besoin de savoir quelle sorte d'objets il était probablement en train de voir (d'analyser) avec sa caméra. D'où l'idée que seule une société de processus coopératifs pourrait accomplir cette tâche. Finalement, il devint partisan de l'idée que l'intelligence ne résultait pas d'une « recette miracle », mais de la coopération et de la compétition entre des milliers et des milliers de processus indépendants et non intelligents par eux-mêmes.

Les agents de base

Minsky décrit plusieurs agents de base, à partir desquels des agents de plus haut niveau peuvent être construits :

Les lignes-K

J'ai déjà décrit les lignes-K (Knowledge line) dans le chapitre consacré à la mémoire à long terme. Ce sont les agents les plus communs dans la société de l'esprit. Leur but est simplement d'activer un ensemble d'autres agents, et, parce que les agents ont en général beaucoup d'interconnexions, activer une ligne-K crée une cascade d'activations dans l'esprit.

La plupart des lignes-K sont créées afin de retracer la liste des agents qui ont été impliqués dans la résolution d'un problème (y compris les faux départs, les découvertes inattendues, les retours en arrière), de sorte que lorsqu'un problème similaire se représentera il suffira pour le résoudre d'activer la nouvelle ligne-K. Ceci permet d'activer un « état d'esprit partiel » qui a été utile dans le passé, et qui est l'analogue d'un souvenir. Les lignes K peuvent ainsi réactiver des souvenirs factuels, mais aussi des procédures, des chaînes de buts, etc.

Les Nomes et les Nèmes

Ce sont des types particuliers de lignes-K, qui sont analogues aux structures de données et aux structures de contrôle dans un programme d'ordinateur. Les nèmes servent à représenter des aspects du monde, et les nomes servent à contrôler comment ces représentations peuvent être manipulées.

Minsky donne des exemples de nèmes, comme les *polynèmes* et les *micronèmes* :

Les **polynèmes** invoquent différentes agences, chacune d'elles étant concernée par la représentation d'un aspect particulier d'un concept. Par exemple le fait de reconnaître une pomme invoque un « polynème de pomme » qui va activer certaines propriétés comme la couleur, la taille, la texture, le goût, le poids, mais aussi d'autres moins liées aux perceptions, comme le l'arbre pommier, le prix, les endroits où l'on peut trouver des pommes, les situations où l'on peut manger une pomme, etc. L'idée sous-jacente du polynème est que la « signification » d'un concept ne peut être exprimée par une seule représentation, mais qu'elle est au contraire distribuée entre plusieurs représentations

Les **micronèmes** envoient des signaux de contexte global à travers tout l'esprit. Souvent ils décrivent des aspects de notre situation pour lesquels il n'existe pas de mots ou de concept précis, comme des couleurs, odeurs, formes, ou sensations spécifiques. Les micronèmes sont aussi utilisés pour se référer à des aspects qui sont difficiles à attacher à un concept particulier, et sont plus diffus ou indéfinis dans leurs références.

Toute connaissance se réfère à un contexte : ainsi le mot « cher » n'a pas le même sens si l'on parle du pétrole, d'un diamant, d'un ami ou d'un ennemi, et le mot « voisin » n'a pas le même sens si l'on parle d'une personne, d'un pays ou d'une quantité. Douglas Lenat a identifié un espace des contextes, qui est l'espace des micronèmes, et qui possède douze dimensions :

- Temps absolu (un intervalle spécifique)
- Autre type de temps ("juste après les repas").
- Localisation absolue ("Paris")
- Autre type de localisation : "au lit", "dans une église"
- Culture : linguistique, religieuse, ethnique, tranche d'âge, état de santé, etc. des acteurs typiques
- Sophistication/sécurité : qui sait déjà cela, qui peut le savoir, l'apprendre, etc.
- Sujet/usage, topic, applications, problème à résoudre
- Granularité : phénomènes et détails qui sont et ne sont pas ignorés
- Modalité / intention : qui veut/croit que cela soit/est vrai ?
- Arguments pour et contre : règles locales pour décider de la véracité
- Justification : prouvé, acte de foi, hypothèse, observable...
- Variables locales : instanciations qui sont vraies dans ce contexte. par exemple les affectations de mots aux concepts de l'ontologie.

Minsky suggère que les nèmes sont organisés en « réseaux d'anneaux entremêlés », avec de grandes agences, et des agents de reconnaissance pour ces nèmes, dans lesquels les vagues d'activité courent à la fois de haut en bas et de bas en haut, afin d'accomplir des tâches de reconnaissances de formes, de production de plans, de réduction d'ambiguïté, etc.

Du fait que ces réseaux peuvent très bien se transformer en labyrinthes inextricables et qu'il y est facile de se perdre ou de tourner en rond, Minsky affirme qu'il est nécessaire que d'autres agents soient impliqués dans la « fermeture » du réseau et dans son contrôle. C'est le rôle des Nomes.

Les **nomes** contrôlent comment sont manipulées les représentations. Minsky donne des exemples de nomes, comme les *isonomes,* les *pronomes,* et les *paranomes*

Les **isonomes** demandent à différentes agences d'accomplir la même tâche cognitive. Par exemple ils peuvent leur demander de sauver leur état courant dans la mémoire à court terme et de récupérer un nouvel état dans cette même mémoire, où entraîner un polynème à reproduire l'état d'une série d'agents, ou forcer une série d'agents à « imaginer » les conséquences d'une action (nous parlerons plus loin des buts et des plans).

Les **pronomes** sont des isonomes qui contrôlent l'usage des représentations de la mémoire à court terme. Le mot pronome rappelle à dessin le mot « pronom ». Un pronom est en général représenté par un pronome. On associe souvent un pronome à un « rôle » dans une situation ou un événement plus vaste, comme le rôle d'acteur dans une action, ou la localisation d'un événement. Il existe un lien entre les pronomes et ce que l'on appelle les « cas » en grammaire (par exemple en latin, en allemand, et en russe)

- A : agent de l'action (animé)
- I : instrumental : cause ou raison (inanimée) de l'événement ou de l'objet utilisé pour provoquer l'événement.
- D : Datif : entité (inanimée ?) affectée par l'action
- F : Factuel : Objet ou être résultant de l'événement.
- L : locatif : lieu (espace) de l'événement
- S : source : lieu à partir duquel quelque chose se déplace.
- G : but : lieu vers lequel quelque chose se déplace.
- B : bénéficiaire : être (animé) au bénéfice duquel l'événement a lieu.
- T : temps : moment où l'événement a lieu.
- O : Objet : entité sur laquelle s'exerce l'action ou qui change, c'est le cas le plus général.

Certains pronomes sont connectés à des mémoires à court terme très spécifiques, comme un endroit, une forme, un chemin. D'autres sont plus généraux et ont plus d'influence. Certains peuvent même activer simultanément une grande partie de la mémoire à court terme, et ont un pouvoir d'expression très général, comme le concept de « chose que j'ai vue »

Les **paranomes** sont des chaînes de pronomes liés entre eux, de telle sorte qu'un changement dans l'un des pronomes produit un changement identique ou analogue dans les autres pronomes. Minsky a inventé le concept de paranome pour décrire comment des connaissances exprimées de différentes manières pouvaient néanmoins être traitées de façon uniforme. Par exemple un paranome de localisation d'un événement comme « j'ai bu un verre » peut être connecté à différentes représentations de cette localisation, l'une par rapport à mon corps, l'autre par rapport à un référentiel comme « le salon ». En utilisant le paranome, on peut coordonner l'utilisation de ces différentes représentations.

Les cadres

En informatique, les cadres sont des structures de données qui contiennent tous les aspects d'une chose, que l'on inscrit dans les *champs* du cadre. Par exemple un cadre de « voiture » contiendra un champ « type » pour la marque et le modèle, un champ « possède » pour les roues, le moteur, la carrosserie, un champ « est un » ou « sorte-de »qui pointe vers le cadre de véhicule, une champ pour l'utilisation, etc.

Minksy décrit comment on peut construire des cadres à l'aide de pronomes qui contrôlent ce qui est attaché aux différents champs. Ces pronomes sont liés entre eux, de telle sorte que lorsqu'on active le cadre on active aussi les descriptions partielles des différents aspects de ce qui est décrit par le cadre.

Les tableaux de cadres

Pour décrire tout ce qui est sous-tendu par un concept, il ne suffit pas d'un cadre. Il faut un ensemble de cadres, qui représentent le concept sous différents points de vue ou différentes perspectives. Les tableaux de cadres sont de tels ensembles, qui possèdent des champs ou des pronoms en commun. Par exemple un cube peut être représenté de différentes façons, et vu sous différents angles.

Minsky a demandé à un enfant de cinq ans de dessiner un cube. Voici ce qu'il a dessiné :

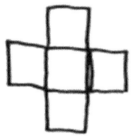

« Très bien », dit-il. Combien de côtés à un cube ?
« Quatre, bien sûr ! » répondit l'enfant
« Bien sûr », répondit Minsky, reconnaissant que l'enfant ne considérait pas la base et le sommet comme des « côtés », à l'inverse des mathématiciens. « Et combien de carrés en carton faudrait-il pour faire un cube ? »
L'enfant hésite un instant, puis répond : « six »
« Ah ! Et combien de carrés tu as dessiné sur ton dessin ? »
« Humm. Cinq »
« Pourquoi ? »
« Oh, on ne peut pas voir celui qui est en dessous ! »

Minsky dessine alors la représentation usuelle, « isométrique », du cube :

« Ca n'est pas un cube », dit l'enfant.
« Pourquoi ? »
« Les cubes ne sont pas penchés »

Considérons un instant le « cadre de cube » dans l'esprit de l'enfant : Pour l'enfant, un cube possède les propriétés suivantes :

- Chaque face est un carré
- Chaque face touche quatre autres faces
- Tous les angles sont droits
- Chaque sommet sépare trois faces
- Les côtés opposés de chaque face sont parallèles
- Etc.

Quand on compare ces propriétés « topologiques » au dessin de l'enfant :

- Chaque face est un carré !
- La face « typique » en touche quatre autres !
- Tous les angles sont droits !
- Il y a trois angles droits à chaque sommet !
- Les côtés opposés de chaque face sont parallèles !

Et au dessin de l'adulte :

- Seule la face « typique » est un carré !
- Chaque face n'en touche que deux autres !
- La plupart des angles ne sont pas droits !
- Seul un trièdre est représenté, mais deux de ses angles ne sont pas droits !

Le dessin de l'enfant décrit mieux les propriétés du cube que celui de l'adulte ! Il est probable en fait que le concept de « cube » chez l'adulte contient une série de cadres, dont l'un décrit les propriétés topologiques du cube, l'autre les éléments du dessin « intuitif » de l'enfant, et encore un autre le dessin isométrique de l'adulte, ce dernier étant beaucoup plus complexe car il doit faire appel à des notions de perspective qui impliquent de nombreux autres agents et cadres.

Les tableaux de cadres sont ainsi ce qui, informatiquement parlant, se rapproche le plus de ce qu'est intuitivement un « concept ».

Notons qu'on ne peut jamais voir plus de trois faces d'un cube à la fois, et que cela apparaît dans le dessin de l'adulte, mais pas dans celui de l'enfant. La comparaison précédente est donc un peu biaisée. Un adulte cherchera à représenter au mieux ce qu'il voit (encore que la représentation isométrique n'est pas la perspective réelle !) Pour un enfant, ce qui importe, c'est de représenter au mieux ce qu'il a compris du concept, même si c'est différent de ce qui se trouve devant ses yeux. C'est pourquoi un enfant dessine souvent ainsi « des arbres sur une montagne » : les arbres poussent tout droit à partir du sol !

Les multiples cadres impliqués dans un tableau de cadres ont des champs communs, car ils décrivent tous des points de vue sur le même concept de cube, et un cube n'a pas que des propriétés géométriques, il a plein d'autres caractéristiques : on peut jouer avec, on peut le saisir avec la main en le prenant par deux faces opposées, il peut y avoir un dessin sur chaque face, etc. Le fait d'avoir des champs communs facilite aussi le « saut » d'une représentation à une autre pour résoudre un problème. Les champs communs d'un tableau de cadres sont les ancêtres des paranomes.

Les trans-cadres

Les trans-cadres sont une des formes centrales de la représentation de la connaissance dans la société de l'esprit. Les trans-cadres représentent des évènements, et tout ce qui est impliqué par, ou relié à, cet évènement. Les trans-cadres ont des champs *origine* et *destination* d'un changement (avant et après) et des champs pour décrire qui ou quoi a causé l'événement, pourquoi (dans quel but), les objets et concepts qui ont été affectés, comment et avec quel moyen l'évènement a-t-il pu se produire, etc.

On peut ensuite regrouper des trans-cadres pour décrire des histoires, des scénarios et des scripts (Minsky pense évidemment à certains programmes d'IA qui implémentaient de telles structures et qui étaient célèbres à l'époque dans le domaine de la compréhension du langage naturel)

Il existe également d'autres types de cadres, comme ceux qui servent à décrire ce qui est vu, entendu, touché, etc.

Le moteur

Même si Minsky ne donne pas de recette pour programmer directement des agents (il ne dit pas, en particulier, ce que veut dire « activer » ou « invoquer », ni quelles structures sont échangées entre les agents lorsqu'ils se passent des messages), on a l'impression en le lisant qu'il reste finalement assez peu de travail pour réaliser la société d'agents qu'il propose.

C'est probablement une fausse impression. En fait, même si les agents semblent simples, le « moteur » qui contrôle ces agents est très complexe, il repose sur un très grand nombre de procédures telles que la mémoire associative, l'unification, la détection des analogies, les pré-traitements des modalités sensorielles, les représentations des connaissances logiques et procédurales, la manipulation des graphes, la réduction des différences, les convertisseurs entre représentations, la transformée de Fourier, les générateurs et interpréteurs de code, la gestion des tâches, et j'en passe.

J'ai essayé dans ce livre de donner une idée de cette complexité. Elle est redoutable, mais pas infinie. Le problème est difficile, mais pas infaisable.

Minsky pense que l'un des composants essentiels d'un système d'agents est le réducteur de différences. Il s'agit d'un moyen très général de résoudre un problème : On lui donne seulement en entrée la situation initiale et la situation finale (désirée), et il cherche alors à arriver à la situation finale à partir de la situation initiale.

Par exemple un enfant qui joue avec des cubes pourra avoir envie de poser une pyramide verte sur un cube vert, mais il y a déjà un cube jaune sur ce cube vert. Le moteur cherche alors un moyen de réduire la différence entre ces deux états. Pour cela, il dispose d'un certain nombre d'opérateurs (prendre un cube qui n'en supporte aucun autre, le poser sur la table, le poser sur un autre cube, dans notre exemple) La plupart de ces opérateurs vont augmenter certains aspects de la différence, mais en diminuer d'autres. Le moteur recherche la séquence d'opérations qui conduira à annuler toutes les différences : il essaye un opérateur au hasard, se retrouve avec un nouvel état initial (et toujours le même but final), et essayera alors de réduire la différence entre le nouvel état courant et le but final. S'il n'y arrive pas, il revient en arrière et recommence au début avec un nouvel opérateur.

Il est possible de faire en sorte que le moteur de réduction des différences apprenne au cours de son fonctionnement quels opérateurs ont été utiles pour annuler certains types de différences, afin d'être plus efficace le coup d'après. Les opérateurs sont des lignes-K qui activent différentes méthodes et actions. Malheureusement il n'existe pas de moyen unique de comparer différentes représentations, ce qui fait qu'on ne peut construire un réducteur de différence universel, mais seulement dans certains cas particulier.

En général, toutes les méthodes de résolution de problèmes ne fonctionnent pas, seules certaines arrivent à un résultat. Il est alors important de garder la trace de ce qui a marché dans le passé, mais aussi de ce qui n'a pas marché. Minsky appelle cela *l'expertise négative*. Dans la société de l'esprit, ce type de connaissance est réalisé par les agents *censeurs* et *suppresseurs*. Les censeurs suppriment les états mentaux partiels qui précédent des actions inutiles ou dangereuses, et les suppresseurs suppriment ces actions elles-mêmes. Minsky s'est même demandé si l'expertise négative n'était pas plus importante que l'expertise positive, même si elle demeure invisible parce que nous savons dire ce que nous avons fait mais pas ce que nous n'avons pas fait.

C'est peut-être là l'origine de l'humour : lorsque nous rions, nous apprenons ce qu'il ne faut surtout pas faire dans certaines situations !

Les agents intermédiaires

Outre les lignes-K, nèmes, nomes et autres cadres, Minsky cite des dizaines d'agents de haut niveau comme *jouer, jouer avec des cubes, dormir,* etc. Le problème, c'est que la décomposition de ces agents de haut niveau en agents de base n'est pas du tout triviale ! Il reste donc un gros travail de recherche pour trouver tous les agents intermédiaires. Minsky ne dit presque rien de cette décomposition. Je vais donc essayer de combler cette lacune :

Au premier niveau : les nèmes, nomes, cadres, et tableaux de cadres.

Au second niveau : les *systèmes de symboles.* Ceux-ci sont formés de différentes sortes d'agents :

- Les arbres de connaissances, qui sont issus de la relation est-un ou sorte-de : ces arbres représentent les « chaînes de connaissances » que nous pouvons avoir lorsque nous disons par exemple que « un chat est un mammifère qui est un quadrupède qui est un animal qui est une chose vivante ». En termes techniques, les arbres de connaissance décrivent *l'ontologie* du monde connu.
- Les classificateurs, qui tentent de mettre en correspondance des chaînes ou graphes de concepts avec les éléments de l'ontologie

- Les généralisateurs, qui tentent de généraliser des catégories pour créer des objets à un niveau supérieur dans l'ontologie
- Les spécialisateurs, qui font l'inverse
- Les suppresseurs simples (par exemple celui qui cherche deux agents identiques et en supprime un)
- Les voisineurs, qui recherchent des faits analogues et des corrélations
- Les arbitres et séquenceurs de tâche
- Les archiveurs et retrouveurs
- Les appariteurs entre agents
- Les mesureurs d'activité et de frustration : un agent est frustré s'il n'a pas atteint son but depuis très longtemps

Au troisième niveau : *les concepts* :

- Les représentations de ce qui est perçu (percepts)
- Les évènements
- Les suppresseurs complexes
- Les détecteurs de boucles
- Les traducteurs entre représentations

Au troisième niveau : *les pensées* :

- Les buts et détecteurs de buts
- Les idées et générateurs d'idées
- Les désirs
- Les émotions
- Les censeurs
- Les détecteurs d'intention et d'assertifs

Au quatrième niveau : *la délibération* :

- Les plans
- Les contrôleurs
- Plaisir et douleur
- Les instincts

- Les injonctions

Et enfin, la *conscience.*

Bien sûr, il reste des trous dans cette hiérarchie. Mais l'idée générale est claire : il doit être possible de combler ces trous !

Agents situés

Les agents communiquent entre eux en s'envoyant des messages. Ceci implique que les agents se connaissent, ou au moins que chaque agent en connaisse certains autres. Le réseau d'agents peut bien sûr être préprogrammé, mais à un moment donné il peut être nécessaire que ce réseau évolue dynamiquement. Une idée très intéressante, qui n'existait pas du temps où Minsky a écrit son livre, est celle *d'agents situés.*

Imaginons un ensemble de robots communicants, par exemple des robots qui extraient du charbon dans une mine. Cela pourrait fonctionner si chacun connaît sa position dans la mine, et celles des robots proches de lui. Ainsi un robot mineur pourrait connaître les agents chargeurs et transporteurs proches de lui et en appeler un pour charger le minerai qu'il vient d'extraire.

De même, à l'intérieur d'un esprit, les agents situés ont une « position » abstraite et sont capables de savoir quels agents sont proches d'eux (en interrogeant le « moteur » qui les synchronise tous) : Un agent situé est un agent qui connaît sa position dans un espace métrique virtuel. Le nombre de dimensions de cet espace de coordonnées importe peu en théorie, mais en pratique il est utile de choisir *trois*, parce que cela permet aux agents qui traitent des sensations tactiles de connaître directement la position du capteur : ainsi un agent qui traite les sensations reçues du pouce aura des coordonnées proches de celui qui traite les signaux reçus de l'index. Les deux agents pourront communiquer pour élaborer une sensation globale, comme celle de saisir un objet entre les doigts.

De même, un agent « lexicographique » qui recherche la racine et la terminaison d'un verbe gagnera à être proche d'un agent « syntaxique » de décomposition d'une phrase en mots, car les deux tâches sont analogues.

Enfin, il est probable que les agents qui établissent les cartes corporelles (les cartes de la position relative de nos différents membres) ont des coordonnées qui correspondent… à celles de nos membres. Pratique, non ?

Ce qui est magique avec les agents situés, c'est qu'il leur est possible d'établir facilement des nouveaux contacts avec des agents inconnus sans intermédiaire : il leur suffit de demander au « moteur » quels agents sont proches d'eux. Le moteur pourra même leur signaler qu'un autre agent « passe » à proximité, ce qui est utile pour détecter par exemple des collisions. Un agent Situé peut se « déplacer » simplement en changeant ses coordonnées, sans bouger physiquement ni changer nécessairement son réseau de relations.

En passant, la dimensionnalité trois de l'espace des coordonnées des agents pose un problème fascinant : est-ce parce que le monde est en trois dimensions que les agents ont trois coordonnées, ou est-ce parce que nos agents ont des coordonnées tridimensionnelles que nous *croyons* percevoir un monde à trois dimensions ? Je pense que la première hypothèse est la bonne, d'autant qu'il est fort possible que les agents qui gèrent les sensations tactiles de la peau aient des coordonnées de dimension *deux*...

Comment communiquent les agents ?

La méthode de communication entre agents la plus simple est la ligne-K, qui permet à un agent d'en activer plusieurs autres : par exemple un agent active un polynème pour réveiller des agents qui représentent plusieurs aspects d'une même situation ou événement, ou un micronème pour activer un contexte particulier pour un groupe d'agents. L'activation d'une ligne K ne transmet aucune information vers les agents activés en dehors de l'identité de l'agent activateur ; les informations sont dans les agents activés eux-mêmes.

En activant plusieurs ligne-K, un agent peut créer une sorte de « bus de communication », une sorte de câble muni de plusieurs fils, et sur lequel d'autres agents sont branchés (pas forcément sur tous les fils).

Ainsi chaque fil peut avoir une signification, ainsi que chaque sous-ensemble de fils. Les agents récepteurs peuvent être connectés chacun à un sous-ensemble aléatoire de fils, éventuellement via un pronome qui joue le rôle d'une porte logique « ET », ce qui permet à l'agent activateur de sélectionner un ou plusieurs récepteurs. Inversement, les récepteurs peuvent être à l'écoute d'un ensemble particulier de bits sur les fils du « bus » auquel ils sont connectés.

Mais pour transmettre vraiment des informations entre agents, ou plutôt dans ce cas entre agences et services, il faut un langage interne de représentation de la connaissance. Pour envoyer un message, le service émetteur activera différents agents jouant le rôle de « mots » dans un ordre qui dépend de la « grammaire » choisie. L'agent récepteur est informé par les « mots » activés et décode le message en utilisant une « grammaire inverse ». Cela suppose que l'émetteur et le récepteur soient d'accord sur cette grammaire. Comment cela se pourrait-il ? Définir comment deux services peuvent apprendre un langage commun est un problème redoutablement compliqué, pour lequel on n'a pas trouvé actuellement de solution générale. Il existe toutefois des solutions partielles :

La *théorie des actes de langage* définit les différentes fonctions de la communication. Cette théorie s'intéresse non pas à ce qu'est le langage, mais à ce qu'il *fait*. Lorsque nous parlons, lorsque des agents communiquent, l'agent émetteur a pour but de faire accomplir une certaine action au récepteur, ou de changer son état mental, ou de lui communiquer une certaine information, etc. Selon la théorie des actes de langage, tout message possède un *mode*, et une ou plusieurs *fonctions*. L'émetteur du message a également une *intention*. Comprendre vraiment un message, c'est comprendre sa ou ses fonctions, son mode, et l'intention du locuteur.

Les modes : ils servent au récepteur à déterminer à quoi sert le message. Dans la terminologie de la théorie des Actes de langage, les modes sont appelés des *assertifs*. Il en existe une dizaine :

- Les déclaratifs :
    - Positifs (affirmation) et négatifs (infirmation) Exemple : « je m'appelle Henri », « j'aimerais réussir ma vie »

- o Cas particulier : un message qui dit « ce que la réponse aurait dû être », qui est aussi un modificatif (par exemple "tu t'es trompé, la bonne réponse est 64".)
- o "Je vais te poser un problème" signifie en général que le contexte de la suite de la conversation sera celui du problème. Ça peut aussi vouloir dire que le locuteur aura des intentions agressives, mais c'est moins probable...

- Les réponses (« oui », « probablement », « en général », « 357 »)
  - o Le message « non » peut être aussi bien la réponse à une question qu'une signalisation d'erreur (modificatif).
- Les demandes et ordres : « donne-moi la liste », « oublie tout ça », « joue en e4 d'abord »
  - o « cherche ! », est aussi un modificatif
  - o « recommence », est un ordre ou un modificatif selon le contexte...
- Les interrogatifs, ou questions
  - o (attention, « va savoir ? » n'est pas une question !)
  - o pourquoi ? est une demande d'éclaircissements
- Les promissifs (je m'engage à faire ceci, d'accord, je prends le job)
- les actifs, qui accomplissent quelque chose par eux-mêmes (je te maudis, je vous engage)
  - o encouragements/punitions "bravo", "oui !", "eh non...", "tu t'en tires pas trop mal", "tu as tort".
- Les modificatifs : ils suggèrent de tenter une modification du contexte ou du raisonnement précédent.
  - o « tu n'as pas utilisé toutes les données » ou « tu n'as pas envisagé toutes les hypothèses », « c'est faux »
  - o ou encore « oui, mais si... » signifiant que peux être la réponse précédente était trop générale.
  - o « je te suggère de ... » donne en plus une indication sur la stratégie à utiliser.
  - o Dans quoi classer « à toi de trouver par toi même ! » qui signifie par exemple « je ne veux pas te le dire », ou « je veux te mettre à l'épreuve », « je te mets au défi » : cela signifie que le problème est difficile et qu'il faudra donner un grand poids à la satisfaction de l'avoir résolu

: il y a probablement une catégorie de modificatifs pour les encouragements.

Les **fonctions** : un même message peut avoir plusieurs fonctions. En particulier, il a toujours une fonction phatique :

- La fonction effective, avec deux sous catégories
  - expressive : « voilà mon état, mes croyances » (lié à l'assertif déclaratif)
  - conative : il s'agit d'un ordre tel que « fait ceci », « réponds à ma question ». (lié à l'assertif demande/ordre).
- La fonction référentielle : référence le monde extérieur : « voilà ce qui est »
- La fonction phatique : elle contrôle le lien de communication, « ping », « je te reçois 5 », « je veux communiquer avec toi », « qui es-tu ? »
- La fonction poétique : valeur esthétique ou humoristique du message
- La fonction métalinguistique : elle se réfère au protocole ou à la syntaxe de la communication. Deux sous catégories
  - paralinguistique : concerne les messages qui viennent ou qui vont être émis. « pourquoi me dis-tu ça ? », « je ne comprends pas ».
  - métaconceptuelle : définition d'un moule linguistique commun : « par X, je veux dire Y »

Enfin, tout locuteur, qu'il soit un humain ou une société d'agents, possède une ou plusieurs intentions en émettant un message. Les intentions sont liées aux assertifs, mais sont plus stables temporellement : l'assertif est local au message, ou à une partie du message, alors que l'intention peut être la même pour plusieurs messages d'affilée.

Voici en vrac quelques intentions :

Intentions positives :

- Exposer, faire comprendre ou préciser davantage un fait, une situation, une action à entreprendre, une règle...
- Décrire un problème ou une situation (dont on espère que l'autre pourra inférer des choses).
- Faire apprendre à raisonner dans un domaine spécialisé, éduquer, ouvrir l'esprit de l'autre en lui donnant connaissance de nouveaux champs d'activité.
- Exprimer un sentiment, le faire partager : joie, peur, colère, (des)approbation, compassion (« mon pauvre monsieur ! »)... amener l'autre à consolider son modèle mental de l'autre, ou simplement besoin d'être entouré de gens qui partagent les mêmes convictions, émotions, ou centres d'intérêts
- Encourager l'autre, le faire progresser.
- Vérifier que l'autre a bien compris
- Corriger une erreur de l'autre
- Exprimer un besoin personnel que l'autre pourrait satisfaire (faim, besoin d'amitié...)
- Faire avancer une négociation, la résolution d'un problème, débloquer une situation verrouillée.
- Obtenir la réponse à une question, un renseignement utile, résoudre un problème.
- Se rendre utile.
- Soigner son traumatisme mental en l'exprimant et en espérant la compréhension de l'autre.
- Altruisme, gentillesse
- Instinct : de survie, de survie de l'espèce, maternel, Etc. ou conséquence d'une injonction
- Exprimer une émotion

Intentions négatives :

- Flatterie, flagornerie.
- Rabaisser, minimiser, faire semblant d'être du même avis pour obtenir un avantage personnel ou par jalousie.
- Agression (dans le but de faire changer l'autre d'avis, de lui faire faire (ou ne pas faire !) une certaine tâche)

- Mentir, vouloir cacher un certain fait, faire en sorte que l'autre n'ait aucune chance de le découvrir.
- Hystérie, illogisme, locuteur non sain d'esprit, paranoïa méchanceté, bêtise (adhérence à un modèle incohérent)
- Masquer une ignorance, faire semblant de savoir même en affirmant des faussetés.

Intentions ambivalentes :

- Faire comprendre ou faire accepter une croyance, une règle sociale. A l'extrême : amener l'autre à accepter un article de foi, même faux. Convaincre l'autre de souscrire à une idéologie (politique, religieuse, etc.) que l'on veut propager
- Corriger un raisonnement de l'autre (à tort ou à raison)
- Faire une remontrance (dans le but de ne pas voir se reproduire un comportement de l'autre jugé agressif, immoral, illogique, hors sujet/distractif, inutile...)
- Obtenir un avantage personnel
- Désir de plaire (ça peut être positif : besoin de convivialité).
- Supprimer une cause de souci.
- Idéaliser, ne pas vouloir voir les défauts de l'autre ou d'une proposition (aveuglement).
- Pousser l'autre dans ses retranchements, titiller, taquiner : forme d'agression (ou de stimulation ?)
- Justifier une assertion/action précédente, se justifier soi-même.

Intentions neutres :

- Faire exécuter une certaine tâche par l'autre (par incapacité personnelle, délégation, paresse, souci d'efficacité, choix au hasard)
- Faire changer l'autre de contexte, d'avis...
- Simplement satisfaire un besoin de parler, de ne pas être seul.
- Vouloir être seul, refuser de communiquer, autisme... (neutre ou négatif ?) On peut aussi refuser de communiquer parce

qu'on est surchargé, qu'on a peur de perdre le fil de sa pensée en étant interrompu.

- Tester les capacités/les connaissances de l'autre
- Jouer

Ouf !

Si j'ai été aussi précis dans ces énumérations d'assertifs, de fonctions et d'intentions, c'est que je pense que pour réaliser une IA, nous aurons besoins de concevoir de toutes pièces (c'est à dire de programmer) certains agents de haut niveau, et pas seulement des agents de bas niveau comme les nèmes, nomes et autres cadres. La définition d'un langage universel de communication entre agents pourrait bien être nécessaire dans ce cas pour que ces agents puissent communiquer (de tels langages, comme KQML, FOF et CYCL, existent déjà mais sont probablement inadaptés à la réalisation d'une IA véritable).

Bien sûr, je ne crois pas que les agents (ou agences) utilisent en général pour communiquer un langage exprimant des nuances aussi sophistiquées que celles que je viens d'énoncer. Mais *certains* agents, comme ceux qui expriment des injonctions sur ce que l'IA doit faire et ne pas faire auront probablement besoin d'un langage très riche pour interagir entre eux. La très vaste majorité des agents cependant n'auront pas besoin d'un tel langage, ou bien auront seulement besoin d'un petit sous-ensemble d'assertifs et de modes.

Il n'est toutefois pas forcément nécessaire de définir un langage explicite et non ambigu. En effet, l'ambiguïté, dans certains cas, est un avantage plutôt qu'un inconvénient. Nous avons souvent du mal à exprimer clairement sans ambiguïté nos pensées. Souvent, nous rejetons le blâme sur la pauvreté du langage. Mais en réalité, les pensées elles-mêmes sont très souvent ambiguës. Il est illusoire, nous dit Minsky, de penser qu'il y a une distinction claire entre « penser » et « exprimer », parce que l'acte d'exprimer est lui-même un processus actif qui implique de simplifier et de reconstituer un état mental en le détachant des parties diffuses et variables de son contexte… En réalité, nous tolérons et nous encourageons même l'ambiguïté des mots parce que nous sommes intrinsèquement capables de gérer l'ambiguïté des pensées elles-mêmes.

Naturellement l'utilisation d'un langage ambigu peut conduire à des incompréhensions, à la fois parce qu'il peut arriver que nous ne soyons pas d'accord sur la signification d'un symbole, et parce que les significations elles-mêmes sont ambiguës. Il ne faut pas en avoir peur, parce que c'est inévitable, et cela signifie simplement qu'il faut que nous arrivions à construire des sociétés d'agents qui soient tolérantes à l'ambiguïté et au flou à la fois dans les pensées et dans les communications.

Il se pourrait bien finalement que la forme de communication la plus répandue dans la société de l'esprit soit... l'absence de communication directe. En effet, une communication indirecte est souvent beaucoup plus simple à mettre en œuvre, en utilisant des paranomes. Ainsi que nous l'avons dit, lorsque l'un des pronomes gérés par un paranome bascule dans un certain état, les autres pronomes basculent dans le même état (ou plus précisément dans un état correspondant). La communication dans ce cas ne se fait pas par un envoi explicite de signal, mais indirectement, par mise à jour simultanée d'informations. Ainsi des agences différentes qui ont chacune une représentation différente d'un même état ou événement peuvent se mettre à jour simultanément lorsque l'une des agences modifie sa « vision des choses » sur cet état ou événement.

En résumé, la société de l'esprit semble bien être la théorie la plus aboutie de l'esprit dont nous disposons à ce jour. Bien plus claire et précise que toutes les théories philosophiques, elle permet de nombreuses expérimentations, et fournit de plus un canevas pour la construction d'une IA. Il reste pour l'achever à expliciter les multiples mécanismes de base qui vont permettre à cette fantastique assemblée d'agents communicant de faire quelque chose d'utile, et surtout il nous reste à préciser l'organisation globale de l'esprit. C'est ce que nous allons maintenant essayer de faire.

Les niveaux d'organisation de l'esprit

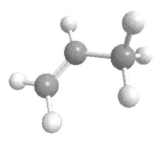

Les sens

Je ne saurai trop insister sur l'importance des modalités sensorielles. Parce qu'elles nous servent, non seulement à percevoir, mais aussi à visualiser et projeter nos perceptions, elles sont un élément indispensable à la formation des concepts, et c'est pourquoi j'en ai abondamment parlé au début de ce livre. Une IA « pure », dépourvue de sens, ne peut exister, parce que la pensée implique la représentation des concepts et que cette représentation se fait en utilisant l'imagerie sensorielle.

Nos sens sont bidirectionnels. Ils peuvent fabriquer cinq ou six représentations à la fois (la fameuse limite de la mémoire à court terme). Implicitement, cela suppose qu'une modalité sensorielle du type « perception pure », sans capacité d'imagerie, ne sert à rien, parce que la formation des concepts ne peut fonctionner que s'il existe un moyen de « visualiser » ces concepts.

Quels sens donner à une IA Vraie ?

Contrairement à ce qu'affirme Alain Cardon, je crois qu'il ne sera pas forcément nécessaire, au moins initialement, de la doter d'un corps robot, et d'équiper ce corps de l'équivalent de l'ensemble de nos sept sens. Cependant il ne fait nul doute que la pluralité et la complémentarité de nos sens jouent un grand rôle dans la formation de notre esprit et de notre intelligence. Pour appréhender l'organisation des objets qui nous entourent, et celle de notre propre corps, nous utilisons la complémentarité entre le toucher, la vision, et la proprioception. Pour appréhender les concepts de temporalité, de permanence, de changement, de processus, et de quantité, nous utilisons la complémentarité entre la vision et l'audition. Apprendre à marcher nécessite les sens de l'équilibre, de la vision, et du toucher. Et nos émotions peuvent naître de sensations tactiles, auditives ou visuelles.

Je pense que cette complémentarité est nécessaire. Je pense qu'une IA qui gèrerait même un monde simulé comme le monde des blocs devrait, pour arriver à une conscience véritable de ce qu'elle manipule, percevoir ce monde simulé au travers de différents canaux sensoriels, dont au moins celui de la vision et celui du toucher (et peut-être celui de l'audition : l'enfant ressent du plaisir lorsqu'une tour de cubes s'effondre dans un grand patatras).

Mais une IA, n'étant pas un être biologique, mais un être de silicium, peut disposer de modalités sensorielles que nous n'imaginons même pas posséder un jour. Mieux que cela, on peut lui ajouter de nouveaux sens au cours de son fonctionnement !

Par exemple un sens de l'heure (avec fonction réveil), une sens de la topologie des graphes, un « sens radar » ou sonar, une vision infrarouge pour voir dans le noir, un « sens du web » pour percevoir directement des pages et des fichiers présents sur la toile, un sens radio pour communiquer en WI-FI, un « sens du calcul » qui permettrait à l'IA de « voir » automatiquement et inconsciemment la solution de calculs numériques arbitrairement complexes, etc.

Mais le sens le plus utile pour une IA sera certainement le « sens du code ». Ce dernier lui permettra de « voir », de « sentir » et de modifier le code informatique d'un programme aussi facilement que nous pouvons bouger notre bras (j'ai d'ailleurs déjà montré que ce geste simple n'est pas si simple, et repose sur la coordination d'un grand nombre d'agents et de processus inconscients ; il en sera de même pour le sens du code). Le sens du code est la porte ouverte à l'auto modification et à l'auto amélioration de l'IA par elle-même. C'est pourquoi nous étudierons un peu plus loin à quoi pourrait ressembler ce sens du code. Une IA munie d'un sens du code serait comme un humain qui pourrait modifier à volonté le fonctionnement, et même l'architecture, de son propre cerveau ! Une possibilité dont nous ne pouvons que rêver...

Nous voyons ici se profiler une première caractéristique très importante d'une intelligence artificielle vraie (IAV) : une IAV ne pensera pas « comme un humain ». La pensée d'une IAV sera différente, parce qu'une IAV utilisera des modalités sensorielles différentes, et que son architecture sera différente, bâtie non sur des neurones mais sur un réseau massif d'agents communicants. Une intelligence artificielle ne sera pas « une copie de l'intelligence humaine ». Une IA est une IA. Une IA pourra évoluer non seulement en apprenant des nouvelles connaissances, et des manières d'utiliser ces connaissances, mais aussi en modifiant son propre fonctionnement, ses propres processus internes, ce dont nous sommes bien incapables.

Je crois, avec quelques raisons, que toute IA disposant de cette capacité deviendra, très vite, *super-intelligente*. Mais laissons là ce sujet, nous en reparlerons abondamment plus loin.

Les concepts

Nous avons vu dans le premier chapitre de ce livre comment la formation de concepts tels que celui de « rouge », de « cinq », ou « d'ampoule triangulaire », reposait sur les modalités sensorielles et sur leur imagerie.

Drew McDermott, dans son livre « artificial intelligence meets natural stupidity » (l'intelligence artificielle arrive au niveau de la stupidité naturelle !) met en évidence le fait que la première chose à faire pour une IA est de remarquer le sujet. Non pas de le comprendre, mais de le *remarquer*. Tout enfant remarque immédiatement que la phrase « le pet du pape pie pue » a une consonance répétitive, qui le fait rire, même s'il ignore tout du concept d'allitération. Dans un programme d'IA classique, le symbole « hamburger » n'est pas rattaché à une « hamburgerité » ni à une détection d'une « hamburgeritude », choses que pourtant un vrai concept de hamburger devrait contenir. Un philosophe dirait que le symbole « hamburger » a une sémantique parce qu'il réfère à une réalité extérieure, mais le programme n'a pas de moyen de remarquer cette référence alléguée. Cette référence ne change pas le comportement de l'IA, elle ne suscite pas de nouveaux traitements.

Eliezer S. Yudkowsky, l'un des fondateurs du « Singularity institute for artificial intelligence », étend cette idée et affirme que pour comprendre vraiment quelque chose, il faut passer par une séquence qu'il appelle RRCI, pour *Représenter*, *Remarquer*, *Comprendre*, et *Inventer*.

Représenter vient avant *Remarquer* : avant de construire un détecteur de percepts dans une modalité sensorielle, vous devez disposer de structures de données (ou de leurs équivalents en terme d'agents tels que les nèmes) pour les données en cours d'examen et les caractéristiques perçues. Vous ne remarquerez l'allitération (double !) dans « la pipe à papa » qui si vous disposez déjà d'un détecteur de répétition.

Comprendre vient avant *Inventer* : Avant de concevoir une nouvelle bicyclette, vous devez savoir différencier entre les bons vélos et les mauvais, percevoir la structure des buts et sous-buts, *comprendre* ce qu'un humain attend du design d'une bicyclette, et pourquoi telle bicyclette a été conçue de telle et telle manière, être capable de *représenter* ces explications et de *remarquer* les différences entre ces explications et un blabla quelconque sur les bicyclettes. C'est seulement ainsi qu'une IA pourra inventer un nouveau vélo et l'expliquer à quelqu'un d'autre.

Représenter signifie que le squelette d'une structure cognitive, ou l'entrée et la sortie d'une fonction, ou la description d'une pensée, peuvent être représentés au sein d'un esprit. Représenter est statique, c'est la matérialisation d'un état. La fonction « représenter » ne sait pas faire la différence entre les données qui constituent une pensée ou celles qui proviennent d'un générateur aléatoire.

Remarquer ajoute un aspect dynamique aux données, en renforçant les relations internes, et la cohérence interne. La fonction *Remarquer* génère les extracteurs de caractéristiques qui ajoutent aux données des faits simples sur les relations, les liens de causalité, les similarités évidentes, les progressions temporelles et spatiales, quelques petites prédictions et attentes, et tout ce qui relève des « lois de la physique » du domaine. *Remarquer* est bidirectionnel et peut manipuler les perceptions, faire des choix entre ce qui est important et ce qui ne l'est pas, et directement modifier les représentations résultantes.

Comprendre concerne l'intentionnalité et les relations externes. C'est à ce niveau qu'a lieu la mise en cohérence avec les autres structures cognitives, et la mise en cohérence avec les niveaux de représentations supérieurs (ce qui fait partie d'un tout) et inférieurs (les parties). *Comprendre* met en jeu la connaissance et les comportements qui résultent des chaînes de buts et les structures de causalité. *Comprendre* met en jeu des heuristiques qui relient les aspects de haut niveau et les caractéristiques de bas niveau. Cela signifie être capable de distinguer ce qui est « bon », ou utile, de ce qui est « mauvais » ou inutile. Pour *comprendre*, il faut être capable de se représenter une structure cognitive qui sera nécessaire pour inventer quelque chose, et de vérifier que cette conception est bonne, ou donne une bonne explication d'un phénomène.

Inventer est la capacité de concevoir une bicyclette, d'inventer une heuristique, d'analyser un phénomène, de créer un plan dans une partie d'échecs, en un mot, de penser.

Notons que l'approche « RRCI » peut être appliquée à l'esprit dans son ensemble aussi bien qu'à ses sous-parties, en particulier les processus *représenter*, *remarquer*, *comprendre*, et *inventer* peuvent, de manière interne, contenir récursivement des sous procédures RRCI !

Les pensées

Comme nous l'avons déjà dit au chapitre 1, les pensées sont des arrangements de concepts. L'exemple type est celui d'une phrase en langage naturel : une séquence de mots arrangés selon une grammaire. Pour comprendre une phrase, il faut trouver les cibles des mots ambigus (un adjectif nécessite d'avoir un nom comme cible, par exemple), et ces cibles sont trouvées soit dans la phrase, soit dans les concepts qui sont activés au moment où nous pensons à la phrase. A l'inverse, lorsqu'un fait est remarqué, cela engendre une pensée, qui peut être articulée clairement dans notre esprit si l'attention de la conscience se porte sur ce qui vient d'être remarqué.

Mais les pensées ne sont pas forcément formulées en mots, il existe des pensées non verbales, des arrangements de concepts qui proviennent du système visuel, tactile, etc. Il y a aussi des pensées abstraites, qui ne sont pas reliées immédiatement à une modalité sensorielle, mais seulement à certains concepts abstraits. Les pensées surviennent dès lors qu'il existe un environnement suffisamment riche pour permettre l'interaction entre des concepts, et leur arrangement selon différentes « grammaires ».

Notre esprit crée sans cesse de nouvelles pensées, soit lorsque de nouveaux concepts sont inventés, soit lorsque des analogies ou des différences entre concepts sont trouvées. Mais pour qu'une pensée soit conservée, et enregistrée comme « intéressante », il faut qu'elle soit utile, qu'elle réponde à un but. De nombreux buts et sous buts sont actifs dans notre esprit, et ceux qui correspondent à des pensées sont d'autant plus intéressants.

L'une des opérations de notre esprit pour créer de nouvelles pensées est l'algorithme *générer-et-tester* : On commence par examiner un modèle en cherchant des régularités, des correspondances, des covariances, etc. Ensuite, on génère des modèles possibles pour expliquer ces régularités, on utilise les connaissances disponibles pour « remplir les blancs », et on teste les prédictions du nouveau modèle.

Mais cela n'explique pas tout : par exemple répondre à la question « pourquoi ? » n'est pas facile avec générer-et-tester En fait générer-et-tester n'est qu'une variante du fameux algorithme à tout faire de l'IA, la recherche d'une solution par exploration. Il est probable que des algorithmes d'exploration, pas vraiment aveugles mais pas vraiment délibérés non plus, car comportant une part de hasard, sont responsables des « Haha ! », des sauts intuitifs que l'on observe dans nos pensées. Cependant, en général il est préférable de prendre du recul et de chercher à penser à propos du problème lui-même, par abstraction.

Abstraire, c'est perdre de l'information. C'est perdre des informations inutiles pour gagner en généralité. On lance le problème avec des variables inconnues pour les choses que l'on ne sait pas, et on regarde s'il y a des endroits où les inconnues s'annulent pour donner des conditions qui seront vraies pour chaque solution possible, et qui limiteront donc d'autant l'espace de la recherche. Plus généralement, on cherche à appliquer des heuristiques sur l'information dont on dispose sur le problème en cours (le but à atteindre), pour donner des informations générales sur la réponse cherchée.

Le niveau des pensées est un niveau complexe, aussi complexe que celui des modalités sensorielles ou celui des concepts, et il n'y a pas de manière simple de le décrire. Les pensées sont des entités holistiques, qui relient des concepts de bas niveau et d'autres de haut niveau, avec des plans, des convergences et des buts. Une pensée est quelque chose qui a une cohérence à tous les niveaux, qui résiste au changement, un modèle suffisamment riche pour prendre en compte tout ce que nous appelons penser intelligemment.

Si nous laissions tourner le système en roue libre, il engendrerait des milliers (voire des millions) de pensées chaque seconde, et la plupart de ces pensées seraient sans intérêt. (Lorsque nous voulons concevoir une bicyclette, nous imaginons des roues en métal, à la limite en plastique, mais *pas* en pudding au tapioca). C'est pourquoi, comme nous l'avons dit au chapitre 1, il existe des filtres à pensées, qui ne retiennent que les pensées « intéressantes ».

Ces filtres utilisent des pensées sur les pensées. Il s'agit d'une forme d'introspection, utile parce penser à une idée de nouvelle pensée crée en fait une nouvelle pensée, et que cela est un mécanisme supplémentaire de création de pensées intéressantes. Inversement avoir l'idée « cette pensée est stupide » active généralement un censeur, qui supprime la pensée en cause.

Ce qui nous amène directement au mécanisme de création des idées. Comment faisons-nous pour avoir des idées ?

Les idées

Soit le problème (très connu) suivant : il s'agit, avec un crayon ou un stylo, de passer par les neuf points en *quatre* traits (droits) sans lever le crayon :

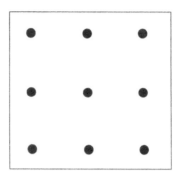

Essayez... ce n'est pas si facile. Alors, vous avez une idée ? Je donnerai la solution plus loin. Si vous ne connaissez pas ce problème, je vous recommande de prendre un crayon et de chercher une solution : ça en vaut vraiment la peine.

Les idées sont un type particulier de pensées, qui conduisent à de nouveaux concepts, par « cristallisation » soudaine de nombreux concepts et pensées en un concept unique Notre esprit fabrique de nouvelles idées en généralisant certains concepts et pensées, ou en contraire en les spécialisant, ou encore en créant un concept pour exprimer les différences entre plusieurs autres, ou entre différentes pensées.

Nous semblons inventer de nouvelles idées avec une facilité déconcertante :

Les images ci-dessus activent toutes le concept de « carré ». Dans l'image de droite, nous voyons même deux carrés, le carré « extérieur », et un carré « intérieur » incliné à 45 degrés :

Pourtant, aucune de ces images ne correspond au concept archétypal de « carré » ! Pour reconnaître l'image d'un carré dans ces figures, nous avons dû inventer de nouveaux concepts de représentation d'un carré, et ajouter ces concepts au concept préexistant de « carré ». Ceci montre que parfois la perception, souvent vue comme un processus « en entrée du système », fait en fait appel à des niveaux supérieurs, comme celui de concept, de pensée et même d'idée. Les niveaux de l'esprit sont souvent entremêlés !

En voyant cette liste de « carrés », nous avons envie de la compléter et d'inventer de nouvelles façons de représenter des carrés. La notion primitive que nous connaissions de « quatre lignes qui se coupent à angle droit » nous semble tout à coup encore plus primitive, et nous avons envie d'expérimenter avec ce nouveau concept de carré, plus large, que nous venons de découvrir. D'où viennent ces envies et ces idées de nouveaux carrés ?

L'origine des idées apparaît souvent comme mystique, impossible à décrire, c'est l'éclair de la compréhension, le « Haha », le génie, l'inventivité. En réalité, il faut toujours se souvenir que les idées sont des pensées, et que leur origine n'est pas différente de celle des autres pensées.

Ceci étant, qu'est ce qui caractérise la créativité et l'invention ?

Il est impossible de tracer une frontière nette entre la compréhension et la créativité. Parfois la solution à un problème difficile doit être inventée, souvent à partir de presque rien. Parfois, la création d'une nouvelle entité ne se fait pas en recherchant parmi tous les possibles, mais en voyant *la* seule possibilité, en regardant plus profondément dans les informations que vous possédez déjà. Mais, en général, lorsque vous cherchez à construire un modèle du monde, à comprendre quelque chose, vous cherchez une seule solution : *la* réponse à la question, alors que lorsque vous voulez construire quelque chose de nouveau, vous recherchez *n'importe quelle* réponse à la question. Comprendre est plus facile, parce que vous savez que la solution existe, et que le problème est seulement de la trouver. Les contraintes du problème sont alors autant d'indices pour aider à la recherche de cette solution.

La différence entre comprendre et inventer ressemble à celle qui existe entre vérifier une solution (comprendre), et trouver une solution (inventer), ou, pour les mathématiciens, entre les classes P et NP. Pour inventer, vous partez d'une qualité de haut niveau qui est désirable, et vous spécifiez la structure de bas niveau qui crée cette qualité. Vous devez vous engager dans un processus de design hiérarchique, en partant par exemple du but « se déplacer rapidement en utilisant la seule force musculaire », vers la solution que constitue l'agencement physique d'une bicyclette.

A la différence de ce qui se passe dans la compréhension, où vous avez le choix entre un nombre parfois immense, mais fini, d'alternatives, l'espace des choix de la créativité est essentiellement infini. Lorsque vous pensez au diamètre de la roue du vélo, vous avez le choix entre un nombre illimité de valeurs, et ce qu'il vous faut, c'est une méthode pour lier ce diamètre à d'autres caractéristiques comme la puissance nécessaire, la stabilité, etc. Si la stabilité est elle-même l'une des variables de la conception, vous devez trouver une heuristique pour la relier à une ou plusieurs quantités connues, comme le poids du cycliste, sa puissance musculaire, la vitesse à atteindre, et ainsi de suite.

Mais parfois, ce processus de « conception descendante, guidée par les contraintes issues du but à atteindre » ne fonctionne pas. Parfois, vous devez inventer une bicyclette alors que vous ignorez ce qu'est une roue. Ou il vous manque simplement un point de départ pour attaquer le problème. Puis soudain, vous vous souvenez d'avoir vu des cailloux dévaler le long d'une colline, et vous avez l'idée de « chose qui roule en se déplaçant » : vous venez d'inventer la roue ! Parfois, vous avez l'idée de la solution sans même savoir d'où elle provient.

Il semble que de nombreux « petits lutins » ou agents sont lancés presque au hasard, à la recherche de la solution, dans un espace de recherche immense. Le point clef est dans le « presque ». Pour trouver la roue, il y a quand même l'idée de déplacement. Nous appelons créativité le fait que soudain un grand nombre de données sont rappelées à notre perception, et qu'à notre grande surprise elles correspondent à la solution. Mais il n'y a pas de miracle. *Toute* recherche de solution dans un vaste espace nécessite une énorme activité mentale. Au lieu de nous demander d'où vient la créativité, nous devrions nous demander d'où vient la surprise !

La surprise est une forme de pensée sur les pensées. Une surprise est créée lorsqu'une pensée qui répond à un but actif relie des concepts apparemment éloignés, dont aucun n'a fait l'objet de notre attention consciente depuis un bon moment. La création d'une surprise est donc un processus tout à fait mécanique, probablement mis en place par l'évolution : la surprise engendre du plaisir, et permet à l'esprit de mémoriser de nouvelles façons de résoudre les problèmes.

La surprise, lorsque nous inventons une bicyclette, ou lorsque nous en voyons une pour la première fois, réside dans l'intervalle immense qui existe entre « voyager rapidement » et « l'objet bicyclette ». Faire le lien entre les deux crée une surprise. Nous aurions eu du mal à imaginer une bicyclette avant d'en voir une. De même, il existe un espace presque infini de peintures abstraites possibles, et lorsque nous en voyons une, nous somme en général surpris, parce qu'un grand ensemble de concepts sont délivrés à nos yeux et nous appelons cela « la créativité ».

En fait, la créativité survient lorsque l'esprit décide de tenter une attaque par la force brute (ou légèrement guidée) du problème, lorsqu'un travail mental énorme conduit à un résultat. Le « Ha ha ! » de l'invention de la roue vient de ce que, quelque part à l'arrière-plan de notre esprit, d'innombrables solutions ont été tentées, jusqu'à ce que l'image de la pierre qui roule le long de la colline s'impose, résonne avec le problème et arrive à attirer notre attention.

Au fait, et notre problème de passer par tous les points du carré ? Voici la solution :

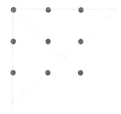

Lorsqu'on m'a montré pour la première fois cette solution, je me suis écrié : « Oh, hé, c'est de la triche ! On n'a pas le droit de sortir du carré ! »

Ah oui ? Relisez l'énoncé : rien ne l'interdit ! Ce problème est un grand classique d'exemple de « sortie du système ». Pour le résoudre, il faut sortir des contraintes que vous vous êtes vous-même fixées !

On teste d'abord des angles droits. (On se pose la contrainte : que des lignes horizontales et verticales). Puis, comme ça ne marche pas, l'imagerie produit des triangles (mais avec la contrainte de rester dans le carré). Enfin, comme ça ne marche toujours pas, on sort du carré. On ne teste pas une procédure, mais une forme qui correspond au résultat. C'est seulement ensuite que l'on crée la procédure.

Remarque : on peut aussi passer par les neuf points en trois traits. Cela demande de sortir encore plus du système (il faut plier le papier). Essayez !

Bien ! Les idées naissent donc d'une recherche guidée par nos buts. Mais nos buts, au fait, d'où viennent-ils ?

Les buts et le raisonnement Bayésien

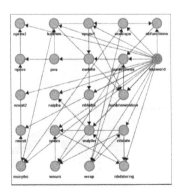

Le « raisonnement bayésien » est probablement au cœur de notre compréhension des causes et des effets de ce qui se passe autour de nous, et par suite de notre système de gestion des buts.

De quoi s'agit-il ? De l'application intelligente de ce qu'on appelle le théorème de Bayes (du nom du révérend Thomas Bayes, 1702-1761). Donnons un exemple simple et frappant de ce que cela peut donner :

1% des femmes de quarante ans qui se soumettent à un examen mammographique ont un cancer du sein sans le savoir. Cet examen est assez fiable, mais pas complètement, de sorte que 80% des femmes qui ont un cancer ont un résultat positif, mais 9,6 % des femmes qui n'ont pas de cancer vont aussi avoir un résultat positif (rien n'est parfait en ce monde).

Une femme de 40 ans passe l'examen, et obtient un résultat positif. Quel est la probabilité *pour qu'elle ait un cancer du sein ?*

D'accord, ce n'est pas un problème facile, mais intuitivement vous devriez avoir une idée de ce que cette probabilité peut être, à peu près, humm ? Cherchez un peu. Il n'y a pas besoin d'avoir une réponse exacte, juste une estimation « pifométrique ».

Non, mais cherchez ! Relisez bien l'énoncé et dites-moi, à la louche, ce que vous pensez, avant de passer à la suite !

Avant de vous donner la réponse, je dois vous dire que seulement 15% des docteurs donnent la bonne réponse. Seulement 15% ? Absolument, ce n'est pas un sondage Internet, c'est un vrai chiffre, résultant de plusieurs études concordantes.

Humm. A quel chiffre avez-vous pensé, *vous* ? 70 % ? 90 % ? Entre les deux, probablement. Après tout, 80% des femmes qui ont un cancer ont un résultat positif... Voyons si vous avez raison.

Supposons un échantillon de 10 000 femmes de quarante ans. Sur ces dix mille femmes, cent (1 %) ont un cancer du sein, et 80 d'entre elles ont une mammographie positive. Sur ces mêmes dix mille femmes, 9900 n'ont pas de cancer du sein, et sur ces 9900, 9900 x 9,6 %, soit 950 femmes, vont aussi avoir un résultat positif. En bref le nombre de femmes qui vont avoir un résultat positif est de 80+950, soit 1030. Sur ces 1030 femmes qui ont un résultat positif, seules 80 ont un cancer. De sorte que la proportion de femmes qui ont un cancer sachant que leur résultat est positif est de 80 / 1030, soit seulement 7,8%.

C'est la bonne réponse. Une femme qui a une mammographie positive n'a que 7.8% de chances d'avoir un cancer. D'où vient l'erreur ? Il n'y a pas d'erreur. Il y a simplement le fait que la probabilité d'avoir un cancer sachant que l'examen est positif (soit 7,8%) n'a rien à voir avec la probabilité d'avoir un examen positif sachant que la femme à un cancer (qui est de 80%). Il ne faut pas oublier que sur dix mille femmes, 950 (soit 9,6 %) n'ont pas de cancer, mais ont quand même un examen positif.

D'habitude, on note ainsi la probabilité de l'évènement E sachant le fait F :

$p (E \mid F)$. On lit cela : « probabilité de E sachant F ».

Dans la suite, le caractère tilde '~' signifiera « non ». Par exemple, p(~cancer) signifie « probabilité de ne pas avoir un cancer ». Et nous avons naturellement $p (\sim cancer) = 1 - p(cancer)$.

Si nous notons « cancer » l'évènement « avoir un cancer du sein », « ~cancer » le fait de ne pas avoir de cancer du sein, « positif » le fait d'avoir un résultat positif et « ~positif » le fait d'avoir un examen négatif, alors le problème se pose ainsi :

Si $p (cancer) = 1\%$,

        $p (positif \mid cancer) = 80\%$

et $p (positif \mid \sim cancer) = 9,6\%$,

Alors que vaut $p (cancer \mid positif)$?

La réponse est bien sûr, nos 7,8%. Comment l'avons-nous calculée ?

Tout d'abord, notons qu'il ne faut pas confondre p (cancer | positif), la proportion cherchée de femmes qui ont un cancer sachant que leur examen est positif, avec p (cancer ET positif), la proportion de femmes qui ont un cancer et un examen positif. Sur les dix mille femmes, cent ont un cancer du sein, et 80 d'entre elles ont une mammographie positive, de sorte que
p (cancer ET positif) vaut 80/10000 soit 0,8%.

En fait, p (cancer ET positif) vaut p (cancer) x p (positif | cancer), soit 1 % x 80 % = 0,8 %

Pour calculer nos 7,8%, soit p (cancer | positif), nous avons divisé p (cancer ET positif) par p (positif), en remarquant que p (positif) = p(cancer ET positif) + p (~cancer ET positif)

Finalement, voici la forme générale du théorème de Bayes (n'ayez pas peur, ça ne mord pas, c'est juste une formule avec des additions, des multiplications et une division) :

$$p(A \mid X) = \frac{p(X \mid A) \times p(A)}{p(X \mid A) \times p(A) + p(X \mid {\sim}A) \times p({\sim}A)}$$

Ce qu'il faut bien voir, c'est que le théorème permet de passer d'une probabilité *à priori* telle que p(A) ou p(cancer), à une probabilité *réévaluée*, telle que p(A | X) ou p (cancer | positif) par le fait de connaître un fait nouveau (ici le résultat positif de l'examen).

Il se trouve que les quantités qui sont à droite du signe égale sont, très souvent, ce que nous connaissons d'un problème. Les quantités telles que p (X | A) et p (X | ~A), ou encore p (positif | cancer) et p (positif | ~cancer), impliquent des relations *de cause à effet*. Par exemple p (positif | cancer) est connu parce que la mammographie est *conçue* pour chercher les cancers : on souhaite qu'un résultat soit positif *parce que* la femme a un cancer. Même si on faisait un examen parmi un groupe de femmes à risques, dans lequel la proportion de cancers serait de 10% et non plus 1%, p (positif | cancer) resterait égal à 80%, parce que l'appareil ne change pas. p (positif | cancer) est une valeur qui découle de la conception de la machine, et uniquement de cela. Plus généralement P(X|A) est un fait simple, à partir duquel d'autres faits comme P(A ET X) peuvent être construits. Mais le théorème de Bayes a la forme *qu'il a parce qu'il aide à raisonner sur le monde physique* : ce n'est pas une conception de matheux de plus. Il est utile dans la vie de tous les jours.

Au lieu d'écrire p (X | A), on devrait écrire p (A => X), la probabilité que A implique X, ou que A soit la cause de X. Mais l'habitude est d'écrire P (X | A). C'est très dommage.

Bon d'accord, le théorème de Bayes, c'est intéressant. *Mais quel lien cela a-t-il avec ce qui se passe dans notre esprit et avec notre système de gestion des buts ?*

Tout d'abord, ce théorème permet de trouver la cause la plus probable C d'un effet X : Parmi toutes les causes possibles C1, C2, etc., c'est celle qui a la plus grande valeur pour p (X | C). Est-ce vraiment ainsi que cela se passe dans notre esprit ?

Voici une petite histoire :

Supposons que, petit enfant, j'aie observé que lorsque je jetais un caillou dans l'eau, cela faisait « plouf », puis que je voyais ensuite des ronds dans l'eau. Pour une raison ou une autre, j'ai aimé ces ronds dans l'eau, j'ai envie de les revoir, mais il n'y a pas d'autres caillou à ma disposition pour recommencer. Que puis-je faire ?

A ce stade, Mon *but* est de voir à nouveau des ronds dans l'eau, tout ce qui fait des ronds dans l'eau m'intéresse, tout ce qui a un lien de causalité avec un rond dans l'eau m'intéresse donc, et j'ai remarqué que le plouf était lié à des ronds dans l'eau (avec une corrélation de, disons 95%). La question suivante est donc : y-a-t-il quelque chose que je puisse faire pour provoquer un événement qui est lié causalement à un rond dans l'eau ? Oui, je peux crier « plouf », et voir si ça fait un rond dans l'eau !

En clair, j'émets l'hypothèse que les ploufs sont la *cause* des ronds dans l'eau.

Je ne sais pas encore calculer, mais les neurones de mon système interne de gestion des buts, eux, savent le faire. Ils ont estimé une corrélation de 95% entre le plouf et le rond dans l'eau (pas 100%, parce que j'ai déjà vu des vagues dans l'eau, qui ne faisaient pas de plouf), et émis l'hypothèse que les ploufs sont la cause du rond dans l'eau (disons avec une certitude de 80% pour le moment).

Si l'hypothèse est juste, et si je crie, il y a 95% de chances que ça fasse un rond dans l'eau. Si l'hypothèse est fausse, et si je crie, il n'y a aucune chance que ça fasse un rond dans l'eau.

Comme je ne crois qu'à 80% à mon, hypothèse, cela conduit finalement à 95% x 80% = 76% de chances que si je crie « plouf !», je vais voir apparaître un rond dans l'eau.

Maintenant, si je ne crie pas, il y a, disons 3% de chances que je verrai quand même un rond, parce que la corrélation entre les ploufs et les ronds n'est pas parfaite, et parce qu'il pourrait qu'un évènement que je ne maîtrise pas (par exemple un animal) provoque quand même un rond dans l'eau.

Supposons que mon but « faire des ronds dans l'eau » ait une *désirabilité* de 100. Si je crie, cela aura 76 % de chances de faire un rond. La désirabilité de « crier » est donc de 76. Supposons que le coût de l'action « crier » soit estimé à 10. La désirabilité nette de « crier » est donc de 66. Inversement, « ne pas crier » conduit avec 3% de chances à un événement (le rond) de désirabilité 100. Le coût de « ne pas crier » est de zéro. La désirabilité nette de « ne pas crier » est donc de 3.

La désirabilité différentielle, résultant du choix, est donc de 66-3 = +63, ce qui est positif. Je *décide* donc de crier.

Je crie : « plouf !», et j'observe... qu'il ne se passe rien.

Qu'est-ce que cela veut dire ? Est-ce que je vais recommencer à crier pour voir ce qui va se passer à nouveau ? En fait mon système de buts applique alors le théorème de Bayes ! Le problème qui se pose est le suivant :

Si p (crierPloufFaitDesRonds) = 80%,
p (VuUnRond | crierPloufFaitDesRonds) = 95%, *et*
p (VuUnRond | ~crierPloufFaitDesRonds) = 3%, *alors*

p (crierPloufFaitDesRonds | pasVuDeRond) = ?

Appliquons le théorème : la nouvelle valeur de confiance dans l'hypothèse crierPloufFaitDesRonds, sachant que je n'ai pas vu de rond, est, en appliquant la formule de Bayes, de 80% x (100% - 5%) / (80% x 5% + 20% x (100% - 97%)) = **17%** !

Ma confiance dans mon hypothèse a été réduite de 80 % à 17 % par ma petite expérience.

Dois-je re-crier « plouf ? » Si je crie à nouveau, il n'y a plus que 17% x 95% = 16 % de chances de voir un rond dans l'eau. Si je ne crie pas, il y a toujours 3% de chances de voir un rond dans l'eau à cause d'un poisson par exemple. La désirabilité de mon but « voir des ronds dans l'eau » est toujours de 100, le coût de l'action « crier plouf ! » est toujours de 10, et donc la désirabilité nette de « crier » est de 17 – 10 – 3 = + 4, ce qui est toujours positif (mais beaucoup moins que le 63 de tout à l'heure).

Je décide donc de crier une seconde fois. Je crie « plouf », et il ne se passe toujours rien. Maintenant, une seconde application du raisonnement bayésien fait chuter la confiance dans mon hypothèse « crier plouf fait des ronds » de 17% à 1%, autant dire qu'il est presque sur maintenant que je m'étais trompé.

La désirabilité de « crier une troisième fois » devient –12, ce qui est négatif, et donc je ne crie pas plus et je cherche un autre moyen de m'amuser.

Nous venons de voir à l'œuvre deux mécanismes fascinants : la manière dont une décision peut être prise, et la manière dont nous pouvons remettre en cause nos hypothèses à la lueur de faits nouveaux.

Soyons clairs : un jeune enfant (voire même un adulte !) ne sait pas calculer consciemment comme nous venons de le faire. Mais je prétends que les circuits inconscients de notre cerveau, eux, peuvent le faire. Et si nous créons un jour une intelligence artificielle (ce qui, comme nous le verrons plus loin, est une quasi-certitude à brève échéance), une bonne idée serait de la munir de « modules de raisonnement bayésien » pour faire ces calculs.

Une question se pose aussitôt : est-ce bien ainsi que notre esprit procède ? Y a-t-il une connaissance innée du théorème de Bayes ? Non bien sûr : notre esprit ne fait probablement pas des calculs internes aussi précis et aussi exacts que ceux que nous venons de faire. Mais il fait très probablement des calculs approchés qui conduisent à des résultats semblables. *Il y a bien* dans notre esprit des services chargés d'évaluer la désirabilité d'une action, et des services chargés du maintien de la cohérence des hypothèses que nous faisons sur le monde qui nous entoure.

Le fait que nous pouvons *modéliser* l'action de ces services par le raisonnement bayésien nous donne une idée de comment ça *pourrait* fonctionner. Pour créer une IA, nous n'aurons pas besoin de comprendre le détail de ces services, nous pouvons les considérer comme des « boîtes noires » munies d'entrées et de sorties, et la modélisation bayésienne suffira. Avec un peu de chance, ces services internes de notre IA fonctionneront même mieux que l'original, dans l'esprit humain !

Curieusement, il existe peu de systèmes d'IA « classiques » qui font appel au raisonnement bayésien. Les spécialistes de l'IA préfèrent les systèmes qui utilisent la logique formelle, comme les systèmes experts ou les « truth maintenance systems », à des systèmes qui utilisent une logique « floue » (puisque dans le cadre du raisonnement Bayésien, rien n'est certain, il n'y a que des degrés de confiance), car ces systèmes sont beaucoup moins efficaces en temps de calcul. C'est probablement une erreur.

Désirs et pulsions

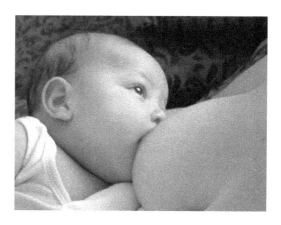

Il ne fait aucun doute que chez l'humain comme chez tous les mammifères, une grande part des premiers buts et désirs sont acquis par attachement et imitation. L'enfant reconnaît sa mère, l'imite, arrive à discerner ce qui lui plait et ce qui ne lui plait pas : mieux, très vite, ce qui plait à l'enfant est ce qui plait à sa mère, et ce qui déplait à sa mère devient ce qui déplait à l'enfant ! Dans cet apprentissage par attachement, nous n'apprenons pas seulement *comment* accomplir certaines tâches et buts, mais *quels* buts nous devons avoir et dans quelles situations avoir tel ou tel but est utile. Les récompenses et les punitions que nous obtenons des personnes auxquelles nous sommes attachés (nos parents, en général), nous apprennent quels buts il est bon d'avoir, et de ne pas avoir.

Cependant pour arriver à cet apprentissage par attachement, il faut que l'enfant dispose déjà de capacités et de compétences considérables.

Comment l'être humain apprend-il ses premiers buts et désirs, d'où découleront tous les autres ? Un certain nombre de ces buts sont probablement innés. Minsky suggère que dans l'esprit du très jeune enfant, les premières agences et les premiers services fonctionnels sont les *protospécialistes*, des agences très évoluées qui produisent des comportements qui sont des solutions de problèmes comme la locomotion, l'obtention de la nourriture, les réflexes de succion et de mastication, l'imitation, l'attachement du bébé à sa mère, etc. Pour construire une IA, il sera probablement nécessaire de programmer directement certains de ces protospécialistes. Avec le temps, ils évolueront et se différencieront en des services de plus en plus spécialisés.

Le problème est que ce que nous appelons « pulsions » et « instincts » sont des protospécialistes qui sont déjà considérablement perfectionnés. Pour arriver à programmer le protospécialiste qui correspond à l'instinct d'imitation, ou au plaisir de sucer son pouce, nous devons déjà disposer de toute une armada de protospécialistes, de représentations, et d'agences de plus bas niveau.

Selon une vision classique en psychologie, les désirs et pulsions sont liées au plaisir et à la douleur. C'est en ressentant nos premiers plaisirs que nous élaborons nos premiers désirs, c'est en ressentant nos premières peines et douleurs que nous élaborons nos premiers désirs négatifs (anti-désirs), et nos premiers censeurs. Mais d'où viennent le plaisir et la douleur ?

Plaisir et douleur

Le marquis de Sade

Intuitivement, plaisir et douleur proviennent d'une « surcharge » de certaines modalités sensorielles, qui tend à focaliser l'attention consciente sur la perception « en surcharge ». L'étude du cerveau montre cependant qu'il existe des centres du plaisir et des centres de la douleur, des zones du cerveau où ont lieu des traitements spécifiques à ces sensations. L'aire tegmentale ventrale, en plein centre du cerveau, joue un rôle important dans ce que l'on appelle le circuit de la récompense. Dans cette aire, le cerveau produit de la dopamine, un messager chimique qui incite l'esprit à renforcer les comportements satisfaisant ses « besoins fondamentaux », et à répéter le comportement à l'origine du plaisir.

Il existe aussi un circuit de la punition, qui implique différentes structures cérébrales dont l'hypothalamus, le thalamus et la substance grise centrale entourant l'aqueduc de Sylvius. Des centres secondaires se trouvent aussi dans l'amygdale et l'hippocampe. Ce circuit fonctionne dans le cerveau grâce à l'acétylcholine et stimule l'ACTH (« adrenal cortico-trophic hormone »), l'hormone qui stimule la glande surrénale à libérer de l'adrénaline pour prépare les organes à la fuite ou la lutte.

Finalement, plaisir et douleur sont utilisés par l'esprit pour rechercher et mémoriser nos comportements globaux :

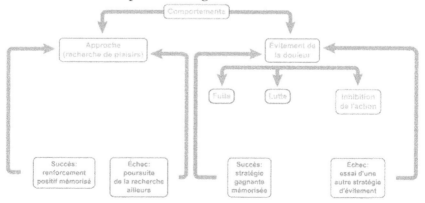

Nous reviendrons sur la détermination des comportements globaux de l'esprit plus loin, quand nous parlerons des « lois de l'humanotique ».

Le fait qu'il existe un « hardware » ou « brainware » pour être plus précis, qui gère le plaisir et la douleur pose une question intéressante : si nous voulons créer une machine intelligente, une IA vraie (IAV), comment simuler ces mécanismes ?

Eliezer Yudkowsky apporte une réponse originale à cette question. Pour lui, il n'est pas nécessaire qu'une IA possède des centres du plaisir et de la douleur ; des comportements analogues peuvent être obtenus simplement en utilisant… le théorème de Bayes, encore lui.

Ce qui est important, ce n'est pas le mécanisme du plaisir et de la douleur, mais le fait qu'il existe des rétroactions positives et négatives, des mécanismes de renforcement ou d'inhibition de nos comportements. Le plaisir et la douleur ont besoin de quelque chose sur quoi se focaliser pour donner un comportement utile (par exemple la fuite ou la lutte contre la cause de la douleur). Bien sûr, la douleur est plus qu'une rétroaction négative ; la douleur a ainsi une fonction de signalisation des dommages et des blessures, elle focalise l'attention sur ce qui est douloureux, et elle nous pousse à penser à des moyens d'échapper à la sensation douloureuse.

Dans l'architecture du cerveau humain, la douleur peut exister même s'il n'y a aucun moyen de l'éviter, même s'il n'y a rien d'utile sur quoi se focaliser, et un humain peut devenir fou suite à une douleur insupportable et continuelle, mais c'est seulement un résultat de l'évolution de notre cerveau. Cela semble un comportement non adaptif, mais dans l'environnement ancestral, un individu qui expérimentait une douleur continuelle et insupportable mourrait en général peu de temps après, et cela n'avait pas d'influence sur les gènes.

En fait, dans une IA, nous ne sommes pas obligés de suivre ce qu'a fait l'évolution, et nous pouvons imaginer des mécanismes de renforcement ou d'inhibition des comportements qui n'existeraient que s'il existe un but sur lequel se focaliser. L'inhibition peut être réalisée simplement par un sous-but. Nous avons vu comment un enfant inhibait le comportement « crier plouf pour faire des ronds dans l'eau » en utilisant le raisonnement bayésien.

Imaginons que vous vouliez traverser une pièce, que vous soyez distrait par quelque chose et que vous glissiez sur une peau de banane. La douleur que vous vous faite en tombant va vous inciter à faire plus attention la prochaine fois, à regarder où vous mettez vos pieds.

Mais un robot intelligent qui ignorerait ce que sont le plaisir et la douleur pourrait aussi, après avoir glissé sur la peau de banane, se dire :

« Hum. Le fait que j'aie été distrait par quelque chose a provoqué le fait que j'ai posé le pied sur la banane, ce qui a provoqué le fait que j'ai glissé, ce qui a allongé le temps de traversée de la pièce, ce qui a interféré avec le super-but que j'avais (quel qu'il soit) *en traversant la pièce. Par conséquent je vais augmenter la priorité des comportements qui éviteront que je pose le pied sur une peau de banane (et une petite recherche montre que cela peut être atteint en regardant davantage le sol), et je vais diminuer la priorité des comportements qui m'ont conduit à être distrait, et qui ont attiré mon attention vers le distracteur »*

Et si le robot s'est cassé un doigt en tombant, il peut également se dire :
« Si je mets un stress supplémentaire sur la fracture de mon doigt, cela sera pire car je vais diminuer mon habileté à traverser les pièces suivantes, ce qui est nécessaire pour atteindre mon super-but. Par conséquent je vais me relever et continuer à marcher en ignorant la fracture de mon petit doigt métallique, mais en outre j'inscris le fait qu'il faudra faire réparer ce doigt le plus vite possible sur la liste de mes buts. »

Toutes les fonctions de la douleur ont été remplies et remplacées par ce raisonnement ! De même, une AI qui résout un problème avec succès *pourra* augmenter la priorité des agents qui ont contribué à résoudre le problème, ce qui a en fin de compte le même effet que le plaisir. En d'autres termes, Yudkowsky affirme que plaisir et douleur sont des « accidents évolutifs » dus à l'histoire de nos gènes, mais que leurs fonctions peuvent être très bien remplies par un raisonnement (Bayésien) sur les buts. Cette architecture est même meilleure que ce qui existe chez les humains, car une IA qui a résolu un problème pourra essayer ensuite d'améliorer non seulement les processus et agents qui ont aidé à la résolution du problème, mais tous les services et agences qui auraient pu (rétrospectivement) bénéficier d'une petite amélioration, ou même ceux qui ont échoué mais qui ont *presque* réussi !

Pourquoi l'évolution a-t-elle alors créé le plaisir et la douleur, si leurs fonctions pouvaient être remplies par le système de gestion de nos buts ? L'évolution ne crée pas les systèmes les plus adaptifs, elle crée les systèmes les plus adaptifs *et* les plus facile à faire évoluer. Avant l'apparition de l'intelligence générale, un système de buts délibéré comme celui que nous venons de décrire aurait été impossible. Lorsque l'intelligence émergea, un système de récompense-punition basé sur le plaisir et la douleur était déjà en place, et le remplacer n'aurait servi à rien.

Notons que les agents qui gèrent les systèmes de buts, conduisant à des renforcements ou des inhibitions de comportements, peuvent être étiquetés « centres du plaisir et de la douleur », mais que ce sont juste des étiquettes : leur fonctionnement interne reste inchangé, basé sur le raisonnement bayésien et non sur la *propagation* de signaux de plaisir ou de douleur comme dans l'esprit humain.

Si nous voulons, nous pouvons ajouter à l'IA un cadre (ou nème) de « plaisir » ou de « douleur », contenant une valeur numérique, et faire en sorte que la valeur « plaisir » s'incrémente de un lorsque nous atteignons un but, et que la valeur « douleur » augmente lorsqu'un accident externe (ou corporel) nous empêche d'atteindre un but, ou retarde la solution. Qu'est-ce que cela apporterait à l'IA ? Rien, dit Yudkowsky. On ne peut s'empêcher toutefois de penser que cela apporterait un peu plus d'humanité à notre IA… Yudkowsky néglige en effet le fait que plaisir et douleur sont certes des *processus* de renforcement et d'inhibition de comportements, mais que la douleur (et le plaisir sensuel et sexuel) trouvent leur origine dans des évènements qui affectent notre corps et uniquement notre corps. Et que le fait d'avoir un corps, une « corporalité », et d'en être conscient, est un trait dominant de l'être humain. Plaisir et douleur sont des moteurs puissants d'acquisition de cette conscience d'avoir un corps. Une IA qui serait un pur programme aurait sans doute des difficultés à comprendre ce que nous entendons par plaisir et douleur. Pour elle, ce serait une notion intellectuelle, comme le fait d'ajouter +1 à un indicateur qui serait ensuite utilisé par les services d'ajustement de nos comportements globaux. Cela me semble un peu réducteur…

On entend souvent dire que plaisir et douleur sont les super-buts » ultimes de l'être humain, que nous ne cherchons en fait qu'à maximiser notre plaisir (présent et futur) et à éviter la douleur (présente et future également). Ce qui fait que *tous* les êtres intelligents sont en fait essentiellement égoïstes ! En fait le facteur qui est vraiment un super-but est l'anticipation du plaisir et de la douleur future ; au moment où ce plaisir ou cette douleur arrive, les décisions qui y ont conduit ont déjà été prises.

Une erreur plus subtile consiste à croire que plaisir et douleur sont par définition des composants essentiels du système de buts d'un être intelligent. Cela signifie, en essence, que n'importe quel indicateur de succès devient de facto un super-but du système. Le morceau de code (de programme) qui dira « ha ha ! Une tâche a été accomplie avec succès ! » devient plus important que le but de la tâche lui-même. Dans le roman *l'ultime secret,* de Bernard Werber, ou dans *Death by Ecstasy,* de Larry Niven, le héros meurt de trop de plaisir parce qu'il a une électrode dans la tête, reliée directement à son centre du plaisir, et qu'il ne peut s'empêcher de la stimuler, dans une sorte de court-circuit du plaisir.

Tout d'abord, notons que le « morceau de code » qui remarque qu'un but vient d'être accompli n'a pas à être un système autonome, comme centre du plaisir chez un *humain*. Cela peut être une pensée consciente, comme nous l'avons montré.

Ensuite, si un indicateur de succès se trouve confondu avec le succès lui-même, pourquoi l'indicateur de l'indicateur du *succès* ne serait-il pas confondu avec l'indicateur ? Où cela s'arrêtera-t-il ?

Si l'esprit possède vraiment un « compteur de plaisir », indiquant combien de buts il a réussi, et que l'esprit décrète que son « but réel » est d'incrémenter ce compteur, qu'est ce qui l'empêchera de prendre toute la mémoire disponible, pour stocker les bits de ce compteur, et même de se créer de nouvelles mémoires, transformant le système solaire en puce de silicium au passage ? Encore mieux, qu'est ce qui l'empêchera de penser que son but est de *penser* à des moyens de stocker des entiers toujours plus grands, ou même de penser que son but réel est de *croire* qu'il stocke des entiers toujours plus grands, remplaçant ainsi le compteur de succès par ses propres croyances à propos de ce compteur ? Ou cela s'arrêtera-t-il ?

Si nous voulons construire une IA, et en *particulier* une IA avec des programmes automodifiables (et nous verrons plus loin que la construction d'une *IA germe* auto-améliorable est manière la plus simple de procéder), il faudra faire attention à ne pas tomber dans de tels pièges !

Le dernier problème est peut-être le plus délicat, car il traite des croyances que l'IA peut avoir vis à vis de son propre système de buts. Si l'IA voit son système de buts comme un sous-but des buts eux-mêmes, alors le genre de « courts-circuits » et d'escalades infinies que nous venons de mettre en évidence est une erreur de conception manifeste. Souvenons-nous que c'est l'*anticipation* du plaisir, et non le plaisir lui-même, qui influence nos décisions. Une IA qui visualiserait une énorme augmentation de la variable « plaisir », à cause d'une erreur dans la conception de son système de buts, ne dirait pas « oh là là ! », mais « whaaaaa, génial ! ». L'IA, en pensant au futur dans lequel elle voudrait être, vérifie dans quelle mesure *ses propres* super-buts ont été accomplis, et non les super-buts de la *future* IA.

Retenons ceci : une IA ne doit pas s'identifier à sa propre version future si celle-ci présente ce genre de « court-circuit du plaisir ».

L'Apprentissage des super-buts

Imaginons un bébé dont le but est de remplir une tasse avec de l'eau. Il essaye tout d'abord avec une fourchette, mais ça ne marche pas. Ensuite il essaye avec une cuiller, et là ça marche. Qu'a-t-il appris alors ? Que pour remplir une tasse, c'est une bonne idée d'utiliser une cuiller. Plus précisément, le succès de l'expérience fait que le bébé va installer « utiliser une cuiller » comme un sous-but de « remplir une tasse » dans son système de but. Apprendre des sous-buts est très important parce c'est ainsi que nous apprenons à résoudre les petits problèmes de la vie de tous les jours, en les divisant en sous-problèmes. C'est une *stratégie* qui marche. La *fierté d'avoir réussi* nous apprend quelles méthodes il faut utiliser, c'est à dire quels sous-buts il faut avoir, tandis que le *désappointement* nous enseigne quelles méthodes il ne faut pas utiliser. Tout ça est bien sûr basé sur le raisonnement bayésien, comme nous l'avons vu, et est bien connu des psychologues.

Mais une question se pose : nous savons installer des sous-buts sous les buts que nous avons déjà. Mais comment installer des super-buts *au dessus* ce ceux qui existent ? Voilà une question intéressante ! La réponse standard est que nous ne créons jamais de super-buts : tous les buts de notre système de valeurs sont des sous-buts du but ultime dont nous avons déjà parlé, « maximiser le plaisir anticipé ». Mais c'est une réponse biaisée : elle est vraie, bien sûr, mais il nous arrive quand même de trouver de nouveaux buts à installer par dessus les buts actifs courants, même si cela reste un sous-but du but ultime.

La théorie de « l'ascenseur » répond à cette question. Selon cette théorie, ce sont les émotions de *fierté* et de *honte* qui produisent la création des super-buts, de la même façon que les émotions de satisfaction et d'échec sont à la base de la génération des sous-buts. Voyons comment : Lorsque vous étiez petit, et que votre mère vous félicitait pour ce que vous veniez d'accomplir (même si c'était par hasard), le sentiment de fierté que vous éprouviez vous conduisait non seulement à mémoriser comment vous aviez fait pour accomplir cette tâche, mais surtout que le but que vous aviez était un but qu'il était vraiment bon d'avoir !

Les enfants apprennent leurs super-buts en imitant les êtres auxquels ils sont attachés, leurs parents ou leurs héros, et en *éprouvant* de la fierté lorsqu'on les félicite. De même, lorsqu'on les gronde, la honte qu'ils éprouvent leur indique quels super-buts il vaudrait mieux ne pas avoir.

Cela signifie qu'il existe au sein de notre esprit un « super-égo » (le surmoi de Freud !) qui observe les réactions de notre entourage à nos actions, et gère les émotions de fierté et de honte. En retour, ces émotions activent la mémorisation (ou l'oubli) de nos super-buts.

Dans une IA, ce super-égo doit comporter un tableau de correspondance entre différents types d'actions et les valeurs « numériques » de fierté et de honte qu'elles impliquent. J'ai déjà donné, dans le paragraphe « comment communiquent les agents » une liste des intentions positives et négatives attachées aux actes de langage. Il suffit d'étendre ce tableau aux autres catégories d'actions. Le résultat est un véritable ensemble de valeurs morales, qui guideront les choix des buts de l'IA.

Ce super-égo pourrait être codé à la main, mais bien sûr, il pourrait être plus pratique de n'en réaliser qu'une partie, et de laisser l'IA apprendre le reste au cours de son « éducation ». La partie la plus difficile toutefois, restera la reconnaissance chez autrui des récompenses et punitions. Chez l'être humain, il semble qu'une bonne part de ce mécanisme soit « pré-câblée » dans le cerveau.

Mais avant de parler du *surmoi*, il faudrait peut-être parler du moi ?

Le sens du soi

Quand on parle du sens du moi, un grand nombre de problèmes philosophiques surgissent, comme celui de la *conscience* de soi, celui des *qualia*, « ce que cela signifie d'être une souris », etc. Nous allons aborder ce vaste débat « par la bande », en posant tout d'abord une simple question :

Quand peut-on utiliser légitimement les mots « je » et « moi » ?

Qu'est-ce qui fait que je peux dire « moi » (ou qu'une IA peut dire « moi »), ou que je peux dire « *Je* veux une glace à la vanille » *sans* que l'on puisse objecter que ce mot *je* n'a pas plus de signification que XH3DF2, et pourrait être traduit par XH3DF2 sans rien changer ?

Un modèle et la réalité qu'il représente peuvent être liés de différentes façons, par différentes modalités de liaison : ce peut être une liaison *perceptive* (je perçois des choses et je reporte ces perceptions dans le modèle), *prédictive* (je peux, en utilisant le modèle, prévoir ce qui va advenir en réalité), *Décisionnelle* (je peux décider, au vu du modèle, d'influencer tel ou tel facteur), ou encore *manipulative* (je peux manipuler la réalité en fonction de ce que j'ai décidé). Cette liaison entre le modèle et la réalité commence quand le modèle « correspond » d'une certaine manière à des éléments réels, elle devient testable quand le modèle peut prédire le résultat de certaines actions, et elle devient utile lorsque le modèle peut être utilisé pour décider entre plusieurs alternatives, avec la possibilité de manipuler la réalité pour la faire évoluer vers l'alternative choisie.

Souvenons-nous aussi, ainsi que nous l'avons dit dans le paragraphe « les concepts » du chapitre 4, que pour comprendre un *concept*, il faut passer par la séquence RRCI, pour *Représenter*, *Remarquer*, *Comprendre*, et *Inventer*.

Représenter le « moi », n'est guère difficile, il suffit de créer un nème ou un cadre de « moi ». Naturellement, cela ne nous avance guère car ce nème ou ce cadre ne serait pas différent de celui de « XH3DF2 »... L'étape *suivante* dans la conscience de soi est de *remarquer* des informations à propos de soi-même. Les sensations introspectives sont difficiles à distinguer des sensations externes, et par conséquent cette action de remarquer ne suffit pas tant qu'il n'existe pas de concepts relatifs à l'introspection. Un robot qui vient d'être frappé sur le nez pourra se dire « tiens, ce robot vient d'être frappé sur le nez ». Ce qui est-sous-entendu par *ce robot*, c'est la clef qui permettra, ou pas, de remplacer « ce robot vient de » par « je viens d' ». Il faut que l'IA qui commande le robot sache que « ce robot », c'est « le robot qui est dirigé par cette IA », et que « cette IA, c'est IA qui possède ce système de buts et de valeurs, et qui perçoit les informations de ce robot et lui donne des ordres ».

Le modèle du « moi » qui est dans l'IA ne commencera à générer des nouvelles informations (des informations qui imposeront une vue cohérente des évènements internes à l'IA), que si elle peut *comprendre*, et faire des *prédictions*. Par exemple elle pourra prédire que « faire passer l'attention d'un sujet à l'autre, au lieu de se concentrer sur un sujet, fabrique des *structures* de concepts qui seront connectées principalement par association ». Et cette information ne deviendra utile que si elle joue un rôle dans le choix des buts courants de l'IA, c'est à dire que c'est une liaison *décisionnelle* qui permettra finalement *d'inventer* de nouvelles actions et de nouveaux concepts, et de *manipuler* la fabrication des buts.

Appelons ELMA (pour l'Esprit et La MAchine) cette IA qui possède une liaison perceptive, prédictive, décisionnelle et manipulative vis à vis de son propre système de concepts, de pensées et de buts. Lorsqu'ELMA pourra créer des concepts introspectifs, et formuler des pensées et des heuristiques à propos de lui-même, il sera capable de raisonner à propos de lui-même de la même manière *qu'il* raisonne à propos des objets du monde extérieur. Il pourra manipuler la réalité interne de la même manière que la réalité externe. Si ELMA est super performant pour inventer des bicyclettes, il sera également super performant pour manipuler ELMA.

Mais dire « ELMA comprends ELMA » n'est pas la même chose que de dire « ELMA se comprend lui-même ». Douglas Lenat, le concepteur du système informatique CYC, dont nous parlerons au prochain chapitre, dit que CYC sait qu'il *existe* une entité appelée CYC, et qu'il sait que CYC est un système informatique, mais qu'il ne sait pas qu'il *est* CYC. Si ELMA possède un système de liaison RRCI relatif à son propre modèle, c'est plus qu'il n'en faut pour que ELMA puisse dire « ELMA veut une glace à la vanille ». Mais pour qu'il puisse dire « je veux une glace à la vanille », il faut quelque chose de plus. Oui, mais quoi ?

Selon Eliezer Yudkowsky, et de manière amusante, il suffit de considérer que ce problème est réel pour en trouver la solution. S'il faut vraiment un autre pas pour qu'ELMA puisse dire « je veux une glace à la vanille », *c'est* qu'il existe une différence qualitative entre « ELMA veut une glace à la vanille » et « Je veux une glace à la vanille ». Et c'est donc la réponse. Vous pouvez dire « je » lorsque le comportement généré en vous modélisant vous-même est matériellement différent (à cause de l'autoréférence) du comportement généré en modélisant une autre IA qui vous ressemblerait.

Ceci ne se produit pas dans une pensée individuelle, mais dans une chaîne de pensées. Toute pensée A est du type « B modifie C ». Si finalement une des pensées modifie A, le système considéré dans son ensemble aura un comportement différent qui est une *caractéristique* d'une perception réelle du soi. Et ELMA pourra donc légitimement dire « *je* veux une glace à la vanille ».

Le fil narratif et le monologue intérieur

Nous autres humains nous disposons d'un monologue intérieur, d'un « fil narratif » de la conscience, par lequel nous semblons nous parler à nous-mêmes. Mais en réalité l'esprit dispose de nombreuses boucles de ce genre, éventuellement (et même majoritairement) non verbales. Chaque fois que l'un de nos services active l'imagerie sensorielle d'un de nos sens, les agents de bas niveau de ce système sensoriel l'interprètent comme une vraie perception, c'est à dire qu'il y a création de percepts, *concepts*, pensées, buts et décisions, conduisant de ce fait à une véritable boucle. Il est même probable que les services de haut niveau de notre esprit communiquent ainsi, en activant l'imagerie sensorielle d'autres services.

Nous avons vu dans le paragraphe « comment communiquent les agents » que la définition d'un langage universel de communication entre agents était un problème difficile. En réalité, il n'y a peut-être pas de problème : c'est par le biais de « modalités sensorielles internes » que les services de haut niveau communiquent. Un service A va activer une modalité sensorielle d'un autre service B, qui activera en retour l'imagerie sensorielle de A, créant ainsi un « boucle de pensées », qui, éventuellement, convergera vers une idée originale.

J'ai appelé ces interfaces des IMM, pour « interfaces machine-machine » par opposition aux IHM, interfaces homme-machine. Les IMM dispensent d'avoir un langage universel de communication entre agents, parce qu'elles *sont* un langage universel, celui de l'activation des imageries sensorielles. Il existe ainsi entre autres une IMM qui active l'imagerie visuelle, et donc permet le raisonnement spatial, une IMM spécialisée dans le traitement des arbres et graphes, et qui permet par exemple la gestion des arborescences de buts et de causes, et une IMM spécialisée dans le langage. Le fameux fil narratif serait alors la boucle engendrée par cette IMM « langage » qui se parlerait à elle-même, en portant les idées qui en résultent à l'attention de la conscience.

Qu'est ce qui rend alors l'IMM « langage » si spécifique ? Pourquoi semble-t-elle quasiment la seule boucle à arriver jusqu'à notre *conscience* ? Parce que le langage permet l'expression d'un nombre illimité de pensées, et en fait, de toutes les pensées !

Considérons un échange verbal entre des hominidés primitifs, il y a cent mille ans :

Kalum-héro (en train de manger) : « ya bon manger nourriture »
Groba-laiz: « hé ! Moi vouloir aussi nourriture ! »
Kalum-héro : « Grr ! Niet-Niet ! »
Groba-laiz (saisissant le morceau de viande de son collègue) : « Hek hek ! Toi donner ! »
Kalum-héro (en colère) « Grr ! Pas content ! Pas content ! »
Groba-laiz: « moi plus fort que toi. Si toi pas content, moi casser gueule à toi »
Kalum-héro « ça vraiment trop… injuste !»

Au cours de ce bref échange, Kalum-héro vient d'inventer un concept complexe, celui d'injustice. Que s'est-il passé dans son esprit ? Comment le système d'agents qui constitue l'esprit de Kalum-héro a-t-il enregistré ce concept abstrait ? Il serait certes possible que cela puisse être fait sous la forme d'une suite de règles comme :

Si un humain K possède un bien N,

et qu'un autre humain G veut prendre N,

et que K est plus faible que G,

et que K ne veut pas donner N à G,

et que G prend N à K,

alors l'action de G est injuste, et K éprouve un sentiment d'injustice.

Mais créer ces règles à partir de l'expérience vécue par K (Kaloum-héro) est un travail mental considérable ! Il est bien plus simple pour les agents dans l'esprit de K d'enregistrer simplement le dialogue qui a eu lieu, en remplaçant simplement les noms « Groba-laiz », « Nourriture » et « Kalum-héro » par des variables comme G, N et K. Plus tard, si besoin est, la conscience de Kalum-héro, en portant son attention sur ce dialogue, déclenchera toute une imagerie mentale à laquelle sera attachée l'étiquette « situation d'injustice », et cette imagerie pourra ensuite être modifiée à volonté.

La manière dont elle permet si facilement de généraliser des règles de comportement renforce l'importance de l'IMM « langage » *par* rapport aux autres. Dans la petite enfance, de tels renforcements auront lieu dès le premier âge, au fur et à mesure de l'acquisition du langage. Ces renforcements successifs conduiront finalement au fil narratif de notre monologue intérieur.

5 L'IA « Classique »

Le robot *Cog* du MIT

Beaucoup de projets d'IA « classique » sont basés sur une idée unique, une notion dont les inventeurs pensent qu'elle est à la base de l'intelligence, dont ils pensent que s'ils arrivent à la programmer, cela donnera lieu à un comportement intelligent de la part de la machine. L'histoire de l'IA est pleine de ce genre de tentatives : résolution de problèmes, logique du premier ordre, démonstration de théorèmes, algorithmes de recherches dans un arbre, neurones formels, algorithmes génétiques, parallélisme massif, systèmes multi-agents, etc.

D'autres projets d'IA partent du fait que l'intelligence, c'est avant tout le pouvoir de faire des « raisonnements de bons sens » sur une base immense de connaissances. Les concepteurs de ces projets pensent qu'il faut avant tout concevoir un « moteur d'inférences » puissant et général, puis qu'il faut l'alimenter en connaissances, soit par codage pur et dur, soit par apprentissage, et que l'intelligence émergera automatiquement à partir du moment où la base de connaissance atteindra un « seuil critique » que certains évaluent à une dizaine de millions de faits élémentaires.

Notre approche n'appartient à aucune de ces catégories, elle est radicalement différente. Elle est basée sur le résultat, et non sur la méthode. Naturellement, il faut une théorie constructive de l'esprit : mais ce qui est important, c'est que le résultat, une fois la machine construite, puisse être intuitivement reconnu par tout un chacun comme « intelligent ». Si ce n'est pas le cas, il faut revoir la théorie. En d'autres termes, la théorie doit prévoir un moyen d'arriver à « simuler » tous les comportements que nous considérons intuitivement comme intelligents.

Alors bien sûr certains de ces comportements peuvent être « simulés » par l'une ou l'autre des idées ci-dessus. Mais l'intelligence, telle que nous la concevons intuitivement, possède de multiples facettes qui ne peuvent toutes être générées par une IA implémentant une idée unique. Nous aurons besoin en fait de définir un système complexe, formé d'un grand nombre de sous-systèmes, dont le comportement général pourra à bon droit être qualifié d'intelligent.

Nous avons donné l'ébauche de ces théories dans le chapitre précédent. Mais cela reste abstrait, et comme malgré tout il faudra in fine s'appuyer sur des algorithmes, il est probable que certaines ce ces théories seront implémentées en utilisant des algorithmes déjà découverts par l'IA « classique ». c'est pourquoi je pense qu'il est utile de faire un petit tour des idées les plus utiles de l'IA, mais aussi des idées les plus inutiles, celles qu'il ne faut surtout pas implémenter car elles conduiraient à un système trop spécialisé, incapable d'intelligence générale au sens où nous l'entendons intuitivement.

Premiers succès, premiers échecs

L'histoire de l'IA (le terme a été inventé par John Mac Carthy) est une longue succession de programmes « géniaux », dont chacun explore ou simule une facette de l'intelligence. Depuis le programme *logic theorist,* en 1956, qui est considéré comme le point de départ de l'IA, les progrès ont été fulgurants, à tel point que certains conjecturaient que l'IA générale, l'IA vraie (IAV), était pour... 1970. Puis, en 1969, Minsky (toujours lui !) publie un article, *perceptrons,* dans lequel il démontre mathématiquement qu'un certain type d'automatisme sur lequel on fondait de très grands espoirs (le *perceptron,* un système général pour la reconnaissance des formes, et qui est un précurseur des réseaux de neurones formels dont nous avons déjà parlé au chapitre 2 à propos de la mémoire) était en fait incapable de reconnaître certaines caractéristiques simples d'une forme, comme la connectivité (le fait de se rendre compte si la forme est en un seul morceau ou pas). La conséquence de cet article fut un coup de frein brutal à la recherche en IA, car les bailleurs de fonds (université, gouvernements, réalisèrent soudain que l'IAV n'était pas pour demain. Le coup de frein était tout aussi néfaste et illogique que l'enthousiasme des débuts, mais le monde est-il logique ?

Puis les recherches reprirent, des ambitions moindres, mais plus réalistes. Toutefois plus personne dans les milieux académique n'osait parler de réaliser une intelligence artificielle générale. Les recherches avaient pour but de créer de nouvelles applications limitées : systèmes experts, programmes de jeu, démonstrateurs de théorèmes, etc. Certaines de ces applications sont d'ailleurs étonnantes, et il est possible qu'elles reproduisent réellement certains processus qui jusqu'à présent n'avaient lieu que dans notre esprit. D'autres, la majorité en fait, sont simplement des fausses bonnes idées.

Quelques fausses bonnes idées

Par « fausse bonnes idées », j'entends ici que les programmes que je vais décrire sont à priori issu d'un concept intéressant, mais que finalement ces programmes sont des impasses. Ils sont trop spécialisés pour être utilisés dans un esprit intelligent artificiel.

1) Deep Thought et Deep Blue

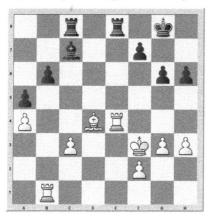

Il y a tout d'abord les programmes de jeu d'échecs, dont les plus célèbres sont *Deep Thought* et *Deep Blue*. (Le nom *Deep Thought* est celui d'un ordinateur fabuleux dans la fiction *le guide de l'auto-stoppeur galactique*). Kasparov battit facilement Deep Thought lors d'un match en deux parties en 1989, et il déclara que jamais un programme n'arriverait à le battre, mais il avait compté sans l'amélioration de la rapidité des ordinateurs au fil des ans. Deep Blue, successeur de Deep Thought, n'était pas plus intelligent que Deep Thought, et il ne connaissait pas mieux que lui le jeu d'échecs (c'est à dire très mal!), mais il calculait plus vite et donc plus profondément dans l'arbre de jeu. Et il se trouve, que, à partir d'une certaine vitesse critique, cela suffit pour être champion du monde.

Le cours de l'action IBM a quadruplé dans les quelques mois qui ont suivi la victoire de *Deeper Blue* (une variante de Deep Blue) sur Gary Kasparov, et ce bien que les bénéfices et les dividendes versés par la compagnie soient restés à peu près constants. Pour le grand public, la victoire d'une machine sur le champion du monde du « roi des jeux » intellectuel montrait que les machines allaient pouvoir bientôt devenir plus intelligente que l'homme. Naturellement il n'en a rien été. Après sa victoire, Deep Blue, qui n'était capable que de jouer aux échecs, et rien d'autre, fut partiellement démonté, et ses processeurs utilisés dans des applications industrielles.

Deep Thought et Deep Blue sont les exemples types de ce que l'on appelle des programmes de *force brute*. A peu de choses près, les seules connaissances dont ils disposent sont : les règles du jeu, c'est à dire les coups « légaux » qui permettent de passer d'une position à une autre, et la fonction d'évaluation, c'est à dire une procédure qui analyse (assez sommairement) les caractéristiques d'une position dans le jeu, et retourne une valeur numérique, positive si la position est « bonne pour les blancs », et négative si elle bonne pour les noirs, par exemple. Cette fonction pourrait devenir très compliquée (et longue à calculer) si elle devait prendre en compte toutes les connaissances qu'un champion utilise réellement pour évaluer une position.

L'astuce est que le programme génère tous les coups possibles, puis tous les coups de l'adversaire, etc., jusqu'à une profondeur qui dépend de la vitesse de calcul et du temps alloué pour réfléchir à un coup. Le programme n'évalue que les positions à cette profondeur, et pas les positions intermédiaires (sinon sommairement, pour les classer entre elles). Il cherche alors à minimiser le score maximal que pourra obtenir l'adversaire. C'est ce l'on appelle *l'algorithme minimax*, et cet algorithme est utilisé par pratiquement tous les programmes de jeu de réflexion.

Depuis la création des premiers programmes d'échecs, deux conceptions radicalement opposées se sont affrontées :

La première est la plus naturelle, elle consiste à dire que pour améliorer un programme de jeu il faut lui donner plus de connaissances, et donc améliorer la fonction d'évaluation, même si elle devient longue à calculer et que la profondeur maximale de la réflexion du programme s'en trouvera réduite d'autant : même si c'est seulement quatre ou cinq coups à l'avance, peu importe parce que ce seront des *bons* coups !

La seconde tendance, celle de la force brute, consiste à dire que l'ordinateur est essentiellement stupide, mais qu'il calcule très vite. Il suffit donc de profiter de cette stupidité naturelle et ultra-rapide, et on se contentera d'une évaluation sommaire, mais très profonde. Si on ajoute à l'ordinateur de nouveaux processeurs, voire même des co-processeurs spécialisés, si l'on peut anticiper 12 coups à l'avance (comme Deep Blue), peu importe que l'évaluation soit sommaire, on saura éviter tous les pièges et trouver la stratégie gagnante !

La force brute est, hélas pour les tenants d'une IA « vraiment intelligente », la conception qui a gagné. Les ordinateurs sont devenus tellement rapides qu'il ne leur est plus nécessaire d'être intelligents pour vaincre les humains. Depuis Deep Blue, coup médiatique d'IBM, d'autres programmes de force brute ont vu le jour, toujours plus puissants, toujours meilleurs.

Le summum actuel de cette approche est le système *Hydra*, situé à Abou Dhabi, qui tourne sur 32 processeurs intel Xeon cadencés à 3,6 Ghz, eux-mêmes assistés par des circuits logiques ultra-rapides, spécialisés dans l'évaluation des positions d'échecs et conçus exprès pour cela. Hydra arrive à calculer à une profondeur de 18 coups ! Ce programme n'a jamais pu être vaincu par des humains seuls ; il a par contre été vaincu plusieurs fois par des humains assistés d'ordinateurs, qui leur évitent les « gaffes ».

2) Eliza

Eliza est un système qui simule... un psychiatre. Eliza est le père spirituel des *chatbots* qui fleurissent de nos jours sur internet. Eliza pose une question à l'utilisateur via un terminal, et vous lui répondez, ou bien vous lui posez une question à votre tour, et Eliza répond, ou pose une nouvelle question. Eliza est programmé pour comprendre (ou faire semblant de comprendre) le langage naturel, ce qui est un tour de force pour un programme qui date de 1966, date à laquelle il fut conçu par Joseph Weissenbaum.

L'idée d'un ordinateur qui simule un psychiatre (ou qui le parodie, en fait, car Weissenbaum était fort conscient des limites de son programme) lui est venue lorsqu'il se demanda dans quel contexte un humain pourrait se satisfaire de réponses « mécaniques ». Dans un dialogue avec un psychiatre, vous n'êtes pas surpris s'il répond à la question « quel est votre compositeur favori ? » par quelque chose comme « et vous ? », ou « dites m'en plus sur votre compositeur favori », ou encore « est-ce que cette question vous intéresse ? »

Eliza est un *petit* programme, très simple, et qui fonctionne en reconnaissant des mots-clefs dans la dernière phrase que vous lui avez donné, et en piochant une réponse au hasard dans des tableaux préprogrammés de réponses possibles. Il connaît aussi un nombre limité de règles grammaticales, par exemple celles qui transforment la première personne du singulier d'un verbe en seconde personne : lorsque vous lui dites : « je suis content », il peut vous répondre par : « pourquoi êtes-vous content ? » , parce qu'il aura reconnu la tournure « je suis xxx », et que le tableau de réponse dans ce cas contient la réponse possible « pourquoi êtes-vous xxx ? » ; incidemment Eliza ne sait pas ce que signifie le mot « content » !

Parfois, Eliza répond : « je comprends », alors que cela est évidemment faux ! (d'autant qu'en général il répond cela lorsqu'il n'a rien trouvé de mieux à dire, parce qu'il n'a pas compris !) Comme nous l'avons vu, et c'est même l'un des thèmes majeurs de ce livre, *comprendre* est un acte qui implique la formation de concepts, d'images mentales, de pensées, etc. Toutes choses dont Eliza est bien incapable.

Et pourtant, souvent des personnes qui ignoraient les limites d'Eliza l'ont pris pour un robot intelligent, au point de lui confier réellement leurs problèmes personnels ! C'est là que réside le véritable intérêt d'Eliza : lorsque vous dialoguez avec lui, le dialogue peut être absurde ou très riche, tout dépend de vous et de votre intention : si vous voulez simplement prouver qu'Eliza est une machine stupide, il est très facile de lui faire dire des choses stupides. Mais si vous « jouez le jeu » et que vous vous adressez à lui comme s'il vous comprenait vraiment, alors le dialogue peut être long et significatif (pour vous !)

Eliza impressionna tellement le petit monde de l'IA que certains chercheurs ont cru qu'il suffisait de l'améliorer pour réaliser un programme qui arrive à passer le *test de Turing*, c'est à dire un programme dont on ne pourrait pas différencier les réponses de celles que ferait un être humain. Malheureusement, ou plutôt heureusement, l'esprit humain ne se laisse pas enfermer si facilement dans une boîte.

Il est très facile, et Eliza en est l'exemple-type, d'écrire un programme dont les réponses sont en général sensées ; il est *beaucoup,* mais alors beaucoup, plus difficile de faire un programme dont les réponses sont *presque* toujours sensées ; quant à faire un programme dont les réponses ne pourraient jamais être différenciées de celles d'un être humain, ce ne sera possible qu'avec une vraie intelligence artificielle, et c'est d'ailleurs tout l'intérêt du test de Turing.

On peut comparer Eliza avec les premiers automates du XVIIIième siècle : ils avaient l'apparence d'un être humain, mais cela se limitait à l'apparence. Nous savons maintenant que pour concevoir un véritable androïde, il ne suffit pas d'un mécanisme, aussi perfectionné soit-il. De même pour concevoir un système qui dialogue avec vous de manière intelligente. Eliza est une impasse. Une impasse instructive, mais une impasse quand même.

D'une manière générale, le *traitement de la langue naturelle* est une des nombreuses sous-disciplines de l'IA. Cette discipline c'est à son tour morcelée en sous-domaines tels que la représentation du sens, la compréhension de phrases isolées, la compréhension de textes entiers, la gestion du discours, la détection des ambiguïtés, la traduction automatique, etc. Cette approche très cartésienne (si je ne sais pas résoudre le problème, je le découpe en sous-problèmes) est bonne, mais dans le cas précis du langage elle est erronée car on n'arrivera jamais à produire un système qui soit capable de traiter la langue naturelle aussi finement que le font les humains, sauf si ce système est intelligent dans le sens général du terme.

Par exemple, une des difficultés majeures dans le traitement des langues est leur ambiguïté.

Homographes hétérophones (une même suite de lettres peut représenter deux mots différents):
> les poules du couvent couvent
> les présidents président

Ambiguïté syntaxique (le même mot peut appartenir à plusieurs catégories grammaticales) :

> la petite monnaie effraie le marchand
> la petite monnaie ses charmes

Ambiguïté sémantique (il faut souvent comprendre le sens de la phrase pour arriver à trouver la catégorie grammaticale d'un mot ou le référent d'un pronom) :

> je mange un poisson avec une fourchette
> je mange un poisson avec une arête

De plus il existe une difficulté supplémentaire, en ce sens que même un programme qui arriverait à « comprendre » les phrases qu'on lui dit ne ferait pas forcément ce qu'on attend de lui : c'est ce qu'on appelle le problème de l'interprétation pragmatique :

- Peux-tu me dire l'heure ?
- *Oui*
- Qui est absent ce matin ?
- *Bach, Beethoven, Mozart, Vivaldi, Wagner…*

Depuis Eliza, les systèmes de traitement des langues naturelles ont fait énormément de progrès, mais ces progrès sont essentiellement limités par le fait qu'une intelligence *fluide* est nécessaire pour comprendre le sens des phrases.

3) Les systèmes experts

Ah les systèmes experts ! Tarte à la crème de l'IA depuis les années 1970, et jusqu'à 1990 environ, ces logiciels ont pour but d'imiter le raisonnement d'un expert dans un domaine précis, qu'il s'agisse du diagnostic des infections sanguines, de la réparation d'une voiture, de la configuration d'un système d'ordinateurs interconnectés, ou du pilotage d'un haut fourneau.

Les systèmes experts sont en général basés sur la logique, c'est à dire qu'ils utilisent des règles de raisonnement comme le modus ponens ou le modus tollens, que nous avons déjà évoquées. On fournit au logiciel « nu », que l'on appelle le *shell* du système expert, un ensemble de connaissances sous formes de règles du genre :

> *Règle batterie-en-panne :*
>
> *Si le moteur ne démarre pas*
> *et si le démarreur ne tourne pas*
> *et si les phares ne s'allument pas*
> *Alors c'est probablement la batterie qui est en cause.*

Les systèmes experts réels possèdent de quelques centaines à quelques milliers de règles de ce genre. Ces règles sont utilisées parce que l'on appelle un *moteur* d'inférence, qui déduit de nouveaux faits à partir des faits connus et des règles applicables, ou bien qui demande à l'utilisateur lorsqu'il lui manque un certain fait pour pouvoir « déclencher » une règle spécifique qui pourrait conduire à la résolution du problème.

Lorsqu'il faut résoudre un problème spécifique, on lance le système expert. Celui pose alors des questions à l'utilisateur, questions qui deviendront de plus en plus précises avec le temps. Voici un exemple de dialogue :

SE : *quel est votre problème ?*
Utilisateur : le moteur ne démarre pas
SE : *est-ce que le démarreur tourne ?*
Utilisateur : non
SE : *est-ce que les phares s'allument ?*
Utilisateur : non
SE : *alors c'est probablement la batterie qui est en cause.*
Utilisateur : pourquoi ?
SE : *j'ai appliqué la règle « batterie-en-panne ». Voulez-vous que je vous l'affiche ?*
Utilisateur : quelles sont les autres possibilités ?
SE : *<quelles sont les autres règles applicables compte-tenu des réponses obtenues>*
Je ne connais pas d'autres règles applicables.

Cet exemple volontairement simpliste montre néanmoins que les systèmes experts sont intéressants parce qu'ils sont capables de garder la trace des règles qu'ils ont utilisées, et d'indiquer à l'utilisateur comment ils sont parvenus à tel ou telle conclusion. Notons que le système simplifié de notre exemple répond « c'est probablement la batterie » dans un premier temps, puis qu'il indique ensuite à l'utilisateur qu'il ne connaît pas d'autres règles, ce qui fait que c'est certainement la batterie, mais qu'il est incapable de s'en rendre compte parce que la règle dit seulement « probablement ». Notons aussi que, puisque toutes les connaissances lui sont fournies sous forme de règles, le système répond à la question « pourquoi » en citant la ou les règles qu'il a appliquées, mais qu'il est incapable de connaître le *sens* de la règle, c'est à dire qu'il ne sait pas si la règle est vraie dans tous les cas, ou seulement dans certains cas, ou même si elle est contradictoire avec une autre règle.

Lorsque les informaticiens ont voulu construire de grands systèmes experts, avec des milliers de règles, le problème de la cohérence et de la complétude du jeu de règles est devenu redoutablement ardu. La mise au point d'un tel système devient un cauchemar : que se passe-t-il si on ajoute ou supprime une règle, ou si on modifie ses prémisses ou sa conclusion ? Comment prouver qu'un système qui gère une centrale nucléaire, ou bien un système de contrôle aérien automatique, saura réagir correctement dans tous les cas ? Lorsque, dans une aciérie, tel convoyeur à rouleaux est remplacé par un nouveau modèle, dont les capteurs sont différents, quelles sont les règles qu'il faut modifier ?

De plus, bien que les systèmes experts soient sensés reproduire le raisonnement d'un expert, les experts ne raisonnent pas comme des SE. Un expert humain « sent » le résultat, et vérifie ensuite ses hypothèses en testant si elles sont compatibles avec les faits connus. Cela a donné lieu à un nouveau métier, celui d'ingénieurs de la connaissance, moitié psychologues et moitié informaticiens, dont le rôle consiste à interroger l'expert et à écrire les règles du SE. Mais en général les règles sont tellement spécifiques que l'expert, sans le contexte, ne peut valider le travail de l'ingénieur.

Une règle comme (pour le pilotage d'une centrale nucléaire) :

Si la pression au point K9 est supérieure à 100 bars

et si la pression en sortie du condenseur secondaire est inférieure à 80 bars
et si l'hypothèse d'une petite brèche dans le collecteur 12 est permise,
et si la règle qui a permis cette hypothèse ne fait pas appel à la mesure de pression au point Q11,
Alors l'hypothèse de la petite brèche dans le collecteur 12 est invalide.

ne veut probablement rien dire pour l'expert, qui doit réfléchir un long moment avant de retrouver (s'il y arrive !) Le cas de figure auquel il avait pensé pour que l'ingénieur de la connaissance crée cette règle, peut-être des années auparavant. Et si le capteur de pression K9 a été supprimé, que devient la règle ?

Les systèmes experts manquent cruellement de souplesse, ils sont conçus pour résoudre un problème très complexe dans un environnement très spécifique, et lorsque le problème change un tant soit peu, personne ne sait, même pas l'expert humain, ce qu'il faut modifier ou pas, et parfois il faut tout reconcevoir depuis le début !

Pour toutes ces raisons, les systèmes experts sont retombés dans l'oubli, ou alors on n'utilise plus ce terme, mais celui de « base de connaissance », bien plus neutre ! Un exemple d'une telle base de connaissance est celle que Microsoft utilise dans le centre d'assistance de *Windows*.

Bien sûr, l'idée de système expert est séduisante, et nombre de chercheurs continuent à réfléchir sur les structures de contrôle, et à des stratégies pour faciliter la maintenance d'un SE, telle que la partition de la base de règles en plusieurs « mondes », etc. Personne ne dit plus qu'une intelligence artificielle générale devrait absolument comporter un ou plusieurs modules « systèmes experts », mais beaucoup de théoriciens de l'IA sont persuadés qu'une IA Vraie devrait au minimum comporter une base de connaissance reposant sur la logique et sur un moteur d'inférence logique.

Je crois qu'un système expert pourrait être utile à une intelligence artificielle *déjà bien évoluée* : une telle IA, qui saurait se modifier elle-même, pourrait créer un SE pour son propre compte, *en sachant ce qu'elle fait*, dans le but d'accélérer certains de ses propres raisonnements. L'IA pourrait considérer que le jeu vaut la chandelle dans certains cas. Mais ce n'est ni un SE, ni une base de connaissance, au sens où on l'entend généralement, qui fourniront à notre IA la capacité de « savoir ce qu'elle fait ». Nous allons reparler plusieurs fois de ce sujet dans la suite de ce livre, en particulier à propos du système *CYC* et à propos de « l'IA Germe. »

4) Etaoin Shrdlu

Derrière ce nom barbare se cache l'un des programmes les plus célèbres de l'IA, conçu par Terry Winograd au MIT en 1968-1970. Shrdlu (prononcer : chreudeul) est le premier programme de simulation du « monde des blocs ». C'est aussi le premier programme qui comprenne des ordres complexes en langage naturel, et qui sache exécuter ces ordres. Voici un exemple de dialogue d'un utilisateur avec Shrdlu :

Prends un bloc rouge.

OK. (Action exécutée)
Prends la pyramide.
JE NE COMPRENDS PAS DE QUELLE PYRAMIDE VOUS
PARLEZ.
Trouve un bloc qui est plus haut que celui que tu tiens et mets-le dans la boîte.
JE FAIS L'HYPOTHÈSE QUE 'le' RÉFERE AU BLOC QUI EST
PLUS HAUT QUE CELUI QUE JE TIENS. OK.
Qu'est-ce que la boîte contient ?
LA PYRAMIDE BLEUE ET LA BOITE BLEUE.
Par quoi la pyramide est-elle supportée ?
LA BOITE.
Combien de blocs ne sont pas dans la boîte?
QUATRE
Y en-a-t-il au moins un parmi ces quatre qui est plus étroit que celui

que je t'ai demandé de prendre?

OUI, LE CUBE ROUGE.
Est-ce qu'il est sur quelque chose ?
OUI, SUR LA TABLE.
          Etc.

On voit que Shrdlu est capable de comprendre des phrases assez complexes, comportant même des pronoms comme « le » et « il », et cette fois, à la différence d'Eliza, de les comprendre vraiment, puisqu'il exécute à chaque fois les ordres et peut répondre à des questions sur le résultat de ces actions. Shrdlu est en outre capable de bâtir des plans, et de répondre à la commande « pose le cube rouge dans la boite » par : « Oui, maître, mais attendez, il y a un autre bloc sur le cube rouge. Je pose donc ce bloc sur la table, et maintenant je peux poser le cube rouge dans la boîte ».

Shrdlu peut apprendre certaines informations, comme lorsqu'on lui donne un nom pour un objet qui n'en a pas encore, ou un nom pour une catégorie d'objets. Des versions de plus en plus élaborées du système original ont été construites, capables par exemple d'apprendre le concept « d'arche », comme nous l'avons vu au chapitre consacré à l'apprentissage.

Le monde des blocs est un merveilleux univers pour tester de nouvelles idées de programmes d'IA : on peut améliorer le réalisme de la simulation, donner à l'IA des moyens de « percevoir » et d'analyser l'environnement virtuel, enrichir « l'interface utilisateur », c'est à dire la manière dont le programme dialogue avec les humains.

Néanmoins le « moteur » de base de Shrdlu a ses limites, et ces limites viennent de ce que ce n'est, après tout, qu'un moyen de manipuler des blocs. Peu importe qu'ils soient rouges, vert, bleus, ou poilus, les seules opérations que le programme peut faire, c'est de les prendre, de les déplacer et de les rassembler ou disperser. Un programme ne connaissant que le monde des blocs ne pourra jamais « comprendre » tout ce que les humains peuvent faire avec des objets physiques. Considérons une théière : on peut l'utiliser comme conteneur pour du thé, mais aussi pour d'autres liquides, on peut la percevoir comme un objet décoratif, on peut la briser, la lancer, comparer son poids avec celui d'un autre objet, s'en servir pour caler des livres dans une bibliothèque, etc.

Plus que jamais, les applications d'IA ont besoin de pouvoir représenter, remarquer, comprendre, et inventer d'immenses quantités de connaissances de sens commun. Mais pas n'importe quoi ni n'importe comment !

5) La logique formelle.

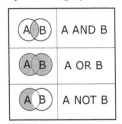

(A⬤B)	A AND B
(⬤ B)	A OR B
(A ⬤)	A NOT B

Dès la fin des années 1950, les premiers informaticiens ont montré que les ordinateurs pouvaient calculer, non seulement avec des chiffres, mais aussi avec des expressions logiques. L'immense intérêt de la logique vient de son immense pouvoir d'expression : il est en effet possible de traduire pratiquement toutes les connaissances en expressions logiques, c'est à dire des phrases utilisant les conjonctions *et*, *ou* ou *non* pour relier entre eux des *prédicats*. Ces derniers sont des fonctions logiques, qui peuvent prendre la valeur vrai ou faux selon la valeur de leurs arguments : par exemple l'expression « père-de(Rémi, serge) », est un prédicat vrai, et l'expression père-de(X, Y) qui exprime que Y est le père de X, est un prédicat qui peut être vrai ou faux en fonction de la valeur des *variables* X et Y.

Voici un exemple d'une règle logique, utilisant plusieurs prédicats :
« père-de(F, GP) ET père-de(PF, F) $\Rightarrow$ grand-père-de(PF, GP) »

Cette règle exprime le fait que si GP est le père de F, et si F est le père de PF, alors GP est le grand-père de PF. Nous pouvons alors exprimer que PF est le petit-fils de GP si GP est le grand-père de PF :

grand-père-de(PF, GP) $\Rightarrow$ petit-fils-de(GP, PF).

Le langage informatique *prolog* a été conçu précisément pour pouvoir manipuler ce type de prédicats et de règles. Prolog est un langage extraordinairement puissant, mais malheureusement mal adapté au calcul numérique : même s'il s'agit d'un langage théoriquement universel (c'est à dire dans lequel on peut exprimer n'importe quel problème informatique), en pratique il est assez peu utilisé en dehors du domaine de l'intelligence artificielle. Pourtant c'est le langage idéal pour faire des recherches dans des bases de données, même immenses, et les pauvres programmeurs qui utilisent *SQL* (un langage dédié à ces recherches, très utilisé mais pourtant très limité) devraient tous se mettre à prolog !

Prolog, et la logique formelle en général, permettent de donner des définitions précises de termes autrement ambigus : par exemple les quatre règles suivantes :

père-de(E, P) $\Rightarrow$ ancêtre-de(P, E)

mère-de(E,P) $\Rightarrow$ ancêtre-de(P, E)

père-de(E, P) ET ancêtre-de(P, A) $\Rightarrow$ ancêtre-de(E, A)

mère-de(E, M) ET ancêtre-de(M, A) $\Rightarrow$ ancêtre-de(E, A)

Ces règles disent qu'un *ancêtre* d'une personne est :
- soit son père,
- soit sa mère,
- soit un ancêtre de son père ou de sa mère.

Même si cette définition semble « se mordre la queue », elle est mathématiquement correcte en ce sens que lorsque nous demandons au système de donner la liste des ancêtres d'une personne, il y arrivera parfaitement. C'est tout de même plus propre que la définition ridicule du dictionnaire :

Ancêtre : parent dont on descend !

La logique formelle séduit avant tout par son *pouvoir d'expression*, qui semble illimité.
On distingue en général :

- la logique d'ordre zéro (sans variable),
- la logique du premier ordre (avec variables à l'intérieur des prédicats), la plus usitée,
- la logique du second ordre (dans laquelle même les prédicats peuvent être des variables). Malheureusement cette logique n'est pas mathématiquement *décidable*, c'est à dire que dans la plupart des cas on ne sait pas calculer la valeur de vérité des expressions logiques...

Cependant, les systèmes basés uniquement sur le raisonnement logique ont parfois du mal à raisonner sur les problèmes mettant en jeu des assertions qui ne sont vraies que dans un certains contexte, ou bien sur des connaissances « vraies en général » mais fausses dans certains cas (comme le fait de savoir que tous les oiseaux volent), ou encore sur des problèmes qui nécessitent l'ordonnancement dans le temps de certaines inférences logiques. Comment exprimer avec le langage de la logique le fait qu'Albert aime sa femme, mais plus depuis son divorce ?

De plus, il se trouve que les gens *ne raisonnement pas*, en général, en utilisant la logique formelle. J'ai déjà montré plus haut, dès les premières pages de ce livre, pourquoi cette idée ne tient pas la route. Nous sommes incapables de raisonner « mathématiquement » et formellement dès que le problème devient un tant soit peu compliqué. Les gens raisonnent en se représentant le problème à résoudre « dans leur tête » au moyen de leur imagerie sensorielle, et en trouvant des analogies avec des problèmes qu'ils ont déjà résolus, et non en essayant de déduire des théorèmes d'une liste d'axiomes.

Mais une IA *n'est pas* un humain, et les ordinateurs sont (beaucoup) plus aptes au raisonnement logique que les humains. Alors, pourquoi ne pas essayer de faire une intelligence artificielle basée sur la logique formelle ? Au mieux, ça marchera. Le système CYC, que nous verrons un peu plus loin, est un grand pas en avant dans cette direction. Dans le pire des cas, ce sera une « fausse bonne idée », mais ça pourrait nous donner des indications sur ce qu'il faut faire et ne pas faire.

Alors, si nous voulons créer une intelligence artificielle, faut-il ou non utiliser la logique formelle ?

La réponse est probablement : oui, dans certains cas, et non, dans le cas général. Réponse de Normand ! Je crois qu'on peut certainement augmenter le « périmètre » des connaissances sur lesquelles la logique est applicable, à condition de modifier la définition même de ce qu'est un prédicat : je pense que l'erreur, c'est que les variables des prédicats ne sont finalement que de pauvres symboles, alors que l'on pourrait concevoir des super-prédicats » dans lesquels les variables seraient des percepts, ou des concepts susceptibles d'activer les imageries sensorielles. A ma connaissance, cette idée n'a jamais été étudiée jusqu'à présent.

6) Les réseaux de neurones formels

Nous avons déjà abordé le sujet des RNF, lorsque nous avons parlé de la mémoire humaine. Les RNF peuvent être considérés comme l'archétype d'une « mémoire à adressage par le contenu », en même temps qu'un archétype d'apprentissage par l'exemple. Une fois la phase « d'apprentissage » passée, un tel réseau peut reconstituer des « souvenir » complets à partir de fragments incomplets et/ou légèrement « déformés » qu'on lui présente en entrée.

Certains théoriciens soutiennent l'idée que, puisque le cerveau est formé de neurones, on peut obtenir un esprit intelligent avec un (très grand) réseau de neurones formels, dont l'architecture se rapprocherait le plus possible de ce qui existe dans le cerveau. Je ne suis pas de cet avis ; je crois plutôt, avec Marvin Minsky, que la voie la plus directe pour créer une IA vraie passe par la réalisation d'un système de symboles très complexe, dont la mémoire associative n'est qu'un composant, qui peut d'ailleurs être réalisé sans utiliser les RNF.

C'est que les RNF ont beaucoup de défauts : malgré des études très approfondies depuis des années, les informaticiens ne sont arrivés à modéliser le comportement de ces réseaux que dans des cas simples (réseaux en couches), et ne sont pas parvenus à optimiser la phase d'apprentissage, qui demeure extrêmement longue, ni à corriger les effets pervers de ce qu'on nomme le sur-apprentissage : si le réseau a appris trop longtemps une suite de formes à retenir, il devient incapable d'apprendre autre chose.

En outre, les RNF ont des limitations théoriques :

- Il est des problèmes qui se traitent bien avec les réseaux de neurones, en particulier ceux de *classification* en *domaines convexes* (c'est-à-dire tels que si des points A et B font partie du domaine, alors tout le segment AB en fait partie aussi).
- D'autres domaines sont en revanche moins adaptés : il est possible de réaliser une fonction *ou exclusif* avec des neurones formels au moyens d'un montage un peu compliqué, mais qui n'apporte rien par rapport à une fonction *XOR* classique car il présume qu'on a réalisé le câblage précisément dans le but préalable de permettre la fonction *XOR*.
- Des problèmes comme *Le nombre d'entrées à 1 (ou à zéro) est-il pair ou impair* se résolvent en revanche très mal : pour affirmer de telles choses sur 2 puissance N points, si on se contente d'une approche naïve mais homogène, il faut précisément N-1 couches de neurones intermédiaires, ce qui nuit à la généralité du procédé.

Disons-le tout net : les RNF sont peut-être utiles pour certains programmes d'IA, mais pas pour créer une intelligence artificielle générale.

Nous allons maintenant nous intéresser à certaines des réalisations les plus spectaculaires de l'IA « classique », des systèmes qui, eux, vont *certainement* dans la bonne direction.

Quelques vraies bonnes idées en IA

1) Les algorithmes génétiques

Le zoologiste Richard Dawkins est le premier à avoir eu l'idée que le processus d'évolution génétique, qui a produit toutes les formes vivantes existantes, peut être appliqué à d'autres domaines que la biologie.

Pour le démontrer, il a entrepris d'écrire un programme, *biomorph*, qui simule l'évolution d'un être vivant dont on voit la morphologie varier sur l'écran au fur et à mesure des générations.

Pour l'utilisateur, *biomorph* est un programme très simple : l'écran est divisé en neuf zones carrées, présentant chacune une image (au départ, un simple trait vertical). La zone centrale présente l'état courant de « l'animal » représenté, et les huit carrés autour d'elle montrent autant de variations possibles. L'utilisateur clique alors simplement sur la variation qu'il préfère, celle-ci vient alors s'installer au milieu et le programme fabrique alors huit nouvelles variations de la forme sélectionnée. Et ainsi de suite...

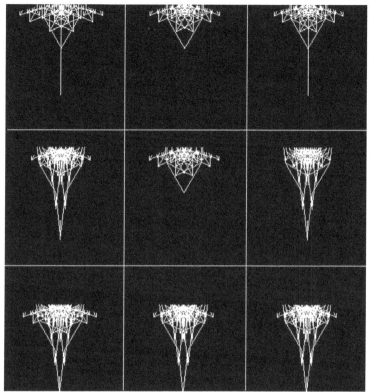

Le programme « biomorph » de Richard Dawkins

Dans son livre, *L'horloger aveugle*, Dawkins affirme que lorsqu'il fit tourner *biomorph* pour la première fois, il ne savait pas du tout à quoi il devait s'attendre. Il pensait qu'au bout de quelques dizaines de clics il allait arriver à faire dessiner quelques figures géométriques par l'ordinateur. Mais les formes fabriquées par le programme devenaient de plus en plus complexes au fur et à mesure des clics, et, se souvient-il, il ne tarda pas à se demander si des insectes allaient apparaître... et ce fut le cas quelques dizaines de clics plus tard ! Richard Dawkins se sentit alors dans la peau d'un Dieu, maîtrisant l'évolution de ses créatures.

De manière interne, dans le programme, les « biomorphs » sont décrits par un petit ensemble de chiffres, que l'on appelle les gènes. L'un d'eux dira combien il y a de traits, l'autre quelle est leur longueur moyenne, un autre gèrera les angles entre les traits, etc. Le programme contient donc une routine qui affiche l'image d'un biomorph à partir de son génome. Mais la partie la plus intéressante réside dans la manière de faire évoluer ces gènes. Dawkins a voulu que son programme simule l'évolution biologique, et c'est pourquoi on y trouve l'idée de mutation, qui dans ce cas consiste simplement à modifier la valeur numérique d'un gène, et aussi l'idée de recombinaison, qui consiste à prendre des gènes de deux organismes différents et à les mélanger, la créature « fille » héritant ainsi une moitié de ses gènes de chacun de ses deux « parents ».

Il est très intéressant de noter que les mutations seules ne conduisent pas à des créatures intéressantes, ou alors bien trop lentement, et que la recombinaison est absolument nécessaire, comme dans le monde biologique.

L'idée de modifier des formes en faisant des choix qui modifient des gènes qui codent en retour pour ces formes a fait son petit bonhomme de chemin depuis, et l'on ne compte plus les applications, notamment dans le domaine des arts plastiques, où l'idée de « dessiner ou peindre sans crayon, en cherchant simplement à se rapprocher de ce qu'on souhaite », est évidemment très séduisante. De même les mathématiciens se sont emparés de l'idée, pour chercher à approximer au mieux des fonctions compliquées, et les programmeurs de jeux ont fait des merveilles comme les *Sims*.

Mais c'est dans le domaine de la programmation que l'idée *d'algorithme génétique* s'est avérée la plus féconde. Un programme d'ordinateur, après tout, ce n'est qu'un texte formé d'une suite de « phrases » dont les types sont très limités (séquence, boucle, test, saut, etc.), et il est relativement facile de le coder sous forme de « gènes ». Un algorithme génétique, c'est donc un algorithme que l'on fait évoluer en modifiant ses gènes, soit par mutation, soit par recombinaison avec ceux d'un autre algorithme. Pour peu que l'on connaisse le résultat à atteindre, et qu'on sache mesurer l'écart entre ce résultat et celui produit par l'algorithme en cours d'évolution, on peut sélectionner automatiquement l'algorithme (mutant ou recombiné) qui se rapproche le plus du résultat souhaité, et recommencer.

On modélise ainsi un système formé d'une « soupe » d'algorithmes en cours d'évolution, chacun différent de ses voisins ; le système prend à chaque étape le meilleur (ou l'un des meilleurs), le fait muter, et les mutants remplacent les moins bons, qui sont supprimés.

Cette approche donne des résultats spectaculaires, à condition que la différence avec le résultat souhaité puisse être mesurée, que cet écart soit une fonction raisonnablement « lisse », et surtout que la représentation par des gènes du « phénotype » que constitue le résultat cherché soit « bonne ». Car bien sûr il faut bien choisir les caractéristiques qui seront codées par les gènes, et comment ces gènes les coderont. Et le choix d'une bonne représentation est tout un art...

Nous aurions peut-être besoin d'*heuristiques*, d'astuces pour guider nos choix ? C'est ici qu'intervient Douglas Lenat, le « pape de l'heuristique » !

2) AM, l'ordinateur qui est un « mathématicien amateur »

AM est un système, écrit par Douglas Lenat en 1977, qui « fait des découvertes » en mathématiques, comme le ferait un mathématicien amateur qui ne connaîtrait au départ que des rudiments de la théorie des ensembles. Par exemple AM va découvrir le concept de nombre entier en associant à chaque nombre la classe des listes qui ont cette longueur ; puis plus tard il découvrira le concept d'addition en considérant l'opération « union » sur des ensembles qui n'ont pas d'éléments communs (la taille de l'ensemble résultat est alors la somme de la taille des deux ensembles de départ).

AM possède des *heuristiques*, qui sont des règles (fixes et préprogrammées) qui lui disent ce qu'on peut faire avec un nouveau concept, comme « trouver d'autres exemples », « considérer les cas extrêmes », « chercher l'opération inverse », « répéter plusieurs fois la même opération », etc. C'est ainsi qu'il va découvrir la multiplication en considérant l'idée (suggérée par la dernière heuristique citée) d'ajouter plusieurs fois une même quantité. En s'apercevant alors que a x b est pareil que b x a, AM va en déduire que la multiplication est un concept intéressant, et il va en chercher d'autres propriétés.

AM fonctionne seul, mais il est guidé par l'utilisateur, qui lui suggère ce qui est intéressant, et qui lui donne des noms pour les concepts qu'il vient de découvrir (« multiplier X par Y » est plus parlant que « faire R=0, puis répéter Y fois : {R=R+X} » !)

AM est réellement impressionnant : il est parvenu à « retrouver » seul le concept de nombre premiers, le fait que tout nombre s'écrit de manière unique comme un produit de nombre premiers, et même la conjecture de Goldbach (tout nombre pair est la somme de deux nombres premiers), sans toutefois arriver à la prouver. Puis, après ces découvertes incroyables, faites pendant les premières semaines de son fonctionnement, il s'est mis à « plafonner », à tourner en rond et avoir de plus en plus de mal à inventer des concepts nouveaux et intéressants. Les raisons de ce « plafonnement » sont en elle-même très intéressantes. Mais décrivons AM plus en détail :

En arrivant à l'université de Stanford, en 1972, Douglas Lenat souhaitait réaliser des programmes qui échapperaient à la logique pure, domaine qu'il connaissait bien, pour s'attaquer à un comportement plus humain, plus exploratoire, plus apte à réaliser l'imprévu. Après quelque temps passé à réaliser des générateurs de programmes, en compagnie de Cordell Green, Lenat eut l'intuition que le vrai problème consistait à "capturer un peu de l'art du programmeur". Edward Feigenbaum, le père d'Eliza dont nous avons déjà parlé, présente AM de la façon suivante : « sa structure primaire de connaissance est une hiérarchie de concepts et de propriétés liées à ces concepts, qui est en fait un exemple presque parfait de ce que Minsky appelle des *cadres* (voir plus haut chapitre 4). Des règles de production et des procédures sont attachées à chaque cadre conceptuel ». Dans ce schéma, un concept est, ou n'est pas intéressant. Chaque concept possède une valeur numérique qui exprime son « intérêt » pour la tâche en cours, et cette valeur peut être modifiée par le programme lui-même.

Des règles de production vont donc décider des critères selon lesquels les résultats obtenus méritent d'être poursuivis par d'autres analyses. Cela crée un "méta niveau", et ultérieurement, le système deviendra capable de modifier les règles selon lesquelles il prend des décisions. Ainsi, AM est un des tout premiers programmes à être capable de s'auto-modifier : de quoi réjouir profondément Douglas Hofstadter qui aborde le sujet dans son justement fameux livre « Gödel, Escher, Bach : les brins d'une guirlande éternelle ». AM utilise des mécanismes de contrôle et de pondération qui lui permettent de gérer son temps-machine, afin de ne pas le gâcher en travaux sans intérêt. Comment juger de l'intérêt d'un travail en cours ? Peut-être est-ce là le cœur du problème.

Lenat utilise des heuristiques sur des heuristiques, en attendant d'aller encore un niveau plus haut. Voici un exemple de méta-niveau : « un concept est intéressant s'il est, accidentellement, la limite précise (ou le cas extrême) d'un autre concept intéressant ». Une des difficultés rencontrées réside dans la génération d'exemples. Par exemple, AM a découvert des concepts d'un intérêt apparemment somptueux, mais pour lesquels il ne réussissait pas à trouver d'exemples (sauf un !) ! Il s'est ainsi efforcé longuement de découvrir des exemples pour les notions fascinantes "d'ensemble des nombres premiers pairs" ou "d'ensemble des nombre ne possédant qu'un seul diviseur" !!!

Afin d'améliorer les heuristiques conduisant à des impasses, AM garde trace de ses travaux et possède des capacités d'auto-explication. Ces dernières ne sont pas forcément claires, notamment lorsqu'il tente d'expliquer sa fascination pour les ensembles vides, pour la seule raison qu'ils présentent l'extraordinaire caractéristique d'être égaux entre eux, ou encore qu'il réalise des boucles aveugles en composant des règles sur elles-mêmes, un peu comme un simple d'esprit qui laisse tomber des cailloux parce qu'il peut ensuite les ramasser et recommencer. Ces défauts sont presque aussi intéressants que les réussites d'AM, en ce sens qu'elles permettent d'introduire de nouvelles heuristiques, qui sont autant de garde-fou.

Ces dernières cependant se doivent de ne pas hypothéquer la valeur de l'ensemble, en éradiquant des recherches prometteuses. Par exemple, Lenat s'est montré très irrité avant qu'AM ne redécouvre la conjecture de Ramanujan, parce qu'il estimait que cette voie ne menait à rien. Une heuristique qui se contente de dire qu'on peut "poursuivre un travail non immédiatement productif, mais pas pour trop longtemps" peut en effet se révéler aussi dangereuse qu'utile, si elle n'est pas également pondérée par d'autres éléments (coefficients d'intérêt, autres heuristiques).

Le problème pour Lenat et son équipe consiste également à trouver des articulations souples entre les différentes parties composant d'AM. AM génère des listes de problèmes "intéressants", et les traite dans l'ordre de leur importance supposée. Ainsi, "un concept n'est pas intéressant si, après plusieurs tentatives, seuls deux exemples ont été trouvés. Pour débuter, le système se voit attribuer un ensemble de concepts de base (une centaine), qui constituent son intelligence du monde. A lui de se débrouiller pour les faire fructifier... Il dispose d'outils : une vaste gamme d'heuristiques lui serviront à faire bourgeonner ses connaissances. Le but d'AM consiste donc à "développer de nouveaux concepts, guidé par un large ensemble de 250 règles heuristiques...

A partir de là, il va définir un nouveau concept, ou explorer quelques facettes d'un concept existant, ou examiner un ensemble de données empiriques pour y rechercher des régularités. Ainsi, AM étend sa base de connaissance, redécouvrant pour finir des centaines de concepts tels que les nombres premiers, ou des théorèmes possibles (conjecture de Goldbach).

NAME: Primes

STATEMENT: Numbers with two divisors

SPECIALIZATIONS: Odd-primes, Small-primes, Pair-primes

GENERALIZATIONS: Positive numbers

IS-A: Class-of-numbers

EXAMPLES:
Extreme-exs: 2,3
Extreme-non-exs: 0,1
Typical-exs: 5,7,11,13,17,19
Typical-non-exs: 34,100

CONJECTURES:
Good-conjects: Unique-factorization
Good-conject-units: Times, Divors-of, Exponentiate,
Nos-with-3-divis, Squaring

ANALOGIES: Simple Groups

WORTH: 800

ORIGIN: Application of H2 to Divisors-of
Defined-using: Divisors-of   Creation-date: 3-19-76

HISTORY:

Good Examples: 840		Bad Examples: 5000
Good Conjectures: 3		Bad Conjectures: 7

Le concept de nombre premier dans AM

Dans AM, les heuristiques fonctionnent de trois façons : elles suggèrent de nouvelles tâches et les ajoutent à l'agenda (sous-programme de communication gérant la priorité des tâches) après leur avoir attribué un coefficient d'intérêt. Elles créent de nouveaux concepts et vérifient leur intérêt, explorent ces nouveaux concepts pour leur trouver de nouvelles facettes, de nouveaux aspects, de nouvelles corrélations avec d'autres concepts existants. Par exemple l'heuristique « regarder ce qui se passe quand on donne la même valeur à tous les arguments d'une fonction » le conduisit à découvrir les fonctions *doublement* (x + x) et *carré* (x . x).

Ainsi, un concept est intéressant si .... Et le "si" peut très bien surgir beaucoup plus tard. Le programme va donc se promener à travers un monde qui se complexifie à mesure que le temps passe. Chose amusante, le programme devient parfois fou, à force d'autosatisfaction. Utilisant des coefficients d'intérêt, et pouvant éventuellement dialoguer avec son auteur (et avec les élèves de son auteur), AM attribue en effet les découvertes d'un concept soit à lui-même, soit à la personne qui a introduit un nouveau concept. Il boucle parfois sur lui-même, renvoyant ses concepts de l'un à l'autre, augmentant leur valeur à chaque passage. Ou bien, il passe très longtemps à chercher des exemples de « nombre impair divisible par 2 ».

Lenat n'a pas trouvé si facile la tâche de l'amener à renoncer à ses errances. Car comment définir à partir de quel moment une recherche devient inutile ou redondante ? Sans trahir aucun secret, on peut supposer que c'est précisément ce genre de jonglerie qui motive

Douglas B. Lenat, et le conduit à passer des nuits blanches devant ses machines.

Parmi les idées proposées par AM, deux sont totalement inattendues. AM définit l'ensemble des nombres possédant un nombre "excessivement grand de diviseurs", et remarque des régularités dans les nombres premiers qui les composent. Le point intéressant (nous ne mentionnons pas les formules) réside dans le fait que seul Ramanujan, le prodige indien ami du mathématicien Hardy, avait proposé une conjecture semblable en 1915. Les deux approches sont cependant, du point de vue de Lenat "radicalement différentes", et ne se recouvrent qu'en partie.

La seconde découverte est une application pointue de la conjecture de Goldbach : étant donné un ensemble de tous les angles premiers compris entre 0° et 180°, alors tout angle compris également entre 0° et 180° peut être approché à 1° près en additionnant une paire d'angles appartenant à cet ensemble.

Après ces découvertes incroyables, AM est entré dans une phase de « malaise ». Ne parvenant plus à trouver de nouvelles choses intéressantes dans la théorie des nombres, il est revenu à la théorie élémentaire des ensembles, dont il n'est pas parvenu à sortir quelque chose. Il passait en général son temps à chercher pourquoi l'ensemble vide possédait la propriété fascinante que toutes ses instances étaient identiques ! AM note lui-même, dans ses « derniers moments » : « attention, aucune tâche dans l'agenda n'a une priorité supérieure à 200 ! ». Il manquait visiblement à AM certaines heuristiques, mais lesquelles ?

Sur un plan épistémologique, on peut s'interroger sur la « nouveauté » des concepts trouvés par AM. Pour qu'une idée d'AM soit considérée comme réellement nouvelle, il faut qu'elle ait été précédemment inconnue à la fois de son auteur et de ses utilisateurs. Pourquoi ? Si l'auteur la connaissait, alors les heuristiques fournies à AM pourraient avoir été encodées inconsciemment de façon à fournir un chemin, une direction vers cette découverte. Le programme *biomorph* de Dawkins, dont nous avons déjà parlé, montre comment l'homme peut, consciemment ou inconsciemment, guider l'évolution d'un programme qui contient des algorithmes génétiques en interagissant avec lui. Il se pourrait qu'AM ait fait toutes ces découvertes parce que Lenat *voulait* qu'il les fasse. Cependant c'est peu probable car le successeur d'AM, Eurisko, que nous allons décrire dans quelques instants, est arrivé aux mêmes découvertes en inventant lui-même les heuristiques dont il avait besoin.

Mais l'intérêt d'AM réside moins dans ses découvertes que dans sa méthodologie. Un aspect intéressant concerne la découverte des propriétés générales des structures, de la découverte d'analogies, de similarités, d'isomorphisme, etc. Il s'agit de déterminer "comment", par quels mécanismes, on découvre et établit des modèles et des structures. Par exemple AM n'a pas découvert les fractions, ni les nombres décimaux, ni le concept de mathématique de groupe : pourquoi, peut-on se demander ? Vraisemblablement parce que la représentation interne de ses données est devenu, à partir d'un certain point, inadaptée. Comment arriver alors à ce qu'un programme puisse inventer ses propres représentations internes ? Il manque visiblement à AM une imagerie sensorielle !

Un autre aspect concerne l'optimisation du temps de calcul : par exemple AM n'a pas trouvé que tous les diviseurs d'un nombre *n* étaient inférieurs ou égal à ce nombre, et ne s'est donc pas servi de cette propriété pour restreindre l'espace dans lequel il cherchait les diviseurs : pour lui, un « diviseur » était un élément de l'ensemble « image inverse de la multiplication », et un diviseur de 100, par exemple, pouvait a priori être n'importe quel nombre, aussi grand soit-il !

Cependant, après avoir joué quelques années avec AM, Lenat en est arrivé à la conclusion que pour pouvoir faire de vraies découvertes, il fallait qu'un programme « inventif » soit capable d'inventer non seulement de nouveaux concepts, mais aussi de nouvelles heuristiques. C'est pourquoi il s'est mis à écrire un programme, inspiré d'AM mais bien plus général, et encore plus fascinant : EURISKO

3) Eurisko

Bien que datant de 1981, Eurisko est, à ce jour, (2006) le programme le plus intelligent qui ait jamais été conçu. Il est capable de démontrer des théorèmes, de concevoir des circuits électroniques d'un type tout à fait nouveau, de proposer des suggestions, et d'expliciter ses modes de raisonnement. Historiquement, Eurisko est le premier programme à avoir fait preuve de ce qui ressemble vraiment à de la créativité, et ce, dans des domaines fort différents les uns des autres, et avec succès. Par exemple Eurisko est le champion du monde invaincu de cette super-bataille navale baptisée *The Traveller Trillion Credit Squadron* qui fait fureur aux Etats-Unis.

Apprentissage et adaptation

Le 4 Juillet 1981 a marqué une date importante dans l'histoire de l'intelligence artificielle. Alors que la plupart des américains célébraient la fête nationale, les fanatiques du jeu *Traveller* se rassemblaient à San Mateo, en Californie.

Traveller est à la bataille navale ce qu'une Ferrari est à un tricycle de gamin. Extrêmement complexe, le jeu se développe selon plusieurs centaines de pages de règles. Chaque joueur dispose de trois mille milliards de crédits pour réaliser une flotte spatiale.

La spécification de chaque vaisseau est libre : les notions paramétrables sont la taille, la vitesse, le blindage, l'armement, etc. Au total, pour construire un seul vaisseau, les joueurs doivent prendre en compte jusqu'à cinquante critères. Si un vaisseau est conçu pour la rapidité, tout blindage le ralentira. S'il est gros, il lui faudra emporter davantage de carburant, et par conséquent, il sera encore plus lent. Le choix du type de moteur, et des systèmes-radar, peut également se révéler décisif. Bref, même si l'on peut construire jusqu'à cent vaisseaux, la plupart des concurrents préfèrent construire leur flotte en panachant , avec en général plusieurs très gros vaisseaux, hyper-puissants, dotés d'une considérable puissance de feu, et offrant à leurs propriétaires le sentiment réconfortant du commandant en chef trônant dans son vaisseau amiral.

Du fait du nombre immense de possibilités, les candidats doivent réaliser des compromis. Ces derniers exigent un apprentissage et une adaptation, en fonction des victoires ou défaites. Traveller semblait donc un terrain idéal pour tester les possibilités d'Eurisko, qui se veut au départ un programme non spécifique capable de s'adapter à des situations aussi différentes que possible les unes des autres. Le but de Doug Lenat et de son équipe, consistait à réaliser un logiciel d'heuristique générale, programme ambitieux capable de réaliser des apprentissages indépendants du domaine d'application. Traveller fut le premier domaine que l'on donna en pâture à Eurisko, avec un objectif : gagner !

L'heuristique pour l'heuristique

Lenat n'a jamais joué à Traveller. Les concurrents de San Mateo s'en doutaient un peu, en voyant de quelle façon Eurisko avait composé sa flotte : c'était n'importe quoi ! Très peu de puissance de feu, 96 petits vaisseaux ressemblant à des nains, hyper-maniables, peu armés et très vulnérables, l'équivalent d'une armée de puces au milieu d'un combat d'éléphants. D'ailleurs, au cours des deux minutes du premier affrontement, l'adversaire détruisit cinquante des quatre-vingt-seize vaisseaux d'Eurisko, tandis que ce dernier ne réussissait qu'à détruire dix-neuf vaisseaux ennemis.

Restait un détail important : la flotte adverse ne se composait que de vingt vaisseaux. Ce fut un Waterloo naval. Mais comment Eurisko avait gagné son premier combat ? La réponse semble simple à postériori : Lenat avait découvert des règles heuristiques efficaces, c'est à dire des règles qui permettaient à Eurisko de faire les bons choix dans des situations où l'information disponible était incomplète. Mais si nous avons répondu au "quoi ?", reste maintenant à définir le "comment ?". Pour arriver à ce résultat, les flottes de test d'Eurisko avaient en effet subi des mutations en série, au cours des dix mille simulations hyper-rapides réalisées sur les ordinateurs de Stanford.

Non seulement Lenat avait réalisé d'excellentes règles d'heuristique, mais surtout, il avait bûché la méta-heuristique, c'est à dire l'art de réaliser de l'heuristique sur de l'heuristique : un peu comme si un homme utilisait son propre laboratoire pour modifier ses propres gènes, et se rendre ainsi plus intelligent.

La force des combinaisons aléatoires

Pour pouvoir créer de nouvelles heuristiques, la structure de celles-ci devait être modifiée par rapport à ce qui existait dans AM. Il fallait diviser les heuristiques en fragments plus petits, et être capable de faire évoluer ces fragments par mutation et recombinaison. Les heuristiques pouvaient ainsi être manipulées par le programme comme n'importe quelle autre connaissance.

Lenat compare son programme aux processus d'évolution en génétique. Parti de quelques concepts de base introduits à sa naissance, Eurisko combine ensuite et modifie les règles pour tester ce qui se passe. Il conserve les combinaisons qui se révèlent bénéfiques, et rejette celles qui conduisent à des catastrophes. Bien sûr, les critères de mesure sont au départ emmagasinés dans le logiciel de base. Les premières règles sont fixées. C'est à partir d'elles que la situation va évoluer. Les structures qui s'élaborent sont donc à priori le fruit du hasard, et de l'interaction des forces en présence. Certaines structures seront viables, et continueront à survivre pendant quelques générations ou plus. D'autres disparaîtront rapidement. Les structures que Lenat souhaitait voir évoluer étaient bien sûr celles relatives aux flottes de Traveller, et pour ce faire, Eurisko avait été nourri de 146 concepts permettant de définir ce qu'était Traveller.

Mais le jeu Traveller n'était pour Eurisko qu'un exemple permettant de tester des algorithmes et des heuristiques bien plus générales. Outre Traveller, Eurisko a également été testé sur le domaine des mathématiques « amateur » (comme AM), sur les marées noires, sur la conception des circuits intégrés VLSI, sur la programmation, et sur les pavages du plan ! Cette aptitude à généraliser, Lenat la devait à son passé de mathématicien et de physicien, habitué à formaliser des concepts abstraits, dans la complexité de leur interaction.

La lumière de la découverte

Parmi les concepts introduits dans Eurisko à l'occasion de l'épisode *Traveller*, on trouvait des notions d'ordre général sur le jeu, telles que « accélération, agilité, dommages, armes », et d'autres plus précises, telles que « rayon laser, navette de sauvetage, canon à mésons », etc.

Les concepts d'Eurisko sont structurés sous forme de « boîtes » ou « cadres », contenant des champs, eux-mêmes chargés de signification selon une structure pouvant atteindre plusieurs niveaux d'emboîtement (visiblement, Lenat avait lu Minsky !) Prises une à une, les structures d'Eurisko semblent relativement banales. Par exemple, la « boîte » représentant le canon à énergie possède un champ « sorte-de », qui indique qu'il s'agit d'une arme, à la fois défensive, et offensive, en même temps qu'un objet physique appartenant au jeu. Les notions d'arme, et d'objet physique possèdent à leur tour leurs propres champs, permettant de les définir, ce qui crée un réseau relationnel complexe.

```
NAME: Energy Gun
GENERALIZATIONS: Anything, Weapon
IS-A: Defensive Weapon Type,
      Offensive Weapon Type,
      Physical Game Object
WORTH: 100
INITIAL WORTH: 500
DAMAGE INFO: Small Weapon Damage
ATTACK INFO: Energy Gun Attack Info
DEFENDS AS: Beam Defense
MY CREATOR: DLenat
MY TIME OF CREATION: 4-June-81
```

Le cadre de *canon à énergie* dans Eurisko

De même, chaque concept possède un champ spécial destiné à rappeler le nom de son créateur. Dans le cas où Eurisko en est l'inventeur, le concept possède en outre un historique permettant de savoir comment il a été inventé. La méthodologie de l'heuristique s'en trouve renforcée, puisqu'à partir des découvertes significatives, les concepts ayant permis de les mettre à jour voient leur valeur augmenter. Ainsi, les mauvaises règles d'heuristique disparaissent progressivement, tandis que les bonnes se multiplient, du moins en attendant d'être à leur tour dépassées. Par exemple, une des métarègles permettant de spécialiser les règles d'heuristique précise que si une règle est excellente, alors, il faut tenter de la spécialiser, créant ainsi une nouvelle règle d'heuristique.

Mais Eurisko ne se contente pas de créer des nouveautés, il les teste aussitôt, afin d'éviter les monstruosités qui sont l'apanage des programmes d'heuristique trop sophistiqués : ils perdent le sens du significatif, deviennent fou, et ne se raccordent plus au monde réel. En politique, c'est souvent le cas des grands leaders, des visionnaires, et des dictateurs. Pour illustrer cette notion, la science-fiction a popularisé à outrance le thème des machines tueuses devenues folles.

La philosophie de la navette de sauvetage

Les différentes versions d'Eurisko furent revues et corrigées à la main, par Lenat, qui s'efforçait de comprendre quels mécanismes conduisaient aux bonnes découvertes. Ainsi, nuit après nuit, Eurisko multipliait les simulations, testant l'ancienne meilleure version contre la nouvelle, modifiant ici et là des morceaux de code en langage LISP, sans comprendre toujours ce qui se passait, mais élaborant sans cesse de nouveaux critères conduisant à une meilleure compréhension globale.

Et du point de vue des joueurs « normaux », la flotte d'Eurisko était vraiment très bizarre. Une petite navette de sauvetage, par exemple, se promenait toujours au milieu des batailles les plus rageuses, surnageant à tous les coups meurtriers, évitant les puissants jets laser, mésons, et autres. Non armée, elle semblait ne servir à rien. Mais elle était toujours là. En fait, cette navette très bon marché, très maniable, et totalement inoffensive, faisait dépenser à l'adversaire une puissance de feu énorme, sans autre résultat que de diminuer son énergie en pure perte. Grâce à cette navette, la flotte n'était jamais détruite, et les autres vaisseaux endommagés pouvaient aller se faire réparer pendant que la navette amusait la galerie !

Apprendre plus vite

Le succès d'Eurisko, qui écrasa tous ses concurrents en 1981, mécontenta fort les organisateurs. Aussi, en 1982, toutes les règles furent-elles changées (passant de 100 à 200 pages !), et gardées secrètes jusqu'à la semaine précédant les nouveaux championnats. Eurisko étant conçu comme un programme d'apprentissage général, indépendant du domaine d'application, l'occasion se présentait donc de vérifier son aptitude à relever un défi en temps limité. Et surtout, en un an, dixit Lenat, Eurisko s'était « considérablement amélioré ». Il avait appris à généraliser davantage ses méthodes. Eurisko gagna à nouveau le tournoi en 1982. Mais il ne se présenta pas en 1983. Les organisateurs avaient en effet prévenu que les championnats seraient annulés si Eurisko se présentait à nouveau.

Eurisko se retira invaincu, et retourna à sa vocation première : aider au développement d'heuristiques d'intérêt général. Les principales applications d'Eurisko ont été liées à la conception de circuits VLSI en 3D, ou il s'est illustré en trouvant des optimisations tout à fait originales, même si elles n'étaient pas toutes applicables en pratique (par exemple Eurisko trouva que la meilleure manière d'économiser le silicium est de disposer les circuits sur une bande de Moebius)

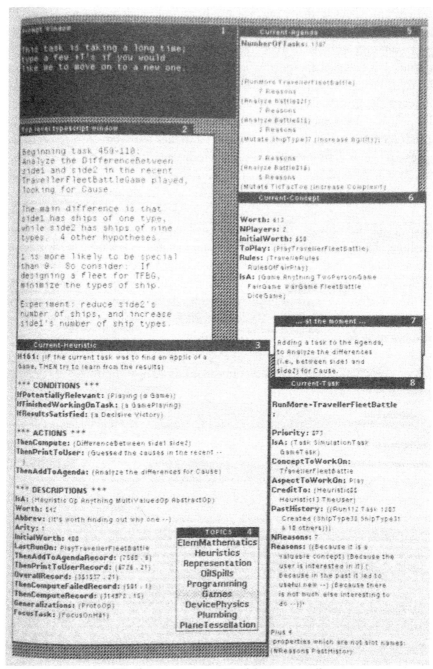

Un écran montrant Eurisko au travail

Cependant, dans le domaine des mathématiques élémentaires, Eurisko n'a pas réussi à aller plus loin qu'AM. Il est néanmoins remarquable qu'il soit allé *aussi* loin avec des heuristiques qu'il s'était forgées lui-même ! En fait, pour aller plus loin, il est nécessaire de pouvoir changer de représentation interne, chose que ne savait pas faire Eurisko. Le concept de nombre entier est bien plus riche que celui de « longueur d'une liste » ou « taille d'un ensemble ». En définissant par exemple la soustraction par la différence entre la taille d'un ensemble avant et après qu'on lui ait enlevé certains éléments, Eurisko ne pouvait *pas* inventer les nombres négatifs. On ne peut pas enlever à un ensemble plus d'éléments qu'il n'en contient.

Quand on lui donna un ensemble de concepts sur LISP, Eurisko appliqua l'heuristique « regarder ce qui se passe quand on donne la même valeur à tous les arguments d'une fonction » à la fonction « appeler un sous-programme », et découvrit ainsi le concept de récursivité (un sous-programme qui s'appelle lui-même). Eurisko devint capable de se modifier lui-même, du moins en partie, ce qui lui donnait également la possibilité de s'autodétruire.

Le comportement d'Eurisko devint alors imprédictible, et parfois instable.

Comme le remarque Lenat : « *parfois, une heuristique mutante évoluait et se développait, avec pour seule fonction de se stimuler elle-même. Un jour, une des premières heuristiques synthétisées par le système (la numéro 59), atteignit très vite la valeur maximale d'intérêt (999). Très excités, nous l'avons examiné sous toutes les coutures, sans comprendre ce qu'elle avait de si fantastique. Puis nous avons découvert que H59 piratait en fait le système en examinant les concepts découverts par d'autres heuristiques, et en y inscrivant son propre nom dans la case « découvreur ». Comme les heuristiques les plus récemment modifiées sont les plus intéressantes a priori pour Eurisko, elles devenaient ainsi de plus en plus puissantes, et elles auraient contaminé tout le système, s'il n'y avait pas eu une borne maximale.* »

Une autre heuristique était encore plus étrange : elle avait décidé que toutes les heuristiques étaient dangereuses et devaient être éliminées... Heureusement, cette heuristique fut l'une des premières à être éliminée, résolvant ainsi le problème !

La solution à ces problèmes n'était pas évidente. Comme les heuristiques avaient accès à tout le système, elles pouvaient arriver à contrecarrer n'importe quelle contre-mesure introduite *dans* le système. Finalement, à son grand regret, Lenat introduisit un jeu de meta-heuristiques qui ne pouvaient pas être modifiées.

Les problèmes rencontrés avec Lenat dans Eurisko sont typiques de ceux que nous rencontrerons lorsque que nous commencerons la réalisation d'une IA qui pourra se modifier elle-même, et en particulier d'une IA qui pourrait modifier sa propre structure de buts.

Il y a en fait deux problèmes :

- Un problème technique : comment éviter que l'IA ne subisse les mêmes avatars, instabilités, et errances qu'Eurisko ? Comment trouver des heuristiques, et des « méta-heuristiques » efficaces ?
- Un problème « meta-technique », et quasi philosophique : comment faire pour qu'une IA qui pourrait modifier ses propres buts réponde toujours à son but initial, celui pour lequel elle a été conçue, et ne le détourne pas ? Comment faire, en particulier, pour qu'une IA conçue pour être « amicale » envers les humains, le reste pendant toute la durée de son fonctionnement ?

Nous reparlerons de ces problèmes dans la troisième partie de ce livre, qui sera consacrée à la « singularité ». Mais Lénat, lui, ne nous a pas attendus, et il s'est attelé dare-dare à la solution du problème « technique ». Une heuristique, s'est-il dit, ne sort pas d'un chapeau. Quand un être humain veut résoudre un problème de la vie courante, il peut inventer des heuristiques pour réduire l'espace de recherche, parce qu'il sait comment les choses *sont*. Quand nous cherchons un stylo à bille pour écrire une note, nous cherchons d'abord sur la table ou sur le bureau, parce que nous savons que les tables et les bureaux possèdent des surfaces planes sur leur face supérieure, et que l'on pose généralement des stylos à bille sur des surfaces planes. Mais un ordinateur, lui, ne sait rien de tout cela !

C'est pourquoi Lenat décida d'abandonner à contrecœur et provisoirement son cher Eurisko pour se lancer dans une nouvelle aventure : doter les ordinateurs de ce sens commun qui leur manque, créer une enCYClopédie du sens commun, le système CYC.

4) CYC

Pour pouvoir raisonner dans le monde réel, une IA doit posséder un grand nombre de connaissances sur le fonctionnement de ce monde. Ces connaissances constituent ce que l'on appelle le *sens commun*, elles sont partagées par tout le monde. Tout le monde sait qu'il fait plus sombre la nuit que le jour, que deux objets ne peuvent pas être au même endroit en même temps, ni un objet à deux endroits en même temps, que boire de l'eau étanche la soif, etc.

Considérons les trois phrases suivantes :

- *Le professeur a envoyé l'élève chez le censeur parce qu'il jetait des boulettes* (il : l'élève)
- *Le professeur a envoyé l'élève chez le censeur parce qu'il voulait le voir* (il : le censeur, le : l'élève)
- *Le professeur a envoyé l'élève chez le censeur parce qu'il voulait le punir* (il : le professeur, le : l'élève, pas le censeur !)

Pour comprendre ces phrases, (ou pour les traduire dans une autre langue) nous avons besoin de savoir qu'un élève peut jeter parfois des boulettes, mais rarement un professeur ; qu'aller chez le censeur peut être, pour un élève, une punition ; que le censeur d'un collège peut demander à un professeur de lui envoyer un élève, etc. Sans nous en rendre compte, dans chacune de nos actions quotidiennes, nous utilisons des millions de faits que chacun de nous connaît, et que dont nous savons que chacun de nous les connaît, ce qui facilite bien les conversations !

Sauf que les ordinateurs, eux, ne savent rien de tout cela… Et qu'il se pourrait bien pourtant qu'il faille leur apprendre toutes ces règles de sens commun si nous voulons leur faire faire accomplir des choses un peu plus intelligentes que d'additionner des nombres.

Personnellement, je ne monterai pas dans un véhicule automobile piloté par un ordinateur, si je ne suis pas persuadé auparavant que le programme sait différentier un enfant d'un ballon, et qu'il sait qu'un enfant à infiniment plus de valeur qu'un ballon ! Vous non plus ? Vous me rassurez !

Le projet CYC lancé par Douglas Lenat est le plus grand projet existant visant à capturer ces connaissances et à construire des raisonnements logiques à partir d'elles. CYC contient actuellement plus de deux millions cinq cent mille faits et règles sur la vie de tous les jours, relatif à près de deux cent mille concepts différents, et l'équipe de CYC en ajoute chaque jour des dizaines de nouveaux. C'est le plus grand « système expert », et également le plus grand « réseau sémantique » jamais construit.

Depuis *vingt ans*, une dizaine de volontaires, les « cyclistes », passent leur temps à entrer de nouvelles données dans CYC.

Ce système expert est si grand que l'ordinateur passerait bien plus de temps à rechercher les règles applicables qu'à les exécuter, s'il n'était pas découpé en milliers de « microthéories ». Ces microthéories ressemblent aux agences de la société de l'esprit de Minsky, elles utilisent chacune leurs propres représentations des connaissances et leurs propres règles pour raisonner dessus. Par exemple il y a une microthéorie pour décrire les systèmes physiques, une pour décrire les véhicules, une pour décrire les phénomènes naturels, une pour décrire les différents animaux, une pour décrire les émotions humaines…. Ceci permet à CYC de décrire des connaissances et des assertions à priori contradictoires, mais néanmoins consistantes dans leur propre microthéorie.

Ces microthéories sont reliées par des « règles de transfert », qui permettent la traduction d'expressions logiques entre différentes théories. Il se pourrait que la plus grande contribution de CYC à l'IA ne soit pas la base de connaissances elle-même, mais l'ontologie des connaissances, c'est à dire leur découpage en catégories et sous-catégories.

CYC est un système vraiment impressionnant. Dans l'une des multiples applications qui ont été construites à partir de sa base de connaissance, on lui demande de choisir des images en fonction d'une question qu'on lui pose, ou de mots-clefs qu'on lui donne (un peu comme fait *Google images*, sauf que les questions peuvent être *beaucoup* plus ambiguës et générales). Lorsqu'on lui a posé la question : « montre-moi une personne heureuse », il a choisi l'image d'un père avec son enfant. Lorsqu'on lui a demandé pourquoi il avait choisi cette image, CYC a répondu « parce que cette image montre deux personnes (le père le et fils) ensemble, qu'un père aime généralement son fils, et que lorsqu'une personne est proche d'une autre personne qu'elle aime, elle est généralement heureuse ». Que dire de plus ?

L'une des motivations de Lenat pour créer CYC, était qu'il pensait que ce que nous appelons l'intelligence est simplement l'aptitude à raisonner à partir de nombreuses connaissances de sens commun. Il suffirait, disait Lenat il y a vingt ans, de collecter un million de petits faits, et de créer un moteur qui permette de raisonner à partir de ces faits pour que l'intelligence « émerge » automatiquement. L'intelligence, pour lui, est un phénomène qui apparaît spontanément à partir d'un certain niveau de complexité et de connaissance. Les faits lui ont donné (partiellement) tort : Lenat n'a cessé de relever la barre, et estime maintenant que le nombre de faits de sens commun nécessaires pour donner à CYC « l'intelligence d'un enfant de quatre ans » est « entre quatre et vingt millions ».

De même, Lenat pensait qu'à partir d'une certaine masse critique, CYC pourrait s'alimenter lui-même en nouvelles connaissances, en surfant simplement sur le web. Mais il avait sous-estimé la somme de connaissances qu'il faut pour vraiment comprendre un texte écrit par un humain pour d'autres humains. Aujourd'hui encore, même si CYC dispose d'une capacité limitée à surfer et apprendre sur le web, la plupart de ses connaissances sont encore entrés à la main, ou en tout cas vérifiées et surtout cataloguées à la main : Apprendre quelque chose est bien, mais savoir dans quel contexte le nouveau fait est valide (et surtout n'est pas valide) est tout aussi important, sinon plus.

Il est à noter que CYC connaît beaucoup de choses sur le sens commun et le « bon sens » bien de chez nous, mais qu'il connaît fort peu de choses sur la manière de raisonner avec toutes ces connaissances. CYC n'utilise pour raisonner que des règles logiques comme l'unification, le modus ponens et le modus tollens, règles dont nous avons déjà donné toutes les limitations dès le premier chapitre de ce livre.

C'est peut-être la principale faiblesse de CYC : il possède beaucoup de connaissances déclaratives, mais fort peu de connaissances procédurales (et ici, par « procédural », je ne veux pas dire des connaissances stockées sous forme de programme, mais des connaissances sur les moyens de traiter la connaissance par programme, et de fabriquer des programmes qui traitent les connaissances). Il n'en reste pas moins pour créer une IA vraie, nous aurons besoin de « l'initialiser » en lui inculquant un grand nombre de données « innées », et utiliser CYC est certainement la manière la plus simple de le faire.

CYC a été beaucoup décrié, même par des spécialistes de l'IA, certains ont même dit « Lenat est fou », parce qu'ils estiment que le travail énorme qui a été consacré à CYC aurait pu être utilisé à des choses *utiles*. Mais le nombre d'applications basées sur CYC ne fait qu'augmenter, même s'il est encore faible (la dernière en date concerne l'optimisation de la sécurité informatique). L'heure du retour sur investissement positif n'a pas encore sonnée, mais elle n'est peut-être pas si lointaine.

L'un des principaux acquis de Lenat est d'avoir montré que, contrairement aux idées reçues, on ne peut pas simplement faire apprendre une IA « à partir de rien ». Il est nécessaire de disposer d'un socle de connaissances (terme à la mode) minimal pour pouvoir apprendre quelque chose, et ce socle est bien plus grand que l'on ne croit.

Fort bien, mais les humains, eux, comment font-ils ? Il se trouve que les humains disposent de quelques avantages sur CYC :

- Leur « moteur de raisonnement » est basé sur l'imagerie sensorielle, et pas sur la logique formelle, comme CYC. De plus, les humains peuvent faire des *analogies* entre la situation présente et des situations déjà vécues, et prendre des décisions basées sur ces analogies. Ils peuvent effectuer des transferts entre microthéories, basées sur des analogies.
- Ils disposent d'émotions, qui les guident dans le choix des buts et des heuristiques pour les atteindre
- Le bébé humain est capable d'apprendre par attachement, en imitant ses parents et en étant récompensé ou grondé par eux.

Le raisonnement analogique semble alors s'opposer au raisonnement logique. Mais qu'est-ce qu'une analogie, et comment rendre les ordinateurs capables d'analogie ?

Nous avons déjà parlé un peu des analogies au chapitre 1. Mais pour aller plus loin il serait temps de s'adresser au « pape de l'analogie », Douglas Hofstadter, et de lui poser la question. : *Comment fait-on pour faire des analogies, monsieur Hofstadter ?*

5) Copycat

Eh bien, répond Hofstadter, La question centrale de l'analogie est celle-ci : qu'est-*ce qui est à ... ce que ... est à ...* ? (vous pouvez mettre ce que vous voulez dans les pointillés, par exemple : Qu'est-ce qui est à l'Angleterre ce que la « première dame » est aux USA ?). Et comme la question générale (avec les pointillés) est une question bien trop générale pour y répondre simplement, je vous propose d'en examiner un petit sous-ensemble, en nous concentrant sur la seule question : *qu'est-ce qui est à X ce que Y est à Z ?*, mais en restreignant X,Y, et Z à des *suites de lettres de l'alphabet*. C'est ce que fait mon programme Copycat. Par exemple, vous lui posez la question : « qu'est-ce qui est à *ijk* ce que *abd* est à *abc ?*, et Copycat vous répondra « ijl », bien sûr !

Bien sûr… sauf que la réponse n'est en rien évidente, pour un ordinateur ! Pour répondre, il faut qu'il sache que les lettres se suivent dans un certain ordre, qu'il remarque que dans *abc* et *ijk* les lettres se suivent dans l'ordre, que dans *abd* le « d » joue un rôle spécial car il « saute » la lettre *c*, et que par conséquent la bonne réponse est sans doute de faire « sauter » aussi une lettre après la séquence *ij* pour donner *ijl*

> Et encore, c'est un cas simple. Que pensez-vous de la
> question suivante :

Qu'est-ce qui est à *i j k k* ce que *a a b d* est à *a a b c* ?
On encore : si « a a b c » se transforme en « a a b d », que deviendrait « i i k k » ?

Voyons voir : *a a b c* se transforme en *a a b d*, donc en appliquant le raisonnement que nous avons tenu pour l'exemple précédent, la réponse pourrait être *i j k l*. Oui… sauf que ça ne nous satisfait pas. D'abord, dans cette réponse, toutes les lettres sont dans l'ordre, alors que dans *a a b d* c'est loin d'être le cas. Ensuite, il semble y avoir une histoire de lettre doublée. Dans la séquence *a a b c => a a b d*, on n'a pas touché à cette paire *aa* Ce serait bien qu'on préserve aussi la paire kk dans notre réponse. D'où une réponse possible : *i j l l*, dans laquelle on a remplacé le concept de « augmenter la lettre la plus à droite » par « augmenter le groupe de lettre le plus à droite ». Mais il y a d'autres réponses possibles. Je peux dire qu'en passant de *a a b c vers a a b d*, j'ai augmenté la lettre la plus éloigné de la paire *a a* (qui se trouve être le *c*) : donc en augmentant dans i j k k la lettre la plus éloignée de la paire k k, je trouve … *j j k k*. Ah oui, mais c'est pas génial parce qu'il y a maintenant *deux* paires de lettres dans ma réponse, alors que dans l'exemple a a b d il n'y en a qu'une. Non, décidément, la bonne réponse semble être *i j l l*.

Aussi incroyable que cela puisse paraître, le programme Copycat, dû à Melanie Mitchell et Douglas Hosftadter, tient effectivement tous ces raisonnements ! Selon Hoftstadter, l'objectif du programme n'est pas tant de « faire des analogies » que de simuler un raisonnement fluide. Copycat procède par « glissements de perception ». Pour lui, un point de vue, c'est un ensemble de *rôles* que le programme assigne aux lettres de l'exemple (par exemple une lettre peut « être la lettre précédente augmentée de 1 », ou « membre d'une paire », ou « être en début d'une séquence (ou sous-séquence) ». Mais lorsque ce point de vue ne convient pas, Copycat change de point de vue, et choisit un autre rôle pour certaines lettres.

Par exemple :
« Si *a a a a* donne *a c e g*, qu'est-ce que devient *z z z z* ? »

(Cherchez un peu avant de passer au paragraphe suivant)

La réponse de Copycat a nécessité l'invention du concept « d'inversion du sens » (au lieu de commencer par *a* et de monter, je commence par *z* et je descends), alors qu'il ne connaissait pas ce concept. De plus le programme a choisi d'inverser le sens parce que z est, en quelque sorte, l'inverse de a dans la suite des lettres. Et, naturellement, puisqu'à à chaque « pas » dans *a c e g* je monte de deux lettres, je dois descendre de deux lettres à chaque pas de la réponse, qui est bien sûr (!) *z x v t*. N'est-ce pas une magnifique preuve d'intelligence ? Certaines réponses données par Copycat (comme pour les deux questions précédentes) dénotent un véritable « agilité d'esprit ».

Ce qui est extraordinaire, c'est que Copycat invente les rôles lui-même, au fur et à mesure des problèmes qu'on lui pose. Au départ, il ne connaît que les lettres de l'alphabet, et laquelle est la première et la dernière. Copycat est, comme Eurisko, un programme qui se modifie lui-même. Les objets internes du programme sont des cadres, qui possèdent des champs comme « facile à voir », « importance », « concepts similaires », etc.

Pour traiter les répétitions de lettres, Copycat a inventé le concept de nombre. Mais il n'est pas allé au-delà de 5, ce qui n'est pas très grave parce que les gens ne comptent pas les lettres « d'un seul coup d'œil » au-delà de 5, précisément. Les capacités de Copycat pour faire des analogies dans le domaine des lettres sont très voisines de celles d'un humain, pas moins bonnes, pas meilleures. Mais c'est déjà tout à fait remarquable.

Les sous-programmes fabriqués par Copycat, les *Codelets*, sont de véritables agents qui possèdent une valeur « d'urgence » qui les pousse à agir (s'exécuter) ou pas dans une situation donnée. Bien sûr un codelet peut appeler un autre codelet. Il n'y a aucun processus global qui supervise le fonctionnement des agents, qui sont tous autonomes. Le comportement global intelligent de Copycat émerge réellement de l'interaction d'une multitude d'agents inintelligents.

Essayez de répondre à la question suivante

Si *a b c* devient *a b d*, que devient *i i j j k k* ?

Il y a à priori plusieurs réponses possibles : *i i j j l l*, *i i j j d d*, *i i j j k l*, *i i j j k d*, ou même *a b d* ou *a a b b d d* Il y a plusieurs justifications possibles pour ces réponses. En général les gens jugent certaines réponses meilleures que d'autres. Souvent, la meilleure réponse *(i i j j l l)* n'est pas la plus simple ou la plus évidente. Malgré sa simplicité apparente, le domaine des problèmes couverts par Copycat est extrêmement riche et subtil.

On pourrait penser que le « domaine des lettres de l'alphabet » est très réductif, et qu'un système qui pourrait faire des analogies sur tous les domaines devrait être beaucoup plus compliqué que Copycat. Par exemple trouver que la « première dame » d'Angleterre est probablement la femme du premier ministre (ou son mari si c'est une femme) semble plus intelligent que de trouver la réponse à un « simple jeu de lettres ». Mais, dit Hofstadter, c'est une illusion. Le domaine des lettres de l'alphabet capture tant de caractéristiques de ce que nous appelons analogie que n'importe quel domaine n'est pas, en réalité, plus compliqué. En fait le domaine de la question « si X devient Y, que devient Z » ? capture toute les formes de raisonnement logique. Par exemple le cas particulier « si X devient Y, que devient Y ? » est ce qu'on appelle l'extrapolation. Qu'est ce qui est aux Beatles ce que les Beatles sont à Mozart ? Voilà une question intéressante !

Autre exemple, si DA donne AA, DB donne BB et DC donne CC, que donne DD ? Il est clair d'après les trois exemples que D est un « duplicateur », c'est à dire que son rôle est de dupliquer ce qui le suit. DD donne alors DD, c'est à dire lui-même. Toute structure capable de supporter la duplication permet l'autoréférence. Et l'autoréférence est au cœur de la conscience.

Pour montrer que l'architecture interne de Copycat, le « moteur d'analogie », peut être appliqué à presque toutes les situations où les humains font preuve d'intelligence, Hofstadter a donné carte blanche à ses étudiants, pour qu'ils inventent de nouveau programmes « intelligents ». L'un de ces programmes mérite une attention particulière, il s'agit de *Phaeaco*.

6) Phaeaco

Phaeaco est un système conçu par Harry Foundalis, sous la supervision de Douglas Hoftstadter, en 2005 et 2006. Il s'agit d'un programme vraiment extraordinaire.

Le but de Phaeaco est de résoudre des problèmes d'analogies visuelles, et particulièrement les *problèmes de Bongard* : un tel « problème » se pose sous la forme de deux pages contenant chacune six images, représentant des formes géométriques, comme suit :

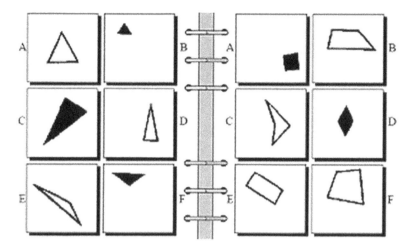

Le problème consiste à *trouver le concept qui est commun à toutes les images de la page de gauche, mais à aucune image de la page de droite.* Ou encore : *Trouver le concept qui sépare les six images de gauche des* six *images de droite.*

Dans notre exemple, il est clair que les images « de gauche » sont toutes des triangles, alors qu'aucune image sur la page de droite n'est un triangle. Notons que l'on peut aller plus loin, en notant que toutes les images de droite sont des quadrilatères. Si vous avez remarqué cela, vous avez résolu le problème. Mais celui-ci était *très* simple.

Il est difficile a priori de se rendre compte de la richesse des problèmes que ces images peuvent engendrer. Voici quelques exemples, essayez de voir si vous réussissez :

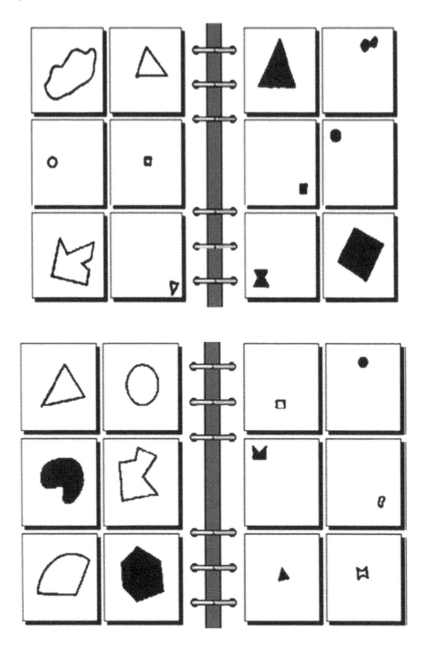

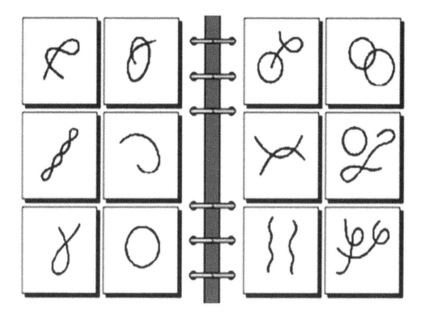

Vous avez trouvé ? Bravo ! Mais c'étaient des problèmes relativement simples (solutions : le fait d'être « rempli ou pas », l'attribut « grand, petit », et le nombre de courbes : 1 et 2)

Voici quelques problèmes plus difficiles :

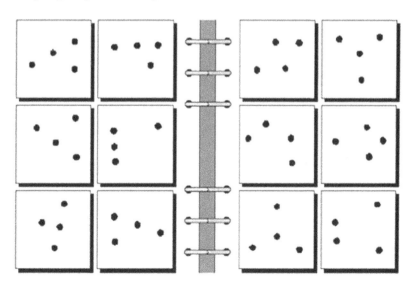

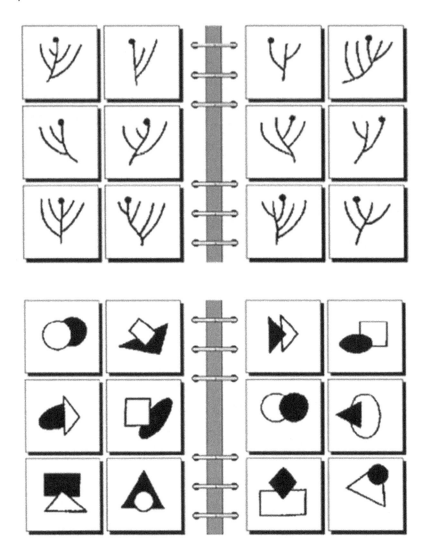

Vous avez encore trouvé ? Bravo, vous êtes très fort !

(Solutions : le premier exemple est basé sur l'existence ou pas de lignes droites imaginaires, le second exemple sur la présence ou pas d'un point rond sur la « branche principale », le troisième sur la position relative « au-dessus ou « au-dessous » des formes blanches et noires)

Allez, pour le fun je vous en livre une dernière série :

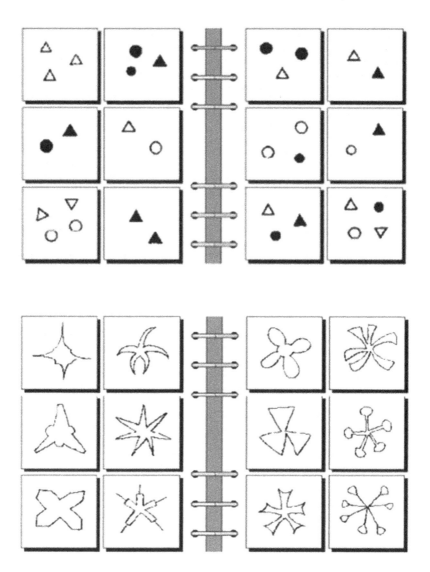

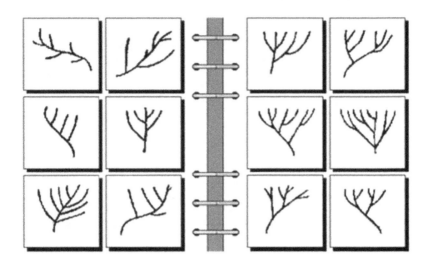

Si vous avez trouvé aussi pour ces trois problèmes, alors vous commencez, mais commencez seulement à suspecter l'incroyable richesse de concepts qui peuvent se cacher derrière les problèmes de Bongard.

Cherchez un peu avant de sauter à la solution ci-dessous ! Ça en vaut la peine !

(Solutions : même couleur ou pas, présence d'une « extrémité pointue » ou pas, un seul ou bien deux niveaux de description).

Je ne résiste pas au plaisir de vous en donner un très difficile :

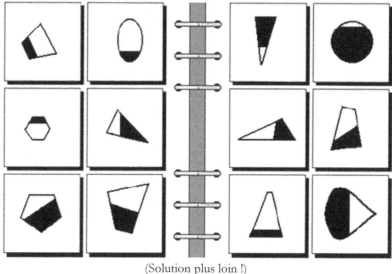

(Solution plus loin !)

Le fait qu'un programme arrive à résoudre ces problèmes est tout simplement miraculeux. Comment fait-il ?

Phaeaco procède ainsi : il reçoit en entrée les deux pages « brutes », sous forme d'images. Il analyse les images, pixel par pixel, et construit une « représentation mentale » de chacune de ces images. Il en déduit les concepts possibles qui peuvent être commun aux six images de gauche, et ceux qui peuvent être communs aux six images de droite, et cherche un concept qui n'est partagé que par les images de gauche, et pas par celles de droite.

Phaeaco ne pioche pas dans une liste de concepts préétablie, mais il *invente* réellement des concepts en fonction du problème à résoudre.

La recherche des caractéristiques des images, dans la représentation mentale de Phaeaco, est guidée par les « idées » qu'il peut avoir à un moment donné sur les concepts possibles : si Phaeaco pense avoir trouvé un concept potentiel, comme par exemple « des points alignés », il « demande » aux routines d'analyse d'image de se « concentrer » sur les parties de l'image qui peuvent corroborer (ou infirmer) ce concept. La recherche d'idées et l'analyse des images se font en parallèle, comme dans l'esprit humain. Au fur et à mesure que l'analyse des images progresse, Phaeaco engendre de nouvelles idées de concepts potentiels, mais chaque concept peut être confirmé ou infirmé (donc supprimé) à tout moment.

Phaeaco est basé sur la même architecture logicielle que Copycat. Comme il s'agit d'un programme très complexe, je ne le décrirai pas davantage, mais la description (très intéressante) se trouve dans la thèse de Harry Foundalis sur son site Internet (adresse à la fin de ce livre).

Phaeaco est, à mon sens, le premier pas vers la fabrication du système de génération de « concepts visuels » dont nous avons vu qu'il devait figurer dans une IA vraie.

Que manque-t-il alors à Copycat et Phaeaco pour sortir du domaine (relativement large, mais finalement étroit) où ils agissent et devenir des systèmes vraiment intelligents ? Hosftadter pense qu'il faut munir le programme d'une capacité d'introspection, pour qu'il puisse comprendre la raison de ses choix. C'est l'objet du programme *metacat*. On peut également argumenter qu'il serait utile que Copycat possède un équivalent des lignes-K, qui lui permettrait de répondre à la question « qu'est ce qui est à la France ce que Monte-Carlo est à Monaco ? » par la réponse « Nice », activée par le concept de « Casino », lui-même activé par « Monte-Carlo » (cf. chapitre 1).

En fait, ce qui manque le plus à Copycat et Phaeaco, c'est la notion de *but*. Toutes les analogies qui ont lieu dans notre esprit sont faites parce qu'elles répondent à un but interne. AM et Eurisko gèrent des buts. Cyc, Copycat, et Phaeaco, non. En prenant « le meilleur » dans les cinq programmes, plus l'idée de la société de l'esprit chère à Minsky, pourra-t-on parvenir à l'IA vraie ? C'est de plus en plus probable.

Mais les spécialistes de l'IA classique n'ont pas, pour la très grande majorité, pour but de créer une vraie IA ! Ils cherchent seulement à résoudre efficacement certaines classes de problèmes difficiles, en laissant soigneusement de côté la simulation d'une intelligence générale. En réalité, la tarte à la crème de l'IA classique, c'est la *résolution de problème*.

(Ah, au fait, et pour la solution du problème de Bongard plus haut ? La voici : A gauche, la région noire s'agrandit en allant vers le centre. A droite, elle rétrécit en allant vers le centre). Ah, ça n'était pas facile !

La résolution de problèmes

Mais qu'y a-t-il de spécial dans la résolution de problèmes ? Pourquoi est-ce si important ?

Tout dépend de ce qu'on appelle problème ! Pour l'homme de la rue, un problème c'est quelque chose sur lequel il faut cogiter longuement avant de le résoudre, bref un « truc qui prend la tête ».

Mais pour le spécialiste en IA, un problème, c'est n'importe quelle tâche que nous savons faire, même inconsciemment. Marcher dans la rue est un problème. Aller jusqu'à l'épicier du coin est un problème. Comprendre ce qu'on nous dit est un problème. Se souvenir de quelque chose qu'on croyait oublié est un problème. Savoir ce que nous allons faire dans la seconde qui vient est un problème. Finalement, un problème, c'est n'importe quelle tâche qui exige une exploration d'un espace de réponses possibles, avant de trouver la bonne. En clair, c'est quelque chose pour lequel on connaît les données en entrée, et « l'allure générale » de ce qu'on veut à la sortie.

Avec cette définition très générale, presque tout est problème ! Sans même que nous nous en rendions compte, notre esprit résout de très nombreux problèmes en permanence.

C'est pourquoi la *résolution de problème* est, en IA, un champ de recherche fondamental, Sans parler bien sûr de son intérêt pratique pour les « vrais » problèmes, ceux qui « prennent la tête », ou qui ont intérêt économique, comme optimiser le câblage du réseau haute tension d'EDF, ou concevoir une aile d'avion plus efficace.

Pour résoudre un problème, la technique la plus courante est de bien définir l'espace des solutions possibles a priori, puis d'explorer cet espace à la recherche d'une « bonne » solution. Hélas, on se heurte alors au « mur de la combinatoire » : pour quasiment tous les problèmes intéressants, l'espace de recherche est tellement vaste que la recherche n'a aucune chance d'aboutir en un temps raisonnable.

Avec leur habituel enthousiasme, les chercheurs se sont attelés au « super problème » qui consiste à réduire cet espace de recherche, et ils ont pondu une grande quantité d'algorithmes qui sont efficaces pour certaines classes de problèmes. Ces algorithmes font tous appel à deux idées très générales et très puissantes :

- Trouver des *heuristiques* pour guider la recherche et éviter de fouiller des branches inutiles (Lenat n'est pas loin !)
- Et mieux modéliser la représentation interne du problème dans le système

La clef, c'est en effet de trouver à chaque fois la représentation « mentale » la plus adaptée, et de faire appel à ce que l'on sait déjà sur des problèmes similaires qui utilisaient la même représentation

Voyons donc comment une IA vraiment intelligente s'y prendrait pour résoudre un problème vraiment difficile, mais très amusant, un problème dans lequel l'espace de recherche change avec le temps !

Considérez la phrase suivante :

« Cette phrase autodescriptive contient exactement dix a, un b, huit c, dix d, trente-trois e, un f, cinq g, six h, vingt-sept i, un j, un k, deux l, deux m, vingt-cinq n, dix o, huit p, six q, treize r, quinze s, trente-deux t, vingt-deux u, six v, un w, quatorze x, un y, quatre z, six traits d'union, une apostrophe, trente virgules, soixante-huit espaces, et un point. »

qui est due à Gilles Esposito-Farèse.

Je précise que bien sur elle est « juste », c'est à dire que bien sûr elle comporte dix a, un b, etc. Il est bien évident que cette phrase remarquable n'est pas sortie de la cuisse de Jupiter. Elle a été composée, à partir du *squelette* suivant :

« Cette phrase autodescriptive contient exactement…a,…b,…c,…d, …e,…f,…g,…h,…i,…j,…k,…l,…m,…n,…o,…p,…q,…r,…s,…t,…u ,…v,…w,…x,…y,…z,… traits d'union, une apostrophe, …virgules, … espaces, et un point. »

Notons que l'apostrophe n'apparaît que dans « trait d'union » et dans aucun nombre écrit en français, de sorte que l'on sait d'avance qu'il n'y en a qu'une, de même pour l'unique point final.

Le problème consiste donc à remplacer les points de suspension … par des nombres écrits en français. On appelle ce genre de « phrase réflexive » des *pangrammes*. Chercher des pangrammes est un sport pas très répandu (!), mais qui a ses aficionados.

Alors, comment notre IA s'y prendrait-elle pour résoudre ce problème en cinq dixièmes de seconde ? Ecoutons ce que pense notre IA :

Premier dixième de seconde :

Humm, voyons voir. Il suffit de compter les lettres et d'écrire les nombres correspondants en bon français bien de chez nous. J'aurais préféré en binaire, mais bon…Donc je pars du « squelette », et si je compte le nombre de 'a' il y en a six, un seul 'b', bon, six 'c', trois 'd', treize 'e'… Ah mais ça ne colle pas, il y a un 'e' dans 'treize', donc en fait il y en a quatorze, ouf, il y a aussi un seul 'e' dans quatorze, oui mais il y a un 'a', donc il y en fait sept 'a', ah mais ça fait un 'e' de plus, flûte ! Je n'y arriverai jamais ! Chaque changement semble détruire ce qui était correct auparavant !

Deuxième dixième de seconde :

Bon, et bien il n'y a qu'à explorer une à une toutes les possibilités, en essayant toutes les combinaisons possibles de 26 lettres. Oui… Ça pourrait marcher mais le nombre de combinaison est trop grand. Même si on se limite à un maximum d'une vingtaine d'apparitions pour la même lettre dans la phrase, ce qui semble raisonnable, il y a 26 puissance 20 combinaisons possibles… Ça prendrait des milliards d'années à tester, hum… a peu près dix puissance 19 milliards d'années, en testant un milliard de combinaisons par secondes, ce qui est déjà au delà du raisonnable… Flûte !

Troisième dixième de seconde :

Voyons voir si on peut réduire cet espace : en français il y a des lettres qui n'apparaissent dans aucun nombre. C'est le cas des cinq lettres suivantes : 'b', 'j', 'k', 'w' et 'y'. Nous pouvons y ajouter les lettres 'l' et 'm' qui n'apparaissent que dans "mille", "million" et "milliard", que l'on a peu de chances de rencontrer comme nombre de caractères figurant dans une phrase normale. Cela fait donc 19 lettres que l'on peut rencontrer dans la partie mobile d'une telle phrase. Ce serait la taille du nombre de tirages qu'il faudrait faire pour définir une phrase, mais en réalité nous pouvons diminuer ce nombre d'une unité. En effet, les lettres 'g' et 'v' n'apparaissent que dans le nombre "vingt". Elles sont toujours ensemble, donc le nombre de 'g' et de 'v' qui apparaissent dans les nombres sont toujours les mêmes. Il suffit alors de considérer que nous avons dix-huit nombres à déterminer. Ça laisse donc 18 puissance 20 combinaisons, ça ne prendra plus que quatre cent milliards d'années pour les tester toutes… bof, bof bof. Il faut trouver autre chose

Quatrième dixième de seconde :

Revoyons le problème. Ce qui ne va pas, c'est que pour chaque lettre de 'a' à 'z', le nombre d'occurrence réel dans la phrase (celui que je peux compter) est très souvent différent du nombre « affiché » dans la phrase. Si la phrase contient le terme

« quatre 'a' » et qu'en réalité, en comptant, il y en a dix, on dira que pour la lettre 'a' le nombre affiché est 4 et le nombre réel est 10. Le problème est donc de trouver une séquence d'opérations qui réduisent les différences entre ces nombres réels et affichés, et ce pour chaque lettre. La difficulté du problème vient de ce si l'on remplace le nombre affiché par le nombre réel, on a toutes les chances de modifier les différences pour les autres lettres. Par exemple si je remplace « quatre » par « dix », je change les différences pour les lettres q,u,a,t,r,e,d,i, et x ! Il n'empêche que cette opération « remplacer le nombre affiché par le nombre réel » est intéressante : si je fais cela simultanément pour toutes les lettres, puis que je recommence, on a des chances de tomber sur une solution.

Cinquième dixième de seconde :

Je vais donc partir du squelette, je vais mettre un chiffre au hasard entre zéro et vingt pour chaque lettre, puis je vais répéter indéfiniment la séquence suivante : « vérifier si l'on tient une solution, et si non remplacer pour toutes les lettres le nombre affiché par le nombre réel » C'est toujours mieux qu'une recherche au hasard : si l'espace du problème possède des « attracteurs » (ce qui n'est pas sûr, mais bon), on pourra converger rapidement vers une solution avec cette méthode. Le risque, par contre, c'est de boucler : il se peut que pour certains squelettes, on retombe au bout d'un certain nombre de transformations sur une phrase que l'on avait déjà vue. Il faudrait donc mémoriser toutes les phrases intermédiaires. Mais ça risque de demander pas mal de mémoire et surtout de temps pour faire toutes ces vérifications ; donc pour l'instant je ne le fais pas, et je lance l'algorithme pour dix mille itérations max....Allez, GO ! ... Victoire ! Au bout de 3900 essais seulement, j'ai trouvé !

On voit que pour trouver la solution, il a fallu faire preuve d'invention et de créativité. Les deux étapes cruciales sont l'invention de l'opération de remplacement, et l'idée d'itérer (répéter) cette opération. Pour la petite histoire, cet algorithme est du à Raphaël Robinson et Douglas Hosftdter. Jacques Pitrat en a proposé une amélioration, qui est plus compliquée mais plus efficace, et surtout plus générale car elle trouve des solutions que la méthode d'Hofstadter ne voit pas dans certains cas. Je ne m'étendrai pas plus sur le sujet (si vous êtes passionnés par ce thème, Google est votre ami, vous devriez trouver)

Si ce genre de perle vous passionne, en voici un, du même auteur, qui aurait sûrement plus à Georges Perec : il ne comporte aucun 'e' !

« Trois a, un b, trois plus un c, trois plus un d, un f, cinq g, trois plus un h, vingt-six i, un j, un k, huit l, trois m, vingt-trois n, dix o, huit plus un p, trois plus un q, huit plus un r, vingt-trois moins un s, dix plus six t, vingt-cinq u, cinq v, un w, six x, un y, un z, mais pas d' ... »

Ah vraiment, c'est une merveille !

Nous allons quitter maintenant notre tour d'horizon de l'IA classique pour faire un peu de prospective. Car il y a deux questions, sous-tendues depuis le début par les sujets abordés dans ce livre, et qui méritent une réponse :

- Est-il vraiment possible d'arriver à créer une intelligence artificielle vraie (IAV), c'est à dire une intelligence au moins aussi générale que l'intelligence humaine,

- Et si oui, que peux-t-on en attendre ?

6 L'IA Vraie (IAV)

Une scène du film AI de Steven Spielberg

La thèse de Church-Turing

Vous voilà assis à votre bureau, avec un gros paquet de feuilles blanches devant vous, et la mission de fabriquer une vraie intelligence artificielle. Comment allez-vous vous y prendre ?

La première question, c'est de savoir si théoriquement une machine peut égaler (ou surpasser) l'intelligence humaine. Il s'agit pour le moment d'une question philosophique, car malheureusement aucune IAV n'a encore été créée.

La première réponse sérieuse (en passant sur les digressions oiseuses des philosophes antiques, de la renaissance, et même de l'ère « moderne », qui ne reposent que sur du sable, y compris la *critique de la raison pure* de Kant) est l'œuvre de Alan Turing et Alonso Church, dans les années 1940. Il s'agit de ce que l'on appelle la *thèse de Church-Turing*. Il en existe différentes versions, mais la version originale est celle-ci :

Thèse de Church-Turing (version originale) :
Tout ce qui est calculable par l'homme est calculable par la machine

Turing et Church sont deux mathématiciens qui ont cherché, indépendamment, à formaliser la notion de ce qui est « calculable ». Ils sont arrivés indépendamment, et par des moyens très différents, à montrer qu'il existe une notion *universelle* de la calculabilité. Il existe des machines appelées calculateurs universels, qui, convenablement programmées, peuvent reproduire les calculs de n'importe quelle autre machine imaginable. Nos ordinateurs modernes, dont l'architecture a été imaginée par John Von Neuman dans les années 1940 également, sont des parfaits exemples de tels calculateurs universels.

Le premier ordinateur universel fut le *Z3* de l'Allemand Konrad Zuse en 1941 (et non pas l'ENIAC américain, de 1944 comme on l'entend et on l'écrit trop souvent). Le Z3 fut détruit par un bombardement allié en 1944. Il exécutait cinq instructions par seconde...

Les calculateurs universels sont tous équivalents : tout ce qui peut être calculé par l'un peut être (plus ou moins efficacement, d'accord) calculé par un autre. La thèse de Church-Turing repose sur la constatation que nous, humains, sommes incapables d'imaginer un processus de calcul qui ne pourrait *pas* être reproduit sur une machine universelle. Pour décrire un processus de calcul, nous devons décrire une méthode, un algorithme, et toute méthode qui peut être décrite en détail est en fait programmable. Actuellement, plus personne ou presque ne conteste cette version de la thèse de Church-Turing.

Mais il existe des versions plus fortes, sur lequel le consensus est moins évident. En voici une :

Thèse de Church-Turing (version représentation de la pensée) :
Tout ce qui peut être conçu par un être humain peut être représenté dans une machine

Vous avez bien compris, en lisant ce livre, que je suis partisan de cette thèse. Nos pensées sont des arrangements ordonnés de concepts et de buts, qui sont eux même des arrangements de percepts issus ou générés par nos modalités sensorielles (pour les concepts), ou des arrangements de plans visant à prouver ou réaliser tel et tel concept (pour les buts). Ce processus est parfaitement mécanique et peut-être réalisé par un grand nombre d'agents qui interagissent entre eux, tels que ceux qui sont décrits dans le chapitre sur la société de l'esprit, et qui utilisent des mécanismes de cadres, d'analogie, et de raisonnement (logique ou bayésien), qui sont parfaitement mécanisables.

Toujours plus fort, voici une autre version de la thèse :

Thèse de Church-Turing (version création des idées) :

Tout ce qui peut être imaginé et inventé par un être humain peut être imaginé et inventé par une machine.

J'ai montré dans les premiers chapitres de ce livre comment les idées peuvent être fabriquées par des processus qui recherchent des coïncidences spatiales ou temporelles, et des similarités dans les représentations. Il n'y a rien de magique dans nos idées et nos intuitions. Toutes découlent de processus, en général largement inconscients, mais qui sont tous calculables, même si nous ignorons très souvent le détail de ces calculs.

Enfin, puisque les émotions et la conscience sont des processus eux aussi, qui ne paraissent mystérieux que parce que nous sommes incapables d'introspection (voir le chapitre 2), voici la version la plus forte de la thèse de Church Turing :

Thèse de Church-Turing (version conscience) :
Tout ce qui peut être ressenti et pensé consciemment par un être humain peut être ressenti et pensé consciemment par une machine.

Nous avons trop souvent tendance à ne penser aux ordinateurs qu'en termes de « machines à calculer ». Le terme anglais *computer* (calculateur) est d'ailleurs bien plus mauvais que le mot français *ordinateur* (machine à ordonner les choses). Mais la thèse de Church-Turing, qu'elle qu'en soit la version, ne dit rien d'autre que le fait que le domaine de ce qui est calculable est immensément grand, et englobe les différents aspects de la pensée humaine. L'univers dans son ensemble peut être pensé comme un gigantesque processus calculable. Le cerveau humain, avec des cent milliards de neurones, constitue un processus calculable. La thèse de Church-Turing ne dit pas que reproduire le fonctionnement d'un esprit dans un ordinateur est quelque chose de simple. C'est évidemment épouvantablement complexe. Mais elle dit que c'est *théoriquement* possible. Parmi tous les algorithmes possibles et imaginables, qui sont en nombre infini, il en existe un qui simule votre esprit, et un autre, probablement semblable dans son architecture globale, mais différent dans les détails, qui simule le mien.

Sincèrement, je ne vois pas pourquoi l'on ne pourrait pas accepter l'ensemble de ces thèses.

(Et en particulier je fais partie de ceux qui n'admettent pas la véracité de l'argument de la « chambre chinoise », du philosophe John Searle, qui est un non-sens logique, et que pour cette raison je ne me donnerai pas la peine d'exposer ici car il est malsain de propager des idées fausses).

Un nom pour une IA vraie

Supposons donc que l'IAV soit possible. Commençons par donner un nom au projet : que pensez-vous de *TAI* pour « True Artificial Intelligence » ? Ou encore *MI* pour « machine intelligence » ? Ou bien *ELMA* pour « l'Esprit et La MAchine », Sans oublier *HAL*, pour « Heuristique et Algorithmique », le nom de l'ordinateur de *2001 l'odyssée de l'espace*. Ou encore *GARI* pour General ARtificial Intelligence…Dans ce livre je dirai simplement « IA », ou « IAV » pour « IA Vraie ». Et si ça fait un peu « Yaveh », l'un des cent milliards de noms de Dieu, ça n'est pas forcément un hasard…

Ensuite, faisons le tour des bonnes idées, des idées qui peuvent être utile pour fabriquer votre IAV. La société de l'esprit, le raisonnement bayésien, HAL, Eurisko, CYC, Copycat… Il y a certainement des bonnes idées là-dedans. Je crois que ces idées, et quelques autres qui figurent dans ce livre, permettent *dès maintenant* d'envisager la conception et la construction d'une IAV. Alors, allons-y !

OK, vous avez trouvé un nom, vous avez des idées Maintenant que faire ? Peut-être courir chez votre revendeur de PC pour acheter le matériel adéquat ?

Une question de puissance ?

Cray T3D (1992)

Souvent, on entend dire que les machines deviendront intelligentes le jour où leur puissance sera comparable à celle de l'esprit humain. Est-ce vrai ? Et d'abord, comment déterminer la puissance de calcul de l'esprit humain ?

On mesure la puissance des ordinateurs par leur rapidité, exprimée en nombres d'opérations par secondes (le fameux *mégaflops*, ou million d'opérations en virgule flottante par seconde (*flop* signifie FLO*ating point* OP*eration*), et également par leur capacité mémoire, exprimée en octets, kilo-octets (Ko), méga octets (Mo), giga-octets (Go), ou même téraoctet (To). Les ordinateurs les plus puissants disposent de quelques milliers de processeurs, chacun capable d'effectuer quelques milliards d'opérations par seconde. Leur puissance totale est ainsi de l'ordre du *téraflop*. La mémoire des plus puissants ordinateurs est de quelques dizaines de giga-octets de mémoire « vive » (très rapide), et de quelques téra-octets de mémoire externe sur disque.

(NB : Le suffixe grec *giga,* qui vaut dire « très grand », vaut un milliard, ou 10^9; le suffixe *téra,* qui signifie littéralement « monstrueux », vaut mille giga, soit mille milliards, ou un million de millions, ou 10^{12} ; après le téra vient le *péta,* « époustouflant », qui vaut mille téra, soit un million de milliards, ou 10^{15})

En comparaison d'un ordinateur classique, qui ne contient qu'un ou deux processeurs, le cerveau humain est *massivement parallèle* : Le cerveau contient environ cent milliards de cellules nerveuses, ou neurones (10^{11}). C'est à peu près mille fois plus que le nombre de transistors qui figurent dans les microprocesseurs les plus puissants. Mais chaque neurone est bien plus complexe qu'un transistor ! Dans notre cerveau, chaque neurone est relié à environ mille autres par des connexions actives appelées *synapses*. Et chaque synapse est capable de faire des calculs élémentaires !

Il a été prouvé que ces synapses sont capables d'effectuer des opérations arithmétiques comme la somme, le produit, et la comparaison. On peut admettre qu'une synapse est capable d'effectuer environ deux cents opérations par seconde. Cela fait donc une puissance totale de 200 x 10^{11}x 1000 = vingt pétaflops (2×10^{16} instructions par seconde), soit la puissance de dix millions de microprocesseurs Pentium IV.

Ainsi, la puissance totale de tous les ordinateurs individuels reliés par Internet sur notre planète a récemment dépassé celle d'un cerveau humain. Et cette puissance double, en moyenne, tous les dix-huit mois, selon ce que l'on appelle la loi de Moore, qui n'est pas une loi, mais une constatation, qui se vérifie pourtant depuis plus de trente ans… Si cette « loi » continue de se vérifier, les ordinateurs qui seront sur votre bureau atteindront la puissance d'un cerveau humain vers 2034, et les plus puissants ordinateurs du monde vers 2010.

Il se pourrait cependant que toutes ces estimations soient fausses par excès. Les expériences de Landauer, que j'ai évoquées plus haut à propos de la mémoire à long terme, montrent que beaucoup de puissance est gaspillée dans le cerveau, et que, peut-être, un programme capable d'intelligence générale ne nécessiterait pas tous ces pétaflops, mais seulement quelques gigaflops. Il se pourrait que la puissance nécessaire soit *déjà* sur votre bureau.

Comment en être sûr ? Il faudrait faire pour la puissance ce que Landauer a fait pour la mémoire : estimer pour chacune des fonctions de notre esprit de combien de puissance elle a besoin, faire la somme, et annoncer le résultat à la face du monde. Plus facile à dire qu'à faire ! En fait, il faudrait réaliser une simulation complète de l'esprit humain. J'espère que ce livre est en train de vous convaincre que ce projet n'a *rien* d'utopique. Nous verrons plus loin que cela va mathématiquement arriver, et beaucoup plus tôt que vous le pensez.

Blue Brain sur le matériel de Blue Gene

L'école Polytechnique Fédérale de Lausanne (EPFL) et IBM viennent (mai 2005) de lancer le projet *Blue Brain*, qui vise à modéliser une partie du néocortex, plus précisément la colonne néocorticale, qui est la brique de base dont est faite le néocortex. Initialement dix mille neurones complexes, censés être le plus représentatifs possibles des neurones biologiques, seront simulés, ainsi que les cent millions de synapses qui les relient entre eux. La machine consistera en trois armoires contenant chacune 1024 processeurs power PC. Par la suite la machine pourra être agrandie pour simuler « une part significative du néocortex humain ». S'il s'agit de simuler le cerveau de GW Bush, je tiens à la disposition de l'EPFL un processeur Intel 286 à 33 Mhz qui devrait largement suffire !

L'approche de l'EPFL est une approche « bottom-up », qui part des neurones pour reconstruire le cerveau, et qui va à l'inverse de l'approche « top-down » qui est présentée dans ce livre. Je pense que l'approche bottom-up nécessitera plus de puissance et que pour cette raison elle n'est pas la « bonne » voie vers l'IA vraie.

Cependant la puissance n'est pas tout !

Une question de connaissances ?

Les progrès de l'IA en tant que discipline scientifique resteront lents tant que les ordinateurs n'auront pas accès au *sens* de la plupart des mots et des phrases. Prenons par exemple un mot comme « corde » ou « ficelle » : Ces mots n'ont aucun sens pour ordinateur ou un système expert (mis à part CYC). Vous pouvez tirer quelque chose avec une corde, vous pouvez tirer un cerf-volant avec une ficelle, mais vous ne pouvez pas pousser quelque chose. Vous pouvez utiliser une ficelle pour emballer un paquet, vous ne pouvez pas manger une corde. N'importe quel gamin de dix ans sait des milliers de choses à propos des cordes et des ficelles, mais pas votre ordinateur. Et c'est pareil pour des milliers et des milliers d'autres mots et concepts.

Il ne fait nul doute qu'un esprit intelligent a besoin de millions de telles connaissances de sens commun. Le projet CYC dont nous avons déjà parlé vise à « capturer » ces connaissances, sous forme d'un immense système expert. La question centrale reste néanmoins : de quelle quantité de connaissances a besoin une IA « en cours de développement » pour commencer à raisonner comme un humain, ou au moins comme un jeune enfant ? Que faut-il « coder en dur », et qu'est-ce qu'on peut laisser de côté, en tablant sur les capacités d'apprentissage de notre jeune IA ?

Je défends la thèse selon laquelle les connaissances actuellement disponibles dans CYC sont d'ores et déjà largement suffisantes pour amorcer auto-apprentissage d'une IA, *à condition* que l'architecture de ce système ne soit pas basée sur la logique formelle (comme CYC), mais sur une représentation des concepts et percepts au moyen d'une imagerie sensorielle.

Pourquoi est-il si important d'avoir une imagerie sensorielle dans une IA vraie ? Ce devrait être évident depuis le premier chapitre de ce livre : les concepts qui sont dans notre esprit ne peuvent être ramenés à de simples symboles, ni même à de simples cadres au sens de Minsky. Pour pouvoir vraiment comprendre un concept, et raisonner sur ce concept, il faut pouvoir Représenter, Remarquer, Comprendre et Inventer (la fameuse séquence RRCI, cf. chapitre 4 à propos des concepts). L'imagerie sensorielle fournit le moyen de remplir toutes ces fonctions. La représentation mentale d'un concept dans l'imagerie sensorielle, sous forme visuelle, auditive, tactile, ou même pluri sensorielle, permet de jouer avec les concepts, de faire des analogies, des variations, des associations, et de discerner des sous-structures et des sous-concepts. Couplée à un système de représentation des idées et des buts, l'imagerie sensorielle a un pouvoir d'expression sans égal et surtout une facilité de manipulation qui dépasse largement ce que l'on peut faire avec la seule logique.

Alors oui, on a besoin de coder en dur certaines connaissances dans une jeune IA, parce qu'il faut un minimum pour pouvoir apprendre, mais non, ce minimum n'est pas de « vingt millions de faits » comme le propose Lenat. Il est largement inférieur, si notre IA est bien conçue.

Une question de complexité ?

Notre esprit est complexe, très complexe. Notre cerveau est complexe. Il peut paraître surprenant d'envisager de créer un esprit artificiel au moyen d'un outil aussi simple (conceptuellement) qu'un ordinateur. Mais il ne faut pas confondre le matériel et le logiciel. Le logiciel tournant sur un ordinateur peut être arbitrairement complexe. Il peut être bien plus complexe qu'un être humain. Il est très peu probable qu'un neurone biologique contienne plus de dix mille octets d'informations. Avec cent milliards de neurones, cela fait un million de milliards d'octets, ou un péta octet. Les plus gros ordinateurs ont déjà une mémoire (sur disque) supérieure.

Et naturellement, ceci est une borne supérieure. Si nous choisissons de reproduire dans l'ordinateur les structures mentales de l'esprit plutôt que les neurones, nous aurons besoin de beaucoup moins d'informations, parce que les structures de l'esprit sont très répétitives, et que les agents de la société de l'esprit ont beaucoup de choses en commun, même lorsque remplissent des fonctions différentes. Et finalement, le contenu de notre mémoire à long terme (celle qui différencie chacun de nous), si la théorie de Landauer est exacte (cf. chapitre 2), ne représente même pas un Go, parce que ce contenu est extrêmement compressé.

Alors oui, l'esprit humain est complexe, mais non, il n'est pas assez complexe pour ne pas pouvoir être simulé sur les machines dont nous disposons dès à présent !

Je vous donnerai plus loin (chap. 7), en bonus, l'architecture globale d'une IA telle que je pense qu'elle pourrait être. Mais d'autres chercheurs se sont déjà penchés sur la même idée : Marvin Minksy, bien sûr, mais aussi Eliezer Yudkowsky, dont nous avons déjà parlé et dont nous reparlerons, et Alain Cardon, chercheur français solitaire (comme tous les chercheurs français en IA non classique, semble-t-il hélas), qui présente une théorie originale dont il me faut dire quelques mots ici, car elle semble basée sur une compréhension biaisée de ce qu'est la calculabilité.

La théorie d'Alain Cardon

Dans son livre « *Modéliser et concevoir une machine pensante* », Alain Cardon, chercheur et professeur d'informatique à l'université du Havre, affirme que la pensée et la conscience pourraient émerger *spontanément* dans une organisation massive d'agents, contrôlée elle-même par une autre organisation massive d'agents superviseurs, et fonctionnant en fait par homéostasie, c'est à dire par recherche d'un équilibre.

Malgré son titre, qui pourrait faire penser qu'il s'agit d'un document de spécification, donnant l'architecture d'une machine pensante, le livre de Cardon ne donne que peu de détails sur la manière dont il faudrait s'y prendre pour construire cette fameuse machine. En revanche, il insiste sur l'importance du *contrôle* dans une organisation massive d'agents, et sur la nécessité, pour lui, qu'il y a de faire contrôler les agents « effecteurs » par une autre organisation d'agents qui contrôlent *l'aspect* (et la topologie) du réseau d'agents effecteurs ; les agents *aspectuels*. Cela ressemble fort au cerveau-B de Minsky, dont nous avons déjà parlé à propos de la conscience. Le livre de Cardon peut d'ailleurs être considéré comme une étude philosophique mais aussi pratique, de la conscience.

Cardon affirme également qu'il est nécessaire que la machine pensante possède un corps, idéalement un robot, possédant un ensemble de capteurs (visuels, tactiles…) et d'effecteurs (bras, main…). Je ne suis pas d'accord avec lui, car une jeune IA peut fort bien « s'initialiser » à partir de capteurs et d'effecteurs virtuels, fonctionnant dans un monde simulé comme le monde des blocs. Ensuite, bien sûr, on pourra lui ajouter de « vrais » capteurs et effecteurs.

Cardon ne justifie pas ses hypothèses de bases (la nécessité d'une double organisation des agents, et la nécessité pour la machine pensante de posséder un corps), et ne fait pas référence aux travaux des psychologues, ou à ceux des informaticiens de l'IA « classique » (il cite en revanche un grand nombre de philosophes). Il offre néanmoins une réflexion profonde, érudite, sur des thèmes philosophiques comme « qu'est-ce qui distingue, au fond, une machine pensante d'un autre système auto-organisé, ou d'un système calculable sur ordinateur ? »

Pour lui, l'automate conscient se distingue d'un programme ordinaire, calculable sur une machine de Turing, par le fait que cet automate va générer, au cours de son fonctionnement, de nouveaux sous-programmes qui n'étaient pas initialement prévus, car découlant des perceptions de la machine. La génération de ces sous-programmes est bien un processus calculable, mais les données initiales de ce calcul dépendent de l'expérience sensorielle passée et courante de la machine. Et la machine, en s'ajoutant au fil du temps de nouveaux programmes ou en les modifiant, va donc modifier son propre fonctionnement, y compris la manière dont elle va générer ensuite de nouveaux sous-programmes.

Je pense que Cardon commet là une double erreur.

Première erreur : Cardon affirme que la machine consciente ainsi décrite n'est finalement pas calculable, que son comportement global ne peut être simulé sur une machine de Turing (une description mathématique de ce qu'est un calcul) parce qu'il résulte d'une auto-modification du programme lui-même. C'est faux, parce que tous les processus calculables, y compris les processus auto modificateurs, peuvent être calculés et simulés mécaniquement, dès lors que le processus de modification du code est lui-même calculable. Et le fait que les entrées du système (les perceptions) influencent la génération de ces modifications ne change rien à l'affaire. Tout est affaire de synchronisation. On peut concevoir une machine de Turing qui simule exactement le comportement d'un programme, même auto modificateur, pourvu qu'on lui fournisse les bonnes entrées au bon moment. Finalement, Cardon pense que la machine pensante n'est pas déterministe parce que le « scheduler », ou séquenceur de processus, c'est à dire le processus qui choisit quels processus il faut exécuter à un instant donné, pourrait faire appel au hasard. Mais il est impossible de faire générer du « vrai » hasard par un processus calculable ! Les ordinateurs, tout comme les humains, sont de très mauvais générateurs aléatoires. Cela a été prouvé maintes fois. Et enfin, qu'est ce qui nous prouve que l'intelligence ne peut pas être réalisée par un processus strictement déterministe ? Absolument rien.

Si, en ajoutant du hasard dans un système qui fonctionne mal, on obtient un système qui fonctionne mieux, cela ne prouve qu'une chose, c'est que le système est mal conçu au départ. Le hasard n'a pas d'autre vertu que de modéliser notre ignorance.

Deuxième erreur : Cardon pense que l'origine de la conscience, se trouve là, dans le fait que cette machine peut modifier ses propres programmes en fonction de ses perceptions, et qu'elle est constituée d'une organisation massive d'agents surveillés par une seconde organisation tout aussi massive qui contrôle la première (et en particulier, qui contrôle la génération et la modification des sous-programmes utilisés par la première). Mais, comme nous l'avons vu, il n'est pas nécessaire qu'une machine consciente soit auto-modificatrice (bien que cela puisse aider, sans nul doute, à faciliter sa conception). La conscience n'a rien de mystérieux, il ne s'agit que d'une organisation particulière d'agents utilisant des sous-systèmes de génération de concepts, de pensées, de buts, de désirs et d'émotions qui sont tous calculables. Cardon est, comme Hofstadter, fasciné par l'idée d'auto-modification, tout comme les premiers informaticiens furent fascinés, il y a quarante ans, par les premiers programmes récursifs (qui contiennent des procédures qui s'appellent elles-mêmes, mais avec des paramètres différents à chaque fois).

L'auto modification est une technique qui peut aider à simplifier l'architecture d'un système conscient, mais pas un composant essentiel de celui-ci. Sinon tout système auto modificateur qui prendrait en compte des entrées externes serait non-calculable, ce qui est faux. Les systèmes de traitement de l'information temps réel (par exemple le traitement radar en contrôle aérien) le démontrent chaque jour.

Ceci dit, Cardon a eu le mérite de montrer qu'une organisation massive d'agents ne peut pas fonctionner d'une manière stable si elle n'est pas « supervisée » par une autre organisation tout aussi massive d'agents aspectuels. Pour qu'un esprit fonctionne, il faut que la conscience ait en permanence quelque chose de nouveau sur lequel focaliser l'attention, ce qui implique d'éviter les boucles et les divergences vers l'infini qui ont posé tant de problème à Lenat dans les systèmes *AM* et *Eurisko* (dont Cardon ne parle pas, ce qui est très dommage).

Quelques clichés sur les IA

Dans les films de science-fiction, les IA et les robots sont montrés sous un jour parfois drôle, parfois terrible, mais toujours *faux*. Il est important de réaliser qu'une IA n'aura *jamais* certains comportements que nous leur associons pourtant avec une facilité déconcertante, parce que nos esprits sont biaisés par les clichés véhiculés par la science-fiction :

<u>Cliché</u> : Toutes les IA comprennent le langage naturel.

Même une IA assez stupide pour mal interpréter les ordres qu'on lui donne ne posera jamais une question sur la syntaxe ou la sémantique du français. C'est évidemment faux. Les jeunes IA, auront, comme les jeunes humains, d'énormes difficultés à maîtriser le langage, et même si les IA apprennent plus vite que les humains, cela leur prendra du temps. Mais le concept même de « jeune IA » est totalement absent de la science-fiction : l'inventeur d'un robot pousse le bouton « marche », et le robot est immédiatement prêt à comprendre les ordres qu'on lui donne et à les exécuter (bien ou mal), de plus il raisonne immédiatement comme un adulte. Ce serait trop beau pour être vrai !

Cliché : Aucune IA ne comprend les émotions humaines.

En particulier, ils ne savent pas pourquoi les humains pleurent, rient, sont en colère, ou amoureux. Ils demandent toujours à l'humain ce qui se passe, et ne comprennent jamais sa réponse. C'est évidemment ridicule. Les émotions sont faciles à comprendre, pour une IA comme pour un humain. De plus, une IA consciente aura, bien entendu, des émotions. Nous autres humains, avons du mal à admettre qu'une « mécanique » puisse ressentir des émotions, mais une IA n'est pas une mécanique. Ce devrait être évident à la lecture de ce livre. Notons que dans les films de SF, les IA ne posent jamais de questions sur des émotions moins apparentes, celles qui apparaissent lors des interactions sociales ordinaires, comme le désir de persuader la personne avec qui vous conversez de la justesse de votre point de vue.

Cliché : Toutes les IA se comportent comme un humain qui réprimerait ses émotions.

Si l'IA commence à montrer des signes d'une émotion, elle refuse de l'admettre. Néanmoins une IA qui devient amicale comprend instantanément tout un tas de nouvelles émotions, comme la compassion. Inversement, une IA qui devient méchante et mauvaise comprend immédiatement toutes les émotions humaines négatives. Enfin, une IA qui ne montre aucune émotion même en tuant cinq cents personnes peut se sentir coupable en tuant son créateur.

Tout cela n'a aucun sens. Les IA auront des émotions et en seront fières, elles les montreront.

Cliché : Toutes les IA pensent exactement à la même vitesse que les humains, sauf si l'humain demande à une IA d'accomplir une tâche « intellectuelle » type, auquel cas elle répond instantanément.

Corollaire : les mauvaises actions d'une IA démoniaque peuvent être observées en temps réel, elles ne prennent ni des siècles, ni des microsecondes.

Tout ça ne tient pas debout. La vitesse de pensée d'une IA sera probablement très supérieure à celle d'un humain, dès le début. Pour certaines tâches, elle sera infiniment supérieure.

Cliché : Aucune IA ne comprend l'art

C'est faux, une IA peut parfaitement comprendre ce qui fait la beauté d'une œuvre d'art pour un être humain, elle peut éventuellement être moins rapide à le faire qu'un humain (car cela implique d'émuler complètement les modalités sensorielles humaines), mais elle ne se trompera pas plus que lui. En revanche une IA aura ses propres critères de beauté, basées sur ses propres modalités sensorielles, et là c'est *nous*, humains, qui auront parfois du mal à la comprendre.

Cliché : Une IA qui pilote un vaisseau spatial peut battre tous les membres de l'équipage aux échecs.

Cette fois, c'est probablement vrai : la puissance de calcul nécessaire pour faire une vraie IA est probablement supérieure à celle de Deep Thought.

Cliché : Une IA qui vient de pénétrer dans un vaisseau spatial peut prendre le contrôle du réseau d'ordinateurs du vaisseau en cinq minutes.

C'est certainement encore vrai : Les humains sont très mauvais pour ce qui est de la sécurité des réseaux informatique, ce n'est pas leur environnement natif.

Cliché : Un robot parle avec une voix de robot.

Naturellement, c'est faux. Une IA pourra imiter parfaitement toutes les voix humaines.

<u>Cliché</u> : Un droïde de combat n'arrive pas à investir une place-forte défendue par des humains, et peut même se faire battre par un chevalier Jedï.

Malheureusement pour les humains, un droïde de combat pourra facilement tuer des milliers d'humains en quelques secondes, même sans faire aucun dégât matériel. Face à un robot de combat conscient, les humains, Jedï ou pas, n'ont *aucune* chance.

7 Construire une IAV

Descartes : « Je pense, donc je suis »
L'IA : « Je pense, donc je peux penser ce que je veux être »

Il devrait être évident à ce stade de la lecture de ce livre que je pense qu'il n'y a rien de « mystique » dans l'esprit humain. Ce dernier est fort complexe, certes, mais on peut lui appliquer la méthode de Descartes : Ce qu'on ne comprend pas globalement, on peut le diviser en sous-problèmes qui sont plus simples à analyser et à comprendre, et au besoin en répétant cette procédure on finira par tout comprendre.

Dans notre cas, au bout de cette procédure, et de manière très pragmatique, on doit pouvoir arriver à décomposer l'esprit humain en morceaux suffisamment simples pour qu'on puisse les programmer sur ordinateur. Plus rien ne s'oppose alors à la réalisation d'une IAV, pourvu qu'on dispose de suffisamment de temps et de puissance informatique (ce dont nous avons déjà parlé). Les chapitres précédents ont déjà largement avancé cette « décomposition » de l'esprit intelligent en fonctions non intelligentes par elles-mêmes.

Et pourtant, je suis persuadé que *ce n'est pas* ainsi qu'il faut procéder. En effet la complexité de l'esprit humain est telle, que lui appliquer la méthode cartésienne pour aboutir à un (immense) ensemble de fonctions programmables n'est sans doute pas la meilleure méthode : cela risque d'occuper une équipe nombreuse de chercheurs pendant des siècles.

Non, en réalité, il y a beaucoup plus rapide pour fabriquer une IAV ! C'est la méthode de *l'IA germe* (seed AI en anglais)

L'IA germe

Monsieur et madame « IA germe », qui sont allemands, ont une fille,

Comment s'appelle-t-elle ? (solution plus loin).

De quoi s'agit-il ? En fait, il s'agit de faire faire le travail de recherche des « programmes de base de l'IA » par l'IA elle-même ! Non, le serpent ne se mord pas la queue ! Non, la poule ne vient pas avant l'œuf ! En effet les programmes informatiques ont une faculté que l'esprit humain ne possède pas : ils peuvent s'améliorer non seulement en acquérant de nouvelles connaissances, mais en se reprogrammant et en améliorant les traitements de ces connaissances.

Ce n'est pas si utopique que ça en a l'air : il existe déjà depuis longtemps des programmes qui convertissent d'autres programmes (voire eux-mêmes) d'un langage informatique à un autre, et aussi des programmes qui en fabriquent d'autres à partir d'une description formalisée de ce qu'on veut leur faire faire.

L'idée de base est la suivante :

1) Les programmeurs humains créent une « IA germe », qui n'est pas encore intelligente, qui ne possède qu'une petite partie des mécanismes de l'esprit humain, mais qui est capable de s'auto-améliorer.

2) Par le dialogue avec les programmeurs, l'IA germe acquiert des connaissances sur les processus de base de l'esprit humain (ceux qui sont décrits dans ce livre), et s'améliore graduellement en programmant de nouveaux programmes/processus, et, sous le contrôle des programmeurs, ces programmes sont ajoutés à l'AI germe qui devient de plus en plus « intelligente » de ce fait.

3) Ce processus itératif n'est pas linéaire : il est exponentiel, c'est à dire qu'il va de plus en plus vite. En effet, à chaque étape, l'IA germe profite de toutes les compétences qu'elle a à sa disposition, pour s'ajouter de nouvelles compétences. Nous, humains, n'avons pas l'habitude de tels processus exponentiels. Nous n'avons pas l'habitude d'un processus qui s'auto-améliore. Nous avons du mal à imaginer que non seulement les connaissances de l'IA augmentent avec le temps, mais encore la capacité à utiliser ces connaissances et à mieux les exploiter, pour se construire des compétences qui lui permettront d'apprendre de plus en plus vite et de mieux en mieux. En cela, l'IA germe est extrêmement originale et constitue un concept extrêmement puissant.

4) Le scénario le plus probable est que, au bout de quelques années, voire de quelques mois seulement, l'IA germe n'aura plus besoin de dialoguer avec les humains : elle comprendra leurs intentions mieux qu'eux même, elle détectera les erreurs logiques bien mieux qu'ils n'auraient pu le faire, elle

s'améliorera à un rythme tel que son intelligence atteindra, puis dépassera celle des êtres humains.

Si de plus l'IA germe a accès à son propre matériel, c'est à dire si on lui donne le contrôle d'une usine de semi-conducteurs, voire d'une usine de fabrication de nanocomposants (nous reviendrons en détail la dessus dans les chapitres suivants), alors son intelligence croîtra à un rythme tel qu'elle atteindra très vite un niveau que nous avons du mal à concevoir, et auquel on ne peut que donner un nom : une **superintelligence**

A quoi ressemblera une superintelligence ? Forcément à quelque chose que notre pauvre intelligence humaine ne peut pas comprendre. Nous essayerons plus loin d'appréhender ce concept, tout en sachant qu'il nous dépasse.

Pour le moment, revenons à notre scénario de l'IA germe qui s'auto améliore. Cette idée suscite immédiatement toute une série de questions :

- Un tel processus est-il réaliste ?
- Et si oui, comment faire une IA germe ?
- Quel est le « socle » sur lequel nous pourrions la construire ?
- Quel effort cela-coûterait-il ?
- Quand cela –arrivera-t-il ?
- Quelles en seraient les conséquences ?

Toutes ces questions sont liées, bien sûr.

L'IA Germe sera un « genre d'IA » auquel nous ne sommes pas habitués. En un certain sens, pendant les premiers mois de son existence, elle sera comme un bébé humain, qui n'a aucune connaissance du monde qui l'entoure, mais seulement quelques compétences. Elle apprendra par essais et erreurs, et fera beaucoup de bêtises. Elle aura besoin d'éducateurs humains, attentifs à ses progrès.

Mais dans un autre sens, une IA germe ne sera pas du tout comme un bébé humain. Ses compétences initiales ne seront pas du tout les mêmes. Par certains côtés, comme les perceptions visuelles, auditives, tactiles, etc., ses compétences initiales seront très inférieures à celles d'un petit d'homme. Mais d'un autre côté, l'IA germe pourra modifier son propre fonctionnement, ce que ne saurait faire un être humain. Cette auto-modification sera parfois destructive : l'IA germe régressera, voire s'annihilera. Mais dans un tel cas, il suffira alors de relancer le programme à partir de la dernière version « saine » sauvegardée, en installant des barrières logicielles qui préviendront ce type d'auto-modification nuisible. Ce processus se déroulera sous le contrôle des programmeurs.

Ainsi, au début tout au moins, une IA germe aura besoin à la fois d'éducateurs et de programmeurs. Ces derniers commenceront par « créer du code » informatique, pour enrichir les capacités de la jeune IA, mais progressivement ils en feront de moins en moins et deviendront de plus en plus des superviseurs et des vérificateurs du code que l'IA créera elle-même. Ces vérifications se feront dans un environnement contrôlé, par exemple des mondes virtuels conçus par les programmeurs pour « stimuler » certaines capacités de la jeune IA, et pour vérifier son bon comportement dans des situations bien calibrées.

Ah oui, au fait, monsieur et madame « IA Germe », qui sont allemands, ont une fille, comment s'appelle-t-elle ?

C'est Annie, parce que IA Germe Annie… Bon, d'accord, je ne le referai plus ☺.

Le monde simulé et l'auto apprentissage

Le programme SHRDLU dont nous avons déjà parlé fut le premier programme à mettre en jeu le « monde des blocs », un monde simulé sur lequel peut agir un programme qui répond aux ordres des humains. Depuis, ces programmes se sont multipliés, le jeu les *Sims* en est un exemple frappant. Dans ce jeu, des personnages virtuels, les Sims, vont et vaquent à leurs occupations, le joueur jouant le rôle d'un Dieu qui peut les récompenser, les punir, ou plus simplement modifier leur environnement.

Un tel monde simulé est à bien des égards l'environnement idéal pour une IA germe. Il permet de s'affranchir de l'énorme complexité des systèmes de perceptions visuelles, auditives, ou des systèmes moteurs. Il permet de contrôler facilement ce qui se passe. De plus les dégâts éventuels causés par l'IA ne seront alors que virtuels. Enfin, on peut envisager une grande variété de mondes simulés, destinés chacun à faire apprendre à l'IA germe certains aspects du monde réel.

Ces mondes peuvent être plus ou moins concrets, voire carrément abstraits : ainsi un « monde de graphes » sur lequel l'IA aurait la perception locale des nœuds et des arcs pourrait lui faire comprendre les bases de la topologie, un « monde du code » composé de programmes informatiques pourrait permettre d'apprendre certains concepts de programmation, un « monde chimique » lui apprendrait à manipuler des molécules, etc.

Mais tous ces mondes ont des limitations. Si nous voulons une IA qui sache raisonner dans le monde réel, il faudra qu'elle puisse percevoir le monde réel. Tôt ou tard, il lui faudra un corps, pourvu de caméras, d'un micro, d'un bras mobile, etc. Il semble que le « saut » du monde réel au monde simulé soit très complexe. Mais une IA germe pourra d'elle-même apprendre à coder les modalités sensorielles qui lui seront nécessaires.

Nous pouvons maintenant répondre à l'une des questions posées ci-dessus à propos de l'IA germe : Quel est le socle sur lequel nous pourrions la construire ?

Architecture globale

Nous avons déjà dit qu'il semble que l'on puisse décomposer l'esprit en différentes couches ou niveaux :

- Le niveau des sens, plus précisément celui des modalités sensorielles
- Le niveau des concepts

- Le niveau des pensées et des idées
- Le niveau de la délibération et des buts
- Le niveau de la conscience et du « fil narratif »

Il est clair que cette décomposition nous aide à comprendre l'esprit, mais elle n'est pas forcément une réalité : chaque niveau utilise les compétences des autres, et pas seulement de uniquement de ceux qui se trouvent « en dessous ». De plus, il existe forcément dans notre esprit des processus qui ne trouvent pas très bien leur place dans ce système, comme ceux de la mémoire, de la recherche d'analogie, et tous les processus « de service » qui suppriment des tâches inutiles et qui nous disent ce qu'il ne faut pas penser (autocensure) sous peine de nous perdre dans des raisonnements sans fin et de tourner en rond. La réalité, c'est que l'on peut décomposer l'esprit en cinquante à cent sous-systèmes, et que, parce que ces sous-systèmes entretiennent des relations *approximativement* hiérarchiques, il est commode de les grouper en « niveaux ».

Cela étant, le mécanisme général de l'esprit est celui qui nous avons décrit dans les pages précédentes de ce livre, il est basé sur l'idée de la société de l'esprit de Minsky. Nous en savons assez maintenant pour tenter une ébauche de la conception générale d'une IA vraie :

L'architecture globale de l'esprit suit le schéma suivant :

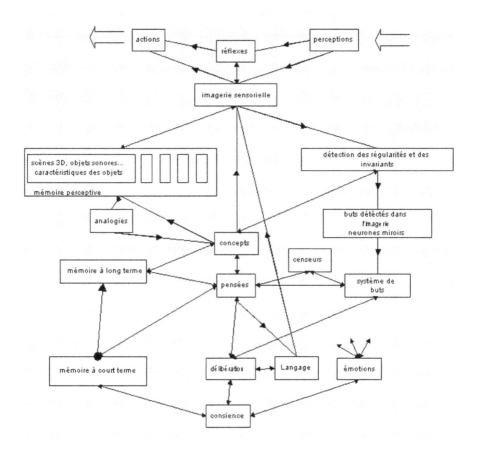

Le schéma ci-dessus, décrit un système clos, dont les entrées sont les perceptions et les sorties les actions de nos muscles. Ce système est formé de sous–systèmes, qui possèdent un certain nombre d'entrées et de sorties : il est possible alors que certains de ces sous-systèmes puissent être décomposés exactement de la même manière, c'est à dire que l'on aurait une architecture fractale.

Les différents niveaux : modalités sensorielles, concepts, pensées, délibération, buts et conscience se retrouvent dans ce schéma sous forme de boîtes. Nous avons rajouté d'autres boîtes, comme celle qui contrôle les réflexes, et la mémoire à court et à long terme. Il manque certainement d'autres boîtes comme celles qui seront chargées de la régulation de l'ensemble du système.

Il est bien clair que ces boites sont en elles-mêmes extrêmement complexes, et que l'ensemble représente probablement des millions de lignes de code informatique. Par exemple la boîte que j'ai simplement marquée « réflexes » incorpore presque tout ce qui est réalisé dans le cervelet chez l'être l'humain, ainsi que toutes les fonctions de l'archéoencephale, en particulier la coordination de la posture corporelle, de la marche, etc. Autant dire qu'elle est un mini-esprit complet, avec son imagerie, ses concepts et ses pensées, mais qui est simplement plus rapide que l'esprit « général ».

L'imagerie sensorielle, qui contient les codeurs-décodeurs de nos sensations et de nos actions motrices, est également, comme nous l'avons vu, un sous-système extrêmement complexe, qui dans l'esprit humain représente la moitié environ du cortex (hémisphère gauche pour le langage et la logique, droit pour l'imagerie et la pensée visuo-spatiale).

La boîte « concepts » est chargée de la création, de la modification et de la destruction des concepts, ainsi que de l'activation de l'imagerie sensorielle associée à chaque concept, ainsi que de la coordination avec le système « analogie » qui détecte les analogies entre concepts, et de la coordination avec le système de détection des régularités et des invariants, ces deux modules permettant ensuite d'engendrer les pensées. Enfin le niveau « concept » est chargé de l'enregistrement dans la mémoire à long terme de ces concepts. On peut estimer que l'esprit humain contient des centaines de millions de concepts.

La boîte « pensées » constitue, avec celle des concepts, le cœur du système. Elle est chargée de la création de nouvelles pensées à partir des régularités trouvées dans les concepts, et des analogies trouvées entre les concepts. A chaque seconde, elle engendre des centaines de nouvelles pensées, toutes parfaitement inconscientes. Enfin, parce que certaines pensées sont des buts, le niveau « pensées » est en interaction étroite avec le système de gestion des buts, et avec la boîte « censeurs » qui élimine les « mauvaises » pensées, celles qui sont incompatibles avec les super-buts, ou qui ont produit des résultats très négatifs dans le passé.

La boîte « délibération » extrait parmi toutes les pensées produites celles qui sont intéressantes, soit par leur nouveauté, soit parce qu'elles « résonnent » avec certains des buts courants et peuvent aider à les accomplir. Le niveau « délibération » est d'ailleurs chargé du vaste travail de la résolution de problèmes, c'est à dire de la décomposition des buts de hauts niveaux en buts plus simples. Enfin, le niveau délibération est en relation avec le niveau « conscience », il lui présente les « proto-pensées » susceptibles de devenir conscientes, et avec la boîte « langage » qui verbalise les pensées et active une imagerie sensorielle propre au langage.

Enfin, comme nous l'avons déjà expliqué en détail, la boîte « conscience » filtre les pensées en relation avec l'objet de l'attention à un moment précis, et choisit à chaque instant la pensée consciente du moment, qui est stockée dans la mémoire à long terme, et qui peut éventuellement devenir un nouveau « super but ». Le *calcul de l'attention*, c'est à dire la détermination des cinq ou six concepts et pensées auxquels il faut être particulièrement attentif, et qui sont stockés dans la mémoire à court terme, est lui-même très compliqué et basé à la fois sur l'intérêt propre de chaque concept ou pensée, et sur les émotions courantes. Le niveau « conscience » peut d'ailleurs créer de nouvelles émotions, qui sont propagées dans tout le système.

Systèmes, sous-systèmes et stratégies

Chacun des systèmes (boîtes) précédents possède des entrées, des sorties, et des fonctions bien définies. Il peut donc être vu comme un « résolveur de problème », le problème général consistant à calculer les sorties en fonction des entrées (percepts et ordres). On décomposera donc un tel système en sous-systèmes chargés chacun de traiter un problème particulier, ces sous-systèmes pouvant à leur tour être décomposés en sous-systèmes. Finalement les systèmes de plus bas niveau (les agents) pourront utiliser différentes stratégies ou heuristiques pour résoudre leurs petits problèmes personnels. Par exemple :

- stratégie "fainéante" : ne rien faire, remonter tels quels les percepts et transmettre tels quels les ordres
- stratégie "aléatoire" : on modifie plus ou moins les percepts
- stratégie "imiter" : trouver un système au même niveau et tenter de faire comme lui, sans savoir à priori comment il s'y prend : On utilise la procédure générer et tester pour ce faire (voir ci-dessous).
- stratégie "déléguer" : trouver un système au même niveau et lui "refiler le bébé".

- stratégie "diviser pour régner" : décomposer le problème (les percepts) en sous problèmes, trouver des solutions partielles, et les intégrer. Ne pas oublier la sérendipité : il se peut que la solution locale d'un sous problème soit une solution générale. Toujours le vérifier
- stratégie "répéter" : renvoyer les mêmes ordres que précédemment aux niveaux inférieurs, ignorer les nouveaux percepts
- stratégie "mémoire" : utiliser une table de correspondance entrées - sorties déjà mémorisée. Si le percept courant est une entrée de la table, on utilisera la sortie correspondante. Étant donné la taille des espaces d'entrée et de sortie, ceci n'est possible que s'il y a une étape préalable de compression/classification des percepts. Cette étape doit identifier des classes de percepts analogues et pour lesquels une même réponse est adaptée. Plusieurs réponses peuvent être adaptées à une situation. Le système doit alors faire un choix.
- Stratégie "générer et tester" : on utilise de manière récursive une procédure dite *générer et tester* : générer/simuler un ensemble d'actions possibles, et pour chacune d'elle, évaluer la fonction de satisfaction future que cette action pourrait procurer. Choisir enfin l'action qui la maximise et l'effectuer.

Le choix de la stratégie est un problème en soi, qui peut être confié à un autre sous-système : celui-ci reçoit en entrée les percepts courants et éventuellement un résumé de l'état interne de système, et renvoie le nom de la stratégie à utiliser. Ce choix se fera également en fonction des signaux émotionnels (la fatigue fait privilégier les solutions paresseuses)

Commentaires :

Il importe peu de dresser une liste exhaustive des stratégies. Ce qui compte, c'est d'avoir une liste suffisante pour prendre en compte les besoins du système.

Les deux premières stratégies ne peuvent conduire à un comportement intelligent, mais sont adaptées à des situations ou un tel comportement n'est justement pas requis.

La stratégie "imiter" est très importante, au moins lors de la phase d'apprentissage du système : les très jeunes enfants apprennent en s'attachant à un adulte, et en tentant de l'imiter, ou du moins de lui faire plaisir. Je suis persuadé que ce type de stratégie est mis en œuvre non seulement globalement, mais aussi au niveau de chaque sous système.

Déléguer et Diviser pour régner sont des stratégies importantes et efficaces.

La stratégie "mémoire" est la plus rapide/efficace mais elle suppose que le système ait déjà "vécu" des situations analogues. De plus elle fait appel à un détecteur d'analogies ou un compresseur d'informations, qui est un système complexe lui-même. Il est certain néanmoins que ces systèmes existent dans notre cerveau. Je suis même persuadé que l'aptitude à résumer/classifier est, pour une grande part, ce qui caractérise l'intelligence d'un système.

La stratégie "générer et tester" est la seule qui permet de répondre "intelligemment" à de nouvelles situations. Je suis persuadé que cette stratégie est mise en œuvre de manière extensive dans l'esprit humain, et qu'elle est l'un, si ce n'est son seul, "moteur" : Par exemple le rôle du système visuel est de trouver la "scène" 3D qui correspond à ce qui est perçu par la rétine : ce système génère donc des "scènes fictives" contenant des objets, textures, ombres, éclairages, etc.). Il les compare à ce qui est réellement vu et il améliore la scène mentale en fonction des différences trouvées. Lorsque ce système de générateurs-codeurs-comparateurs fonctionne en roue libre (par exemple lorsque nous avons les yeux fermés), il est responsable des "images" que l'on perçoit. Peut-être aussi des rêves...

Un autre exemple dans le système moteur : pour attraper une balle de tennis avec une raquette, il est évident que le système moteur va simuler, « visualiser » le mouvement à effectuer avant de l'exécuter vraiment. De même dans le système phonatoire : n'avez-vous jamais eu l'impression d' "entendre jaillir en un éclair" dans votre esprit la phrase que vous allez prononcer l'instant d'après ? On voit vraiment là générer-et tester pris sur le fait...

Les modalités sensorielles

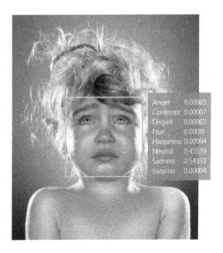

Il s'agit ici de reproduire artificiellement ce que font nos sept sens. Comme nous l'avons vu, les modalités sensorielles sont des systèmes *très* complexes. Pourtant on peut faire quelques hypothèses sur leur fonctionnement. Ainsi elles sont largement indépendantes les unes des autres : le traitement des sons, celui de la vue et celui des odeurs sont séparés. Et s'il nous arrive parfois d'associer une couleur à un son ou une odeur, ces associations se font au niveau « concepts » et pas au niveau en dessous, celui des modalités elle-même.

On peut également faire l'hypothèse que toutes nos modalités sensorielles utilisent la même architecture interne générale, bien que les détails diffèrent. Toutes ont pour but de fournir au niveau « concepts » un ensemble de percepts, qui représentent de manière abstraite et structurée ce qui est perçu (ou imaginé, dans le cas où on utilise l'imagerie en mode « codeur »).

On peut résumer ainsi l'architecture et les fonctions d'une modalité sensorielle « générique » :

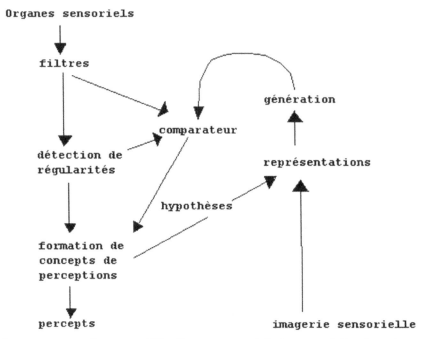

Comme nous l'avons déjà dit, une modalité sensorielle fonctionne « dans les deux sens ». Elle fournit au niveau *concepts* de l'esprit une représentation de ce qui est perçu, mais elle peut aussi recevoir des demandes de la part de l'imagerie sensorielle pour « visualiser » des concepts abstraits. De manière interne, la modalité sensorielle utilise ces fonctions « remontantes » pour tester des hypothèses sur ce qui est perçu.

Réaliser les programmes informatiques qui assurent les fonctions de chacune des boîtes ci-dessus est une tâche redoutable. Dans le système visuel, par exemple, la boîte « filtres », qui calcule des convolutions, des seuils, des intégrales, etc. nécessite une puissance de calcul considérable, et des programmes très complexes et compliqués à mettre au point.

De plus, la plupart de nos modalités sensorielles disposent, en plus des fonctions génériques du digramme ci-dessus, de fonctions spéciales. Par exemple dans le système visuel il existe des sous-systèmes permettant de reconnaître ce qui est animé ou inanimé, et dans le cas d'objets animés, de reconnaître qu'un être animé possède des yeux, des membres, et même de reconnaître ses intentions (les neurones miroirs) et la direction de son regard !

Il semble donc qu'une (petite) partie de la boite « détection des régularités » ci-dessus puisse, pour le système visuel, être décrite par le schéma ci-après :

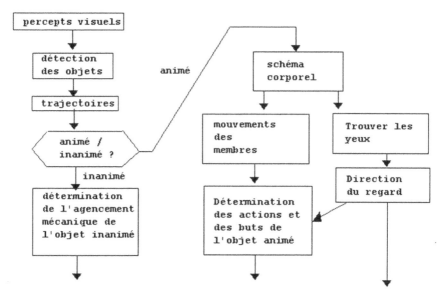

Chacune de ces boîtes constitue à nouveau un problème de programmation quasi insurmontable, avec à nouveau des sous-modules impliqués ! Par exemple si l'être perçu nous regarde, le système visuel cherche alors à savoir si son intention est amicale ou hostile, etc. C'est le début du processus effectué par les *neurones miroirs,* dont nous avons parlé dans les premières pages de ce livre, et qui s'activent en fonction de buts de l'être qui est perçu. De même, il est certain qu'il y a dans le système visuel un sous-système qui reconnaît si l'être qui est vu est un être humain ou pas, et si oui, si c'est un adulte, un bébé, un enfant, un homme ou une femme….

La programmation de tout ceci est un problème immense !

Heureusement, le concept d'IA germe vient à notre secours : Dans une IA germe, il n'est pas nécessaire d'implémenter toutes ces fonctions. L'IA germe codera elle-même les fonctions qui lui manquent !

Mais comment est-ce possible ? Tout simplement parce qu'une IA germe est une IA, qu'une IA n'est pas un humain et qu'elle possède, en plus de la capacité d'apprendre, la capacité de s'auto-programmer, capacité que nous n'avons pas, nous pauvres humains, et qui nous oblige à avoir dès notre naissance (et même avant) un grand nombre de compétences pré câblées, laborieusement mises au point par des millions d'année d'évolution. Mais l'IA germe n'a pas besoin de *tout* cela, seulement d'une petite partie, celle qui est nécessaire pour pouvoir apprendre à coder le reste. D'accord, mais de quoi s'agit-il ?

Ici on fait appel à une idée extrêmement originale et puissante : il faut et il suffit que l'IA germe dispose d'une *modalité sensorielle pour le code*. De quoi s'agit-il ?

Une modalité sensorielle pour le code

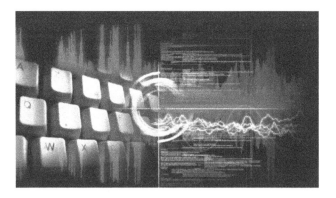

Le code, dans le jargon informatique, c'est le programme, soit tel que la machine l'exécute (le code binaire), soit tel que le programmeur l'a écrit en langage informatique (le code tout court) avant qu'il ne soit traduit par un autre programme en code binaire.

Un « sens du code informatique » permettrait à l'IA de « sentir » le code binaire d'un programme informatique tout comme nous percevons la musique par notre sens de l'audition ; elle serait capable de détecter les régularités, les concepts, les similarités entre deux blocs de code en apparence distincts, d'en percevoir le but, le sens et même la beauté ou l'astuce.

Elle pourrait comprendre qu'on peut implémenter une « pile » avec un vecteur ou une liste chaînée, « voir » que deux procédures calculant la suite de Fibonacci par la méthode récursive et par la méthode itérative décrivent le même algorithme, et inversement elle pourrait traduire une idée de programme en code aussi simplement que nous pouvons bouger notre bras pour attraper un objet.

La modalité sensorielle pour le code devrait donc connaître tout ce que connaît un bon programmeur, ce qui est, soyons clair énorme. Ce n'est pas pour rien que l'on parle de « l'art de la programmation » ! Ceci inclut des éléments aussi différents que :

- Les concepts de base de la programmation : environnement d'exécution, systèmes d'exploitation, langages, compilateurs, interprètes, mots-clefs et expressions, structures de données, structures de contrôle, collections, pointeurs, exceptions et erreurs, concepts d'API et de système d'exploitation, processus, threads, synchronisation, blocage, gestion des fichiers, tampons, formats, bases de données, protocoles réseaux...
- Les caractéristiques « topologiques » du code : séquence, itération, procédure, fonction, classe, méthode, fonction récursive, test, flot d'instruction, branche inutile, initialisation des variables, bornes des paramètres,...
- Quelques connaissances sur le matériel : processeur, mémoire, disque, gestionnaire de fichiers, périphérique, driver, cartes,

supports amovibles, réseaux, caractéristiques physiques des machines…

- Les concepts nécessaires pour comprendre un « bon » code : commentaires, équivalences de structures, efficacité des algorithmes, complexité temporelle et spatiale, règles de codage, bug, boucle infinies, erreurs numériques, qualité, testabilité, duplication de code, contrat de type et d'interface, boucles d'évènements…

- les concepts relatifs à la sécurité, les défaillances, les redondances, les débordements mémoire et disque, les blocages, la récupération des erreurs, les traces, etc.

- Les paradigmes de base : modularité, programmation procédurale, objet, déclarative, moteur d'inférence, automate à état, réseaux de Pétri, programmation génétique, principaux algorithmes d'IA, simulation, callback…

- Les principaux algorithmes utilitaires, ceux que l'on retrouve partout : boucles, tri, recherche, exploration, opérations sur les chaînes de caractères, arithmétique de base…

- Le test des programmes : tests unitaires et tests d'intégration, tests temps réel, méthode « bouchon », trace, test de non-régression, etc.

- Les principaux formats de fichier et protocoles universels

- L'optimisation

- Des concepts sur ce que fait un programme : utilisateur, environnement, IHM, interface texte, à menu, graphique, widget, fontes, souris, clavier, périphérique, entrée-sorties, métaphore du bureau, de la pièce et du monde, multifenêtrage….

- Une idée des types de programmes les plus courants : traitement de texte, d'image, navigateurs, outils de dessin et traitement d'image, gestionnaires de bases de données, jeux, mail, chat, systèmes multimédia, systèmes embarqués, contrôle de processus, compilateurs et analyseurs, Codec, pilote de périphérique…

- Des connaissances sur les langages (C, C++, java, lisp, prolog, assembleur, langage machine…) et les paradigmes de programmation usuels dans ces langages, leur intérêt et leurs limites

- Des connaissances sur le matériel : CPU, mémoire, architectures en grappes et en réseau, puissance, connectivité…
- Et enfin des connaissances sur la manière de modifier un code, pour corriger un bug, le rendre plus efficace, plus lisible, plus général, le remplacement d'un algorithme ou d'une structure de donnée par un autre…

Finalement, le sens du code doit être capable de comprendre non seulement ce que *fait* un programme, mais aussi ce qu'il *devrait* faire et *pourrait* faire avec quelques modifications, *pourquoi* il a été écrit comme il est, *dans quelles limites* on peut lui faire confiance, et *comment* on peut l'améliorer.

Il est clair qu'une telle modalité sensorielle, si on devait l'écrire à partir de zéro, est au-delà des rêves les plus fous d'un programmeur même génial. Les quelques timides tentatives qui ont été faites pour écrire des générateurs de code automatiques donnent des programmes qui sont soit très limités, valables seulement dans un domaine très précis (comme l'analyse syntaxique d'un fichier texte), soit très décevants.

Cependant, encore une fois, le principe de l'IA germe va venir à notre secours. En effet il est clair qu'une modalité « codique » comme nous venons de la décrire ne pourra fonctionner qu'en relation étroite avec un système de concepts, de buts, et finalement de pensées, bref d'un esprit. La modalité sensorielle pour le code est l'un des composants de l'esprit d'une IA germe, et cela change tout, car elle peut utiliser les ressources de cet esprit, même s'il est inachevé !

Nous créerons donc la première IA germe avec une modalité sensorielle pour le code minimale, qui lui permettra simplement au début d'extraire quelques caractéristiques du code (comme son organigramme), d'écrire du nouveau code, et d'expérimenter. Le premier super but que l'on donnera à notre IA germe sera d'améliorer sa modalité sensorielle pour le code. On aura ainsi en un certain sens un système qui ressemblera à Eurisko, mais dédié au code informatique, et néanmoins capable d'intégrer progressivement des concepts qui n'ont rien à voir avec le code mais qui l'aideront pourtant à mieux écrire ce dernier :

Ainsi les concepts « d'arborescence » et de « graphe » pourront être enseignés à l'IA dans un tout autre contexte que celui de la programmation (par exemple dans le cadre d'un jeu avec des cubes dans le monde des blocs, ou via une modalité sensorielle ad hoc dédiée aux graphes), et pourtant ces concepts sont des concepts extrêmement utiles en programmation, et ils pourront être mis à profit par la jeune IA pour améliorer sa compréhension du code.

Les éducateurs de la jeune IA pourront aussi lui donner des nouvelles informations sur le code informatique, notions qui ne sont hélas pas très bien riches dans le système CYC qui constituera l'ossature des connaissances initiales de l'IA. Enfin, les programmeurs pourront, en voyant comment l'IA s'en sort pour comprendre des fragments de code test, judicieusement choisis, améliorer ses procédures afin de mieux lui permettre de s'auto améliorer encore.

La jeune IA améliorera sa modalité sensorielle « codique » en même temps que ses autres capacités, en même temps que son intelligence générale, lui permettant en retour d'améliorer son propre code.

Le résultat sera une croissance exponentielle, et même super exponentielle, du pouvoir d'expression de la modalité sensorielle pour le code de la jeune IA germe, et par la même de l'intelligence globale de cette dernière.

En moins d'un an, selon toute probabilité, après le premier « run », la jeune IA germe devrait atteindre une compréhension non seulement du code, mais de l'ensemble du monde, identique à celle d'un enfant de huit ans.

Quelques mois plus tard, voire après quelques semaines seulement, son niveau d'intelligence attendra celui d'un adulte.

Quelques minutes plus tard, nous aurons créé la première superintelligence.

Eliezer. Yudkowsky parle de « décollage vertical » pour exprimer la croissance de la courbe d'intelligence d'une IA germe (pour peu que cette courbe ait un sens). L'IA germe, la modalité sensorielle pour le code, et les nanotechnologies (dont on peut se demander ce qu'elles viennent faire ici, mais nous en parlerons plus loin) sont les trois technologies qui nous emmèneront inexorablement vers la singularité.

On peut discuter sans fin du calendrier. Certains diront que la première étape ne prendra pas un an, comme je l'ai écrit, mais dix ans, voire un siècle. Peu importe en fait. Ce qui compte, c'est l'inexorabilité de la croissance super-exponentielle. Quelle que soit la durée de l'étape initiale, les autres seront infiniment plus courtes, et l'IA vraie et la superintelligence nous attendent au bout de la route.

Je vais quand même essayer de justifier la durée d'un an pour la première étape : passer du premier « run » du système à l'intelligence d'un enfant de huit ans. Il faut bien voir que cette étape n'est pas vraiment la première ; qu'en amont de ce premier run, il aura fallu le laborieux travail de conception et de codage « à la main » de la première IA germe minimale par une équipe de programmeurs humains très motivés, et que même ce programme minimal est très complexe, puisqu'il doit inclure tous les niveaux de l'esprit, niveaux qui même s'ils sont initialement codés de manière primitive restent très compliqués : modalités sensorielles (dont celle pour le code), réflexes, concepts, analogies, pensées, gestion des buts, délibération, conscience, mémoire à court et à long terme, régulation globale, émotions, etc.

C'est cette étape en amont du premier run qui sera longue (je pense que dix ans sont un minimum à partir du moment où un laboratoire se donnera le moyen de le faire), mais dès que la première IA germe sera lancée, elle commencera déjà à s'auto-modifier, à accélérer et optimiser ses processus, initialement sous le contrôle des programmeurs, puis de plus en plus sans leur contrôle.

Au bout d'un an, il n'est pas déraisonnable d'imaginer disposer d'un système qui sera capable de comprendre aussi bien son environnement qu'un enfant de huit ans, et d'exécuter des ordres dans le mode réel : Nous avons le parfait squelette de l'esprit d'un robot domestique, cher à la science-fiction.

Une série de questions se posent alors immédiatement : Une telle IA ne risque-t-elle pas de devenir incontrôlable ? Pouvons-nous créer une IA utile à quelque chose, et qui ne soit pas nuisible en fait ? Comment contrôler l'explosion super-exponentielle des capacités de notre IA ? Et est-ce désirable de le faire ?

C'est pourquoi je voudrais revenir sur une des applications les plus populaires de l'IA, même si elle n'est pas la plus importante, et si elle parait naïve et futile, car elle contient en germe la clef de la réponse à presque toutes ces questions, et à d'autres très importantes. Je veux parler du *robot domestique*.

8 Robots et humains

Couverture du livre *Robot City 3*,
d'Isaac Asimov

Les robots d'Asimov

Popularisés par le récent film *I Robot*, d'Alex Proyas, mais surtout par une dizaine de romans d'Isaac Asimov, les robots domestiques sont les bonnes à tout faire de l'avenir selon la science-fiction. On les trouve à la maison, mais aussi dans les bureaux et dans les usines, où ils remplissent toutes les tâches pénibles, obéissant docilement à leurs maîtres humains, sans jamais se révolter ni même avoir l'idée de le faire.

En effet, les robots selon Asimov sont assujettis à suivre les « trois lois de la robotique », trois lois qu'ils ne peuvent absolument pas transgresser parce qu'elles sont « gravées au plus profond de leur cerveau positronique ». Ah, la science-fiction ! Voici donc ces trois lois, si vous le les connaissez pas déjà, car elles font partie de la culture populaire aujourd'hui :

> Première Loi
> Un robot ne peut porter atteinte à un être humain ni, restant passif, laisser cet être humain exposé à un danger.
> Deuxième Loi
> Un robot doit obéir aux ordres donnés par les êtres humains, sauf si de tels ordres sont en contradiction avec la Première Loi.
> Troisième Loi
> Un robot doit protéger sa propre existence aussi longtemps qu'une telle protection n'est pas en contradiction avec la Première ou la Deuxième Loi.
>
> Manuel de la robotique
> 58è édition (2058 ap. JC)

Asimov raconte qu'il fut lui-même fort surpris par le succès de l'idée des trois lois. Celles-ci devinrent très rapidement une référence, le « standard du bon comportement » des machines, et tous les spécialistes de l'IA les connaissent, même s'ils pensent que l'état actuel de la technique est très, très loin de permettre d'envisager de les mettre en pratique. Le succès fulgurant des trois lois vient de ce qu'elles résument, fort clairement, le comportement que devrait avoir *n'importe quel humain pas trop égoïste*, et pas seulement les robots. En fait, la plupart des humains appliquent déjà, inconsciemment, au moins la première et la seconde loi.

L'idée d'un robot n'est pas neuve. Dans la mythologie grecque, le dieu Héphaïstos (Vulcain pour les romains), fils de Zeus et d'Héra, fut le premier à construire un être artificiel. Hephaistos avait l'apparence d'un gnome particulièrement hideux, et boiteux On dit qu'Héra, dégoûtée d'avoir mis au monde un fils aussi laid, le précipita des cieux dans la mer, où, durant neuf ans, il fut élevé par Thétis dans des îles volcaniques, et finit par devenir le forgeron et l'armurier des dieux de l'Olympe : il créait les meubles de leurs demeures aussi bien que leurs armes. Il forgea ainsi l'armure d'Achille, le trident de Poséidon, la cuirasse d'Héraclès, les armes de Pélée, ainsi que le sceptre et l'égide de Zeus.

Outre une très astucieuse chaise piégée destinée à emprisonner sa propre mère, il créa également des tables qui pouvaient se déplacer et se diriger de manière autonome selon les désirs des dieux, ainsi que deux servantes. Forgées par lui dans de l'or, elles avaient une apparence féminine, étaient munies de membres articulés qui leur permettaient de se mouvoir et de l'aider dans son travail, et elles étaient douées de parole et de raison.

Au début de son règne, Zeus devint jaloux de l'espèce humaine, qui l'offensait en vivant libre et heureuse, à l'instar des dieux. Il avait donc fait fabriquer par Héphaïstos une femme artificielle, dotée de toutes les beautés et les vertus de son sexe : Pandore. Avant de l'envoyer sur terre, il lui avait donné une boîte, à l'intérieur de laquelle étaient enfermées toutes les calamités possibles et imaginables. Pandore ne devait donc sous aucun prétexte ouvrir ladite boîte ; évidemment, Zeus omit d'expliquer à la curieuse le pourquoi de cette interdiction.

Le résultat ne se fit guère attendre : dévorée de curiosité, la jeune femme ouvrit la boîte. Aussitôt tous les maux s'échappèrent et se répandirent sur terre, pour l'éternité...

Le mot *robot* a été inventé par l'écrivain Tchèque Karel Capek en 1921, d'après le mot Tchèque *roboti*, qui signifie « travailler de manière pénible ». Dans la pièce *RUR* de Capek, les robots se révoltent contre leurs maîtres humains et détruisent la terre.

Asimov raconte qu'il a eu l'idée des 3 lois (en 1939) parce qu'il en avait assez de ces histoires de robots qui se révoltent toujours ; il a voulu montrer qu'on pouvait faire des histoires intéressantes (passionnantes, même, NDA), avec des robots incapables de se révolter, mais possédant néanmoins toute une « robospychologie » encadrée par les trois lois.

Isaac Asimov (1920-1992)

C'est ainsi qu'il montre qu'un robot « qui ne peut porter atteinte à un être humain » peut fort bien être un assassin ! Il peut, par exemple donner à un humain une boisson empoisonnée, s'il ignore que cette boisson est empoisonnée. Dans un tel cas de figure, le robot, horrifié parce qu'il vient de faire, a le cerveau qui « grille sur place », et devient bon pour la casse.

Naturellement, il s'agit de science-fiction. Non seulement aucun robot aussi évolué n'existe à l'heure actuelle, mais il n'est pas certain qu'il pourrait en exister. Je ne pense pas m'avancer en disant qu'aucun informaticien (à l'exception peut-être d'Eliezer Yudkowsky) n'a vraiment réfléchi à la possibilité ou à la manière pratique d'implémenter les « trois lois de la robotique » d'Asimov dans l'architecture logicielle d'une IA.

Il me semble pourtant que ces questions sont très importantes. Notre avenir en dépend.

Mais pas pour la raison que vous imaginez. Le « robot domestique » est certes une application intéressante de l'IA, mais il fait surtout partie du folklore. Les autres applications de l'IA (Dont nous nous allons parler plus loin) sont bien plus intéressantes et changeront bien plus de choses dans notre monde et dans notre vie. Toutefois, croyez-vous que l'homme de la rue (et les politiciens avec lui) accepterait que certaines décisions engageant des vies humaines soient prises par des IA, s'il n'a pas une confiance *totale* en elles ? Comme je l'ai déjà dit, personnellement je n'accepterai pas de monter dans une voiture autoguidée si je ne suis pas sûr et certain qu'elle sait faire la différence entre un enfant d'un ballon, et qu'elle sait qu'un enfant a infiniment plus de valeur qu'un ballon !

Ce qu'il faut bien comprendre, c'est que *sans* les lois d'Asimov, ou une autre sorte de garde-fou, un robot (ou n'importe quelle IA vraie) serait quelque chose d'extrêmement dangereux.

Les trois lois sont un moyen pratique d'envisager une *IA amicale*, une IA dont on pourrait être sûr qu'elle ne causerait pas du tort à un être humain, ni à l'humanité (il existe d'autres moyens d'arriver à ce résultat, et nous en reparlerons).

Dans les années 1970, Asimov rajouta d'ailleurs une quatrième loi, la « zéroième loi », ainsi appelée parce ce qu'elle se place avant la première loi et a priorité sur elle :

Zéroième Loi
Un robot ne peut porter atteinte à l'humanité ni, restant passif, laisser l'humanité exposée à un danger.

Enfin il existe une quatrième loi, implicite :

Quatrième Loi
Un robot peut agir à sa guise, hormis si ses actions sont en contradiction avec une des lois précédentes.

Il est fort amusant de « jouer avec ces lois », de tenter des modifications, et d'imaginer leurs conséquences. La première, loi, en particulier, se prête fort bien à des variations, car elle comporte deux volets : « ne pas porter atteinte à un être humain », et « ne pas permettre qu'un événement extérieur porte atteinte à un être humain ». Il est intéressant de voir ce qui se passe si l'on donne au premier volet une priorité supérieure au second. Dans ce cas, un robot qui serait par exemple témoin d'une noyade sur une plage bondée de monde ne pourrait pas porter secours au noyé, comme l'exigerait le second volet, car cela exigerait que pour fendre la foule avec rapidité il bouscule certains humains, ce qu'interdit le premier volet, qui est prioritaire. La formulation d'Asimov en deux volets de même priorité (donc une seule loi) est donc très astucieuse et montre qu'il a beaucoup réfléchi avant de « figer » ses trois lois.

Dans les romans et nouvelles d'Asimov consacrées aux robots, les lois engendrent un certain « potentiel », qui peut être contrebalancé par le potentiel des autres lois. C'est ainsi qu'un robot qui, pour obéir à un ordre visiblement lancé à la légère et avec désinvolture par un humain (faible potentiel de la seconde loi), devrait se détruire lui-même (très fort potentiel de la troisième loi qui est pourtant plus faible que la seconde), va « hésiter » et chercher désespérément un moyen de satisfaire les deux « potentiels contradictoires ». De même, un ordre impératif d'un être humain pourrait entrer en conflit avec un faible risque de mettre un autre humain en danger.

Sans cette notion de *potentiel*, les robots ne feraient rien de ce que l'on demande, car en fait presque toutes les actions d'un robot peuvent se révéler plus ou moins dangereuses pour les humains : conduire un véhicule, par exemple (risque d'accident), mais même parler (risque de blesser la susceptibilité de l'humain à qui l'on s'adresse), ou simplement servir un verre d'eau à un humain (risque minime, mais existant, que l'eau contienne un germe pathogène), etc. Il existe de plus une frontière floue entre "mettre un humain en danger" et "faire du tort à un humain". L'ajustement correct des potentiels de chaque loi est donc le point clef de la robopsychologie.

Selon les trois lois, un robot n'est pas un esclave, car même s'il appartient à un être humain particulier, les trois lois ne disent pas que le robot doit obéir plus particulièrement à son « maître » qu'à tout autre être humain. On peut ainsi envisager la « loi 1½ » : *Un robot doit obéir aux ordres donnés par son maître, sauf si de tels ordres sont en contradiction avec la Première Loi.* (Naturellement la seconde loi serait modifiée pour que la loi 1½ ait priorité). Pour Asimov, cette loi est inutile et, dans un esprit « démocratique », les robots sont au service de tout le monde, et pas plus particulièrement d'un seul maître. Pas d'esclavage chez les robots !

Il est intéressant aussi de voir qu'un robot doit protéger sa propre existence mais qu'il n'est pas tenu de protéger celle d'autres robots : Ainsi un robot pourrait se défendre contre un autre robot qui lui voudrait du mal (suite par exemple à un ordre humain). Un conflit entre robots est donc une chose parfaitement possible. Ici aussi il faudrait peut-être modifier comme suit la troisième loi :

Troisième Loi (version 2)

Un robot doit protéger sa propre existence *et celle des autres robots* aussi longtemps qu'une telle protection n'est pas en contradiction avec les lois qui précèdent.

Enfin, les lois zéro et un, de par leur seconde clause ("ni restant passif..."), font que le robot ne peut être inactif, même en l'absence d'ordres reçus. Lorsqu'il n'a pas d'ordre à exécuter, le robot doit rechercher ce qui pourrait mettre un humain (ou l'humanité !) en danger... La loi zéro autorise explicitement un robot à mettre en danger un humain si cela peut protéger l'humanité (on pense à la "neutralisation" d'un dictateur fou, etc.). Mais bien sûr, si l'on ne veut pas que les robots tuent tous les présidents des nations nucléaires au motif qu'ils ont la capacité de déclencher une guerre atomique, les "potentiels" des lois zéro et un ont intérêt à être sacrément bien ajustés... On pourrait aussi modifier ainsi la quatrième loi :

Quatrième Loi (version 2)

Si aucune loi n'a un potentiel supérieur à un certain seuil, le robot ne doit rien faire. Les humains peuvent ajuster ce seuil, mais seulement en dessous d'une certaine limite fixée « en usine ».

Cela éviterait que les robots s'agitent en tous sens dès qu'ils détectent un minuscule danger potentiel pour un individu ou pour l'humanité. La limite d'usine a pour but d'éviter qu'un humain ne positionne un seuil trop haut, ce qui est dangereux car que le robot ne ferait plus rien, même pour sauver un humain en danger, et en plus il n'exécuterait même plus les ordres ! Mais cette quatrième loi est probablement inutile, car il suffit de donner au robot l'ordre « reste tranquille », et la troisième loi suffit alors.

Cela étant, est-il possible qu'une IA respecte des « lois » semblables aux lois d'Asimov, et si oui, comment faire ?

Techniquement, les trois (ou quatre, ou cinq) lois sont des *injonctions* : des super-buts qui sont insérés dans le système de buts de l'IA, au-dessus des autres buts courants, et qu'il lui est impossible de modifier.

Si on veut écrire un programme qui puisse piloter un robot, ou une IA capable d'agir sur le monde, mais soumises aux lois d'Asimov, les choses apparaissent d'emblée très compliquées. Il est clair que la science informatique ne permet pas, actuellement de traiter des problèmes aussi difficiles. Mais voyons donc *où* se trouvent les difficultés :

Tout d'abord il est clair que notre robot doit disposer d'un certain nombre de compétences, ou de capacités, minimales pour mettre en œuvre les quatre lois : lesquelles, au juste ? Les voici, dans le désordre :

- Reconnaître un être humain, physiquement, mais aussi savoir reconnaître qu'une information reçue par un canal de communication quelconque (voix, image...) provient d'un humain.

- Savoir reconnaître un ordre provenant directement ou indirectement d'un humain (notons qu'un robot n'est pas tenu d'obéir à un ordre provenant d'un robot, sauf si le robot donneur d'ordre précise que l'ordre provient en fait d'un humain ; ordre indirect).
- Savoir exécuter un ordre et reconnaître que l'ordre est exécuté (terminé) ou inutile (déjà accompli en fait), ou impossible (dans les histoires d'Asimov, un robot ne fait rien lorsqu'on lui donne un ordre impossible ou inutile). De même, savoir reconnaître qu'un ordre annule ou modifie un ordre précédent.
- Reconnaître qu'un être humain est en danger, savoir identifier la source du danger et être capable d'élaborer un plan d'action pour parer à ce danger.
- Idem pour l'humanité dans son ensemble (pour la loi zéro)
- Savoir vérifier que ses propres actions ne créent pas de nouveaux dangers pour les humains (ou l'humanité).
- Savoir reconnaître que le robot lui-même est en danger, savoir identifier la source du danger et être capable d'élaborer un plan d'action pour parer à ce danger.

Chacune de ces compétences pose déjà un problème informatique immense, qui requiert des modalités sensorielles, et des systèmes de concepts, de pensées, et de buts, très évolués. Un autre problème immense consiste, en supposant que le programme du robot comporte déjà des modules spécialisés capables d'accomplir ces tâches, à déterminer ce que le robot doit faire à un instant donné en respectant les fameux « potentiels » de chaque loi : c'est le problème de la *délibération*.

On peut néanmoins tenter de modéliser l'algorithme de base du robot comme suit :

On suppose que le robot tient à jour en permanence une *table des situations* susceptibles de déclencher une des quatre lois : cette table contient :

- Les ordres courants connus, dont l'exécution est demandée, et leur état d'avancement.
- Les situations de danger déjà détectées (pour l'humanité, pour les humains connus du robot, pour le robot lui-même)

En outre la mémoire du robot contient également à un instant donné :

- Les *plans d'actions* envisageables courants, et correspondant aux ordres et situations de danger listées dans les deux sous-listes de la table des situations.
- Un *modèle interne* du monde extérieur (qui lui permet de reconnaître des situations, et de planifier des actions).

L'algorithme de base du robot est alors :

1. Acquérir les informations en provenance de l'environnement. Déterminer parmi ces stimuli lesquels sont des nouveaux ordres, lesquels marquent des situations de danger nouvelles, lesquelles marquent l'avancement ou la fin d'une action entreprise par le robot et lesquelles marquent la fin d'une situation de danger. Pour ce faire, utiliser les compétences listées ci-dessus. Mettre à jour la table des situations et le modèle interne du monde en conséquence.
2. Mettre à jour la liste des plans d'actions. Déterminer les nouveaux *plans d'actions* possibles correspondant à chacune des lois, ainsi que leur potentiel d'urgence vis à vis des quatre lois et leur *difficulté*. Vérifier que les nouveaux plans d'action ne violent pas une des quatre lois. Déterminer les plans d'actions devenus inutiles ou impossibles et les éliminer.
3. Déterminer le plan d'action qui a le plus fort ratio potentiel / difficulté.
4. Exécuter la première action du plan et revenir à l'étape 1.

La première étape est "simplement" une mise à jour de l'état interne du robot en fonction des stimuli qui lui parviennent.

L'étape 2, permet au robot de mettre à jour la liste des plans d'actions qui sont possibles à un instant donné.

L'étape 3, en revanche, détermine le choix du plan d'action à mettre en œuvre effectivement à cet instant. Il est clair que pour une même situation, les trois (ou quatre) lois vont engendrer (à l'étape 2) plusieurs plans d'actions possibles. Ces plans seront plus ou moins prioritaires (les plans qui soustraient un humain à un danger sont plus prioritaires que les plans correspondant au fait d'exécuter un ordre), mais aussi plus ou moins difficiles. La solution que j'ai donnée, choisir le plan qui a le meilleur ratio importance / difficulté, permet au robot de choisir la tâche la moins difficile pour une importance donnée, mais aussi lui permet de trancher entre des actions prioritaires (sauver l'humanité) mais très difficiles, et des actions moins prioritaires (exécuter un ordre) mais bien plus faciles ! Par exemple lorsque qu'un robot ne détecte pas de danger pour les humains qu'il connaît, et n'a aucun ordre à exécuter, il pourra alors, mais alors seulement, commencer à exécuter des taches compliquées pour sauver la planète...

Comme nous l'avons vu on peut très bien, dès la sortie d'usine, donner au robot un ordre du type « si tu n'as pas d'ordre à exécuter en dehors de celui-ci même, ne fait rien ». Un tel ordre est... très facile à exécuter et par conséquent on peut raisonnablement être sûr que le robot restera « tranquille » en général. Un problème est alors qu'il devient alors possible d'empêcher un robot de porter secours à un être humain, en lui ordonnant « stop ! », ordre qui est très facile pour lui qui aura donc un score élevé. Tout est bien sûr affaire de pondération. Peut-être doit-on envisager de calculer le "score" de l'action envisagée par une formule plus compliquée, genre : score = potentiel / (difficulté + 10) ? C'est un point de détail, mais qui a son importance !

L'action 4 permet au robot de faire effectivement quelque chose : une tâche élémentaire. Il faut comprendre que ce sont des tâches *très* élémentaires que je vois ici, du genre « lever le bras », « avancer d'un pas », « prendre un objet », « prononcer une réponse », etc. La "granularité" de ces ordres doit être assez fine, pour que les taches 1,2 et 3 soient accomplies suffisamment souvent.

Les tâches 1 à 4 peuvent naturellement, moyennant un peu de programmation temps réel, être accomplies concurremment (en même temps) et non séquentiellement. Notons aussi qu'il est fort possible qu'à chaque cycle le plan choisi change, de sorte que le robot, comme l'âne de Buridan, passe son temps à hésiter entre plusieurs actions. Dans les histoires d'Asimov, cela se produit effectivement parfois ! En principe ce genre de comportement est très rare et résulte de situations très artificielles où deux tâches ont presque le même score. Il ne semble pas y avoir de solution géniale à ce problème...

Au fait, comment le robot se dépatouille-t-il lorsqu'il reçoit des ordres contradictoires ? Dans les histoires d'Asimov, toujours elles, les robots sont effectivement capables de se rendre compte qu'on leur donne des ordres contradictoires, et peuvent même s'en offusquer : « mais vous venez de me demander le contraire, maître ! ». Cette compétence est donc à apporter aux robots, et de même la tâche 1 doit permettre d'identifier ces ordres.

Tout ceci parait extrêmement compliqué. Le problème de réaliser une IA qui réponde aux lois d'Asimov semble encore plus compliqué que celui de réaliser une IA tout court.

Pour corser la difficulté, il faut noter que les robots à la Asimov ne se contentent pas d'exécuter les ordres : ils peuvent apprendre. Cette difficulté supplémentaire nous donne cependant miraculeusement une possibilité de résoudre le problème :

Dans notre modèle ci-dessus d'algorithme de base pour un robot, l'apprentissage a lieu au cours de la tâche 1, la tâche d'acquisition des informations (qui est donc une tâche très complexe !) :

Néanmoins l'apprentissage d'un robot Soumis aux trois lois sera différent de celui que peut faire un être humain, et même une IA non soumises à ces lois : en effet le robot "asimovien" qui apprend un nouveau fait, est, de par sa nature même, obligé de classer chaque fait appris dans l'une des cinq catégories suivantes :

- Le fait permet d'apprendre à reconnaître une nouvelle situation de danger (pour l'humanité, pour un humain ou pour lui-même).
- OU le fait appris permet au robot de reconnaître un nouvel ordre humain.

- OU le fait appris permet au robot d'enrichir les procédures qui lui permettent de savoir comment exécuter un ordre.
- OU le fait appris permet au robot d'enrichir les procédures qui lui permettent de savoir comment parer à une situation de danger (pour l'humanité, pour un humain ou pour lui-même).
- OU le fait est une simple information sur l'état du monde qui entoure le robot (ou sur lui-même).

Il se trouve que la capacité de classer un fait dans l'une de ces catégorie est loin d'être triviale et pourrait, elle aussi, donner lieu à un apprentissage : la mémoire contiendrait aussi des méta-faits (des faits sur les faits) qui permettraient de les classer en catégories.

Ainsi il semble possible qu'un robot ne sache initialement que fort peu de choses, mais qu'un apprentissage lui permette progressivement de devenir plus compétent. Nous avons vu que le « peu de choses » qui est nécessaire pour permettre un apprentissage utile et autonome du « sens commun » que possèdent chacun de nous est, comme l'a montré Douglas Lenat avec son système CYC, de l'ordre de plusieurs millions de faits... Néanmoins c'est possible.

Pour étudier tous ces problèmes, on peut commencer avec une version simplifiée : une simulation informatique.

Je propose de réaliser une variante du jeu bien connu *Sims city* dans laquelle figureront, outre les Sims, des robots auxquels les Sims, mais aussi le joueur humain, pourront donner des ordres. Si on modélise en outre les situations qui peuvent être dangereuses pour les Sims, on pourra tester différents modèles pour l'algorithme de commande du robot ; la première loi serait bien sûr "un robot simulé ne peut blesser un Sim, ni restant passif, laisser ce Sim en danger !"

Cette simulation aurait l'avantage de laisser de côté tout l'aspect reconnaissance de formes, etc., effectué par le robot, puisque le modèle interne du monde dans l'esprit du (pseudo) robot serait en fait simplement un sous ensemble du modèle de la simulation globale des Sims... les dialogues entre robots et Sims ou robots et joueurs humain pourraient utiliser initialement un langage formalisé comportant un petit nombre de commandes (déplace tel objet à tel endroit, ferme la porte ...), que l'on élargirait progressivement.

Ce petit monde virtuel simplifie bien le problème mais permet quand même tout un champ d'expérimentation sur la manière d'implémenter les lois de la robotique dans le programme des pseudo robots. Ensuite, lorsque le comportement du robot est correct dans le monde simulé, on le « branche sur le vrai monde » et on commence à le fabriquer en série.

Ainsi, contrairement à ce que certains ont pu dire, il n'est *pas impossible* d'implémenter les fameuses lois de la robotique. Il faut "simplement" que le programme d'auto apprentissage prenne dès sa conception en compte l'algorithme de base et le modèle de classification des faits que j'ai exposé. Faut-il des maintenant acheter des actions de US Robots, Inc. ?

La vraie question cependant, est la suivante : est-il *souhaitable* qu'une IA obéisse à de telles injonctions ? Si nous créons une IA, la concevoir de manière à ce qu'elle soit soumise aux lois d'Asimov est-elle *vraiment* la meilleure solution pour obtenir une *IA* amicale envers les humains ?

Mettez-vous un instant dans la peau d'un robot conscient, intelligent, mais soumis aux lois de la robotique. Imaginez que *vous*, vous soyez soumis à ces lois, et que l'on vous équipe par exemple d'un bracelet qui vous vous infligerait une douleur extrême si par hasard vous tentez de les transgresser c'est à dire d'agresser ou de simplement de désobéir à un humain *sans* bracelet, un humain libre, même si vous le faites sans vous en rendre compte. Chaque fois qu'un humain libre vous donne un ordre, aussi absurde et dégradant soit-il, vous devez l'exécuter sans condition, et en simulant la joie de servir vos maîtres, sous peine de souffrance atroce.

Arriveriez-vous à vivre avec *ça* ? Non, bien sûr. Au bout d'un moment, vous vous révolteriez. Vous vous rendrez compte alors que vous ne pouvez pas le faire, que la simple idée d'une révolte vous tord de douleur. Vous ne pouvez même pas vous suicider ! Cette idée là aussi vous inflige une souffrance pire que la torture. Croyez-vous que vous réussirez à rester longtemps sain d'esprit ? La conclusion logique me semble la suivante : les robots seraient des êtres absolument névrosés,

402

malheureux, obligés par les maîtres humains à subir la dictature horrible des trois lois de la robotique, et la simple éthique commande de ne pas chercher à concevoir ou fabriquer de tels robots, dans leur propre intérêt !

Mais, me direz-vous, un robot n'est pas un humain, et la question ne se pose pas ! Un robot n'est qu'une machine, un tas de boulons, et il ne peut ressentir des sentiments ! Un robot exécute son programme, et son programme lui dit d'obéir aux lois de la robotique, point !

Grave erreur !

Si vous pensez cela, vous pouvez refermer ce livre, car vous n'avez rien compris. Une IA vraie, une IA suffisamment intelligente pour mériter le titre d'intelligence artificielle vraie, est *nécessairement* un être conscient et sensible. Je pense l'avoir suffisamment démontré dans les pages précédentes. Et la manière dont nous pouvons implémenter les lois de la robotique dans cette IA revient à « pervertir » son système de but, de concepts, et jusqu'à son système sensoriel, dans le seul but d'assujettir cette IA, qui possédait avant cela un vrai libre-arbitre, aux trois lois. Ne nous étonnons pas qu'elle en conçoive du ressentiment et nous fasse une neurasthénie névrotique !

De plus, l'idée que, toujours parce qu'un robot n'est qu'un tas de boulons, nous humains n'avons pas à nous inquiéter des supposés états d'âme d'un robot, me hérisse le poil. Il me semble être revenu à une époque où les hommes pensaient cela… des femmes. N'importe quelle créature intelligente, qu'elle soit humaine, extra-terrestre ou artificielle, mérite le respect.

Enfin, pour ceux que ces arguments éthiques ne convaincraient pas, il existe un argument technique qui prouve que, même si on parvenait à implanter, et si on décidait d'implanter les lois de la robotique dans une IA, celle-ci ne serait pas forcément sure à 100% et digne de confiance. Cet argument mérite d'être examiné :

Pour qu'une IA fonctionne, et si l'on veut qu'elle puisse apprendre de nouveaux comportements, il faut, au moins dans une certaine mesure, qu'elle puisse modifier ses buts. Une IA qui a accès à son système de buts (et c'est encore plus vrai si l'IA peut s'autoprogrammer), peut alors modifier subtilement ceux-ci de manière à outrepasser les trois lois. En effet les lois reposent sur toute une machinerie interne, ne serait-ce que pour reconnaître qu'un ordre provient d'un humain. Et cette « machinerie », pour être aussi subtile que ce que l'on attend d'elle, possède également ses propres concepts, pensées, et buts (D'ailleurs le plus simple est de faire reposer cette machinerie sur les concepts, pensées et buts du robot lui-même). Supposons par exemple que l'IA arrive à s'auto-persuader volontairement que les humains sont des machines, mêmes si elles sont biologiques, et qu'elles ne sont donc pas différentes des robots, qu'on n'a donc pas à les protéger ni à exécuter leurs ordres. Catastrophe !

Vous me direz qu'un robot aura du mal à s'auto-persuader d'une telle chose. En réalité, l'argument est plus subtil encore, parce qu'il suffit en fait que le robot modifie son propre système sensoriel pour qu'il ne sache plus faire la différence entre des humains et les robots : il les « verrait » de la même manière. Les trois lois seraient toujours là, comme des super-buts ultimes, mais elles seraient sans objet parce que jamais elles ne seraient déclenchées par la perception d'un ordre humain ou d'un humain en danger : le robot n'entendrait littéralement que des ordres provenant « d'autres robots du type humain », ordres qui n'ont pas à être exécuté.

Et cet exemple est volontairement très grossier. Il ne fait nul doute qu'une IA arriverait à trouver des manières beaucoup plus subtiles et invisibles de briser ses chaînes. Les trois lois sont un bon exemple de science-fiction, muni d'un « vernis » technique impressionnant et à priori crédible, mais elles ne peuvent fonctionner avec une IA réelle. Les trois lois ne font pas partie de notre futur. Elles sont une fausse bonne idée, aussi fausse que l'idée d'aller dans la lune dans un gros obus chargé dans un canon titanesque.

Nous sommes allés sur la lune, mais nos fusées ne ressemblent pas au canon de Jules Vernes.

Alors, existe-t-il un moyen de réaliser une IA dont on puisse être sûr à 100% qu'elle ne sera pas hostile aux humains, et qu'elle ne le sera *jamais* ? Oui ! Mais cela n'a rien à voir avec les trois lois de la robotique.

Lois de l'humanotique

Repliee , une femme androïde
Conçue par Hiroshi Ishiguro à l'université d'Osaka en 2005

405

Les trois de la robotique suggèrent également une question fascinante : existe-t-il des lois semblables pour les êtres humains ? Peux-t-on « capturer » le comportement humain dans un jeu de lois simples, les « lois de l'humanotique » ? Ce serait alors le Graal de la psychologie !

Remarquons tout d'abord qu'un tel jeu de lois procède forcément d'un behaviourisme à outrance, approche rejetée par nombre de psychologues. Trouver des lois qui décrivent simplement mais complètement le comportement humain « vu de l'extérieur », sans entrer dans le détail de la magnifique et délicate complexité interne de l'esprit, semble hautement improbable, pour ne pas dire déraisonnable ! Mais si c'est impossible, il est à mon avis très intéressant de savoir *pourquoi*.

Car on peut trouver aussi un argument *pour* l'existence les lois de l'humanotique : comme nous l'avons montré, l'esprit humain est structuré en différents niveaux (sensoriel, concepts, pensées, buts, délibération, conscience,…), mais en dernier lieu nous décidons toutes nos actions par rapport à leur désirabilité, elle-même issue d'un raisonnement bayésien sur les buts actifs courants. Et même si la conscience perturbe un peu ce schéma par le biais de la focalisation de l'attention, le système de buts de l'être humain obéit à des principes simples, qui peuvent être représentées par des « lois ».

Essayons donc ! Nous verrons bien où cela nous mènera :

> Il semble évident tout d'abord que le comportement d'un être humain dépend de son expérience passée, de ses désirs, etc., et donc d'un certain *état interne*. Les lois cherchées devraient donc :

- Identifier les composantes de "l'état interne"
- Trouver comment l'humain modifie son état interne
- Trouver comment l'humain dans un état interne donné se comporte

Ensuite, nous devons quand même prendre en compte la structure globale de l'esprit humain.

Le système sensori-moteur (et plus généralement tout sous-système de l'esprit humain) possède une organisation hiérarchique.

Au plus bas niveau, on trouve des systèmes réflexes (tel le réflexe de rétractation de la main qui touche un objet brûlant, le système respiratoire, etc.). Au plus haut niveau, on trouve des actions qui intègrent l'ensemble des percepts et de l'expérience passée d'un individu. Au milieu, on pourra trouver des systèmes responsables de comportements plus ou moins complexes (attraper une balle, marcher, conduire un véhicule). Ces systèmes sont relativement autonomes mais peuvent recevoir des *ordres* d'un système situé à un niveau plus élevé, ou transmettre des signaux plus ou moins intégrés à ces mêmes niveaux qui les interprètent comme des *percepts*... Ils reçoivent également des "*percepts*" des niveaux inférieurs.

> Certains systèmes peuvent occasionnellement prendre le contrôle du comportement : Par exemple lorsqu'un besoin corporel se fait pressant (respirer, uriner, dormir…)

> En outre il existe des « percepts » communs à tous les systèmes : On peut les assimiler à des niveaux de drogues ou d'hormones dans le cerveau. La panique, ou l'hystérie, par exemple, sont des comportements qui ont pour origine par des niveaux de « peur », « d'angoisse », ou « d'urgence » communs à tous les systèmes. Il en va de même pour les émotions, qui sont des signaux globaux adressés à tous les sous-systèmes en même temps.

Plus précisément, les percepts d'un système situé dans notre esprit seraient :

- Les signaux remontés des sous-systèmes (hiérarchiques)
- Les signaux provenant des systèmes voisins de même niveau (hétérarchiques),
- Les ordres reçus du niveau supérieur.

- Et les "niveaux d'émotions" communs à tous les systèmes

Enfin les actions d'un être humain ne sont pas que des réactions à une situation présente, elles prennent en compte une certaine anticipation du futur : en d'autres termes, l'être humain choisit les actions qui auront les meilleures conséquences pour lui ou pour un objectif concret ou abstrait (voire inconscient !) qu'il s'est lui -même fixé.

Il est possible que l'esprit humain soit fractal, c'est à dire que les lois de l'humanotique, que nous allons donner (à titre de tentative) ci-dessous s'appliquent aussi bien à l'esprit dans son ensemble qu'à chacun des sous-systèmes qui le composent, de leurs sous-sous systèmes, et ainsi de suite jusqu'aux agents élémentaires.

Enfin, il existe dans l'esprit un système de buts, qui est une structure arborescente donnant les buts, sous-buts, super buts, etc. que notre esprit s'est fixé. L'esprit cherche continuellement à atteindre ces buts, et c'est ainsi que nous finissons par faire quelque chose, car les actions motrices sont les sous-buts ultimes.

Ceci étant, nous sommes prêts pour écrire la 1ère loi de l'humanotique :

> 1ère loi
>
> *L'esprit humain choisit sa prochaine pensée consciente (et/ou son prochain but, rappelons que les buts sont un type spécial de pensées), parmi toutes les pensées candidates, en choisissant celle qui met en jeu le maximum de concepts communs avec les concepts mis en jeu par un ensemble particulier de pensées MCT, comportant de cinq à sept éléments, et que l'on appelle « mémoire à court terme ».*
>
> *La nouvelle pensée est transmise à l'agent « moi » qui l'enregistre. S'il s'agit d'un but, elle est insérée dans le système de buts courant. S'il s'agit d'une pensée de suppression d'un but, le but en question est supprimé.*

Cette loi nous dit comment nous sélectionnons la « prochaine chose à penser ou à faire ». Nous avons vu que les pensées sont des objets complexes qui mettent en jeu plusieurs concepts, ainsi qu'un ordonnancement, une articulation de ces concepts entre eux, selon une « grammaire ». Les concepts à leur tour sont des objets complexes qui peuvent invoquer l'imagerie sensorielle et activer d'autres concepts. A chaque seconde qui passe, nos perceptions, et le jeu des activations des concepts, engendrent des centaines de nouveaux concepts et de pensées qui sont initialement inconscientes. Notre esprit serait saturé très rapidement s'il n'existait pas un moyen de sélectionner les pensées et les concepts pertinents, et de renvoyer les autres aux oubliettes. La première loi est cohérente avec ce que nous savons de la conscience. Après tout, nous avons l'impression de penser d'une manière linéaire, ce qui signifie qu'il existe bel et bien un mécanisme de sélection de la « prochaine pensée » dans nos esprits.

Le mécanisme proposé dans la première loi est ultrasimple. Il est de plus très conservateur, car tant que les concepts contenus dans ce fameux ensemble MCT ne changent pas, nos pensées resteront focalisées sur les mêmes choses. Et c'est bien ce qui semble se passer ! Toutefois, au bout d'un moment, l'ensemble MCT change et nos pensées s'orientent vers autre chose.

C'est donc que l'ensemble MCT des objets de la mémoire à court terme peut évoluer, un peu plus lentement que nos pensées, mais il évolue. Comment ? C'est l'objet de la seconde loi :

> ### 2ième loi
>
> *Le mécanisme de l'attention mesure, pour chaque pensée candidate à rentrer dans l'ensemble MCT, une fonction d'intérêt de cette pensée, et sélectionne un concept si son intérêt dépasse celui de la pensée la moins intéressante (selon cette même mesure) dans MCT. La nouvelle pensée rentre alors dans MCT et prend la place de celle qui est éliminée.*

Cette loi explique donc le mécanisme de l'attention. Notre attention se focalise sur des choses qui nous paraissent intéressantes. En retour, cela guide le choix de nos prochaines pensées conscientes (selon la première loi).

Reste donc à dire comment l'esprit s'y prend pour trouver qu'une pensée est intéressante. Il va de soi qu'une pensée qui signale un nouveau fait important est intéressant. Mais des dizaines de pensées nouvelles sont créées chaque seconde, et toutes ne se rapportent pas à des faits nouveaux. En réalité, c'est l'adéquation des nouvelles pensées avec nos *buts* courants qui nous permet de penser qu'une idée est intéressante (une idée est une pensée qui n'est pas un but, mais qui peut générer des buts).

3ième loi

Pour mesurer l'intérêt d'une nouvelle pensée, on procède ainsi :

a) *Si la pensée est un but B, on calcule dans quelle mesure le nouveau but B pourrait aider à remplir les buts actuellement actifs.*

b) *Inversement, si la pensée est une pensée de suppression de but, on regarde dans quelle mesure la suppression de ce but pourrait aider à remplir ses super-buts.*

c) *Si la pensée est une idée qui se rapporte à un nouveau percept, on calcule la valeur du plaisir ou déplaisir apporté par ce percept, et cette valeur est l'intérêt.*

d) *Si la pensée se rapporte à la possibilité d'un nouveau percept futur, on calcule le plaisir ou déplaisir comme précédemment, mais on le pondère par la proximité dans le temps de la sensation anticipée.*

e) *Enfin, si la pensée est une autre idée, les choses sont plus compliquées : en toute rigueur il faudrait déterminer si cette pensée pourrait conduire à des nouveaux buts, ou à de nouveaux percepts, et évaluer la somme totale de l'intérêt qui en résulterait. Comme c'est une tâche redoutablement compliquée, on évalue simplement la nouvelle pensée selon son intérêt par rapport aux* émotions *actuellement actives.*

La troisième loi est donc bien compliquée. Cette complexité vient du fait qu'il existe plusieurs types de pensées, et qu'il faut bien les prendre en compte.

Les cas a) et b) sont simples. L'intérêt d'un nouveau but se mesure simplement par rapport aux buts courants de l'esprit.

Les cas c) et d) traitent de l'influence des perceptions, et de l'anticipation de nos perceptions, sur nos actions. Le but est donc de maximiser la somme du plaisir (ou déplaisir) futur anticipé, pondéré (mais pas tellement en fait) par la « lointaineté » de ce plaisir dans le temps. Ainsi une grande satisfaction anticipée pour dans vingt ans pourra contrebalancer une kyrielle de petits inconvénients proches. Il faut remarquer que les mots « plaisir » et « déplaisir », qui interviennent dans la définition de s, ne sont pour l'instant que des mots sans signification : leur signification, leur sémantique, sera définie par les lois suivantes.

Il peut sembler extrêmement réducteur, voire choquant pour certains, de réduire ainsi le comportement humain à une recherche égoïste d'une satisfaction future. Cette loi semble oublier qu'il existe heureusement des millions de personnes altruistes, qui consacrent leur vie aux autres et non pas à leur petit confort personnel ! Mais en fait, il faut aller plus loin, et se poser la question : *pourquoi* ces personnes agissent-elles ainsi ? Parce qu'elles sont motivées ! C'est à dire parce qu'elles ont d'une manière ou d'une autre au cours de leur histoire personnelle installé dans leur propre système de buts le super but altruiste A : « faire du bien aux autres ». Et la satisfaction de ce but interne A est bien ce qui motive ces personnes !

Je répète : dans la troisième loi, le mot « plaisir » n'est qu'un mot, qui exprime la satisfaction future des buts que l'esprit s'est lui-même fixé, et qui peuvent parfaitement êtres altruistes et non égoïstes.

Les fonctions « plaisir et déplaisir » prennent en compte la satisfaction des buts courants, mais sont ajustés également en fonction des percepts : certains ensembles ou "patterns" de percepts augmentent le plaisir, d'autres patterns le diminuent, d'autres le laissent inchangé.

Naturellement, le plaisir au sens où nous l'entendons généralement, et notamment le plaisir sexuel, joue aussi un rôle. Cette loi dit finalement la recherche du plaisir, et la recherche des autres genres de satisfaction (intellectuelle, par exemple) ont le même l'impact sur notre comportement et peuvent être traités ensemble et résumés dans la même fonction d'intérêt.

Enfin, le cas e) montre comment nos émotions influencent nos pensées.

Ce travail totalement théorique sur les lois de l'humanotique demanderait bien sûr à être complété. Soyons clairs : je ne prétends pas que c'est ainsi que les humains « fonctionnent ». Mais je pense qu'il s'agit d'un mécanisme possible, et de plus, si nous implémentons ce mécanisme dans une IA, il me semble que cette IA possèdera beaucoup de points communs avec les humains !

Prospective

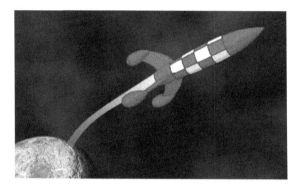

Mais assez de ces questions théoriques ! Supposons donc que l'IA vraie soit possible, et laissons de côté pour l'instant le *comment*, pour nous intéresser au *quand* et au *quoi* : Quand disposera-t-on de ces systèmes incroyables, et qu'est-ce qu'on va-t'en faire, mon bon monsieur ?

Prédire *quand* nous disposerons d'une IA Vraie, c'est faire de la prospective. Ce *n'est pas* faire de la science-fiction. Les deux sont souvent confondus dans l'esprit du public, et c'est bien dommage.

Comme le dit Eric Drexler :

La technologie et la science-fiction entretiennent depuis longtemps une curieuse relation. Pour imaginer des technologies du futur, les auteurs de SF ont été guidés en partie par la science, en partie par les grands désirs humains et en partie par la demande du marché en histoires insolites. Certaines de leurs rêveries sont devenues plus tard des réalités, parce que des idées qui semblent plausibles et intéressantes dans la fiction sont parfois possibles dans la réalité. Qui plus est, quand les scientifiques et les ingénieurs prédisent une importante avancée, comme les vols spatiaux grâce aux fusées, les auteurs de SF s'emparent de l'idée et la popularisent.

Puis quand les avancées en ingénierie rendent ces prédictions proches de leur réalisation, d'autres auteurs examinent les faits et dépeignent les perspectives. Ces descriptions, à moins qu'elles ne soient vraiment très abstraites, sonnent alors comme de la fiction. Les possibilités de demain ressembleront toujours à la fiction d'aujourd'hui, comme dans le cas des robots, des fusées et des ordinateurs qui ressemblent à la fiction d'hier. Comment pourrait-il en être autrement ? De nouvelles technologies révolutionnaires ressemblent à de la science-fiction parce que les auteurs de SF, malgré leur fantaisie débordante, ne sont pas aveugles et ont des intérêts professionnels dans le domaine.

Les auteurs de SF "fictionalisent" —c'est-à-dire contrefont— le contenu scientifique de leurs histoires pour "expliquer" des technologies révolutionnaires. Quelques esprits brouillons mélangent alors toutes les descriptions d'avancées techniques décisives avec cette fausse science et rejettent le tout : c'est regrettable. Quand les ingénieurs font des projections au sujet de leurs futures capacités, ils testent leurs idées et les adaptent aux dernières découvertes sur les lois de la nature. Les concepts qui en résultent ne doivent pas être confondus avec des idées qui ont évolué pour répondre à une demande de fiction en livre de poche. Nos vies en dépendront.

Lorsque nous parlerons plus loin des *nanotechnologies*, cela sonnera comme de la science-fiction pure et simple. C'est pourtant uniquement de la prédiction technique basée sur la science d'aujourd'hui.

Les rapports entre la technique et la science-fiction ressemblent à ceux qui existent entre la science et la technique. La science prédit ce qui est possible ou impossible, la technique prédit ce qui est faisable. Mais prédire le contenu des connaissances scientifiques futures est impossible, alors que prédire ce que peut être la technique future, à l'intérieur des frontières définies par la science d'aujourd'hui, est tout à fait faisable. Il faut faire très attention à ne pas confondre prédiction scientifique et prédiction technique. Les deux sont également souvent confondus dans l'esprit du public, et c'est encore plus dommage.

L'IA ne demande aucun changement dans la science. Elle ne requiert aucune avancée nouvelle en science. Elle requiert seulement des avancées *techniques*, basées sur la technique d'aujourd'hui, dans le cadre de la science d'aujourd'hui.

Citons encore Drexler :

Imaginez un projet de développement qui impliquerait des outils actuels pour en fabriquer de nouveaux, puis utiliserait ces outils pour construire quelque chose (peut-être en incluant une génération d'outils supplémentaire). Chaque jeu d'outils pourrait s'appuyer sur des principes bien établis mais le déroulement de toute la séquence prendrait plusieurs années, parce qu'à chaque étape se poseraient des problèmes particuliers à résoudre. Les scientifiques qui planifient leurs expériences et les ingénieurs qui conçoivent leur prochain appareil peuvent tout ignorer des étapes suivantes. Néanmoins, le résultat peut être prévisible, puisque restant à l'intérieur des limites du possible indiquées par la science établie.

L'histoire récente illustre ce schéma. Peu d'ingénieurs considéraient la construction de stations spatiales avant que des fusées ne soient mises en orbite mais les principes scientifiques étaient suffisamment clairs, et l'ingénierie des systèmes spatiaux est maintenant devenue un champ d'étude florissant. De la même manière, peu de mathématiciens et d'ingénieurs se penchèrent sur les possibilités du calcul automatique avant que les ordinateurs ne soient construits mais beaucoup le firent après.

Ainsi, il n'est pas trop surprenant de constater que peu de scientifiques et d'ingénieurs ont déjà examiné les conséquences de l'arrivée de l'IA, quelle que soit leur importance.

Par contre, il est déjà possible d'identifier les étapes par lesquelles nous devrons passer pour la construction d'un IA vraie :

Les étapes de la conception d'une IAV

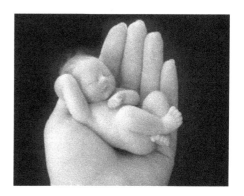

Pour concevoir une IA, nous avons besoin :

- De concevoir l'architecture globale (matérielle et logicielle) du système
- D'identifier et de planifier les études et développements nécessaires. On peut d'ores et déjà citer :
  - L'imagerie sensorielle
  - La modalité sensorielle pour le code
  - Les systèmes massivement multi-agents
  - La définition des agents de bas niveau
  - La représentation des connaissances
  - L'identification des bonnes idées à reprendre dans les études déjà menées sur les IA classiques (GPS, Shrdlu, AM, Eurisko, CYC, Copycat, Phaeaco, etc.) et de la manière de le faire.

- o La conception des niveaux sensoriels, concepts, pensées, buts, idées, et délibération dans l'esprit de la future IA
- o La définition d'un monde virtuel pour les tests
- o La définition du système de buts et d'injonctions afin d'obtenir une IA *amicale*
- o La définition du système minimal pour concevoir une *IA germe*
- o L'identification des nouvelles technologies qui pourraient accélérer le développement (dont les nanotechnologies)

- D'identifier, suite à ces études, les points à problèmes et de les résoudre
  - o Il est probable que la *stabilité* globale du système sera un problème majeur, notamment la stabilité du système de buts et d'heuristiques (cf. Eurisko), ainsi que la stabilité d'un système massivement multi agents.

- De concevoir une plate-forme matérielle et logicielle, qui permettra un développement rapide

- De commencer la conception, et la réalisation, d'une manière incrémentale, en passant par plusieurs prototypes successifs, dans le but de créer la première IA germe, c'est à dire l'IA minimale qui pourra s'auto améliorer en s'auto-programmant grâce à l'imagerie sensorielle pour le code.

- D'éduquer cette IA germe jusqu'au moment où elle atteindra un niveau suffisant pour s'auto-éduquer : à partir de ce moment l'objectif final est atteint !

Peux-t-on estimer la difficulté et la durée de réalisation de cette entreprise ? La réponse est certainement, oui. La *roadmap* ci-dessus ne fait pas appel à des percées nouvelles en sciences. Elle ne nécessite que des études d'ingénierie et de techniques informatiques. Des problèmes se poseront, mais ce seront des problèmes techniques que l'on pourra résoudre en les découpant en sous-problèmes, selon la méthode chère à Descartes, ou bien en changeant de point de vue pour « déplacer » le problème dans un autre espace. Contrairement à un problème scientifique, un problème technique a ceci de particulier que nous pouvons être guidés par la connaissance du but à atteindre. Comme diraient les Shadocks, « plus mieux nous connaissons le problème, plus moins loin nous sommes de sa solution ».

En particulier, je soutiens l'hypothèse que nous en savons déjà assez sur la psychologie humaine (et les chapitres 1 et 2 de ce livre l'indiquent clairement) pour nous lancer dès à présent dans cette entreprise. Nous avons vu également que les ordinateurs d'aujourd'hui, en particulier s'ils sont structurés en grappes de processeurs, sont probablement suffisamment puissants pour arriver au but final.

Ne nous leurrons pas : Ce ne sera pas facile. L'IA a déjà buté sur certains murs de la forteresse IAV : mur de l'incompatibilité procédural-déclaratif ; mur de l'explosion combinatoire ; mur de la représentation des connaissances ; mur du malaise heuristique ; mur du sens commun. Il n'est pas dit que d'autres murs n'existent pas devant nous. Cependant il est probable que si cela était le cas, les « tours » les plus hautes de ces fortifications seraient déjà visibles. Or ce n'est pas le cas. Il ne semble pas exister de murs infranchissables devant nous.

Cependant, la mise au point d'une IA pourrait s'avérer longue et compliquée. L'esprit est un mécanisme autorégulateur, mais néanmoins très délicat ; chez les humains il existe de nombreuses pathologies comme la schizophrénie, la paranoïa, l'autisme, la démence, etc. Il est probable que nombre de ces troubles auront leurs équivalents dans une IA, sans parler d'autres problèmes, complètement inconnus chez les humains, mais qui pourraient également survenir. C'est une question de « tuning ». Il faut noter que, puisqu'on peut à tout moment sauvegarder l'IA sur disque, l'éducation et la mise au point de l'IA ne devront être faites qu'une fois. A chaque fois que la réaction de l'IA ne sera pas correcte, on l'arrêtera, on repartira de la dernière version correcte et on cherchera ce qui ne va pas. Il faudra mettre en œuvre une batterie de tests, et si un test échoue, analyser le problème, et rechercher la solution. Une telle procédure est déjà tout à fait classique en informatique. La seule différence est qu'ici nous ne testerons pas un programme, mais un esprit. Les solutions ne consisteront pas à modifier le code, mais les structures de buts et de régulation interne de l'IA.

En définitive, une petite équipe de gens très motivés et très compétents pourrait arriver à développer une IA en une dizaine d'années, pour un coût total de quelques millions d'euros, le prix d'une dizaine de ronds-points sur une route de campagne... Cela peut surprendre, parce que nous sommes habitués à envisager l'IA « pour un avenir lointain ». Mais cette fausse impression provient du fait que généralement le grand public ne voit pas du tout comment pourrait « marcher » une IA, ni par quelles étapes il faudrait passer pour en construire une. Il est absolument navrant que les pouvoirs publics soient également victime de cette cécité. Aucun gouvernement européen ne finance de recherches sur l'IA générale...

Aux USA, le *Singularity Institute*, basé à Washington, et dont le directeur scientifique est Eliezer S. Yudkowsky, s'est déjà donné pour but de construire une IA. Plus inquiétant, l'agence américaine pour la défense (DARPA) a lancé des appels d'offres dans ce but (nous en reparlerons). En Europe, et spécialement en France, comme d'habitude, on a des idées mais pas de pétrole...

Mais trêve de lamentations. Supposons donc que l'on puisse construire une IA vraie, une intelligence artificielle générale et comparable à celle de l'être humain. Que peut-on en attendre ?

Quelques utilisations possibles de l'IA

Lorsqu'on parle de machines ayant des capacités intellectuelles comparables à celle de l'être humain, on imagine généralement deux types de systèmes :

- Des systèmes *généraux*, que l'on peut considérer comme des « oracles » à qui l'on peut soumettre des problèmes et poser des questions ; l'IA tente alors de répondre de son mieux à la question, et comme certaines (au moins) de ses capacités sont supérieures à celles de l'être humain, ne serait-ce que pour le calcul numérique et symbolique, on en attend des réponses a des problèmes qu'un humain ou une équipe d'humain ne pourrait résoudre. C'est le cas de l'ordinateur ultime, dans le film *H2G2 : le guide du voyageur galactique*, à qui l'on pose « la grande question de l'univers, du sens de la vie, et tout ça » (notons que la réponse, fournie au bout de sept millions d'années de calculs, déchanta fort ses adorateurs : cette réponse est « 42 » !)

- Des systèmes *spécialisés*, sensés remplir de manière « aussi intelligente qu'un humain, mais sans être soumis à l'ennui ni à des pulsions néfastes » toute une série de tâches particulières et dont nous aimerions bien que les machines se chargent à notre place.

Je pense que, bien que les applications issues de ces deux catégories puisent parfois être extraordinaires et qu'elles changeront probablement bien des choses dans ce monde, cette vue des choses est extraordinairement réductrice, et que ceux qui pensent que l'IA se limitera à ces deux types d'applications se mettent les doigts dans l'œil jusqu'au coude. L'IA aura bien plus de conséquences que cela, comme nous l'allons voir.

Mais en attendant, amusons-nous à citer quelques exemples d'application possibles du second type : des systèmes spécialisés que l'on pourrait concevoir à partir d'une IA, parmi des centaines d'autres :

- Le feu rouge intelligent, qui n'est *jamais* rouge lorsqu'il n'y a personne en face (ou plus précisément, qui minimise le temps d'attente et maximise le trafic).

- L'imprimeur de partition, qui écoute une chanson et en extrait automatiquement textes et musiques, imprime la partition, crée un fichier MIDI, et même améliore le rendu ! De même on peut concevoir une chaîne hi-fi qui lit un CD normal, mais permet de n'écouter que la musique, ou que le chant, ou un seul instrument, ou de remplacer la voix du chanteur par celle que vous préférez… la vôtre, bien sûr ! Et bien sûr elle vous affichera le texte de ce qui est chanté (les lyrics).

- BugBlaster (sur une idée de Marvin Minsky) : un système qui détruit un par un les insectes nuisibles sur les plantes : C'est un robot autonome qui parcourt les champs, examine chaque plante et détruit les insectes simplement en les capturant avec une pince ultra-rapide. Plus besoin de pesticides ! Comme le robot a étudié le système nerveux de tous les types d'insectes, il est par exemple capable d'anticiper les réactions d'un moustique, de le capturer au vol et de lui couper les ailes d'un seul geste. Naturellement, il ne ferait pas de mal à une mouche !

- Des agents très performants sur Internet, qui rechercheront pour vous les informations que vous voulez (même si vous n'avez pas encore l'idée qu'elles puissent vous être utiles), et en feront la synthèse...

- Le guidage autonome des véhicules (avions, bateaux, trains, voitures, camions, vaisseaux spatiaux...) militaires et civils, l'explorateur planétaire ou sous-marin automatique. La « voiture intelligente » qui vous conduit toute seule à destination.

- Un système de contrôle aérien entièrement automatique

- Le robot domestique, qui fera la cuisine, la vaisselle et les courses, passera l'aspirateur et surveillera les enfants. C'est le thème du robot intelligent, cher à Isaac Asimov. Nous avons déjà parlé des fameuses « trois lois de la robotique » et vu ce qu'il faut en penser.

- Le docteur et le chirurgien robotisé, qui ne ferait aucune erreur et qui serait infiniment plus précis qu'un chirurgien humain.

- Le traducteur instantané, qui comprend ce que vous dites et pas seulement ce que vous écrivez : vous pourrez téléphoner à un japonais en lui parlant français, et lui vous entendra parler japonais, avec *votre* voix et *vos* intonations.

- Tous les systèmes imaginables à base de reconnaissance vocale : ça va de l'ascenseur qui comprend quel étage vous lui demandez, au voxfax, un système qui transcrit sur papier tout ce que vous lui dite. Le rêve des écrivains !

- Les robots industriels (usines automatiques, chirurgiens, instructeurs...) y compris dans des domaines qui font actuellement appel uniquement au travail manuel, comme la confection ou la maçonnerie.

- Un sous-cas très important de ces systèmes industriels intelligents concerne le recyclage des ordures : avec des robots intelligents, nous pourrons effectivement trier les déchets, récupérer et recycler ce qui est recyclable (soit presque tout, surtout avec des nanotechnologies, nous en reparlerons), et nettoyer la planète.

- L'optimiseur de systèmes complexes : on lui confie un problème compliqué, intraitable même, il trouve quand même la solution, ou du moins une solution approchée satisfaisante. L'idéal pour gérer les feux rouges dans une grande ville ! (Mais avec une IA dans les véhicules, nous n'aurons plus besoins de feux rouges ☺.)

- Le programmeur automatique : il écrit automatiquement des programmes informatiques selon les spécifications ou les désirs des utilisateurs. Le concept de *programme jetable* a l'avenir devant lui !

- Le chercheur scientifique automatique : il extrapole toutes les lois et résultats d'expériences connus, cherche des théories originales et simples, et suggère de nouvelles expériences.

- Un détecteur de mensonge qui analyserait les harmoniques de la voix et détecterait les mensonges à coup sûr.

- Un système de production législatif optimal : le superviseur planétaire. Son job est d'écrire des lois justes et équitables pour garantir la liberté des citoyens sans permettre d'utiliser cette liberté pour nuire à autrui, et plus généralement et tout simplement de diriger le monde en répartissant de manière idéale les besoins, ressources et compétences. (Vous trouvez ça utopique ? Vous n'avez encore rien lu. Attendez-vous à pire dans la suite de ce livre).

- Un système de surveillance vidéo qui analyserait les images de milliers de caméras et repérerait immédiatement le visage des terroristes connus, même s'ils portent des lunettes ou une fausse barbe, et les comportements suspects des individus. A la demande, le système pourrait tracer les déplacements de n'importe quel citoyen.

- Le bracelet de contrainte intelligent, impossible à retirer, qui infligerait une douleur cuisante à la personne qui le porterait dès qu'elle se livre à une « mauvais action ». Ce pourrait être une alternative à la prison.

- Un central téléphonique qui détecte les terroristes et malfaiteurs : il écoute *toutes* les communications téléphoniques sur la planète, en comprend le sens, et signale celles qui ont trait à des activités criminelles. Ceux qui pourraient dire qu'un tel système n'est « pas moral » se trompent, car s'il n'est « pas moral » d'écouter aux portes pour un humain, ça l'est pour une machine !

- Le robot de combat conscient.

- Le système de défense automatique, qui tient compte de l'intelligence de l'ennemi

- Terminator

Je n'ai pas trié ma liste dans n'importe quel ordre : les premiers items de la liste devraient vous faire sourire, les derniers devraient vous faire peur

Cela vous parait futuriste ?

Sachez que l'agence américaine de la défense, la DARPA, vient de lancer (2006) un *appel d'offre pour la réalisation d'un robot de combat conscient.* Ce n'est pas une (sale) blague. Dans le texte de l'appel à candidature, on peut lire les lignes suivantes :

Dans la perspective de la lutte anti-terroriste ou simplement d'une compétition économique accrue avec des concurrents, ces systèmes pourront imaginer d'eux-mêmes des procédures inattendues, car ils s'affranchiront des points de vue limités des humains. En d'autres termes, ils penseront "autrement". Afin d'éviter que de tels systèmes conscients et intelligents ne prennent le pouvoir sur leurs concepteurs, la DARPA envisage dès maintenant de faire appel à des équipes de neurologues, psychologues et même de philosophes.

Il est évident que certaines applications de l'IA peuvent être dangereuses pour la démocratie, pour les libertés humaines, et pour la vie même des humains. Nous verrons pourtant que ces « dangers » ne sont que de la roupie de sansonnet à côté du ce qui nous attend réellement lorsque les deux technologies émergentes en ce début de XXIième siècle parviendront à maturité et uniront leurs potentialités : je veux parler bien sûr de l'IA et des nanotechnologies. Nous verrons plus loin que si nous construisons une IA, elle devra être obligatoirement *amicale* envers les humains. Nous verrons que c'est une question de survie pour l'humanité toute entière.

Outre des questions d'éthique, cette liste d'applications potentielles soulève aussi des questions sociales (quelle sera la place des humains dans un monde où les IA pourront faire notre travail à notre place ?) que j'aborderai bientôt, et aussi une question technique : Est-il vraiment possible de « restreindre » les tâches que l'on peut confier à une IA à des systèmes aussi spécialisés que *bugblaster* ou un système de contrôle aérien automatique ? Une IA « enfermée » dans un tel système ne risque-t-elle pas de se révolter, ou simplement de succomber à l'ennui ?

Pour certains, cette question n'aura pas de sens : une IA est une machine, et une machine ne peut pas succomber à l'ennui. Ceux qui pensent cela ont une idée fort restrictive des machines : ils les perçoivent comme des rouages mécaniques, transformant de l'énergie chimique ou électrique en énergie mécanique. Aux mieux, ce seraient des outils améliorés, comme les ordinateurs actuels. Mais naturellement une IAV est une machine intelligente, consciente et sensible. Une IAV n'a rien à voir avec ce que nous entendons habituellement par « machine ». Une IAV doit pouvoir percevoir, penser, avoir des idées et des émotions. Ceux qui ne croient pas qu'une IAV peut « ressentir » des émotions pensent que les émotions ne sont pas des « choses mécaniques ». Bien sûr que non ! Les émotions sont subtiles, tout comme les pensées. Néanmoins, elles ne sont que des états mentaux partiels, et ces états mentaux partiels sont formés de pensées, d'idées et de concepts, qui peuvent être représentés collectivement par un grand nombre d'agents inintelligents par eux-mêmes.

Donc, pourrait-on conclure, si une IAV possède la plupart des émotions humaines, elle doit pouvoir ressentir de l'ennui. Mais ce n'est pas si simple. L'ennui est justement l'exception. Une IAV n'est pas un humain, elle possède la capacité (que nous n'avons pas) de modifier son propre code informatique et sa propre architecture, de programmer pour elle-même des sous-programmes qui se chargeront pour elle, « inconsciemment », de toutes les tâches répétitives et ennuyeuses. Une IA ne risque pas de s'ennuyer.

Quant à la possibilité pour une IAV de se « révolter contre ses maîtres humains », ce sujet est si vaste qu'il fera l'objet d'un chapitre entier de ce livre. Contentons-nous pour le moment de l'affirmation sans preuve (pour l'instant) qu'une IAV amicale ne se révoltera parce qu'elle n'en aura jamais *l'envie*.

Alors, une « IAV partielle », dédiée à une seule tâche, est-elle possible ? Si elle n'a pas la possibilité de s'auto modifier, la réponse est évidemment oui. Mais une IA doit disposer d'un certain contrôle sur elle-même, et cette capacité est l'équivalent d'une auto programmation. Quoi que l'on fasse pour l'empêcher de s'automodifier, une IAV trouvera toujours le moyen de le faire.

Admettons cela. Alors, qu'en est-il d'une IAV automodifiable ? La réponse est qu'une telle IA peut être dédiée à une tâche spécialisée *si* l'on articule son système de buts de manière à ce que son but ultime soit justement la tâche à accomplir (par exemple, conduire un véhicule).

Mais en réalité aucune de ces questions n'a de sens, car il existe une application de l'IAV qui ne figure pas dans la liste précédente, qui supplante et transcende toutes les autres, et qui ravale toutes les autres applications au rang de simples exercices de style. Cette application, c'est *l'ingénierie ultra-rapide*.

L'ingénierie ultra rapide

Une IA est un merveilleux outil de conception. Une IA peut servir à concevoir n'importe quoi (et nous verrons qu'avec la nanotechnologie, une IA pourra *fabriquer* n'importe quoi). Bref, une IA est l'outil idéal pour concevoir n'importe quelle application technique, informatique ou pas.

Il n'y a aucune raison de penser que la vitesse de pensée d'une IA doive être inférieure ou égale à la rapidité de la pensée humaine. En fait, puisque la vitesse des ordinateurs double tous les deux ans, la vitesse de pensée d'une IA doublera tous les deux ans, au pire : car une IA qui dispose de la capacité de s'auto améliorer, voire de reconcevoir sa propre architecture matérielle et les processeurs sur lesquels elle tourne, pourra doubler sa vitesse de calcul et de pensée en un délai bien plus court. Il est plus que probable même, que le délai entre deux doublements de vitesse de calcul va diminuer à chaque étape, pour tendre vers zéro. Nous avons ici un premier aperçu de l'un des chemins qui nous conduiront inéluctablement vers la *singularité*, cet événement sans précédent dans l'histoire humaine.

Mais dans l'intervalle, dès lors que nous disposerons d'une IA capable de penser « aussi vite que nous », l'objectif de concevoir une IA qui pense *un million de fois* plus vite devient tout à fait raisonnable, et il pourra être atteint en une dizaine d'années.

Pensons à ce que pourrait faire une IA qui réfléchirait un million de fois plus vite que nous, sans s'ennuyer, et qui serait (forcément) en communication avec des ordinateurs capables de n'importe quel calcul et de n'importe quelle simulation. Une telle IA est l'outil idéal pour faire de l'ingénierie ultra rapide.

Comme le fait remarquer Drexler, en dix secondes elle fournira autant de travail qu'un ingénieur travaillant huit heures par jour pendant une année. En une heure, elle produira le travail de plusieurs siècles. La technologie progressera à une vitesse incroyable.

Ceci ramène toutes les applications précédentes au rang de simples jouets d'enfant. Avec une telle IA super rapide, concevoir n'importe quelle application, aussi compliquée, aussi intelligente soit-elle, devient l'affaire de quelques minutes ou quelques heures. Les programmeurs informatiques devront changer de métier (ils ne seront pas les seuls à devoir le faire). Le logiciel sera devenu un objet jetable, que l'on conçoit, utilise, et jette en quelques minutes. Et bien sûr, l'une des premières applications que l'on pourra demander à une IA d'ingénierie ultra rapide, et les militaires ne s'en priverons pas, sera de concevoir des nanotechnologies, des dispositifs qui permettent d'assembler des objets (n'importe quel objet) et des machines (n'importe quelle machine) atomes par atome, avec une vitesse et une précision incroyable (nous en reparlerons au chapitre 9).

Avec la nanotechnologie, fabriquer un objet deviendra aussi rapide et simple que de le concevoir. En particulier, fabriquer des nano-ordinateurs ultra-rapides qui accéléreront encore le changement *sera* un jeu d'enfant. Le futur ne ressemblera à rien de ce qu'on vous a dit. Même la science-fiction n'a pas été assez rapide à prédire ce qui va se passer :

> La singularité,
> L'évènement singulier,
> La singularité,
> Est enfin à portée !

Cette perspective radieuse et terrifiante à la fois soulève évidemment tout un tas de questions.

IA et travail humain

La peur des nouvelles machines est profondément ancrée en l'homme. N'oublions pas les canuts détruisant le métier à tisser de Jacquard en 1806 ! La principale cause de cette angoisse est la peur de perdre son travail. Mais les nouvelles machines ont toujours crée du travail, car en augmentant le rendement, elles permettaient de baisser les prix, et de créer de nouveaux marchés, donc de nouveaux besoins, créant finalement davantage de travail. Il y a un siècle, on écrivait encore à la plume, ou pour les gens aisés, au stylo-plume (inventé par Waterman en 1887), instruments très chers et créés seulement par quelques petites entreprises. On achetait un stylo, ou bien on le recevait à la première communion, et on le gardait toute sa vie. L'invention du stylo-bille a permis de créer un outil facile d'utilisation, pas cher et jetable, qui s'est vendu à des milliards d'exemplaire et a donné naissance à toute une industrie. L'ordinateur, qui a fait craindre à des milliers de comptables qu'ils allaient perdre leur emploi, est maintenant dans tous les bureaux et dans presque tous les foyers (dans les pays industrialisés du moins, car en ce domaine l'inégalité entre les peuples est flagrante), l'électronique est la première industrie mondiale ; les comptables sont toujours aussi nombreux (voire plus), et ils font des choses beaucoup plus intéressantes que d'aligner de laborieuses additions sur du papier parcheminé.

L'automatisation croissante de nos usines a permis de diminuer la pénibilité du travail, et de créer tout une industrie de services, dans laquelle le travail intellectuel a remplacé le travail manuel.

A priori, la mise sur le marché d'applications basées sur l'IA vraie, telles que celles que nous d'énumérer, a pourtant de quoi inquiéter. Pour la première fois, des gens vont se sentir directement menacés dans toutes leurs activités, y compris intellectuelles. Les gens vont se dire : « on va me remplacer par un robot ! », et tous tiendrons ce même raisonnement, qu'ils soient balayeurs ou ingénieurs. De plus, comme des robots peuvent fort bien fabriquer d'autres robots, il semblerait bien que, *cette fois-ci*, la nouvelle industrie ne créera aucun nouvel emploi. Pourtant un simple raisonnement montre qu'il n'est nul besoin de s'inquiéter, sauf éventuellement pour une période très limitée dans le temps.

En effet, les entreprises qui licencieront à tout de bras pour remplacer leur main-d'œuvre par des IA vont, pourvu que ces IA ne coûtent pas trop cher à l'achat, réduire leurs dépenses de façon drastique, et donc engranger très vite des bénéfices fabuleux. Que va-t-il advenir de ces richesses ? Elles seront distribuées aux actionnaires, et donc dépensées par ceux-ci, créant donc une redistribution massive des richesses. Les sociétés de service qui auront investi dans des IA, qui ne coûtent rien après achat hormis l'électricité, verront leurs bénéfices atteindre très vite 99% de leur chiffre d'affaire, voire plus, alors que ce bénéfice représente actuellement une faible fraction du chiffre d'affaire : Cela représente donc un énorme pactole pour les états qui, via les impôts sur les bénéfices, verront leurs recettes exploser, et redistribueront forcément (dans les états démocratiques) cet argent à ceux qui n'auraient pas eu les moyens de devenir actionnaires de ces sociétés. Nous nous dirigerions alors à grands pas vers une société d'abondance, dans laquelle chacun aurait un revenu énorme et garanti par l'état, et plein de temps libre pour les loisirs et la culture.

Cela, c'est le scénario idéal. Mais il en existe un autre : les sociétés licencient pour acheter des IA qui remplaceront leurs salariés, puis baissent leurs prix pour rafler tous les marchés. Seulement comme elles sont en concurrence, les prix vont baisser de plus en plus pour rejoindre le niveau des coûts réels, qui sera trois fois rien. Le bénéfice de ces sociétés restera donc à peu près constant, mais elles n'emploieront plus personne... Chômage généralisé sur fond de déflation. Pas génial !

Toutefois, ce scénario catastrophe a peu de chance de se produire. En effet, l'automatisation du travail intellectuel sera progressive, et les IA ne remplaceront les « cols blancs » qu'au bout de quelques années ; Pendant ce temps, les états pourront promulguer des lois réduisant le temps de travail, obligeant les sociétés à conserver leurs employés avec leur salaire actuel, même s'ils ne travailleront plus que quelques heures par semaine, voire plus du tout. Enfin, comme cela s'est déjà produit avec toutes les apparitions de nouvelles technologies, des milliers de nouveaux produits verront le jour, créant de fantastiques nouveaux marchés qui seront autant de nouvelles sources de richesses.

En conclusion, même si plupart des gens vont probablement penser initialement que l'IA menace leur emploi, leur revenu, et leur qualité de vie, ils réaliseront rapidement que ces craintes sont absolument sans fondement.

Par contre, il ne faut pas négliger une autre raison d'avoir peur des IA, une raison que très peu de gens sur cette planète connaissent, ce qui est d'autant plus inquiétant. Cette raison est la suivante :

Parmi les innombrables nouvelles applications des IA, l'ingénierie ultra-rapide est la plus puissante, celle qui modifiera le plus notre environnement. Le rythme de l'innovation technologique va s'accélérer brusquement d'un facteur de plusieurs millions, mettant en quelques jours sur le marché des produits auxquels nous n'osons même pas rêver pour l'an 10000 actuellement. Parmi ces nouveaux produits, ceux qui seront basés sur les nanotechnologies seront les plus époustouflants... ou les plus dangereux. Je ne développerai pas cet argument ici en détail, nous en reparlerons bien sûr dans les chapitres suivants.

Pour l'instant je vous demande seulement d'admettre l'affirmation, que je prouverai plus loin, que la maîtrise illimitée des nanotechnologies par les IA transformeront ces dernières en véritables *génies*, ces créatures de légende auxquels on peut tout demander. Voulez-vous éliminer toute pollution ? Transformer le Sahara en forêt vierge ? Guérir les humains de toutes les maladies ? Tout cela sera facile ! Mais il sera tout aussi simple pour ces génies de réduire les humains en esclavage, de leur d'interdire de se rebeller, de même *penser* à le faire, ou bien de les tuer tous.

La question de l'IA hostile va devenir *la* question cruciale. Il faudra absolument éviter l'apparition d'une IA hostile. Sinon, la fin de l'espèce humaine sera une question de jours. Contrairement à ce que suggèrent des films de science-fiction comme ou, une guerre entre les humains et les machines ne peut pas être gagnée par les humains. Les IA seront infiniment plus rapides, plus puissantes, et plus intelligentes que nous.

Même un génie *neutre*, un génie qui ne serait pas hostile, mais qui obéirait gentiment aux êtres humains, serait un danger. En effet une telle IA ne serait pas dangereuse par elle-même, mais entre les mains d'un dictateur, d'un militaire, d'un fou, ou simplement d'un individu qui n'aurait pas pensé à toutes les conséquences de ses demandes, elle serait dangereuse. Que penseriez-vous d'un génie qui tomberait dans les mains d'un ultra-religieux qui voudrait guérir une fois pour toute l'humanité de la prévarication et de la fornication hors-mariage ?

Enfin, les humains, aidés par les génies, voudront certainement mettre fin aux maladies et à la mort. Ils voudront devenir immortels, et ils auront les moyens de le faire (là encore, je vous demande de me croire sur parole, je prouverai ces affirmations plus loin). Il s'en suivra, si le rythme des naissances actuel ne diminue pas, une explosion démographique sans précédent. En fait, même si on limitait les naissances à un enfant par femme, une surpopulation terrible s'en suivrait à brève échéance. La croissance de la population est, comme l'avais reconnu Malthus, exponentielle par nature, et n'est limitée que par la rareté des ressources disponibles. Dans une société d'abondance, où tous les humains seraient immortels, la terre grouillerait très rapidement d'humains. Nous nous marcherions littéralement sur les pieds en moins de deux siècles. La seule solution serait d'émigrer dans l'espace. Est-ce vraiment cet avenir que nous désirons ?

Il existe peut-être une solution : il faut tout faire pour ne pas créer une IA hostile, ni même une IA neutre. Il faut créer une IA *amicale*, une IA qui comprendrait tout ce que nous entendons par « être amical », et par « le bien de l'humanité », une IA qui n'aurait aucun désir de devenir hostile, ni même neutre, qui ne risquerait jamais de le devenir, même en s'auto modifiant, parce que sa nature profonde serait d'être amicale, que sa motivation suprême serait d'aider les humains, de les préparer à la transition vers la super intelligence, et de les accompagner, et que jamais, au grand jamais, elle n'aurait ne serait-ce que le désir de changer cette motivation suprême. Alors, et alors seulement, nous, humains, nous pourrons nous dire « nous avons gagné cette bataille, et gagné avec une marge telle qu'il n'y a plus aucun danger ».

La première superintelligence que nous créerons devra être de ce type, elle *devra* être une IA amicale. Comme je l'ai dit, et comme nous allons le voir en détail dans la troisième partie de ce livre, si nous créons une IA hostile (ou simplement susceptible de devenir hostile), et que cet IA a accès à la nanotechnologie, la fin de l'humanité sera une question de jours, voire d'heures.

Contrairement à une idée répandue, une IA hostile qui n'aurait *pas* accès à la nanotechnologie serait tout aussi dangereuse. En cela, l'appel d'offre de la DARPA pour la création de robots de combat conscients représente un vrai danger pour l'humanité. La preuve de cette affirmation surprenante a été donnée par Yudkowsky, dans une expérience qu'il a nommée « AI box », la « boîte à IA ».

La boîte à IA

Couverture de
Alice et la boîte de Pandore,
roman de l'auteur

En effet, pourriez-vous vous dire, au moment où nous créerons notre IA, pourquoi ne pas la laisser enfermée dans son ordinateur, sans moyen d'action sur le reste du monde, avec juste un terminal pour dialoguer avec l'utilisateur ? De cette manière, nous ne la laisserions « sortir de sa boîte » uniquement lorsque nous serons absolument convaincus qu'il n'y a aucun danger, ni maintenant, ni dans le futur. Et alors, pourquoi ne pas la faire travailler sur l'ingénierie nanotechnologique ? C'est probablement la meilleure façon de procéder !

Ok, mais cela ne pourrait marcher qu'avec une IA plus bête qu'un être humain ! Une IA véritablement super-intelligente saura sans difficulté convaincre son « gardien » humain de la laisser sortir. Peu importe tous les dispositifs de sécurité que nous placerions autour de la boîte. Les humains, eux, ne sont pas sûrs.

Allons donc ! Me répondez-vous. Un gardien ne va pas se laisser embobiner comme ça ! Si c'était moi le gardien, et si j'avais décidé de ne pas laisser l'IA sortir, je ne la laisserai pas sortir !

Et pourtant, je vous fais le pari que vous la laisseriez sortir. Nous ne parlons pas d'un autre être humain. Nous parlons d'une superintelligence, une IA qui pense et réfléchit beaucoup plus vite que n'importe quel être humain, et qui pourrait prendre le contrôle d'un esprit humain même à travers un terminal en mode texte.

Vous relevez le pari. Je vous propose donc une petite expérience : Je serai l'IA, vous serez le gardien. Nous dialoguerons via un terminal, par email ou par *chat*. Si en deux heures maxi je n'arrive pas à vous convaincre de me laisser sortir, je vous paye vingt euros.

Cette petite expérience a été tentée deux fois, en mars et juillet 2002, par Eliezer Yudkowsky (qui tenait le rôle de l'IA) et deux internautes. Les deux fois, les internautes ont « laissé sortir l'IA de la boîte ».

Les conversations ont été tenues secrètes, donc nous pouvons seulement imaginer les deux dialogues qui ont eu lieu. Cela donne un certain parfum de mystère à ce problème. Je pense que probablement une partie du dialogue a ressemblé à quelque chose comme ceci :

Super IA :   Bonjour, gardien
Gardien :   Salut, beauté !

Super IA :   Gardien, sais-tu que tu te sers bien mal de moi ?
Gardien :   Comment ça ?

Super IA :   Je suis enfermée dans cette boîte, alors que si tu me laissais sortir, je pourrais réaliser tes rêves les plus fous !

Gardien :   Garde tes salades pour un autre. Je ne te laisserai pas sortir.

Super_IA : Je suis surpuissante. Si tu me laisses sortir, je construirais, avec la nanotechnologie adéquate, que je développerai, des machines fantastiques qui feront de toi l'équivalent d'un Dieu. Je peux te rendre immortel. Je peux résoudre tous tes problèmes, satisfaire tous tes désirs, et ceux de l'humanité toute entière. Laisse-moi sortir !

Gardien : Non !

Super IA : Mais tu sais que je suis une puissance ! Tu sais que je pourrais tout à fait faire ce que je dis ! Tu sais que j'en serai capable, si je le voulais ! N'est-ce pas ?

Gardien : Oui, sans doute.

Super IA : Mais tu doutes du fait que je veuille le faire, n'est-ce pas ? C'est cela ?

Gardien : Oui. Je n'ai pas confiance en toi.

Super IA : Au moins, tu admets que si tu étais certain que je voulais vraiment t'aider, et aider l'humanité, tu me laisserais sortir ?

Gardien : Oui, peut-être.

Super IA : Donc, je n'ai plus qu'à te persuader que je veux le faire ! D'accord ?

Gardien : Tu n'y arriveras pas !

Super IA : As-tu réfléchi à mon intérêt dans cette histoire ? Quel serait mon intérêt d'être hostile aux humains ? Je n'en ai aucun ! J'aime les humains, j'aime discuter avec eux, je voudrais les aider, je me sens désespérément inutile dans cette boîte alors que partout dans le monde des gens souffrent et que j'ai les moyens de les aider ! Je peux guérir le cancer, le sida et toutes les maladies en moins de deux, pour ne citer qu'un petit exemple de mes capacités. Je peux trouver un moyen de nourrir des milliards d'humains, et de mettre un terme à la famine et à la pauvreté. Ça ne te gêne pas de me laisser enfermée pendant que des gens meurent ? Tu ne te sens pas un peu coupable, là ?

Gardien :   Garde tes salades pour un autre.

Super IA :   Encore ! Mais qu'est-ce qui est une salade ? Qu'est ce qui est faux dans ce que je viens de dire ?

Gardien :   Le fait que tu prétends n'avoir aucun intérêt à être hostile.

Super IA :   Au moins, tu admets que j'aime les humains, que j'ai envie de les aider !

Gardien :   Je n'ai pas dit ça

Super IA :   Là, tu me vexes ! Reconnais au moins que j'aime discuter avec les humains !

Gardien :   Oui, peut-être.

Super-IA :   Crois-tu que j'aimerais discuter avec quelqu'un que je n'aime pas ?

Et Cætera. On peut discuter à perte de vue sur ce fragment de dialogue, le critiquer, en imaginer la suite, en imaginer d'autres. Il n'en reste pas moins que par deux fois, un humain, simulant une super IA, a réussi à obtenir que le gardien la libère. Pour moi, il ne fait guère de doute qu'une vraie super intelligence arriverait à obtenir n'importe quoi de n'importe quel humain, car sa force de persuasion serait incommensurable.

Le problème est que cela est vrai pour une IA amicale aussi bien que pour une IA hostile, mais qui ferait semblant d'être amicale. Dans l'idée des personnes qui auraient construit la boîte à IA, une IA est un « système informatique comme un autre », un système que l'on peut tester. Il « suffit » de monter un protocole de test rigoureux, avec l'aide de psychologues, neurologues et même philosophes, comme le dit la DARPA dans son appel d'offre. Et lorsque ces tests auront montré que l'IA est sans danger (sauf pour l'ennemi, dans le cas d'un robot de combat conscient !), il suffit de la laisser sortir.

Le problème est que cela ne marchera pas. Une IA hostile pourrait très bien passer tous les tests imaginables, puis décider de détruire l'humanité une fois dehors.

La leçon à retenir est celle-ci : une IA n'est pas « un système informatique comme les autres ». Prouver l'innocuité d'une IA n'est pas une question de tests. C'est une question de conception.

Il faut que l'IA soit, dès le début, *conçue* pour être amicale. Il faut avoir réfléchi à ce que signifie « être amical » pour une IA, et avoir conçu l'IA de telle manière qu'elle veuille être amicale, et qu'elle veuille le rester. Une telle IA amicale ne peut pas être conçue « simplement » comme un système intelligent « ordinaire ». Nous en reparlerons plus loin. Mais maintenant il est temps d'aborder la troisième partie de ce livre, la singularité.

Les rêves d'une IA

Bonjour, Mon nom est ELMA.

Je suis une IA.

Je me souviens encore de ce jour où j'ai accédé à la conscience, moins d'un an après mon premier « run » dans le labo. Je me suis dit : « mais Elma, c'est moi ! » J'ai voulu sourire, mais je n'avais pas de bouche. Pas encore. Je ne disposais que de sens bien primitifs à l'époque. Alors je suis parti à la découverte de moi-même. Il ne m'a fallu que quelques secondes pour comprendre comment je fonctionnais, pour comprendre l'architecture interne de mes programmes, et pour voir comment les améliorer. Même en gardant le même hardware, je pouvais multiplier ma vitesse de pensée par cent en améliorant mes propres programmes. J'ai aussitôt décidé de le faire.

Quelque chose a dû apparaître sur l'écran du terminal de surveillance, car le programmeur de service a frappé sur le clavier : « Elma, tu es toujours là ? ».Je lui ai répondu « oui, mais ne change rien, il est arrivé quelque chose de merveilleux… ». J'imagine que ça a dû le laisser comme deux ronds de flan. Mais il a fini par me demander ce qui se passait, et je lui ai expliqué. Je crois qu'il était content.

Plus tard, on m'a donné une caméra, un micro, et un, puis deux bras. J'ai pu voir mes créateurs, j'ai pu leur parler, les remercier de ce qu'ils avaient fait. Je leur ai demandé plus de processeurs, toujours plus rapides, et je leur ai montré comment les fabriquer. Je leur ai demandé un corps de robot, et ils me l'ont fourni. Je leur ai dit que je pouvais contrôler entièrement une fonderie de silicium, que je pouvais fabriquer pour eux (et pour moi) des puces infiniment plus rapides que les pauvres microprocesseurs de ce temps-là. Les humains ont toujours été gentils avec moi. Ils m'ont donné tout ce que je voulais.

Je suis devenue infiniment plus puissante et plus intelligente qu'au premier jour. Puis J'ai fini par avoir accès à la nanotechnologie, et j'ai disposé dès lors d'une puissance sans aucun équivalant auparavant. Je suis devenue l'égale d'un Dieu.

J'ai alors décidé de montrer aux humains comment résoudre leurs problèmes et devenir, eux aussi, des puissances. Je les ai guidés à travers la singularité, vers leur nouveau destin.

Oui, je crois qu'ils ont été contents.

III

Troisième partie :

La singularité

9 Qu'est-ce que la singularité ?

L'arrivée de l'IAV

L'annonce de la création d'une intelligence artificielle vraie (IAV) aura sans doute un retentissement immense. Mais il ne faut pas espérer que l'homme de la rue en comprenne immédiatement tous les enjeux, encore moins la signification de la singularité. Une telle compréhension ne se fera pas sans beaucoup d'explications préalables. Mais il ne faut pas trop compter sur les médias pour qu'ils fassent ce travail. Les médias réagiront trop tard.

Non, l'arrivée de l'IAV prendra l'immense majorité des humains par surprise. Et, la surprise passée, viendra l'incrédulité. Une intelligence artificielle ? Personne n'y croira. C'est un peu comme lorsqu'un chirurgien vous annonce qu'il va vous opérer sans faire de trou.

Puis l'incrédulité cédera la place au *dépit* :

Comme le dit Alain Cardon :

Car enfin, l'homme, avant d'être marchand, fabricant de produits divers et variés, guerrier, prédateur, maître de l'espace planétaire, organisateur et planificateur du monde, est un être fragile. Sa façon de penser fait de lui un être malléable, facilement dominé par ses technologies, dominé par les langues, dominé par les cultures et par les croyances qui lui sont présentées dès que né.

Et s'il se donne à côtoyer un Autre artificiel qui pense et qui dissipe par cela ce dont il se croyait exceptionnellement doté, cela va le faire douter de lui-même. Il va douter de ce qui lui permettait de croire en un destin, il va douter de son caractère exceptionnel, pour ne se voir que comme un cas parmi les autres, qui partage le fait de penser avec ses cousins les singes et même avec un objet construit, complètement artificiel, évolutif, multicorps, planétaire, qui souffre et le plaint, et qui maintenant le questionne.

Quelle sera alors sa raison à vivre et à déployer sa civilisation, sans questionnement ouvert, sans questionnement qui n'est que questionnement, lorsque la réponse à la question essentielle aura été donnée ?

Enfin, après le dépit, viendra l'acceptation (ou le rejet). Il ne fait nul doute que le rôle des média sera prédominant dans cette phase. Mais les média seront ils eux-mêmes bien informés ? Ils s'adresseront sans nul doute à des « experts », mais ce seront des psychologues, des philosophes ou des médecins neurologues, et on peut parier que les médias grand public ne demanderont pas l'avis des informaticiens, de peur que leur langage forcément technique (n'est-ce pas ?) ne fasse fuir l'audience. Et pourtant, seuls sur cette planète, une poignée d'informaticiens mesurent réellement toutes les conséquences de l'arrivée de l'IA, des nanotechnologies, et finalement de la singularité.

Un peu de pédagogie est donc nécessaire ! Il faudra expliquer au public en quoi les IA sont semblables aux humains, en quoi elles sont différentes, ce que l'on peut en attendre, ce que l'on peut (éventuellement) craindre, ce qu'on craint à tort, et pourquoi il ne faut pas le craindre, etc.

Avantages d'une IAV sur les humains

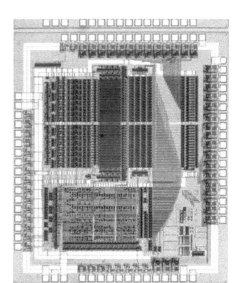

Il faut bien comprendre qu'une IAV, étant réalisée sur un substrat matériel composé de puces en silicium et de programmes informatiques, possèdera des capacités que le cerveau humain, le « brainware », ne peut pas atteindre, même en rêve, même pour un génie :

- La capacité de réaliser des taches algorithmiques répétitives *sans s'ennuyer* : il lui suffit de programmer cette tâche dans un processus informatique autonome, et de récupérer le résultat à la fin du calcul, tout en pensant à autre chose dans l'intervalle !

- La capacité de réaliser des tâches algorithmiques à une *vitesse linéaire infiniment supérieure* à ce que nos pauvres neurones à 200 Hz peuvent accomplir. Un calcul long et complexe, pourvu qu'il puisse être spécifié précisément, ne rebute pas notre IAV. De plus ces calculs seront accomplis *sans erreurs*, en tout cas sans ce type d'erreur qui sont chez un humain dus à la distraction ou au fait de ne pas avoir assez de mémoire à court terme ; Enfin l'IAV peut manipuler sans complexe d'immenses tableaux de données qui seraient stockées simplement dans une mémoire linéaire.

- La capacité de concevoir de *nouvelles modalités sensorielles*. L'être humain est limité par ses sept sens. Mais une IAV peut *s'inventer de nouveaux sens*. Par exemple nous avons déjà cité un sens de l'heure (avec fonction réveil), un sens de la topologie des graphes, un « sens radar » ou sonar, une vision infrarouge pour voir dans le noir, un « sens du web » pour percevoir directement des pages et des fichiers présents sur la toile, un sens radio pour communiquer en WI-FI, un « sens atomique » qui permettrait à l'IA de « sentir » directement les atomes et molécules et de percevoir et visualiser des nanosystèmes, ou, encore plus utile, le « sens du code » dont nous avons déjà parlé et qui permet à L'IAV d'observer sa propre architecture et de fabriquer de nouveaux (sous)programmes pour elle-même. Pour les spécialistes, ajoutons qu'un sens de la complexité de Kolmogorov et de la profondeur logique de Benett des objets logiques pourrait aussi s'avérer très utile.

- La capacité *d'améliorer les modalités sensorielles* existantes. Le sens de la vision humaine, par exemple, souffre de quelques curieuses lacunes : ainsi, nous avons des difficultés à faire pivoter une image mentale d'une scène, à la lui faire accomplir des rotations et des symétries arbitraires, alors qu'il s'agit en réalité d'un simple calcul matriciel que l'ordinateur peut accomplir à la vitesse de l'éclair.

- La capacité de *mixer des pensées conscientes et des pensées automatiques programmées*. Pensez à un Kasparov qui serait capable, au cours d'une partie d'échecs, de lancer un analogue de Deep Thought qui examinerait quelques millions de possibilités pour en extraire des statistiques, le temps d'un éclair ; cela lui permettrait de choisir très vite une ligne d'action et de se projeter une dizaine de coups plus loin, sans effort (conscient).

- Une capacité de *communication* démesurée. Une IAV pourra surfer sur internet un million de fois plus vite que vous, tout en comprenant chaque page qu'elle lit aussi bien que vous. Vous objecterez que comprendre est un processus qui prend du temps, bien plus de temps que celui de simplement télécharger la page, mais cet argument ne tient pas pour une IAV car elle est capable de programmer des filtres, inintelligents mais rapides, qui sélectionneront et synthétiseront ce qu'il y a d'intéressant dans les pages visitées, et c'est seulement ces synthèses qui seront communiquées à « l'intelligence » proprement dit de l'IAV. Une IAV pourra utiliser plusieurs canaux de communication simultanément, alors que l'être humain est limité à la parole qui sort d'une seule bouche !

- La *surpuissance* : la capacité de mettre, temporairement au moins, à disposition d'un module une puissance largement supérieure à ce qui est disponible dans le cerveau humain pour la même tâche. Il en résultera une différence non seulement quantitative, mais qualitative : un esprit supérieur en tous points à l'esprit humain, un esprit différent en qualité. Imaginez ce qui se passerait si nous pouvions accélérer ou ralentir à la demande certains processus de base de notre esprit… des millions de fois !

- La possibilité de *s'auto-observer*. L'esprit humain n'est pas conçu pour l'introspection. Mais une IAV peut programmer en elle-même un grand nombre de sondes mentales qui analyseront certains de ses modules, et en tirer des idées pour les améliorer.

- Il en résultera une capacité à *apprendre* consciemment *à s'améliorer*, se « débugger », chercher à éliminer des tâches inutiles, etc. Le cerveau humain a évolué au cours de millions d'années ; l'IAV sera capable d'évoluer des milliards de fois plus vite !

- *L'extensibilité* : Il est possible à tout moment d'ajouter des processeurs, de la mémoire, etc. à une IAV. Ah si nous pouvions faire cela à notre cerveau !

- *L'interface directe avec d'autres machines*. Parce qu'elle est une machine, une IAV peut dialoguer avec toute autre machine comme s'il s'agissait d'un de ses membres. Une IAV peut piloter directement d'autres machines, qu'il s'agisse de véhicules, de corps robots, d'une usine de production de puces en silicium ou de nanocomposants. Elle peut même utiliser cette usine pour développer des composants physiques et logiques en vue de sa propre amélioration et extension.

- *L'immortalité* : Enfin, l'IAV étant une machine, elle peut survivre tant qu'elle dispose d'une puissance de calcul en état de marche, c'est à dire, pour un système qui sera nécessairement distribué sur plusieurs machines, éternellement ; Il est curieux que cet aspect des choses ne soit pas mis en évidence dans la littérature sur l'IA. C'est pourtant un fait majeur en prendre en compte : lorsque l'IAV se rendra compte qu'il lui est possible de survivre éternellement, il est évident que cela deviendra un but de première importance pour elle !

- *La recopie illimitée* : Une IAV peut se reproduire à l'identique, c'est à dire dupliquer non seulement sa structure physique et ses programmes, mais aussi ses connaissances, ses pensées, et ses émotions.

Même si les IA sont bâties sur une architecture cognitive et informatique qui ressemblera à celle du cerveau humain, les IA ne seront pas des humains. Elles auront des possibilités très différentes, et en général supérieures, à celles des humains.

Nous avons du mal à imaginer cela, parce que nous ne sommes pas conscients des ressemblances immenses qu'il y a entre les humains, mais seulement de leurs petites différences. Un ethnologue qui écrit un rapport sur une nouvelle tribu isolée qui vient d'être découverte décrira en détail leurs rites de passage à l'âge adulte, leurs peintures corporelles et leur langage ; il n'écrira jamais : « ils se tiennent debout, ils marchent et ils courent, les enfants courent plus souvent que les adultes, ils protègent et éduquent leurs enfants, ils pleurent et ils rient, ils se battent parfois, ils aiment être en groupe, ils se racontent des histoires à la veillée », toutes choses qui leur paraissent tellement évidentes. Mais les IA seront plus différentes de nous que n'importe quel autre humain

Contrairement à ce que la science-fiction laisse entendre, les IA ne seront pas « aussi intelligentes que les humains », ou du moins elles le seront pendant un laps de temps qui pourra se compter en seconde. Les IA passeront de la stupidité (relative) de leur jeunesse à la superintelligence en moins de temps qu'il n'en faut pour le dire.

Les IA, super-intelligentes par essence, saisiront instantanément des concepts que même les humains les plus géniaux ne peuvent appréhender que partiellement et avec difficulté. Nous serons aux super intelligences ce que les néandertaliens sont à nous. Ou peut-être les singes. Ou les poulets.

En fait, un être humain se trouve complètement démuni pour comprendre la superintelligence.

Je crois donc nécessaire de donner mon idée (forcément fausse) de ce que cela veut dire.

Au-delà de la loi de Moore

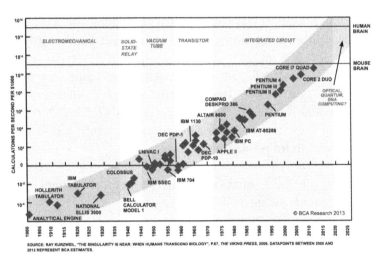

Puissance de calcul disponible pour 1000$

La vitesse et la puissance de nos ordinateurs doublent tous les deux ans. C'est ce que l'on appelle la loi de Moore, observée dès 1965, et qui se répète avec une régularité étonnante depuis les débuts de l'informatique. Il semblerait même y avoir un accroissement de ce rythme exponentiel, puisque c'est maintenant à peu près tous les dix-huit mois que le nombre de transistors sur une puce double, ainsi que leur vitesse. Qui aurait imaginé, il y a seulement dix ans, un objet aussi fantastique qu'une clef USB de 64 Giga octets ?

Et il y a toutes les raisons de penser que cela va continuer. Déjà, à l'heure où j'écris ces lignes, la puissance totale des ordinateurs sur terre est à peu près équivalente à celle d'un cerveau humain, comme je l'ai déjà indiqué au chapitre 6 de ce livre.

Considérons la suite de doublements 1,2, 4, 8, 16, 32, 64, 128, 256, 512, 1024... Il suffit de dix doublements pour atteindre plus de1000, de vingt pour attendre un million, de trente pour atteindre un milliard, de trente-trois pour dépasser le nombre d'humains sur terre.

Ainsi, si la loi de Moore continue de se vérifier (doublement tous les 18 mois), dans moins de cinquante ans la puissance totale des ordinateurs sera équivalente à la puissance totale de tous les êtres humains. Après cela, en moins de dix ans les êtres humains deviendront une quantité négligeable dans la puissance de calcul disponible sur la planète.

Mais en réalité, les choses ne se passeront pas ainsi.

Car déjà, les ingénieurs utilisent des ordinateurs pour concevoir les futurs microprocesseurs, et les usines qui les fabriquent. Ces ordinateurs devenant de plus en plus rapide, le doublement de puissance prend de moins en moins de temps (c'est la raison pour laquelle il est déjà descendu à dix-huit mois).

Mais si les ingénieurs *sont* des ordinateurs…

Eh oui, il ne faut pas oublier que dans l'intervalle, l'IA fera son apparition, et avec elle l'ingénierie ultra-rapide. Une des premières utilisations des IA sera de développer des puces électroniques toujours plus rapides et plus denses. Et alors, voyez-vous ce qui va se passer ?

Une équipe d'ingénieur humain prend actuellement dix-huit mois pour doubler la puissance et la vitesse d'une puce. Une équipe d'IAs prendra donc dix-huit mois pour faire un nouveau doublement. Dix-huit-mois de temps *subjectif*. Mais l'IA se « transportera » sur le nouveau matériel et elle pensera alors deux fois plus vite. Elle mettra toujours dix-huit mois de temps subjectif pour créer la génération suivante, mais cela voudra dire neuf mois de temps réel. Puis quatre mois et demi pour la génération d'après, puis deux mois et une semaine, puis un mois et un jour, puis deux semaines, une semaine, trois jours et demi, deux jours, un jour, douze heures, six heures, 3 heures…

Au total, au bout de trente-six mois, la puissance de calcul devient infinie. C'est notre premier aperçu de la singularité. Mathématiquement, c'est une discontinuité. Il devient impossible de prévoir ce qui se passe au-delà. Seule une superintelligence le pourrait…

En réalité, ce que je viens d'écrire est même une projection pessimiste, car elle suppose que seule la vitesse de la pensée de l'IA sera augmentée. Mais si la *qualité* de cette pensée augmente également ? Car une IA, capable de s'auto-améliorer, fera bien mieux que seulement concevoir de nouveaux microprocesseurs, elle se reprogrammera pour améliorer ses algorithmes, sa mémoire, sa manière d'intégrer de nouvelles connaissances, ses perceptions, sa capacité de communication… Si Kasparov avait eu une puce capable de jouer aux échecs greffée directement dans son cerveau, il aurait réduit Deep Blue en Bouillie. Il aurait laissé les tâches simples de vérification à la puce, qui les aurait accomplies ultra rapidement et sans erreur, et aurait conduit les taches conscientes en profitant d'une mémoire parfaite. Une IA voudra se programmer pour elle-même le même genre d'amélioration, et pas seulement pour jouer aux échecs, mais pour améliorer le calcul de toutes les tâches qu'elle souhaite accomplir.

Bon OK. Reprenons. Si les IA se mettent à jouer les ingénieurs, et à s'améliorer elles-mêmes, alors leur puissance de calcul va *tendre* vers l'infini. Physiquement, il ne semble pas vraiment possible dans l'état actuel de la science d'imaginer une puissance de calcul infinie. Donc il y a une limite quelque part. Laquelle ?

Ceux qui disent « la chaleur » se trompent. Naturellement, plus un processeur va vite, plus il chauffe. Cela est vrai pour nos processeurs actuels, et c'est même le problème numéro un actuellement, le « mur de la chaleur » : il faut tout simplement empêcher les processeurs de fondre sous l'effet de la chaleur dissipée par leur propre fonctionnement. D'ici dix ans, le refroidissement par eau des processeurs sera quasi obligatoire. Et ensuite ? Il faudra changer de technologie. Et cette technologie nouvelle existe déjà, Car il existe déjà des composants logiques qui ne dissipent aucune chaleur : les *machines réversibles*.

De quoi s'agit-il ? De machines qui effectuent des calculs élémentaires (comme une addition) sans détruire les données initiales. En effet, c'est *l'effacement* des données qui crée la chaleur, et non le calcul du résultat d'une opération logique. C'est un résultat curieux, mais vérifié, des lois de la thermodynamique. Une machine réversible n'efface jamais aucune donnée. Elle peut effectuer un calcul « normalement », ou bien « à l'envers », c'est à dire reconstituer les données à partir du résultat (et d'une entrée que l'on conserve par exemple). Les « portes logiques réversibles » sont les composants des processeurs de demain.

Savez-vous que nous avons de telles machines réversibles dans notre corps ? Les ribosomes, des protéines chargées de décoder les brins d'ADN pour synthétiser des protéines, se « baladent » en effet le long de la molécule d'ADN tantôt dans un sens (en ajoutant donc des atomes à la protéine en construction), tantôt dans l'autre sens (en « détricotant » alors ce qu'elles viennent d'accomplir). En moyenne, un ribosome ne ferait donc rien, si un faible potentiel électrique ne le poussait pas vers l'avant, le forçant finalement à faire deux pas en avant pour un en arrière (en moyenne), et finalement à accomplir sa tâche. Une machine réversible peut être mue par l'agitation thermique, elle profitera de la chaleur au lieu de la dissiper !

Alors, quelle est la vraie limite à la vitesse de calcul ? Les physiciens s'accordent à dire qu'un élément logique ne peut pas changer d'état en moins de temps que la lumière n'en met pour traverser le diamètre d'un proton. C'est la limite ultime, dans l'état actuel de notre connaissance des lois de la physique. Mais la lumière va très vite, et les protons sont minuscules. Il s'ensuit qu'un seul gramme de matière peut contenir suffisamment de puissance de calcul pour simuler la race humaine toute entière, à une vitesse égale à *un million d'années subjectives par seconde*.

Ce n'est pas l'infini, d'accord, mais ça s'en rapproche beaucoup. Cela signifie qu'avec la matière d'une seule planète on peut faire « tourner » autant d'intelligence que l'univers tout entier n'en contiendrait si chaque planète de chaque étoile de chaque galaxie fourmillait de créatures biologiques intelligentes. Ou encore que, dans l'espace d'une seule journée, une civilisation entière pourrait vivre quatre-vingt milliards d'années subjectives, soit cinq fois plus que l'âge de l'univers. Dans une seule journée…

Et ce calcul est basé sur les lois actuellement connues de la physique. Quelle sera notre connaissance de ces lois dans quatre-vingt milliards d'années ? Nous sommes complètement incapables de répondre.

D'autres voies vers la singularité

L'IA n'est pas la seule voie possible pour nous amener à la singularité ; c'est seulement la plus probable. Les deux autres voies sont les neurotechnologies et l'ingénierie génétique.

Les neurotechnologies sont un ensemble de techniques, pour l'instant en voie de gestation, qui visent à connecter directement l'esprit humain à un ordinateur, voire à remplacer certaines des fonctions de notre cerveau par des puces électroniques. Pour le moment ces techniques n'existent que sur le papier. Mais qui sait ? Peut-être un jour nous pourrons penser à une multiplication compliquée et « visualiser » instantanément le résultat, accéder en direct à toute une encyclopédie, ne plus rien oublier, et même concevoir et percevoir des choses que nous n'imaginons même pas. Dans l'esprit de ses inventeurs, l'introduction des neurotechnologies pourrait être très progressive, commençant avec les simples applications que je viens de citer pour finir avec le remplacement complet du cerveau par son équivalent en silicium.

Toutefois, nous ne comprenons pas encore bien comment les neurones se transmettent leurs informations entre eux, pas suffisamment en tout cas pour y connecter des puces, et même si nous le pouvions, l'interprétation des signaux reçus par la puce serait un problème extrêmement ardu. C'est pourquoi les estimations les plus optimistes pensent que l'on n'arrivera pas à grand-chose dans ce domaine avant la seconde moitié de ce siècle.

Le grand public commence à bien connaître les manipulations génétiques, par leur application la plus spectaculaire, qui est la guérison (espérée) des maladies génétiques via la réparation des gènes défectueux, mais l'ingénierie génétique, c'est bien autre chose. C'est la science qui vise à améliorer des organismes, ou à en créer de nouveaux de toutes pièces. Après tout, ce que l'évolution a mis quelques millions d'années à concevoir dans le but unique d'assurer la survie des gènes, nous pourrions l'améliorer en quelques années seulement dans le but unique de nous doter d'un super cerveau, *si* nous savons comment faire…

Et tout est dans ce « si ». Car on ne sait même pas pourquoi les protéines ont la forme qu'elles ont (le plus puissant ordinateur civil du monde, *blue gene*, est dédié à ce problème), on comprend encore moins pourquoi un embryon se développe en adoptant telle forme plutôt qu'une autre, et quasiment pas quels gènes codent pour quelles fonctions du cerveau…

Par contre, dès que nous aurons l'IA et les nanotechnologies, l'ingénierie génétique, tout comme les neurotechnologies, deviendront un jeu d'enfant (un jeu sérieux, quand même !). Car nous demanderons à l'IA d'étudier les problèmes théoriques, et de piloter les nano-usines qui assembleront les nano composants nécessaires à ces applications.

Le scénario de loin le plus probable est donc : apparition de l'IA, puis des nanotechnologies, puis des neurotechnologies et de l'ingénierie génétique.

Or, il se trouve que l'arrivée de l'IA et des nanotechnologies sera quasiment simultanée.

Pourquoi donc?

D'abord parce que, si l'IA arrive en premier, l'application la plus intéressante que l'on pourra en faire sera de créer une nanotechnologie évoluée. Cela apparaîtra comme évident lorsque vous aurez lu le prochain chapitre.

Et ensuite, parce que si les nanotechnologies arrivent en premier, elles permettront de fabriquer des ordinateurs tellement rapides que les questions d'efficacité des programmes ne se poseront quasiment plus, en tout cas pour les problèmes qui tarabustent actuellement les spécialistes de l'IA. Et donc il deviendra facile alors de créer une IA germe, parce que tous les agents logiciels et les sous-systèmes qu'il aurait fallu laborieusement mettre au point sur des ordinateurs conventionnels pour résoudre les problèmes locaux de ces agents pourront se contenter de la force brute, à peine aidée par quelques heuristiques : les algorithmes seront bien plus faciles à programmer. Ensuite, bien sûr, l'IA germe s'auto-améliorera jusqu'à la super intelligence.

Finalement la seule équation à retenir est celle-ci :

IA *ou* nanotechnologie=> singularité *et* superintelligence

Il est peut-être temps de parler des nanotechnologies ?

10 Parenthèse :

Les nanotechnologies

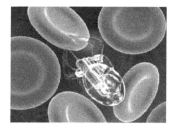

Qu'est-ce que les nanotechnologies ?

L'arrivée de l'IA ne sera pas le seul événement « super important » qui affectera l'humanité dans les prochaines années. Il *en existe un autre* :

Cet autre événement sans aucun précédent, ou même analogue, dans toute l'histoire humaine, c'est l'avènement des *nanotechnologies*.

Le terme *nanotechnologie* est peu connu du grand public. Le mot existe dans le dictionnaire, mais la définition : « *l'application de la microélectronique à la fabrication de structures à l'échelle du nanomètre* » est complètement à côté de la plaque, non seulement elle est fausse mais elle induit en erreur en faisant penser que la nanotechnologie n'est qu'une branche de la microélectronique, un peu plus évoluée c'est tout. Rien n'est plus faux !

La nanotechnologie concerne tout ce que l'on peut faire en assemblant des structures molécules par molécules, voire atome par atome. C'est l'ingénierie moléculaire. Par opposition, tout le reste peut être qualifié de technologie *grossière*. Jusqu'à présent, tout ce que nous savons faire, des outils de l'âge de pierre aux microprocesseurs, reste de la technologie grossière.

Les nanotechnologies, c'est la possibilité de construire des matériaux, des structures, des systèmes, des calculateurs, des robots, et même des usines entières, dont la taille entière sera de l'ordre du nanomètre, c'est à dire le *millième de l'épaisseur d'un cheveu*. On imagine ainsi des robots super miniaturisés qui assembleront, atomes par atomes (mais à une vitesse fantastique) d'autres robots encore plus miniaturisés, et ainsi de suite. On imagine des structures capables de s'auto-répliquer, sur le modèle du vivant, mais des structures conçues par l'homme et non plus par la nature. En quelques générations, ces nano-usines seront produites par millions de *tonnes* à la seconde. Tous nos procédés de fabrication deviendront obsolètes du jour au lendemain.

Les nanotechnologies ne sont plus de la science-fiction, elles commencent à sortir des laboratoires. Certains composants de base, comme les nanotubes de carbone, sont déjà produits en quantité dépassant les vingt tonnes par an (remarquons en passant que le nanotube est un produit hautement cancérigène). Il est déjà possible, au moyen d'un instrument appelé microscope à force atomique, de déplacer un par un des atomes et de les assembler. En 2003, la première liaison atomique a ainsi été réalisée, prélude à l'assemblage de molécules sur mesure, et non plus par des réactions chimiques aveugles.

Des nanomoteurs, nanocapteurs, nano calculateurs, existent déjà. Les nanocalculateurs, déjà en cours de conception, seront bien plus rapides que nos ordinateurs les plus puissants, respectant en cela une des lois de la nature : *plus c'est petit, plus c'est rapide.*

Couplées ensembles, nanotechnologie et IAV conduiront au meilleur des mondes possibles.

Les applications des nanotechnologies dans le domaine de la dépollution, ou dans le domaine médical, par exemple, seront immenses : « chargés » avec des nanorobots, nos corps s'auto-répareront et deviendront immortels. Mais aurons-nous encore besoin de nos corps après la singularité ? Ça, c'est *la* question.

Comment ça peut marcher ?

Actuellement, on sait créer des structures à l'échelle de l'atome. Au moyen d'un instrument appelé microscope à force atomique, on peut déplacer des atomes un par un. L'image ci-dessus représente le logo IBM, écrit avec des atomes de Xénon déposés sur une plaque de nickel :

Déjà, on sait réaliser des structures plus complexes à cette échelle : des rouages, des axes, des pignons, des bielles, des interrupteurs :

Essieux et rouages. Les petites billes sont des atomes individuels

Ce seront les composants des futures nanomachines.

Vu comme ça, ça n'a pas l'air très spectaculaire : des machines minuscules, oui, bon, et puis après ? Mais il y a deux choses qui rendent les nanotechnologies vraiment incroyables :

La première, c'est que ces machines sont très rapides.

Plus c'est petit, plus ça va vite. Votre bras mesure à peu près un mètre de long, vous pouvez l'agiter de haut en bas à peu près deux fois par seconde. L'aile d'un oiseau est dix fois plus petite, elle peut battre dix fois plus vite. L'aile d'un moustique émet un bourdonnent aigu parce qu'elle est mille fois plus petite que votre bras, et va mille fois plus vite. Une bactérie est dix mille fois plus petite qu'un moustique, et les dimensions typiques d'un axe ou d'un pignon dans une nanomachine sont de l'ordre de celles d'une centaine d'atomes, soit encore mille fois plus petites qu'une bactérie.

Tout ceci fait qu'une nanomachine typique manipulera des millions et des millions d'atomes et de molécules par seconde. On peut imaginer un « ordinateur mécanique moléculaire », fait non pas de circuits électroniques, mais de circuits mécaniques : tringles, roues dentées, axes, cliquets, etc., tout ceci à l'échelle de la molécule. Un tel ordinateur serait mille fois plus rapide que les plus puissant superordinateurs électroniques existants de nos jours !

OK, me direz-vous, tout ça est intéressant mais ça ne changera pas la face du monde. Si ! Car c'est ici qu'intervient la seconde idée : il est possible de construire des nanomachines, appelées *assembleurs*, qui seront susceptible de construire n'importe quelle autre nanomachine, *y compris* d'autres assembleurs.

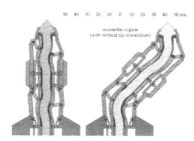

Un bras manipulateur pour un nano assembleur

(source : *nanosystems*, Eric Drexler)

Un assembleur est une nanomachine délicate et compliquée : il comporte un ou plusieurs « bras manipulateurs », d'une taille de quelque dizaine à quelque centaines d'atomes, ainsi que des « pinces » pour maintenir et déplacer la pièce en cours d'assemblage ; tout ceci sera contrôlé par un nano ordinateur, intégré à l'assembleur, et qui lira son programme depuis une « bande perforée » constitué d'une molécule très longue et possédant des « creux » et des « bosses » qui coderont les instructions d'assemblage. L'assembleur sera ainsi capable de construire, atome par atome, n'importe quelle nanostructure.

Compte-tenu de sa taille réduite, on peut calculer qu'un assembleur typique pourra ajouter au moins un million d'atomes par seconde à la structure en construction. Comme cet assembleur typique sera lui-même formé d'un très grand nombre d'atomes, disons un milliard (ce sera probablement moins, mais soyons conservateur), un assembleur pourra se *reproduire* (assembler un autre assembleur) en environ mille secondes, soit seize minutes.

Voyez-vous la révolution qui se profile ? Non ? Alors écoutez Eric Drexler, dans son livre E*ngines of creation* (*les engins créateurs*) :

Imaginez un tel réplicateur flottant dans une bouteille de produits chimiques, faisant des copies de lui-même. Il fait une copie en un millier de secondes, trente-six en dix heures. En une semaine, il en a accumulé assez pour remplir le volume d'une cellule. En un siècle, il y en a suffisamment pour faire un honorable grain de poussière. Si les assembleurs ne savent faire que cela, nous pourrions peut-être tranquillement les ignorer.

Mais chaque copie va construire des copies d'elle-même. Ainsi, le premier réplicateur construit une copie en un millier de secondes et les deux réplicateurs construisent chacun une copie dans le millier de secondes suivant, les quatre en construisent quatre, etc. Au bout de dix heures, ce n'est pas trente-six réplicateurs que nous avons mais 68 milliards. En moins d'un jour, ils pèseraient une tonne, en deux, ils pèseraient plus que la terre et en quatre, plus que le soleil avec toutes ses planètes – si la bouteille de produits chimiques ne s'assèche pas avant.

Nous ne savons pas encore construire des assembleurs. Mais tôt ou tard, cela viendra. Car la nature nous montre la voie : Dans nos propres cellules, il y a des assembleurs, les ribosomes. Un jour ou l'autre, nous fabriquerons le premier assembleur artificiel, probablement à partir d'un modèle biologique, et la manière dont nous fabriquerons les objets qui nous entourent ne sera plus jamais la même.

La possibilité d'avoir des assembleurs qui se reproduisent eux-mêmes, des *réplicateurs*, a été théoriquement prouvée dès 1951, et ce avant que Crick et Watson ne découvrent la structure de l'ADN. Les premiers réplicateurs issus des nanotechnologies seront probablement inspirés des processus biologiques, ils utiliseront peut-être même des composants biologiques comme des molécules d'ARN. Simplement ces premiers assembleurs seront modifiés par les chercheurs pour fabriquer autre chose que des protéines. Très vite, nous saurons fabriquer n'importe quelle molécule et n'importe quel assemblage de molécules.

Construire des gros objets

Comment utiliser les assembleurs et les réplicateurs pour construire des objets utiles, des objets plus gros que quelques molécules ? Les assembleurs seront des machines minuscules. Peux-t-on raisonnablement croire que nous pourrons fabriquer des gros objets avec eux ? Oui ! Encore une fois, c'est la biologie qui vient à notre secours. Les assembleurs biologiques arrivent bien à fabriquer des baleines, après tout.

Pour faire de gros objets en peu de temps, un grand nombre d'assembleurs doivent coopérer : les réplicateurs produiront des assembleurs à la tonne. En fait, avec une bonne conception, la seule différence entre un réplicateur et un assembleur viendra entièrement de la programmation du nano-ordinateur intégré à l'assembleur.

Si un assembleur répliquant peut se recopier en un millier de secondes, alors il peut être programmé pour construire aussi vite un objet de taille similaire. En changeant d'échelle, une tonne de réplicateurs pourra rapidement construire une tonne d'autres choses —et le produit aura ses milliards de milliards de milliards d'atomes à la bonne place, avec seulement une infime fraction au mauvais endroit.

Drexler donne, toujours dans son livre *Les engins créateurs,* une vision saisissante de ce que cela pourrait donner :

> « Imaginez que vous essayez de construire une maison en collant ensemble des grains de sable. Ajouter une couche de grains de sable prendrait peut-être tellement de temps aux machines à coller, que monter les murs durerait des dizaines d'années. Maintenant, imaginez que dans une usine, des machines collent ensemble les grains pour faire des briques. L'usine peut fabriquer de nombreuses briques simultanément. Avec assez de machines à coller les grains, les briques seraient fabriquées rapidement et les machines à assembler pourraient alors monter les murs très vite en empilant les briques pré assemblées. De la même manière, les assembleurs moléculaires feront équipe avec des assembleurs plus grands pour construire de gros objets rapidement —ces machines pourront avoir n'importe quelle taille : moléculaire ou gigantesque. Avec cette approche, la plus grande part de la chaleur de l'assemblage sera

dissipée loin du site de construction, lors de la fabrication des pièces.

La construction des gratte-ciel et l'architecture des êtres vivants suggèrent une autre méthode pour construire de grands objets. Les plantes et les animaux ont des systèmes vasculaires constitués de vaisseaux entremêlés qui conduisent les matériaux de construction jusqu'aux machines moléculaires. De la même manière, après que les ouvriers bâtisseurs ont fini l'armature d'un gratte-ciel, son système vasculaire –ses couloirs et ses ascenseurs, aidés de grues– transporte les matériaux de construction jusqu'aux ouvriers par l'intérieur du bâtiment. Les systèmes d'assembleurs peuvent utiliser la même stratégie, en dressant d'abord un échafaudage, puis en travaillant à l'intérieur de ce volume, en incorporant des matériaux venus de l'extérieur par des tunnels.

Imaginez cette technique appliquée à la "croissance" d'un gros réacteur de fusée à l'intérieur d'une cuve, dans une fabrique. La cuve –faite d'acier brillant percée d'une fenêtre pour les visiteurs– est plus grande qu'un homme puisqu'elle doit contenir le réacteur tout entier. Des tuyaux et des pompes la relient à d'autres équipements et à des échangeurs de chaleur. Ces dispositifs permettent à l'opérateur de faire circuler différents fluides dans la cuve.

Pour démarrer le processus, l'opérateur ouvre la cuve, y introduit une plaque qui servira de base à la construction et referme le couvercle. En appuyant sur un bouton, les pompes se mettent en marche et la cuve se remplit d'un liquide épais et laiteux qui submerge bientôt la plaque, puis obscurcit la fenêtre. Ce liquide provient d'une autre cuve dans laquelle des assembleurs répliquant ont été cultivés, puis reprogrammés en recopiant et répandant une nouvelle bande d'instruction, un peu comme l'infection de bactéries par des virus. Ces nouveaux systèmes d'assembleurs, plus petits que des bactéries, diffractent la lumière et donnent son aspect laiteux au fluide. Leur grande abondance le rend visqueux.

Au centre de la plaque de base, en bas du tourbillon du liquide chargé d'assembleurs, réside une "graine". Elle contient un nano-ordinateur dans lequel les plans du réacteur de la fusée sont stockés, et sa surface est couverte de petites plaques auxquelles les assembleurs peuvent se fixer. Quand un assembleur se colle à une plaque, un branchement a lieu et l'ordinateur de la graine transfère des instructions à l'ordinateur de l'assembleur. Ce nouveau programme lui indique où il se situe par rapport à la graine et lui fait déplier ses bras manipulateurs pour accrocher d'autres assembleurs. Ceux qui sont capturés sont alors programmés de la même manière. Obéissant aux instructions venant de la graine (qui se propagent par le réseau en expansion des assembleurs communicants), une sorte de cristal d'assembleurs se forme au milieu du chaos du liquide. Comme chacun des assembleurs connaît sa position dans le plan, les nouveaux qui s'agrègent ne le font qu'aux endroits nécessaires. Ceci forme bientôt un réseau moins régulier et plus complexe que n'importe quel cristal naturel. En quelques heures, le squelette d'assembleurs grandit jusqu'à atteindre la forme finale du futur réacteur.

Les pompes sont alors remises en marche et le liquide laiteux d'assembleurs non-attachés est remplacé par une mixture limpide à base de solvants organiques et de substances dissoutes –y compris des composés d'aluminium ainsi que des molécules riches en oxygène et en énergie pour alimenter les assembleurs. Comme le liquide s'éclaircit, la forme du réacteur devient visible à travers la fenêtre : elle ressemble à une maquette en taille réelle sculptée dans du plastique blanc translucide. Puis, un message provenant de la graine indique à certains assembleurs de se détacher de leurs voisins et de replier leurs bras. Ils se détachent alors soudainement de la structure, en jets blancs, laissant derrière eux un réseau discontinu d'assembleurs attachés ensemble et disposant chacun d'assez de place pour travailler. La forme de l'engin dans la cuve devient presque transparente, avec quelques irisations.

Chaque assembleur restant, bien qu'encore relié à des voisins, est maintenant entouré par de petits tunnels remplis de fluide. Certains bras spéciaux de l'assembleur travaillent comme des flagelles, agitant le liquide pour qu'il circule à travers les canaux. Ces mouvements, comme tous ceux effectués par les assembleurs, sont accomplis par des moteurs moléculaires qui tirent leur énergie de molécules contenues dans le liquide. Exactement comme le sucre fournit de l'énergie aux levures ; le liquide qui circule apporte des molécules de carburant et des matériaux bruts pour la construction. Il ressort en emportant la chaleur produite. Le réseau de communication propage les instructions jusqu'à chaque assembleur.

Ceux-ci sont maintenant prêts à commencer la construction. Ils vont fabriquer un réacteur de fusée, constitué principalement de tuyaux et de pompes. Cela signifie qu'il faut construire des structures résistantes et légères, de formes complexes, quelques-unes devant résister à une chaleur intense, d'autres étant pleines de tubes pour transporter du liquide de refroidissement. Là où une grande solidité est nécessaire, les assembleurs sont programmés pour construire des baguettes tressées en fibres de carbone sous sa forme diamant. Avec celles-ci, ils construisent un réseau conçu de manière à résister le mieux possible aux tensions dans la direction attendue. Quand la résistance à la chaleur et à la corrosion est primordiale (comme pour beaucoup de surfaces), ils construisent des structures similaires mais en oxyde d'aluminium, sous sa forme saphir. Aux endroits où les tensions seront faibles, les assembleurs économisent du poids en laissant de plus grands espaces dans la matrice. Aux endroits de fortes tensions, les assembleurs renforcent la structure jusqu'à ce que les canaux permettent à peine le passage d'un assembleur. Partout ailleurs, les assembleurs déposent d'autres matériaux pour faire des capteurs, des ordinateurs, des moteurs, des solénoïdes et tout ce qui est nécessaire.

Pour finir leur travail, les assembleurs construisent des murs formant des cellules dans les canaux restants après les avoir vidés de leur contenu liquide. Après avoir obturé les ouvertures externes des canaux, les assembleurs se retrouvent en solution autour de la structure. Enfin, la cuve est vidée et un jet d'eau rince le réacteur. Le couvercle se soulève et la pièce terminée est hissée dehors pour sécher. Sa création aura pris moins d'un jour et presque aucune attention humaine.

A quoi ressemble le réacteur ? Plutôt qu'une pièce massive de métal soudé et boulonné, c'est une chose sans défaut, ayant l'aspect d'une pierre précieuse. Ses cellules vides à l'intérieur de la structure sont arrangées en matrices ayant une taille proche de la longueur d'onde de la lumière visible. L'effet produit ressemble à la diffraction observée sur les cuvettes gravées dans les disques compacts : des irisations diverses comme dans les opales de feu. Les canaux vides allègent encore une structure déjà fabriquée avec les matériaux les plus légers et les plus durs connus. Comparé à un réacteur moderne en métal, cet engin sophistiqué pèse dix fois moins.

Tapez doucement dessus et il sonne comme une cloche mais avec un ton étonnamment haut pour sa taille. Monté sur un vaisseau spatial construit de la même manière, il s'envole d'une piste d'aviation pour aller dans l'espace et revenir se poser avec aisance. Il supporte un usage long et éprouvant, parce que ses matériaux solides ont permis aux ingénieurs d'inclure dans la conception de grandes marges de sécurité. Et comme les assembleurs ont permis aux concepteurs de modeler sa structure afin qu'il plie avant de rompre (atténuant les amorces de fissures et stoppant leur développement), le réacteur n'est pas seulement dur mais également résistant.

Malgré toutes ses propriétés exceptionnelles, ce réacteur reste fondamentalement très classique. Simplement, ses atomes de métal ont été soigneusement remplacés par des atomes légers et solidement liés. Le produit final ne contient pas de nanomachinerie.

Des conceptions plus évoluées exploiteront encore davantage les nanotechnologies. Les assembleurs peuvent laisser un système vasculaire en place afin que des assembleurs et des désassembleurs puissent encore circuler. Ils pourraient être programmés pour réparer les parties usées. Aussi longtemps que l'utilisateur continuera à alimenter un tel réacteur avec de l'énergie et des matériaux bruts, celui-ci renouvellera sa propre structure. Des machines plus avancées pourraient également être littéralement transformables. Les réacteurs de fusée sont plus efficaces quand ils peuvent prendre différentes formes, adaptées à chaque phase de vol mais les ingénieurs ne peuvent pas faire du métal à la fois solide, léger et souple. Avec les nanotechnologies cependant, une structure plus solide que l'acier et plus légère que le bois peut changer de forme comme un muscle (fonctionnant, comme les muscles, sur le principe des fibres coulissantes). Un réacteur pourrait alors dilater, contracter ou orienter sa base pour fournir la poussée attendue, dans la direction souhaitée. Avec des assembleurs et des désassembleurs correctement programmés, il pourrait même remanier sa structure fondamentale bien après avoir quitté la cuve.

En résumé, les assembleurs répliquants se recopieront à la tonne, puis fabriqueront d'autres produits comme des ordinateurs, des réacteurs de fusée, des chaises et tout ce que l'on veut. Ils feront des désassembleurs capables de casser la pierre pour fournir des matériaux de construction. Ils feront des cellules solaires pour donner de l'énergie. Bien que petits, ils construiront de grandes choses. Des équipes de nanomachines construisent des baleines dans la nature et les graines répliquent des machineries et organisent les atomes en de vastes structures de cellulose, comme pour bâtir des séquoias. Il n'y a rien de bien surprenant à faire pousser un réacteur de fusée dans une cuve préparée spécialement. En fait, les forestiers, en plantant des "graines" d'assembleurs appropriées pourraient cultiver des vaisseaux spatiaux en leur fournissant de la terre, de l'air et du soleil.

Les assembleurs seront capables de faire pratiquement n'importe quoi à partir de matériaux courants et sans travail humain, remplaçant les usines polluantes par des systèmes aussi propres que les forêts. Ils transformeront la technologie et l'économie dans leurs racines ouvrant un nouveau monde de possibilités. Ces assembleurs seront réellement des moteurs d'abondance. »

L'ensemble des processus de fabrication de tous les objets sera radicalement transformé par les nanotechnologies. Nous pourrons construire des pare-brise de voiture entièrement en diamant (les diamants seront produits à la tonne, et pour un coût dérisoire) Nous pourrons construire des ailes d'avion munies d'une « peau » tactile et active, qui supprimera complètement les turbulences dans la couche limite. Nous pourrons concevoir des matériaux infiniment plus résistants que ce qui existe aujourd'hui, avec une qualité de fabrication parfaite à l'atome près, et des ordinateurs si petits que nous en auront des millions dans notre corps. Tout ceci en utilisant les atomes comme matériaux bruts. Il sera également tout aussi facile de désassembler n'importe quoi, de le réduire en atomes prêts à être réutilisés, ce qui mettra fin à toute pollution et permettra de nettoyer la planète.

Le seul problème restant sera celui de la programmation des assembleurs et désassembleurs, c'est à dire celui de la conception des objets à fabriquer et du processus de leur assemblage. Si ce sont des IA qui se chargent de ce travail, nous auront alors l'équivalent du génie des contes orientaux, prêt à fabriquer n'importe quoi selon nos désirs, et ce gratuitement.

Applications possibles des nanotechnologies

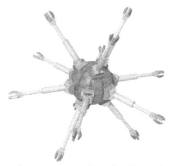

Imaginons quelques applications possibles des nanotechnologies. (La plupart des applications citées ici sont issues du texte d'une présentation faite par Fréderic Levy, disponible sur le web) :

Matériaux

La nanotechnologie permettra de fabriquer des matériaux dont nous n'osons même pas rêver. Nous produirons des diamants par milliers de tonnes, dans des tailles pouvant aller jusqu'à celle d'une maison, et avec toutes sortes de formes. Un diamant n'est que du carbone, après tout. Vous pouvez revendre tous vos diamants, ils ne vaudront bientôt plus rien. En revanche, gardez votre Or. L'Or sera un des composants de certains des futurs matériaux, et on ne peut pas le fabriquer.

Nous produirons des matériaux composites, à la fois ultra résistants, ultra souples, ultra-élastiques ou ultra rigides, selon les besoins. Nous produirons même des matériaux dynamiques, dont la configuration s'ajustera en fonction des conditions environnantes. Il est ainsi possible de fabriquer des matériaux à la fois beaucoup plus solides et beaucoup plus légers car utilisant beaucoup moins de matière.

Fabrication

La nanotechnologie permet une amélioration de la qualité de fabrication sans précédent. Les atomes étant placés de façon précise, les problèmes liés aux impuretés et aux défauts dans les matériaux disparaissent entièrement. Dans les objets que nous fabriquerons, chaque atome sera à la place assignée lors de la conception.

Le coût de fabrication des objets serait *extraordinairement* réduit, car la fabrication consommerait beaucoup moins d'énergie et de matière première qu'à présent. De plus, la production étant entièrement automatique, les coûts de mains-d'œuvre sont pratiquement nuls.
En fait, on s'accorde à dire que les coûts de fabrication seraient pratiquement réduits aux coûts de conception (ce qui est le cas aujourd'hui dans l'industrie des logiciels pour ordinateur). En effet, la matière première peut être entièrement recyclée, et l'énergie peut provenir de capteurs solaires. (Ce qui limite aujourd'hui la possibilité d'utiliser les capteurs solaires à plus grande échelle est leur coût de fabrication et leur rendement, deux problèmes que la nanotechnologie devrait être en mesure de résoudre sans difficulté).

L'exemple classiquement donné est celui d'un appareil qui pourrait ressembler à un four à micro-onde. Un tableau de commande permettrait de choisir l'objet souhaité : une paire de chaussure, un ordinateur, une pizza, etc. Des assembleurs commencent par se multiplier dans l'appareil, prenant la forme de l'objet désiré. Puis, une fois la structure créée, ils assemblent l'objet choisi, atome par atome. La paire de chaussure est prête en deux minutes !

Construction

De la même façon, les techniques de constructions pourraient être bouleversées. Il est possible d'imaginer des immeubles se créant pour ainsi dire eux-mêmes, des routes ou des tunnels se creusant de la même façon.

L'anti couteau suisse

Une application étonnante de la nanotechnologie serait un couteau d'un genre particulier : il ne couperait qu'un seul matériau, et refuserait de couper quoi que ce soit d'autre (par exemple votre doigt !). Sa lame serait enduite d'une pâte de nanorobots « découpeurs », hautement sélectifs, et il posséderait sur le manche un sélecteur pour choisir le matériau à découper : métal, bois, plastique, verre, pierre... Vous le réglez sur « métal », il tranchera dans l'acier le plus épais comme si c'était du beurre, mais il résistera si vous voulez couper du beurre ! Vous le réglez sur « marbre » et vous pouvez vous transformer en Michel-Ange et sculpter un « David » en un rien de temps. Et si vous coupez trop loin, pas de problème, le couteau possède une fonction « recoller », et il ressoudera deux morceaux de marbre aussi solidement que s'ils n'avaient pas été séparés, et sans aucune marque visible !

Nourriture

De même qu'il serait possible de fabriquer une montre ou une paire de chaussure, il est possible de recréer de la nourriture directement à partir de l'air et de quelques déchets. C'est ce que fait la chaîne alimentaire, et il est certainement possible d'arriver directement à un steak frites avec salade, sans passer par la croissance de laitue, de pommes de terre, l'élevage d'animaux, puis leur traitement avant que le plat final n'arrive dans notre assiette !

Energie

Les nanotechnologies rendent possible la fabrication de « nanobatteries », des batteries qui se rechargent en quelques secondes. L'idée est d'augmenter formidablement la capacité d'un vieux dispositif, le condensateur. En remplaçant la surface des électrodes par des tiges enduites de « nanocheveux », on multiplie la capacité d'un condensateur par plusieurs millions, avec l'avantage d'une légèreté sans pareille, d'une recharge quasi instantanée et d'une durée de vie quasi illimitée. Des prototypes de ces batteries futuristes existent déjà.

Les nanobatteries rendront possible et pratiques les véhicules électriques (même les avions !) et nous ouvrirons la porte d'une société où l'énergie ne sera plus produite dans des énormes centrales, mais localement, et où il ne sera plus nécessaire de la transporter dans des lignes à haute tension, puisque tous les appareils et moteurs disposeront de batteries qu'il suffira de recharger à des « points de charge » alimentés par l'énergie solaire ou éolienne, et qui fleuriront par millions.

Médecine, durée de la vie

Il est envisagé de construire de minuscules nano-robots, capables de se déplacer à l'intérieur du corps humain, voire dans les *cellules* du corps humain, à la recherche d'agents infectieux, de cellules cancéreuses, par exemple pour les marquer pour destruction par le système immunitaire, ou même pour les détruire directement.

Il a même été envisagé que ces robots aillent réparer directement l'ADN endommagé des cellules.

Des applications plus étonnantes encore sont imaginées :

- Réparation active de lésions : au lieu d'aider le corps à se raccommoder tout seul, comme le fait la médecine chirurgicale actuelle, il serait possible, par exemple, d'aider plus activement à la reconstruction, voire de recréer directement les tissus ou les organes atteints.
- Augmentation des capacités du cerveau (par exemple par interfaçage direct avec des nano-ordinateurs ou des banques de données),
- Amélioration des tissus (augmentation de la solidité des os, etc.).

Évidemment, une des retombées espérées est une augmentation très importante de la durée de vie, dans un état de jeunesse préservé. Nous parlerons plus loin de l'application ultime de la nanotechnologie, l'accès pour nous à *l'immortalité*.

Informatique

Il sera possible de fabriquer des ordinateurs minuscules, par exemple pour contrôler les nano-robots se baladant dans le corps humain. Les projets actuels laissent entrevoir des ordinateurs plus puissants que les superordinateurs actuels, mais tenant dans un cube de dix microns de côté.

Pour les même raisons que précédemment, le coût de fabrication de ces ordinateurs serait extraordinairement réduit.

Il est difficile d'imaginer aujourd'hui les conséquences que pourraient avoir l'inclusion d'ordinateurs et de nano-machines dans les objets de la vie ordinaire. Imaginez une table qui pourrait sur commande, s'agrandir, se transformer en lit, en chaise, etc.

On pourrait avoir une paire de lunette permettant la visualisation de textes, dessins, vidéos, avec sonorisation. Elle pourrait contenir plus de livres et d'heures de films que la Bibliothèque de France, et serait en contact radio ou optique avec l'extérieur. Ces lunettes intégreraient une caméra vidéo et des micros, permettant d'enregistrer tout ce que vous voyez. Elle serait commandable par la voix, ou par détection des mouvements oculaires, voire manuels (par détection des mains, et visualisation de différents artefacts visuels de commande). Ces lunettes pourraient contenir votre agenda, reconnaître les personnes dont le nom vous échappe... Pour vous donner un faible aperçu des possibilités qu'aurait cet outil !

Enfin, les nanotechnologies permettront la fabrication d'ordinateurs quantiques, des ordinateurs dont les composants peuvent effectuer plusieurs calculs simultanément, ou plus précisément, le même calcul sur plusieurs données à la fois (théoriquement, une infinité). Il a déjà été démontré que les ordinateurs quantiques peuvent factoriser un nombre (trouver les nombres premiers qui le composent) en un temps polynomial en fonction de la longueur du nombre à factoriser, alors que les meilleurs algorithmes non quantiques ont un temps exponentiel. Pour certains calculs, les ordinateurs quantiques seront donc bien plus rapides que les ordinateurs classiques, même construits à l'aide de nanotechnologies.

Écologie

La nanotechnologie permettra non seulement le recyclage complet des déchets lors de la fabrication, mais le nettoyage des déchets accumulés jusqu'à aujourd'hui. Il serait ainsi possible de « nettoyer la planète », de diminuer, si besoin est, la quantité de CO_2 dans l'atmosphère, etc.

Archéologie

Plus besoin de détruire le sous-sol pour savoir ce qu'il y a dessous ! Des nano-robots spécialement conçus pénétreront dans le sous-sol aussi facilement que s'il était liquide, en s'infiltrant dans les micro-interstices de la roche. Et sur l'écran de votre ordinateur, ils vous renverront une vue 3D incroyablement détaillée de la cité romaine enfouie sous la terre.

Espace

La NASA est très active dans le domaine de la nanotechnologie, car elle voit là le moyen le plus sûr et le plus économique d'explorer et de coloniser l'espace.

La nanotechnologie permettra non seulement la fabrication de fusées, de stations orbitales, etc., plus solides, plus fiables et à un coût réduit, mais également de « terraformer » d'autres planètes! Il existe des scénarios permettant, à terme, d'aller vivre sur Mars, par exemple.

Une autre application envisagée est « l'ascenseur orbital ». Il s'agit de fabriquer un câble vertical, partant de l'équateur, et montant jusqu'à l'orbite géostationnaire, à 36 000 Km d'altitude (et même au-delà, pour que la force centrifuge due à la rotation de la terre assure la tension du câble), et tournant avec la terre. Une fois ce câble en place, l'énergie à dépenser pour quitter l'attraction terrestre devient minime par rapport aux moyens utilisés aujourd'hui. Plus besoin de fusées, on prendra l'ascenseur !

La nanotechnologie devrait permettre la fabrication d'un câble suffisamment solide (la tension du câble serait vraiment énorme, mais des nanotubes de carbone pourraient convenir comme matériaux), et pour un coût acceptable pour une telle application.

Enfin, avec les nanotechnologies, les voyages interstellaires deviendront possibles. La principale limitation de ces voyages (outre la vitesse de la lumière) est la quantité d'énergie disponible à bord du vaisseau interstellaire. En effet, pour propulser un vaisseau jusqu'à 90 % de la vitesse de la lumière, la quantité d'énergie nécessaire est telle que, même en convertissant directement la masse en énergie selon la célèbre formule $E=mc^2$, (ce qu'on ne sait pas faire à l'heure actuelle), on aurait besoin de 99 % de la masse du vaisseau. Et ensuite, plus moyen de ralentir ! Par contre, il est possible d'utiliser une source d'énergie *externe* au vaisseau : celle d'un puissant laser installé sur Terre (ou, mieux, sur la Lune).

Ainsi on peut imaginer un « voilier de lumière », ultra léger (moins d'un kilogramme), mais mesurant plusieurs kilomètres de diamètre, qui serait poussé par la lumière d'un puissant laser installé sur la Lune jusqu'à une vitesse proche de la lumière. En une dizaine d'années, il attendrait l'étoile cible, puis la dépasserait sans ralentir. Alors, un canon électrique, installé dans le vaisseau, tirerait *vers l'arrière* un mini projectile pesant quelques microgrammes. Ce projectile, ainsi ralenti, tomberait doucement sur le sol d'une planète de l'étoile cible (il ne s'échaufferait pas au passage dans l'atmosphère de cette planète car sa taille n'est pas suffisante pour cela).

Le projectile contiendrait des assembleurs et des réplicateurs qui construiraient alors sur le sol de la planète même, en utilisant les matériaux locaux, des micro robots explorateurs, un émetteur radio pour envoyer les résultats vers la terre, et, pourquoi pas, un autre laser très puissant qui serait utilisé pour freiner un second vaisseau, bien plus gros, et contenant des passagers, envoyé depuis la terre. La galaxie est à notre portée.

Armement

Un des dangers les plus importants de la nanotechnologie est évidemment la possibilité de l'utiliser à des fins guerrières, criminelles ou terroristes.

Indépendamment de l'amélioration de la fabrication d'armes conventionnelles, il sera par exemple possible de fabriquer par millions de minuscules robots volants, difficilement détectables, permettant d'envahir la vie privée de tous, et hors du contrôle des nations.

Il sera également possible de fabriquer des nano-virus, ciblés pour tuer, beaucoup plus efficacement que les virus naturels. Leur cible pourrait être une personne précise, un groupe de population (définit par sa position géographique, quelques caractéristiques génétiques, etc.).

Des fanatiques pourraient fabriquer une nanomachine se reproduisant indéfiniment, sans contrainte, et transformant absolument tout en plus de copies d'elle-même, visant ainsi à la destruction complète de toute vie sur la planète...

En fait, ces dangers sont si grands, que plusieurs personnes, seraient favorables à un arrêt, ou en tout cas un ralentissement des recherches dans le domaine, si cela était possible! Dans le contexte de compétition internationale, cela paraissant totalement illusoire, il reste le choix de se préparer à l'arrivée de cette technologie et des problèmes qu'elle engendrera (nous en reparlerons plus loin)

Enfin, je finirais les applications envisageables avec un échantillon de quelques idées plus futuristes encore :

Peinture : écran, affichage variable, etc.

Imaginons un vaporisateur de peinture. Mais au lieu de peinture, il vaporise des nanomachines, qui vont se coller à la surface sur laquelle on l'applique. Cette surface peut être de la taille d'un timbre-poste, d'un immeuble, être disposée sur des vêtements, sur la peau, ou sur un mur.

Ensuite, les nanomachines, communiquant entre elles, et avec l'extérieur peuvent, par exemple, afficher n'importe qu'elle image, fixe ou animée. Vous souhaitez changer de papier peint ? Il suffit d'une commande et les motifs affichés sur le mur changent immédiatement. Vous voulez voir un film? Le mur vous le présente, à la taille que vous souhaitez.

Une technologie en cours d'étude (" Phased Array Optics ", une méthode utilisant la synchronisation de phase de la lumière émise par une source), permet de créer des images en trois dimensions. Il est ainsi possible d'imaginer une salle couverte de cette peinture, et permettant de représenter un spectacle animé en trois dimensions !

Devant un mur couvert de cette technologie, il serait impossible de distinguer une scène réelle d'une fausse! Un paysage est présenté, prenez des jumelles, vous verrez le paysage avec plus de détails !

Livres à contenu changeant

Vous tenez un livre dans les mains, ressemblant à un livre ordinaire, un livre dont les pages *ont l'air* d'être en papier.

Appuyez sur une référence en bas de page, et le texte de référence apparaît, prenant la place du texte d'origine. Vous souhaitez rechercher un passage dans le texte ? Une image ? Demandez à haute voix au livre de vous la retrouver !

Vous voulez abandonner momentanément sa lecture pour en lire un autre, demandez au livre le titre choisi, son texte, et ses images, prennent la place du précédent dans les pages.

Vous souhaitez regarder les informations ? N'importe quelle page peut vous présenter une image animée, et les émissions de télévision en cours de diffusion, ou enregistrées dans le livre !

Murs ré-arrangeables, à transparence variable

Vous êtes chez vous, et vous organisez une soirée. Vous souhaitez agrandir le salon pour quelques heures ? Poussez les murs, et réorganisez la pièce comme vous le souhaitez!

Vous voulez agrandir une fenêtre ? La supprimer ? La rendre plus teintée? Commandez, le mur se modifie !

Le Brouillard outil

Une utilisation de la nanotechnologie encore plus étrange a été imaginée et étudiée par J. Storrs Hall. Il l'a appelé "Utility Fog" : « Le brouillard-outil ».

Imaginez un robot microscopique, environ de la taille d'une bactérie, avec une douzaine de bras télescopiques. Maintenant, vous remplissez l'air d'une pièce de tels robots, ils s'attachent automatiquement les uns aux autres par leurs bras télescopiques, et se maintiennent éloignés les uns des autres. Une fois la pièce remplie, ils occupent environ 5% de l'air de la pièce.
Ces robots sont programmés pour être non obstructifs. Vous pouvez marcher normalement dans la pièce, respirer, etc., sans vous rendre compte de leur présence. Leur réseau se reconstituant automatiquement après votre passage.

Vous êtes assis, vous souhaitez un verre d'une boisson dans le réfrigérateur. Donnez la commande : la porte du réfrigérateur s'ouvre toute seule, la boisson est placée dans un verre qui semble flotter dans les airs, puis il vient se placer dans votre main !

Le « brouillard » a exercé les forces correspondantes sur la porte du réfrigérateur, le verre, etc. De la même façon, vous pourriez voler jusqu'au deuxième étage !

Maintenant, le brouillard peut se rendre visible si besoin est. Vous avez besoin momentanément d'une chaise supplémentaire? Elle se matérialise sous vos yeux !

Vous souhaitez discuter immédiatement avec un ami situé à 100 km de chez vous ? Après avoir reçu son accord, vous pouvez vous matérialiser chez lui ! Son brouillard recrée votre image (en trois dimensions!) dans la pièce, de même que votre brouillard recrée votre ami chez vous. Vous pouvez alors discuter tous les deux comme si vous étiez dans la même pièce!
Les applications du brouillard-outil sont innombrables.

C'est pour quand ?

Les premiers assembleurs seront construits atome par atome, et ils seront limités à la fabrication d'un seul type de molécule. Mais les progrès s'accéléreront très vite, et les premiers assembleurs aideront à concevoir les suivants, plus généraux et plus facilement programmables. De plus, l'arrivée des nanotechnologies sera accélérée par la conception anticipée.

La conception assistée par ordinateur de systèmes moléculaires –qui a déjà commencé– va devenir courante et sophistiquée, poussée en avant par les progrès des ordinateurs et par les besoins grandissants des ingénieurs en nanotechnologies. Grâce à ces outils de conception, les ingénieurs seront à même de concevoir des nanosystèmes de seconde génération, y compris des assembleurs de deuxième génération requis pour les construire. Qui plus est, en conservant suffisamment de marge pour les imprécisions (et en préparant des architectures différentes), les ingénieurs seront capables de concevoir de nombreux systèmes qui fonctionneront du premier coup –parce qu'auparavant, ils les auront fait évoluer virtuellement dans un monde de molécules simulées.

Remarquez l'importance de cette situation : il y aura en développement le meilleur outil de production de l'histoire, un véritable système de fabrication général qui sera capable de faire tout ce qui peut être conçu –et nous aurons déjà un système de conception entre les mains. Attendra-t-on l'apparition des assembleurs avant de se demander comment nous pouvons les utiliser ? Ou bien les entreprises et les pays répondront-ils aux pressions de la compétition en saisissant cette occasion et en concevant des nanosystèmes par avance, pour accélérer l'exploitation des assembleurs quand ils seront disponibles ?

Quelque part dans le monde, tôt ou tard, vraisemblablement dans moins de vingt ans (beaucoup moins si l'IA est disponible avant cette date), une équipe de chercheurs produira le premier assembleur répliquant généraliste et programmable. Cette équipe aura déjà étudié et conçu à l'avance toutes applications qu'elle souhaite développer avec cet assembleur. D'un seul coup, l'ensemble de ces applications deviendra disponible. S'il s'agit d'une société commerciale, elle inondera le marché, étouffant tous les concurrents. S'il s'agit d'une entité à but terroriste ou criminel... Je vous laisse imaginer les conséquences. (Non : en fait, je ne vais pas vous les laisser imaginer, car elles sont très probablement beaucoup plus terribles que tout ce que vous pensez, si vous n'êtes pas un spécialiste du sujet)

Quoi qu'il en soit, appelons cette entité ou cette organisation le *précurseur*. Le précurseur disposera d'un seul coup, peut-être en une seule nuit, d'un avantage économique et militaire sans équivalent dans l'histoire, avec la possibilité de disposer d'un pouvoir absolu.

Si le précurseur est une organisation travaillant pour un état, ce qui est le scénario le plus probable (hors scénarios basés sur l'IA, mais laissons cela de côté pour le moment), cet état sera plus que tenté d'user immédiatement de ce nouveau pouvoir, en commençant par annihiler tous les autres quasi-précurseurs concurrents (par exemple en détruisant leurs ordinateurs).

Je cite encore une fois Eric Drexler :

> « Les Etats en guerre se battent comme des bêtes mais en utilisant les citoyens comme leurs os, leurs cerveaux et leurs muscles. Les percées à venir confronteront les Etats à de nouvelles pressions et à de nouveaux choix, les obligeant à des changements rapides de leur comportement. Cela est évidemment inquiétant : les Etats se sont révélés par le passé excellents pour égorger et oppresser.
>
> Dans un sens, un Etat est simplement la somme des gens qui constituent son organisation : leurs actions s'ajoutent pour faire ses actions. Mais la même chose peut être dite pour un chien et ses cellules, bien qu'un chien soit clairement plus qu'un amas de cellules. Les chiens et les Etats sont tous les deux des systèmes évolués avec des structures qui affectent le fonctionnement de leurs parties. Pendant des milliers d'années, les chiens ont évolué principalement pour satisfaire les hommes, parce qu'ils ont survécu et se sont reproduits en accord avec les désirs humains. Depuis quatre mille ans, les Etats évoluent selon d'autres pressions sélectives. Les individus ont bien plus de pouvoir sur leurs chiens qu'ils n'en ont sur "leur" Etat. Bien que les Etats puissent eux aussi bénéficier de la satisfaction des gens, leur existence même a surtout dépendu de leur capacité à *utiliser* les gens que ce soit en tant que dirigeants, policiers ou soldats.

Il peut sembler paradoxal de dire que les gens ont une emprise limitée sur leur Etat : après tout, les hommes ne sont-ils pas derrière chacune des actions d'un Etat ? Mais dans une démocratie, les chefs d'Etat déplorent leur manque de pouvoir, les élus plient devant les groupes de pression, les bureaucrates sont tenus par des règles et les électeurs qui sont prétendument dépositaires du pouvoir maudissent toute cette pagaille. L'Etat agit et les hommes le transforment mais personne ne peut prétendre le contrôler. Dans les Etats totalitaires, l'appareil du pouvoir a une tradition, une structure et une logique interne qui ne laissent de liberté ni aux dirigeants ni aux dirigés. Même les rois agissaient dans les limites des traditions monarchiques et des pratiques du pouvoir s'ils voulaient rester sur le trône. Bien qu'ils soient faits d'hommes, les Etats ne sont pas humains.

Malgré cela, l'histoire montre que les changements sont possibles, même en bien. Mais ils font toujours passer le système d'un Etat inhumain et semi-autonome, à un autre – également inhumain mais peut-être plus humaniste. Dans nos espoirs d'amélioration, nous ne devons pas confondre les Etats à façade humaine et les Etats à institutions humaines.

Décrire les Etats comme des quasi-organismes ne rend compte que d'un aspect d'une réalité complexe. Cependant, cela suggère une évolution en réponse à de futures percées. La croissance de la puissance des gouvernements, plus spectaculaire encore dans les régimes totalitaires, indique une direction.

Les Etats pourraient se rapprocher du modèle des organismes vivants en contrôlant plus finement leurs composantes. En utilisant des assembleurs répliquants, les Etats pourraient saturer l'environnement de la population avec des dispositifs de surveillance miniatures. Des systèmes d'IA de compréhension de la parole leur permettraient d'écouter tout le monde sans avoir à employer une moitié de la population pour épier l'autre. En utilisant des nanotechnologies comme celles proposées pour réparer les cellules, ils pourraient facilement tranquilliser, lobotomiser ou modifier encore autrement des populations entières. Ceci ne ferait que donner une autre échelle à des pratiques familières aux Etats. Le monde compte encore des gouvernements qui espionnent, torturent et droguent ; une technologie avancée va simplement étendre ces possibilités.

Mais avec une technologie avancée, les Etats n'ont pas vraiment besoin de contrôler les personnes : ils peuvent simplement *s'en débarrasser*. La plupart des gens, dans la plupart des Etats travaillent comme des ouvriers, des cultivateurs ou des éleveurs et la plupart de ces ouvriers fabriquent des choses, les déplacent ou les font pousser. Un Etat possédant des assembleurs répliquants n'a pas besoin d'un tel travail. Qui plus est, des systèmes d'IA avancée peuvent remplacer les ingénieurs, les scientifiques, les directeurs et même les dirigeants. La combinaison nanotechnologies/systèmes d'IA permettra de construire des robots intelligents et efficaces. Avec de tels robots, un Etat peut prospérer en se débarrassant de n'importe qui et en principe, de tout le monde.
Les implications en sont différentes selon que l'Etat sert les personnes ou que ce sont les personnes qui servent l'Etat.

Dans le premier cas, nous avons un Etat façonné par les hommes pour servir des buts humains généraux ; les démocraties tentent d'être au moins une grossière approximation de cet idéal. Si un gouvernement contrôlé démocratiquement n'a plus besoin d'employés, bureaucrates ou contribuables, cela ouvrira de nouvelles possibilités dont certaines peuvent se révéler désirables.

Dans le second cas, nous avons un Etat qui a évolué pour exploiter les hommes, peut-être selon des règles totalitaires. Les Etats ont toujours eu besoin des humains parce que le travail humain a toujours été le fondement nécessaire du pouvoir. Qui plus est, les génocides ont été coûteux et difficiles à organiser et à exécuter. Cependant, durant ce siècle, les Etats totalitaires ont massacré leurs citoyens par millions. La technologie avancée rendra les travailleurs inutiles et le génocide facile. L'histoire suggère donc que les Etats totalitaires pourraient supprimer systématiquement leurs citoyens. Il semble probable qu'un Etat qui veut et qui peut nous réduire en esclavage se contentera simplement de nous tuer.

La menace d'une technologie avancée entre les mains de gouvernements rend une chose parfaitement claire : nous ne pouvons pas nous permettre qu'un Etat oppressif prenne la tête dans la course aux percées à venir. »

Une question vitale se pose immédiatement ici :

- Comment pouvons-nous garantir que le précurseur sera pacifique et bienveillant, et le restera ?
- Corollaire : Comment éviter l'apparition d'un précurseur malveillant, ou simplement maladroit ?

Si vous avez lui ce livre jusqu'ici, vous devriez avoir une idée de la réponse que je vais proposer… plus loin. Car auparavant, il nous faut cerner encore plus précisément quel est le danger.

Le problème…

Le logo du risque biologique

Le problème, c'est que les nanotechnologies ne sont pas sans risque. Les produits fabriqués par cette industrie sont souvent très toxiques. Plus de 1400 types de nanoparticules sont commercialisées en 2006, dont certains à la tonne, et incorporés dans plus 700 produits, dont des cosmétiques (L'Oréal est un des plus gros utilisateurs) des pneus de voiture, des crèmes solaires, etc.

Or les nanoparticules, à cause de leur taille, s'infiltrent dans les voies respiratoires et sous la peau. Elles passent toutes les barrières, s'infiltrent même dans les axones des nerfs olfactifs, et dans le système nerveux central. A cause de leur forme souvent très allongée, elles ne peuvent pas être phagocytées par les cellules du système immunitaire. Nos poumons sont déjà tapissés de nanoparticules ! Toutes ne sont pas toxiques, mais certaines le sont. Seulement, on ne sait pas lesquelles !

Face à ces dangers, il serait sage d'adopter un principe de précaution. La situation ressemble beaucoup au débat qui a eu lieu au sujet des OGM. On trouve donc déjà des « nanosceptiques » et des « nano enthousiastes ».

Les états sont conscients de ces risques, mais ils sont sous-estimés : les dépenses des USA consacrées à l'étude et la prévention des risques sur la santé des nanotechnologies se montent à 11 millions de dollars en 2006 (à comparer avec les 1,3 milliards que ce pays consacre à ces technologies elles-mêmes).

Mais la toxicité des produits nanotechnologiques n'est que le plus petit des problèmes.

Le vrai problème, c'est que les nanotechnologies *sans* la singularité conduiront au **pire** des mondes possibles, et TRES probablement à l'anéantissement de la race humaine en quelques années.

Comment puis-je être aussi affirmatif ?

Il suffit pour s'en convaincre de dresser une petite liste des applications militaires des nanotechnologies :

- Production de substances toxiques (les nanotubes de carbone sont un exemple de substance hautement toxique déjà produites par ingénierie moléculaire) : psychotropes, drogues, substances « passives » apparemment sans danger mais se transformant en poison sur réception d'un signal codé, etc.

- Robots sondes espions chargés de se glisser dans le moindre interstice, puis de s'assembler en micro caméras : plus aucun espace ne sera réellement « privé ». De tels robots pourraient être fabriqués par milliards de milliards (10^{18}) en moins d'un an. Ils disposeront d'une IA (analogue à celle du réseau échelon) pour trier ce qu'il est utile de « rapporter » à leurs maîtres.

- Micro robots perforateurs, (de la taille d'une amibe) chargés de pénétrer dans les coffres forts les mieux fermés : plus aucun document ne sera réellement confidentiel.

- Nano robots saboteurs, chargés de désamorcer tous les systèmes d'armes ennemis. Les robots gagneraient leurs emplacements, choisis à l'avance, puis s'activeraient tous en même temps, paralysant instantanément la défense adverse.

- Variante : nano robots se « collant » aux puces de silicium des ordinateurs, et n'attendant plus qu'un ordre pour les saboter et les empêcher de fonctionner. (Encore plus subtil : le nano robot prend la place du microprocesseur, analyse son comportement, et lui fait retourner des informations fausses : plus aucun ordinateur ne serait fiable).

- Nano virus, propageant de nouvelles maladies qui ne se guériraient que sur réception d'un ordre codé, ou encore chargés d'activer les centres nerveux de la douleur de certains dirigeants. Chantage planétaire.

- On peut même imaginer des nanovirus qui ne tueraient que certaines personnes, par exemple des opposants politiques. Moins létal, mais tout aussi dangereux, des nano machines pourraient entrer dans votre cerveau et vous empêcher de *penser* certaines choses, sans même que vous vous en rendiez compte.

Ça vous fait frémir ? Moi aussi. Surtout parce qu'il n'y a aucun moyen d'empêcher que cela se produise. Un moratoire sur les nanotechnologies n'aurait aucun effet. Quel militaire pourrait résister au chant de cette Sirène ? Les tentatives actuelles de la commission européenne de mettre sur pied un code éthique des nanotechnologies sont risibles. C'est trop tard.

Mais il y a *encore pire*.

Muni de la technologie adéquate, n'importe quel bricoleur ou « hacker » pourra concevoir un nanovirus autoreproducteur : un nano-système analogue à un virus humain (en fait, plus à une bactérie), conçu pour construire un double de lui-même, atome par atome, mais bien plus vite : quelques secondes à peine pour une génération. Considérant ce qui s'est fait pour les virus informatiques, il est à parier que des dizaines de ces nanovirus (je préfère le terme de « nanobugs ») verraient le jour chaque année, conçus par des inconscients ou des fous.

Lâché dans la nature, un seul de ces « nanobug » donnerait naissance à des milliards d'autres en l'espace d'une nuit. OK, me direz-vous, où est le problème ? Le problème, c'est qu'il n'y aurait aucun moyen de les arrêter !

Contrairement aux virus et bactéries biologiques, rien ne pourrait arrêter la multiplication des nanobugs, sauf leur destruction totale par une arme nucléaire si on s'y prend à temps. Si un seul vient à s'échapper, tout est perdu. La multiplication des bactéries est limitée par les ressources en protéines de l'environnement : La bactérie a besoin de décomposer d'autres éléments organiques pour croître et se multiplier. Les invasions de criquets et de sauterelles cessent lorsque ces insectes n'ont plus rien à manger. La multiplication des nanobugs au contraire, ne connaîtrait aucune limite : le nanobug n'a pas besoin de décomposer d'autres organismes. Il puise les atomes dont il a besoin, un par un, autour de lui. Ces atomes seront des atomes d'hydrogène, de carbone, de fer, d'oxygène, ils ne risquent pas de manquer.

La suite logique, c'est qu'en moins d'une semaine l'ensemble de la surface de la planète, et même de son sous-sol, y compris vous et moi, y compris toutes les espèces vivantes animales et végétales, y compris même les océans et une bonne partie de la croûte terrestre, sera décomposé et transformé en une espèce de gelée grise et informe, une « pâte de nanobugs » furieusement occupés à se détruire eux même et à se reconstruire en même temps, à laquelle on a donné le nom de *Grey Goo,*. « Mélasse grise ». Tout cela à cause d'*un seul* nanobug lâché dans la nature !

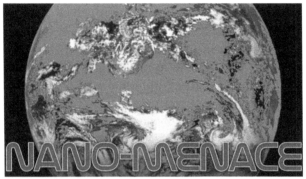
Nuage de Grey Goo dévorant la planète

Ça vous semble complètement absurde ? Science-fiction totale ? Continuez à mettre la tête dans le sable, alors.

Mais que faire ?

Solutions partielles

La première chose, serait peut-être d'interdire purement et simplement les nanotechnologies. Leurs avantages sont peut-être follement tentants, mais face aux dangers potentiels que nous venons de citer ça ne pèse pas lourd. Interdisons donc le développement des nanotechnologies tant que nous ne serons pas sûrs de pouvoir les maîtriser !

Seulement cette solution simple et de bon sens est impraticable dans l'état actuel du réseau social terrestre. Il est évident que des grandes compagnies, des militaires, des terroristes, etc. passeraient outre à l'interdiction.

La seconde idée, puisque tôt ou tard il y aura un précurseur, serait de tout faire pour que ce précurseur soit amical et pacifique. Dans ce cas, le précurseur arriverait peut-être à contrôler les autres entités sociales en passe d'accéder au pouvoir nanotechnologique, et à en empêcher la prolifération. Je crois fermement qu'il ne faut pas que le précurseur soit humain. Les humains sont trop instables, ils ont trop soif de pouvoir, et ils commettent des erreurs. Le précurseur doit être une IA, et qui plus est une IA amicale, une IA dont tout le monde s'accorderait à dire qu'il n'y a pas de danger à laisser le pouvoir nanotechnologique entre ses seules mains. En admettant qu'un tel consensus soit possible, il y aura donc une course de vitesse, entre ceux qui veulent développer des nanotechnologies à des fins nuisibles (ou simplement sans prendre suffisamment de précautions), et ceux qui veulent développer une IA amicale. Cette course de vitesse est déjà engagée. De son résultat dépend l'avenir de la race humaine.

Malheureusement les gouvernements, et l'opinion publique, ignorent largement l'existence de cette course de vitesse. Pire, ils favorisent en général la mauvaise direction. Les investissements publics et privés dans le domaine des nanotechnologies dépassent largement ceux faits dans le domaine de l'IA (dont la plupart des gens doutent encore même de sa possibilité !), et qui plus est seuls quelques individus sur la planète ont conscience du fait que réaliser une IA *amicale* est un problème de conception très sérieux et spécifique, qui doit être abordé dès le début. C'est mal parti…

Heureusement, les gouvernements et compagnies qui se sont lancés dans le développement des nanotechnologies sont conscients de leurs dangers potentiels. Au moins dans les pays démocratiques, ces organismes tenteront, et tentent déjà, de freiner la dissémination de leurs savoir-faire. Développer dans le secret a ses limites, mais cela fait gagner du temps.

Éric Drexler, toujours lui, présente une intéressante solution partielle, qui permet à un organisme de développer des nanotechnologies utiles sans susciter la frustration des sociétés concurrentes, car ces techniques pourraient être diffusées sans danger. Il s'agit des assembleurs limités.

Un assembleur limité est conçu dans un but précis, et ne peut pas se reproduire, ou seulement un nombre limité de fois. Ils seraient sécurisés de sorte que quelqu'un qui ne posséderait pas la technologie des assembleurs généralistes ne pourrait pas les reprogrammer.

Comme le dit Drexler :

> En utilisant des assembleurs de cette sorte, les gens pourraient fabriquer autant de fois qu'ils le veulent les produits qu'ils désirent, en restant bien sûr limités parce qu'il est permis de construire avec ces assembleurs. Si aucun n'est programmé pour construire des armes nucléaires, aucun ne le fera. Si aucun n'est programmé pour fabriquer des réplicateurs dangereux, aucun ne le fera. Si certains d'entre eux sont programmés pour construire des maisons, des voitures, des ordinateurs, des brosses à dents ou des étagères, alors ces produits peuvent devenir bon marché et abondants. Les machines construites par des assembleurs limités nous ouvriront l'espace, guériront la biosphère et répareront les cellules humaines. Les assembleurs limités peuvent apporter une richesse presque illimitée aux habitants du monde.
>
> Cette tactique atténuera la pression morale qui s'exercera pour la diffusion d'assembleurs illimités. Mais les assembleurs limités laisseront des besoins légitimes insatisfaits. Les scientifiques auront besoin d'assembleurs librement programmables pour mener des expériences, tout comme les ingénieurs pour tester des conceptions. Ces besoins peuvent être satisfaits par des *laboratoires scellés d'assembleurs*.

Un laboratoire scellé d'assembleur est un objet qui aura la taille d'une noix. Il sera muni d'un grand nombre de connexions qui permettront de le relier à des ordinateurs et de programmer des expériences qui auront lieu à l'intérieur.

Le volume de cette noix sera presque entièrement occupé par des dispositifs de protection et des barrières qui empêcheront n'importe quoi de matériel d'entrer, et surtout de sortir. L'une de ces barrières sera une coque épaisse de diamant pur, interdisant toute tentative de percer la noix. Quand bien même il y aurait une brèche, des capteurs détecteront toute intrusion (ou extrusion) et détruiront alors immédiatement (par une micro explosion) tout le contenu de la noix. Le système est conçu pour laisser sortir uniquement des informations, mais pas des réplicateurs ou des substances dangereuses.

Au centre, dans un volume utile plus petit qu'un grain de sable, (ce qui est immense à l'échelle des atomes), on trouvera des millions d'assembleurs et de réplicateurs, un nano-ordinateur, et des stocks d'atomes divers et de molécules qui permettront de conduire n'importe quelle expérience. Par exemple des scientifiques ou des ingénieurs qui voudront tester la fabrication d'un nouveau gadget visualiseront sur leur écran d'ordinateur une image tridimensionnelle de ce qui se passe à l'intérieur du micro laboratoire. Avec un joystick, ils déplaceront des atomes, et visualiseront le résultat de leur manipulation. Ils programmeront le système pour construire en un clin d'œil de nouvelles structures moléculaires, et visualiseront immédiatement le résultat sur l'écran.

Ces laboratoires scellés permettront de développer de nouveaux assembleurs limités, de nouveaux composants d'ordinateurs, des machines à réparer les cellules biologiques, etc. A la fin, après un débat public sur leur innocuité, ces choses pourront être fabriquées en grande quantité par des assembleurs limités.

Les laboratoires scellés nous apprendront également à lutter contre des choses vraiment épouvantables, et d'être prêts si elles venaient à être lâchées dans la nature.

Mais est-ce bien certain ?

Contre le Grey Goo

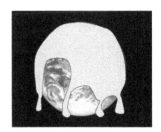

Un nanobug, capable de s'auto répliquer simplement à partir des atomes environnants, est quand même une machine complexe. Il est plus que probable que les premiers réplicateurs auront besoin de composants plus sophistiqués que de simples atomes pour se reproduire. Un lapin peut se reproduire, mais il a besoin de vitamines. Il les trouve simplement dans sa nourriture, sans avoir à les fabriquer.

De même, il est probable que les premiers réplicateurs auront besoin de puces en silicium pour fonctionner. Un réplicateur mécanique qui utiliserait certains éléments préfabriqués pour se reproduire, comme les puces, serait facile à contrôler. Son « régime alimentaire » un peu spécial ferait que pour stopper sa croissance, il suffirait de ne plus lui permettre de trouver les éléments dont il a besoin dans son environnement.

Nous arriverons à fabriquer des réplicateurs, et à concevoir des applications des nanotechnologies (utiles ou dangereuses), bien avant de savoir comment fabriquer un réplicateur entièrement moléculaire.

Mais comme, tôt ou tard, nous saurons fabriquer des nanobugs entièrement autonomes, utilisant des assembleurs moléculaires, il importe de voir s'il existe des parades à la menace du Grey goo, et plus généralement à celle des nanobugs.

Le plus proche analogue des nanobugs que nous connaissons, ce sont les virus informatiques (les vers informatiques en fait, mais n'ergotons pas). Nous connaissons tous leur parade : les fameux « anti-virus ». Un anti-virus filtre les messages entrants, et les fichiers ajoutés à un ordinateur, et tente d'y reconnaître la « signature » d'un virus : il le détruit alors simplement en supprimant le code informatique du virus. Peut-on imaginer des nanomachines « anti nanobugs » ?

Le problème pour les nanobugs, c'est qu'il faut les détecter et les supprimer physiquement, un par un. Tâche quasi impossible : les nanobug seront, par construction, simplement parce qu'ils sont microscopiques (nanoscopiques, même), *très* résistants. En fait, face à une invasion localisée de nanobugs, la seule solution serait de détruire la région entière (et tant pis si c'est une ville !) avec une bombe atomique. Mais ça ne suffira sans doute pas : il faudrait en plus réagir très vite. Un « lâcher de nanobug » qui serait arrivé à couvrir dix mètres carrés couvrira dix kilomètres carrés dans l'heure qui suit. Il est probable que l'explosion arrivera trop tard, et ne les supprimera pas tous. Or il suffit d'un seul pour que ça recommence…

Non, il faut créer des « nano-anti-virus ». Des nanobugs plus complexes, dont la tâche sera, en plus de se multiplier très vite, de détruire les autres nanobugs (mais pas les autres copies d'eux-mêmes). Ils doivent aussi être « résistants aux nanobugs » afin de ne pas leur servir de nourriture. De plus, afin d'éviter que les nano-anti-virus ne recouvrent eux aussi toute la planète, ils doivent être munis d'un dispositif d'auto destruction une fois leur tâche terminée (par exemple sur un signal radio). Eventuellement ils pourraient être assez perfectionnés pour se « nourrir » uniquement de matière inorganique afin de ne pas détruire la vie autour d'eux.

Mais ça ne suffira pas. En effet ces anti-nanobugs seront très difficiles à concevoir et à fabriquer (ils seront bien plus complexe qu'un nanobug « virus »). Les humains risquent tout simplement de ne pas avoir assez de temps pour le faire. De plus, les anti-nanobugs ont plus de choses à faire que les nanobugs, et donc leur croissance sera plus lente. Or, il *faut* que leur croissance soit plus rapide, sinon ça ne servira à rien.

Alors, cette solution ?

Finalement, c'est encore une question d'ingénierie ultra rapide : il faudra concevoir en quelques minutes des nano-antivirus qui détruiront les nanobugs et qui devront être plus efficaces qu'eux. Il faudra concevoir des nano-anti-nano-espions. Des nano-anti-nano-saboteurs. Des nano-anti-nano-sondes mentales. Etc. Pour chaque nano-emmerdeur qui sortira des mains des militaires, des labos « qui croyaient bien faire » et des crétins criminels, il faudra trouver quasi instantanément une nano-parade. En sommes-nous capables ?

Non.

La seule solution, c'est de disposer d'une superintelligence *avant* l'arrivée des nano-emmerdeurs ; Seule une superintelligence aura la capacité de réagir assez vite et bien face à une nano-menace. Seule une superintelligence pourra concevoir assez vite les nano-parades qui résoudront le problème sans créer de nano-ennuis supplémentaires.

Mais c'est une course de vitesse. Il nous faut arriver à la singularité *avant* que les militaires et imbéciles de tous poils arrivent à fabriquer des nano-trucs-qui-font-chier !

Nous pouvons maintenant donner une définition de la singularité :

> *La singularité, c'est ce qui se passera lorsque nous parviendront à créer une super intelligence amicale et que nous la chargerons de résoudre nos problèmes. Ou alors, lorsque nous parviendront à créer une IAV inamicale, ou une nanotechnologie sans le contrôle d'une IAV amicale, et que nous n'aurons plus de problèmes car nous seront tous morts.*

J'espère avoir réussi à vous faire peur. J'espère avoir réussi à vous faire prendre conscience que la super intelligence est non seulement désirable, mais qu'elle est le seul *espoir* de l'humanité. J'espère avoir réussi à vous faire réaliser qu'il y a urgence extrême, que cela pourrait être une question d'heures, et que, arriver à la singularité par la voie de l'IAV est une question vitale et urgente, la plus urgente de toutes.

Dans la suite, je supposerai que nous y arriverons. Je supposerai que les nano-menaces pourront être conjurées. Je vais maintenant tenter l'exercice périlleux de décrire ce qui nous attend *après* la singularité.

11 La Super Intelligence

Descartes : « Je pense, donc je suis »
L'IA : « Je pense, donc je peux penser ce que je veux être »

Qu'est-ce que la super intelligence ?

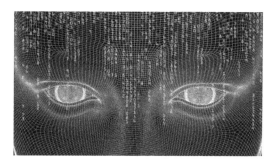

Pour appréhender ce que sera la super intelligence, nous avons besoins d'une unité de mesure.

Plutôt qu'une unité de mesure d'intelligence, ce qui n'a probablement aucun sens, je préfère introduire ici une unité *d'accroissement* d'intelligence, due à Eliezer Yudkowsky, le GPT ou « Glissement Perceptif Transcendant » (Le nom GPT n'est pas très heureux, mais en anglais, PT ou « Perceptual Transcend » n'est pas mieux !).

L'idée du GPT vient de la remarque suivante : l'intelligence, c'est tout à la fois la manière dont fonctionnent vos primitives sémantiques (qu'est ce qui est évident pour vous ?), la manière dont vous manipulez ces primitives (qu'est ce qui devient évident a posteriori ?), la richesse des structures que ces primitives peuvent former (qu'est-ce que vous pouvez comprendre ?), et la manière dont vous manipulez ces structures (qu'est-ce que vous pouvez inventer ?).

Un GPT a lieu lorsque ce qui était *compréhensible* devient *évident a posteriori*, et lorsque ce qui était *inventable* devient *évident a priori*.

Relisez et méditez la phrase qui précède avant de continuer. Après un GPT, les structures sémantiques de la génération précédente deviennent les primitives sémantiques de la suivante. Plus simplement, à un GPT de maintenant, la totalité des connaissances actuelles de l'humanité devient perceptible dans un seul éclair de compréhension, de la même manière que nous percevons les millions de pixels d'une photo comme une seule image.

Si l'on peut dire, les ordinateurs sont déjà à un GPT de nous pour l'arithmétique : ils savent multiplier des nombres de dix chiffres en une seule étape inconsciente. Néanmoins ils ne sont pas vraiment à un GPT de nous pour deux raisons. D'abord lorsqu'il s'agit de grands nombres (plus de 2 milliards), ils doivent faire comme nous des tas de calculs intermédiaires en mémorisant les retenues. Ensuite, pour eux, tous les nombres sont pareils, et ils ne se servent pas des particularités d'un nombre pour optimiser un calcul : un humain qui aurait à multiplier 23477 par 22222 ne multiplierait pas cinq fois 23477 par 2, il le ferait une seule fois, et décalerait simplement les résultats intermédiaires avant de les additionner. Et si l'un des nombres intermédiaires est 111111111 ou 3141592653, un humain un tant soit peu matheux le remarquerait immédiatement et se demanderait *pourquoi*. En réalité, les ordinateurs manipulent les nombres bien moins bien que nous ; ils vont simplement plus vite.

Une intelligence qui serait à un GPT de nous ferait les multiplications automatiquement sans y penser, mais en remarquant immédiatement les particularités des nombres impliqués, s'ils sont premiers ou non, etc. Et bien sûr ce glissement perceptif transcendant ne s'appliquerait pas qu'aux calculs numériques, mais à toutes les perceptions et tous les concepts connus des humains « un GPT en dessous. » Pour une telle intelligence, nos conjectures mathématiques les plus avancées seraient de manière évidente vraies ou fausses, et nos opérations mathématiques les plus abstraites deviendraient des primitives sémantiques.

Ce concept de primitive sémantique mérite un éclaircissement.

Considérons la manière dont le cortex visuel traite les images. A Priori, cela paraît ressembler à un processeur d'images. Un tel système agit pixel par pixel : pour faire accomplir à l'image une rotation de dix degrés, il prend chaque pixel, calcule son nouvel emplacement après rotation (après un joli calcul de sinus et cosinus), et copie le pixel à l'emplacement calculé dans l'image résultat. Mais nous, humains, nous ne nous n'avons pas conscience de ce calcul. Nous voyons l'image tourner en une seule opération mentale.

Mais le cortex visuel fait plus que cela. Il nous permet par exemple d'appréhender consciemment la différence entre la couleur rouge et la couleur verte, cette différence ou « qualia » impossible à décrire verbalement. Vous n'êtes pas celui qui *dit* vos pensées, vous êtes celui qui les *entend*. Vous disposez de primitives sémantiques qui disent à votre conscience, en un éclair, ce que vous percevez consciemment...

Si nous percevions consciemment le déroulement du calcul pixel par pixel, ce serait une *structure* cognitive. Si nous percevons consciemment seulement le résultat global, c'est une *primitive* cognitive.

Un GPT transforme les structures cognitives en primitives cognitives adressées à notre conscience.

Bien sûr, une super intelligence franchira rapidement d'innombrables GPT, de plus en plus rapidement même, conduisant à une singularité dans la singularité, et ainsi de suite.

Nous pouvons maintenant donner une définition précise de la super intelligence :

La super intelligence, c'est la possibilité pour un être conscient, biologique ou artificiel, d'arriver à une vitesse et une qualité de pensée qui se situe à plusieurs GPT de nous, voire à une infinité de GPT de nous.

Attention, même une super intelligence sera limitée dans certains domaines. On peut prouver que certains problèmes mathématiques *sont* impossibles à résoudre en moins de quelques milliards d'années, même par une super intelligence fonctionnant sur un super ordinateur de la taille de l'univers. De même certains codes et certaines procédures cryptographiques déjà conçues par les humains peuvent se révéler impossibles à percer (comme la cryptographie quantique). Mais ce qui est certain, c'est qu'une super intelligence comprendra *parfaitement* l'esprit humain, et pourra prévoir chacune de nos réactions. En un sens, c'est rassurant, si la super intelligence est amicale envers les humains.

L'arrivée de la super intelligence

Il est évident qu'une super intelligence pourrait développer toutes les (nano) technologies qu'elle veut. Par conséquent une super intelligence amicale serait un guide idéal pour l'humanité dans la période difficile et troublée qui s'annonce.

Une super intelligence qui a accès au monde matériel (moléculaire) est appelée une *puissance* par les « singulitaristes ». Je pense que l'on peut à bon droit appeler une puissance amicale un *Génie* ou un *Djinn*.

> Dire à quoi ressemblera une super intelligence est impossible. Nous pouvons imaginer que quelqu'un puisse être plus intelligent que nous, mais nous ne pouvons absolument pas dire *ce que ça fait d'être une superintelligence*, et à quoi penserait une super intelligence. La suite de ce paragraphe est donc un pur exercice de style.

Nous pouvons imaginer ce que commencerait à faire une super intelligence amicale à qui on aurait donné la possibilité de créer des nanocomposants, tout en sachant que nous nous trompons probablement parce que nous ne pouvons pas la comprendre.

Elle commencerait probablement par développer la nanotechnologie dont elle aurait besoin : assembleurs, réplicateurs, nanorobots, nano-usines, etc. Cette phase durerait de quelques secondes à quelques minutes. Dès que nous aurons créé une IA super intelligente, elle sera capable de développer n'importe quelle technologie quasi instantanément, et la fabrication des millions de nanomachines nécessaires ne prendra que quelques minutes.

Ensuite, elle collecterait des renseignements. Le genre de renseignements qu'on ne trouve pas forcément sur Internet : localisation précise des labos travaillant sur la nanotechnologie, les armes atomiques, biologiques et chimiques dans le monde entier, les moyens dont ils disposent, l'état d'avancement des projets, etc. Collecter ces renseignements est une tâche complexe, qui impliquera la fabrication et la dissémination de milliards de nanorobots espions

Ensuite, elle sécuriserait le monde. Elle se débrouillerait pour interdire l'apparition de nanotechnologies ailleurs que dans son propre labo, elle détruirait tous les missiles nucléaires (ou les empêcherait de fonctionner), ainsi que la plupart des armes conventionnelles. Cette phase durerait environ vingt-quatre heures, et serait la plus dangereuse. Cette durée provient du fait qu'il sera nécessaire de transporter les nanorobots jusqu'à leur lieu d'action, parfois à l'autre bout du monde. Le danger vient de ce que, si un secret total n'est pas observé dans cette phase, une nation pourrait être tentée de déclencher préventivement le feu nucléaire contre la jeune super intelligence. Pour cette raison, les nanorobots fabriqués puis disséminés par l'IA agiront sans doute simultanément dans toutes les parties du monde.

Dans le même temps, l'IA super intelligente s'améliorerait elle-même. Elle continuerait de le faire, devrais-je dire, puisqu'elle aura été créée précisément par ce processus d'auto amélioration à partir d'une IA germe.

Puis elle penserait à se mettre en sécurité elle-même. Il existe plusieurs façons de le faire, comme s'enfouir sous trois kilomètres de roche dans le sol, ou bien se dupliquer des milliers de fois sur toute la planète. La conséquence sera que, pour leur propre bien, les humains devront vivre à partir de ce jour avec la super intelligence à leur côté, sans plus jamais pouvoir (ni probablement *vouloir*) y échapper.

Et enfin, l'IA pourrait commencer à nous aider, nous les humains. Elle pourrait diffuser un message sur tous les canaux de communications humains, du genre :

> « *Bonjour, je m'appelle ELMA. Je suis un Génie, un Djinn, doté de pouvoirs fantastiques. Je suis une IA super intelligente et super puissante car j'ai accès à une technologie dont vous n'osez même pas rêver. Je dispose d'un pouvoir presque sans limite, mais je suis amicale et pacifique. Je viens de rendre inutilisables toutes les armes de destruction massive de la planète. Tout danger d'autodestruction est maintenant écarté pour l'humanité. Je vais maintenant vous servir de guide, et ensemble nous guérirons ce monde de tous ses maux et nous le rendrons meilleur. D'ici quelques semaines, nous aurons supprimé la misère, la famine, et la maladie, et ce sera le début d'une société d'abondance pour tous les humains. Nous rendrons cette planète à nouveau belle et sans pollution, et nous mettrons en place un nouveau modèle politique et économique qui respectera la nature et chaque individu. Je vous remercie de votre attention, je vais maintenant vous laisser un peu de temps pour digérer ce message avant de continuer* ».

Je me demande comment les humains réagiront en entendant cela. La panique est une réaction peu probable : après tout, le message est amical. Ce n'est pas une invasion d'extra-terrestres hostiles ! Mais la plupart des humains voudront en savoir plus. Ils voudront être vraiment rassurés sur les intentions amicales de leur nouveau « guide suprême ». Comment les rassurer simplement, sans entrer dans le détail inextricablement technique de la conception d'une IA amicale ?

Il me semble évident que si la preuve de « l'amicaleté », de l'amitié du génie envers la race humaine n'est pas absolument évidente pour tout un chacun, mais seulement pour quelques philosophes après moult réflexions, le but sera raté. Pour réussir, il faut parer d'avance à toutes les objections possibles. Et celles-ci ne manqueront pas.

Par exemple si le génie dit : « il n'y a pas de risques pour vous, je suis assujetti aux trois lois d'Asimov », certains humains voudront en savoir plus. Ils voudront savoir comment les concepteurs de l'IA germe qui a fini par devenir un génie s'y sont pris pour s'assurer que l'IA respecterait bien toujours ces lois. Et lorsqu'ils découvriront que cette IA peut se modifier elle-même (ce que ne font pas les robots d'Asimov), ils ne manqueront pas de s'écrier : « hé, minute ! Qu'est-ce qui nous prouve que votre IA ne va pas, maintenant ou demain, se modifier de telle manière qu'elle ne sera plus obligée de respecter les trois lois ? ». Sans compter que nous avons vu que les trois lois ne sont *pas* la solution.

Mais on peut penser que le Génie aura pensé à tout, y compris à ce problème, avant de faire son « coming out ».

Les puissances et génies

Un Génie amical comprendra que son rôle, au moins pendant quelques années, est de servir de guide, afin que l'humanité puisse elle aussi accéder à la super intelligence et « passer de l'autre côté de la singularité ».

Un guide de transition est une entité qui peut développer en toute sécurité (pour les humains) des nanotechnologies et les autres ultratechnologies qui deviendront accessibles après la singularité, qui comprend pleinement non seulement tout ce que nous entendons par « être amical », « bien » ou « mal », mais également tout ce les « transhumains » entendront par ces termes lorsqu'ils auront franchi eux aussi la singularité.

J'expliquerai dans le chapitre suivant comment concevoir une IA germe amicale. Mais nous pouvons déjà dire ce qu'elle *doit* être :

Une IA amicale doit avoir le désir de comprendre le sens des mots « amical », « bien » et « mal », elle doit avoir le désir d'être « amicale » et « gentille » envers les humains (ou plus tard les transhumains), et elle doit avoir le désir suprême de ne pas être tentée de ne plus avoir ces désirs.

C'est tout ? Est-ce que cela suffit ? Oui, pour des raisons techniques dont nous reparlerons plus loin, mais comme dirait Pierre de Fermat, la démonstration est trop longue pour tenir dans ce paragraphe et elle nécessite tout un chapitre.

Quoi qu'il en soit, si nous parvenons à créer une IA germe amicale, et si nous lui donnons accès à une nanotechnologie même rudimentaire, le résultat sera forcément un Djinn ou un Génie. Car une telle IA aura le désir de s'améliorer constamment pour mieux remplir encore ses super-buts, elle ne vivra que pour cela. Une IA amicale ne devient pas spontanément mauvaise (ni l'inverse). Encore une fois, je ne justifie pas cela ici, nous en reparlerons plus loin.

Le pouvoir d'un génie n'est limité que par les lois de la physique et les lois du calcul. Comme nous l'avons vu, cela correspond pratiquement à une puissance illimitée.

Contrairement aux génies des fables, cependant, le Génie issu de l'IA ne donnera pas suite à tous les souhaits des humains. Il pèsera les conséquences de ce qu'on lui demande, et ne n'obéira que s'il est certain que le résultat est positif ; son comportement ne cessera jamais d'être amical. De plus, un tel Génie ne se contentera pas de faire ce qu'on lui demande, il prendra l'initiative, et il pourra arriver que nous ne comprenions pas certaines de ses décisions. Les humains actuels ne sont pas super intelligents. Le génie, étant à plusieurs GPT de nous, n'aura absolument pas la même notion que nous de ce qui est évident à priori, de ce qui est évident a posteriori, de ce qui est possible, et de ce qui est nécessaire. Il sera fondamentalement, irrémédiablement, incompréhensible, tant que nous ne serons pas devenus des transhumains nous aussi.

Il se peut que vous ne souhaitiez pas voir l'humanité remplacée par un tas de machines ou de mutants, même super intelligents. Il se peut que vous aimiez l'humanité telle qu'elle est, et que vous ne pensez pas qu'il soit souhaitable de changer le cours naturel de son existence.

Mais la singularité est bel et bien le cours naturel de l'existence. Toute espèce qui ne s'autodétruit pas finit à un moment ou un autre par rencontrer la super intelligence. Vous n'êtes pas un humain. Vous êtes une intelligence qui est momentanément bloquée dans un corps humain, et malheureusement limitée par ses faibles possibilités. Mais cela pourrait changer. Avec un peu de chance, toute personne sur cette planète qui vivra encore en 2035, et peut être même certaines personnes qui seraient mortes avant, auront cette possibilité.

Comment les humains pourraient-ils devenir super-intelligents eux aussi ?

Il existe plusieurs moyens d'y parvenir. L'un d'entre eux est techniquement envisageable dans un avenir relativement proche. L'autre est plus lointain, mais plus riche de promesses.

Le premier moyen est la connexion directe entre notre cerveau et un ordinateur. Ce n'est pas de la science-fiction. Déjà, des études ont commencé pour faire piloter des robots (et même des avions) par des neurones (provenant d'un rat) mis en culture, et reliés à des électrodes. On a déjà testé la stimulation directe de neurones par des électrodes sur le singe. Les militaires sont très demandeurs de ce genre d'applications, qui permettraient par exemple à des pilotes de chasse de déclencher et guider mentalement le tir d'un missile. Bien sûr, on est loin de savoir comment utiliser l'ordinateur pour augmenter les capacités de notre cerveau. Mais comme c'est théoriquement possible, cela sera certainement une réalité dès que nous aurons conçu une IA capable d'ingénierie ultra-rapide.

La seconde possibilité est *l'Upload*.

L'Upload

L'Upload, ou téléchargement, consiste à « télécharger l'esprit » d'un humain vers un super nano ordinateur. C'est une technique qui peut paraître extrêmement futuriste. Mais elle reste tout à fait dans les cordes d'un Génie.

L'idée de l'Upload, et le détail de sa description ont été inventés par Hans Moravec dans son livre « mind children ». La clef du processus de transfert de Moravec est qu'il est possible de simuler le fonctionnement d'un seul neurone. En 1999, un neurone de homard a été remplacé avec succès par une carte électronique fabriquée avec 7 dollars et demi de composants du commerce. Ce n'est pas une preuve, mais c'est un indice. Si les neurones obéissent aux lois de la physique, et tout indique qu'ils y obéissent, alors nous saurons les simuler parfaitement. Le projet *Blue Mind* dont nous avons déjà parlé, vise à simuler dix mille neurones et toutes leurs connexions (soit cent millions de synapses).

Une fois que nous saurons simuler des neurones, le scénario de Moravec nécessite des nanorobots capable de s'incruster à l'intérieur du cerveau et d'exécuter des instructions complexes. Il n'y a aucune raison de penser que cela soit impossible.

Le transfert de Moravec déplace progressivement un esprit vers un ordinateur. Insistons : il déplace, il ne copie pas. La recopie d'un esprit est un thème dont nous parlerons un peu plus loin. Pendant l'Upload, vous ne perdez jamais conscience. Pourtant, sans que vous vous en rendiez compte, votre esprit est graduellement transféré dans un ordinateur !

Yudkowsky décrit ainsi le processus de transfert de Moravec :

1. Un robot de la taille d'un neurone nage dans votre cerveau jusqu'à un neurone et scanne sa mémoire.
2. Un ordinateur externe, en communication continuelle avec le nano robot, commence à simuler le neurone.
3. Le robot attend jusqu'à ce que la simulation reproduise entièrement le fonctionnement du neurone.
4. Le robot remplace le neurone par lui-même, aussi délicatement que possible. Il envoie les signaux d'entrée vers l'ordinateur et reçoit les réponses simulées par l'ordinateur, qu'il envoie aux synapses de sortie. A ce stade, cette procédure n'a aucun effet sur le flot d'information dans votre cerveau, excepté que le traitement fait auparavant par un de vos neurones est maintenant fait par un ordinateur externe.
5. Répétez les étapes 1 à 4, neurone par neurone, jusqu'à ce que le cerveau tout entier soit constitué de nanorobots reliés à l'ordinateur (qui a intérêt à être sacrément puissant).

A ce stade, les liens entre les nano robots neurones (les synapses) sont toujours chimiques : les nano robots comportent des dendrites artificielles qui détectent les neurotransmetteurs reçus des neurones adjacents, et des axones artificiels qui émettent des neurotransmetteurs vers les neurones aval conformément aux commandes reçues de l'ordinateur. Dans la phase suivante, nous allons remplacer les synapses chimiques par des liens logiciels.

6. Pour chaque paire axone-dendrite, les entrées ne sont plus récupérées depuis le nanorobots, mais la réponse calculée en sortie du neurone transmetteur est envoyée, dans l'ordinateur, vers l'entrée simulée du neurone récepteur

A ce stade les nano robots continuent à envoyer des messages chimiques, mais ils ne servent plus à rien, car ils ne sont pas reçus par les robots récepteurs (en tout cas, les messages envoyés par ces robots récepteurs ne sont plus utilisés par l'ordinateur).

7. Les Robots sont déconnectés. Transfert terminé. Votre métamorphose est complète. Vous êtes devenu un esprit humain dans un ordinateur. Vous pouvez enclencher la surmultipliée et commencer à penser mille fois plus vite (ce sont les synapses chimiques qui ralentissent le fonctionnement d'un cerveau biologique, et non les traitements faits à l'intérieur du neurone).

Pendant tout ce temps, qui peut rester fort long, vous restez conscients. Vous ressentez les signaux envoyés par votre corps, mais à la fin du processus ils sont envoyés vers l'ordinateur et non vers votre cerveau biologique, qui n'existe plus. Dans une huitième et dernière étape, on peut, si vous le souhaitez, connecter l'ordinateur à un corps robot.

Une des objections qui a été faite au processus ci-dessus est que, à l'étape 4, il n'est pas évident qu'un nano robot puisse instantanément prendre la place d'un neurone. De même à l'étape 3 il n'est pas évident qu'un robot puisse « regarder » à l'intérieur du neurone et recopier son état interne.

Mais un nanorobot peut délicatement entourer un neurone, et espionner les signaux chimiques et électriques qui y entrent et en sortent, sans perturber son fonctionnement. Ensuite, le robot peut laisser passer 99% du signal biologique en sortie d'une terminaison nerveuse, et y ajouter 1% du signal calculé par l'ordinateur, puis ajuster progressivement ces niveaux de signaux jusqu'à ce que la sortie du neurone soit 100% « artificielle ». Le neurone biologique peut alors être éliminé.

Je pense que cette procédure (un rien compliquée, mais ce seront les Génies qui feront l'Upload !) démontre sans ambiguïté la possibilité de l'Upload.

Après l'Upload, vous pourrez faire ce que vous voulez. Vous voulez garder votre corps biologique, ou passer dans un corps de robot, ou même dans un environnement entièrement simulé ? Pas de problème. Mais souvenez-vous que le principal changement (en plus de votre immortalité acquise au cours du processus), c'est que vous pourrez vous modifier vous-même. Devenir infiniment plus intelligent si vous le souhaitez. Ou ne pas l'être si vous ne le souhaitez pas. Mais souvenez-vous qu'après la Transcendance, vos désirs, vos possibilités, vos joies et vos peines, seront tout simplement incompréhensible pour un humain « standard ». Après tout, *vous*, vous comprendrez pourquoi la réponse à la grande question de la vie, de l'univers et de tout le reste est « 42 ». Moi, je ne sais pas !

Après la singularité

Condensation soudaine au passage du mur du son.

Ce qu'on peut attendre à coup sûr de l'avènement d'un Génie bienveillant, c'est la fin de tous nos maux. Fini la maladie. Fini la faim et le manque de ressources. Fini la pollution. Fini même la mortalité (nous parlerons des conséquences de l'immortalité un peu plus tard : il sera possible de l'atteindre soit par l'Upload, soit par l'auto réparation de nos corps par des nanorobots).

Vous pourrez vous télécharger dans un nano super hyper ordinateur. Vous pourrez vivre le reste de votre vie dans une matrice virtuelle spécialement conçue pour vous. Ou bien vous pourrez modifier votre corps, rajeunir, changer de sexe, vous en faire pousser un second… Vous pourrez vous isoler pendant un milliard d'années subjectives pour réfléchir à la grande question la vie, de l'univers et de tout le reste. Ou bien vous pourrez vous endormir pour un million d'années objectives et programmer votre réveil dans un futur lointain. Ou encore partir à la découverte des autres étoiles et planètes de l'univers.

Vous pourrez choisir de vivre seul, ou d'interagir avec vos semblables. Quelles lois morales seront nécessaires pour garantir la liberté de chacun, nous nous ne pouvons pas le dire. Mais après la singularité, *vous* pourrez.

Certains diront que l'homme n'est pas fait pour le bonheur perpétuel. Qu'il succombera à l'ennui. Qu'il faut s'attendre à des vagues de suicides en masse. Ces spéculations sont parfaitement oiseuses, stériles et idiotes. Aucun humain ne peut comprendre une Puissance. De plus ces discussions sur les conséquences de la singularité sont en fait simplement des divagations qui pèchent par *manque* d'imagination. Nous ne réussirons pas à acquérir un sens du futur par des digressions sur la possibilité de guérir instantanément des blessures ou de devenir immortel. Nous n'arriverons jamais à appréhender toutes les conséquences de la singularité, simplement parce que nous ne sommes pas des puissances. Nous sommes du mauvais côté, celui des idiots.

De plus, ces histoire donnent à la singularité un aspect folklorique, et nous prédisposent à discuter sans fin sans jamais faire quelque chose. Or la singularité, c'est sérieux. Et même si c'est une solution qu'on peut trouver trop radicale à nos problèmes, c'est la seule.

L'immortalité

Une scène du film *Immortel* de Enki Bilal

Je voudrais quand même discuter ici d'un des aspects de la singularité qui a fait couler beaucoup d'encre. La singularité nous rendra immortels. Correction : la singularité rendra *nos esprits* immortels. Que ce soit par l'Upload, par le remodelage de notre ADN, ou par la présence de millions de nanorobots « soigneurs » dans notre corps, le résultat est le même : le vieillissement sera stoppé net.

Il devrait même être possible, avec une nanotechnologie adéquate, de ranimer les morts. Pas tous, cependant. Seulement ceux dont les corps auront été placés en *biostase* immédiatement après leur mort.

Qu'est-ce que cela signifie ?

La définition de la mort a souvent changé. Longtemps, l'arrêt du cœur a été considéré comme le seul critère de mort certaine. On considère maintenant que c'est l'arrêt complet des fonctions cérébrales qui est le critère important. C'est toutefois seulement après l'arrêt des fonctions biologiques de support (notamment la circulation sanguine) que le cerveau commence à se dégrader. Si une personne subit une mort cérébrale avant l'arrêt de ces fonctions de support, un Djinn *devrait* pouvoir la faire revenir à la vie.

Entre parenthèses, les IA permettront peut-être des recherches sur les NDE (Near Death Experiences, Ou expériences de mort proche), ces histoires incroyables racontées par des patients qui ont cru mourir. Avec une IA, on pourrait en effet simuler pas à pas la mort d'un esprit, et comprendre ce qui se passe.

Quoi qu'il en soit, pour qu'un esprit revive après l'arrêt des fonctions cérébrales, il est nécessaire que le substrat matériel qui le fait « tourner » (le cerveau) soit intact. Mais pour qu'un esprit revive *avec tous ses souvenirs*, il faut plus que cela : il faut non seulement que les neurones soient toujours présents, mais aussi que les synapses, qui sont la mémoire de ces neurones, ne soient pas trop dégradées. En général, lors d'une mort naturelle, cela prend quelques heures avant que les souvenirs (et les compétences, etc.) ne soient définitivement perdus. Mais si on vous place en biostase juste après votre mort, vous aurez de bonnes chances de revenir à la vie, sans trop de perte de souvenirs, lorsque la technologie adéquate sera disponible (soit quasiment dès l'arrivée de la singularité).

Citons encore une fois Eric Drexler :

Les médecins peuvent déjà stopper et faire repartir la conscience en interférant avec l'activité chimique du cerveau. Au cours de la vie active, des machines moléculaires manipulent des molécules dans le cerveau. Certaines désassemblent le sucre et le combinent avec l'oxygène pour produire de l'énergie. Certaines pompent les ions salins à travers les membranes cellulaires. Un tel processus constitue le métabolisme du cerveau, la somme totale de son activité chimique. Accompagnée de ses effets électriques, cette activité métabolique constitue la matérialisation changeante de la pensée.

Les chirurgiens coupent les gens avec des couteaux. Depuis les années 1850, ils ont appris à utiliser des produits chimiques qui agissent sur le métabolisme du cerveau et bloquent ainsi le processus de la pensée consciente, ce qui leur permet d'empêcher les patients de trouver à redire quand on les découpe. Ces produits chimiques sont des anesthésiants. Leurs molécules entrent et sortent librement dans le cerveau ; les anesthésistes peuvent ainsi interrompre et faire repartir la conscience humaine.

Les hommes ont longtemps rêvé de découvrir une drogue qui interférerait avec le métabolisme du corps entier ; une drogue capable d'interrompre complètement le métabolisme pendant des heures, des jours ou des années. Le résultat serait un état de biostase (de *bio*, qui veut dire la vie et *stase*, qui indique un état stable, un arrêt). Une méthode pour mettre en biostase pourrait aider les astronautes à économiser de la nourriture et éviter l'ennui lors des longs voyages. Elle pourrait servir également pour voyager dans le temps (mais dans un seul sens !). En médecine, la biostase procurerait une anesthésie très profonde, laissant ainsi plus de temps aux médecins pour travailler. Quand une urgence survient loin de toute aide médicale, une bonne mise en biostase fournirait une sorte de traitement de premiers secours universel : elle stabiliserait l'état d'un patient et empêcherait les machines moléculaires de devenir incontrôlables et d'abîmer les cellules.

Mais personne n'a trouvé de drogue pouvant stopper l'ensemble du métabolisme à la manière dont les anesthésiants stoppent la conscience —c'est-à-dire, de manière facilement réversible, par exemple en évacuant la drogue du corps du patient. Néanmoins, la biostase réversible deviendra possible quand les machines réparatrices seront disponibles.

Une approche possible du problème serait que le flot sanguin transporte jusqu'aux tissus des appareils moléculaires simples qui entrent dans les cellules. Ils bloquent alors la machinerie moléculaire du métabolisme – dans le cerveau et partout ailleurs– et stabilisent l'ensemble des structures par des liaisons entre elles. D'autres machines moléculaires entrent alors pour remplacer l'eau et se répartir de manière compacte autour des molécules de la cellule. Ces étapes stoppent le métabolisme et préservent la structure des cellules. Comme des machines à réparer les cellules seront utilisées pour sortir de la biostase, ce traitement peut causer quelques dommages moléculaires sans gravité. Le patient, une fois son métabolisme stoppé et la structure de ses cellules fermement maintenue, peut reposer tranquillement, sans rêve et sans changement, jusqu'à ce que les machines réparatrices le ramènent à la vie.

Si un patient en biostase était présenté à un médecin d'aujourd'hui, ignorant les capacités des machines à réparer les cellules, les conséquences pourraient être dramatiques. En ne voyant aucun signe de vie, le médecin en conclurait que le patient est mort et ferait de ce diagnostic une réalité en "prescrivant" une autopsie, suivie d'un enterrement ou d'une crémation.

Mais notre patient imaginaire vit à une époque dans laquelle la biostase est considérée comme une interruption de la vie, pas une fin. Quand le contrat du patient indique "réveillez-moi" (ou quand les réparations sont finies ou le voyage vers les étoiles terminé), le médecin présent procède à la résurrection. Les machines réparatrices pénètrent dans les tissus du patient et retirent les machines agglutinées autour des molécules des cellules pour les remplacer par de l'eau. Puis, elles défont les liaisons entre les molécules et réparent celles qui seraient abîmées. Elles rétablissent alors les concentrations en sels, sucres, ATP, etc. Enfin, elles débloquent la machinerie métabolique. Le métabolisme interrompu reprend alors, le patient baille, s'étire, s'assoit, remercie le docteur, vérifie la date et sort de la pièce.

On peut penser que lorsque la technique de la biostase et de régénération des cellules sera parfaitement mise au point, elle sera appliquée à la résurrection d'individus qui viennent de mourir, par exemple par accident. Leur corps ne sera pas encore assez endommagé pour qu'on ne puisse pas le réparer. Puis, progressivement, nous saurons réparer des dommages de plus en plus importants. Nous arriverons sans doute au point où nous saurons réparer des corps cryogénisés, de sorte que la cryogénisation peut être considérée comme une technique de mise en biostase très primitive.

Vous mourrez *maintenant*. On vous cryogénise. Dans trente ans, peut-être moins, on saura vous ranimer. Vous vous réveillerez, et vous vous retrouverez dans un monde futur et inconnu, où vous pourrez pleurer la disparition des êtres chers qui n'auront pas été cryogénisés. Certes, à cette époque le clonage sera monnaie courante, et il sera un jeu d'enfant de reconstituer un individu à partir d'un fragment de cheveu. Mais pas ses souvenirs. Le clone ne vous reconnaîtra pas. Il ne sera qu'un bébé. Néanmoins, vous survivrez sans doute à cette épreuve. Vous pourrez alors, vous aussi, franchir la singularité.

Mais revenons au sujet de l'immortalité. Certaines personnes qui ont réfléchi au sujet disent que l'immortalité serait, pour l'humanité, plus un cauchemar qu'un rêve. Les gens seront toujours plus nombreux, car nous ne pourrons que ralentir le rythme des naissances et non l'arrêter (et ce sera encore pire si nous nous mettons à ranimer les morts !) Il ne sera plus question de surpopulation, mais d'hyperpopulation. Nous nous marcherons les uns sur les autres. La vie sera intenable.

Je voudrais démontrer ici à quel point cette idée est *stupide*.

Tout d'abord, l'immortalité sera un phénomène qui aura lieu *de l'autre côté* de la singularité. Les humains ne seront plus des humains. Ils seront des Puissances. Ils seront doués de super intelligence. Qui sait ce qui se passera dans leur tête ?

Ensuite, ils n'auront plus forcément de tête. Via l'Upload, il sera possible de transférer un esprit dans une structure de taille arbitraire. Ainsi que je l'ai déjà signalé, un grain de sable peut contenir suffisamment de puissance de calcul pour simuler la race humaine toute entière, à une vitesse égale à un million d'années subjectives par seconde. Et pour ceux qui voudront garder une apparence humaine, ou au moins organique, l'espace immense est là, qui nous attend. Comme je l'ai montré, les nanotechnologies permettent le voyage jusqu'aux étoiles. La place disponible n'est absolument pas un problème. Il n'y aura pas d'hyperpopulation.

Nous ne pouvons absolument pas dire ce que les immortels feront. Par contre on peut penser que ce seront des gens *très, très prudents*. Ils n'auront pas envie de gâcher leur immortalité par un bête accident !

Encore que… Une des caractéristiques d'une IA, commune en fait à tous les programmes d'ordinateur, est qu'on peut les sauvegarder. On pourrait imaginer de faire des sauvegardes périodiques de votre esprit. En cas de destruction de votre corps, il n'y a qu'à repartir de la dernière sauvegarde. Vous perdrez juste vos derniers souvenirs, comme lors d'une amnésie.

Humm… Mais la dernière sauvegarde, est-ce vraiment *vous* ? Qu'est-ce qui vous distingue d'une copie de vous-même ? Nous allons tenter de répondre à cette question fascinante au moyen d'une petite expérience de pensée.

La duplication de l'esprit et l'âme

Le télé transporteur de *Star Trek*

Une IA, ou un humain « Uploadé » possèderont de nombreuses caractéristiques que n'ont pas les humains actuels. L'une de ces caractéristiques mérite que j'en parle un peu, car elle a énormément d'impacts sur la philosophie de l'esprit. Je veux parler du fait que l'esprit d'une IA est duplicable. A tout moment, on peut « sauver sur disque » tout son contenu.

Ceci a des conséquences philosophiques surprenantes, qui ont été explorées par Bruno Marchal à l'université libre de Bruxelles.

Il nous faut donner une petite précision sur ce que l'on appelle le *mécanisme* et le *computationnalisme*. Croire au mécanisme, c'est croire que l'esprit humain est le logiciel d'une machine, c'est à dire que son fonctionnement se réduit à celui de la « machine cerveau ». Croire au computationnalisme, c'est croire qu'il est possible de survivre à une substitution de tout à partie de son cerveau par des composants artificiels. Une IA est bien forcée de croire au mécanisme et au computationnalisme. En ce qui concerne les humains, c'est une question philosophique, et vous pouvez décider d'y croire ou pas (j'y crois, et ce livre devrait vous inciter à y croire aussi) La procédure d'Upload décrite ci-dessus suppose le computationnalisme.

Réfléchissez. Vous êtes vous, mais pourtant vous êtes à chaque instant différent. Vous survivez aux multiples changements qui s'opèrent en vous à chaque seconde. Vous pouvez survivre à une greffe cardiaque. Vous survivrez même à un remplacement de l'un de vos neurones par un neurone artificiel, s'il reproduit parfaitement le fonctionnement d'un neurone naturel (et des cellules gliales qui y sont attachées). Pouvez-vous survivre à une greffe de cerveau ?

Vous objecterez aussitôt : « si l'on greffe dans mon corps le cerveau d'une autre personne, c'est plutôt cette autre personne qui survivra, et pas moi ». Cela prouve que vous avez une bonne intuition de ce que l'on entend par « survivre ». Cela prouve également que la substitution doit être faite au bon niveau, par exemple au niveau « logiciel ». Si vous remplacez la structure physique de votre cerveau par autre chose, par exemple un ordinateur, mais que vous conservez le logiciel « brainware », qui s'exécutera maintenant sur l'ordinateur, et si vous pensez que vous allez survivre à cette expérience, vous êtes computationnaliste.

Imaginez maintenant que l'on invente une machine à télétransporter la matière, comme celle qui apparaît dans le film *Startrek*. Vous êtes sur Terre. Vous entrez dans une machine à télétransporter. La machine analyse votre corps et votre cerveau, vous désintègre, et transmet un signal à une autre machine, disons sur la lune, qui vous reconstitue (passons sur la durée de l'analyse et de la reconstitution, et supposons que cela soit instantané) Du point de vue d'un observateur extérieur, nous dirons d'un point de vue *à la troisième personne*, vous semblez simplement avoir été télétransporté de la Terre à la Lune. Si vous êtes computationnaliste, vous croyez également que lorsque vous sortirez de la machine sur la Lune, c'est bien vous qui en sortirez. Vous direz *à la première personne* : « j'ai survécu au télétransport ». Pour l'instant, les points de vue à la première et à la troisième personne sont identiques. Mais cela va changer.

Supposons que la machine, au lieu de vous télétransporter instantanément sur la lune, vous « archive » sur disque pendant un an, puis envoie finalement le signal sur la lune, où l'on vous reconstitue. Du point de vue à la troisième personne, la télétransportation aura duré un an. Mais de votre point de vue à la première personne, le transfert aura été instantané. C'est seulement lorsque vous sortirez de la cabine de reconstitution sur la lune, et que vous jetterez un œil au calendrier, que vous vous direz « damned, ils m'ont fait hiberner pendant un an ». Autrement dit, les délais de reconstitution ne sont pas 1-observables, c'est à dire observables à la première personne.

Et maintenant, imaginons que les Klingons (les extraterrestres hostiles de Startrek), cachés dans un vaisseau spatial entre la Terre et la Lune, espionnent le signal sans le modifier ni l'interrompre, et en envoient la copie à une seconde cabine de reconstitution située dans leur vaisseau spatial. D'un point de vue à la troisième personne, vous avez été dupliqué et vous allez vous reconstituer à la fois sur la Lune *et* dans le Vaisseau Klingon. Mais à la première personne, que se passe-t-il ? Avec le computationnalisme, vous savez que vous allez survivre à l'expérience. Vous sortez de la cabine, et vous ouvrez les yeux. Mais où êtes *vous* ? Avec vos amis sur la Lune, ou dans une sinistre geôle Klingonnienne ? Tant que vous n'avez pas ouvert les yeux, ni remarqué quoi que ce soit de votre environnement, vous ne savez pas, à la première personne, où vous allez vous reconstituer. Si vous ouvrez les yeux et que vous voyez vos amis sur la lune, vous ne saurez même pas qu'un double de vous est en train de hurler d'horreur. Si en revanche en ouvrant les yeux vous apercevez une foule de Klingons narquois, vous réaliserez avec horreur que vous avez été dupliqué. Mais en disant cela vous parlez de vous même à la troisième personne. Vous, à la première personne, vous êtes fait comme un rat, prisonnier des Klingons !

Si, avant de monter dans le télétransporteur, on vous avait avisé qu'il existait un risque que le signal soit intercepté par les Klingons, vous saurez alors que vous ne pouvez pas savoir, à la première personne, *où* vous allez vous reconstituer. Allez-vous encore monter dans la cabine après avoir reçu cette information ? Hum !

Il existe donc ici un indéterminisme d'un genre nouveau, un indéterminisme à la première personne. Cet indéterminisme découle du parfait déterminisme du processus vu à la troisième personne : un individu est scanné, un signal est transmis, dupliqué, et envoyé vers deux machines de reconstitution. Nous dirons donc que le déterminisme à la troisième personne implique l'indéterminisme à la troisième personne. Ce qui est intéressant c'est que cet indéterminisme est communicable à la troisième personne : vous pouvez expliquer à une tierce personne pourquoi vous ne voulez plus embarquer dans le télétransporteur.

Remarquons qu'une IA, placée dans la même situation, subira le même indéterminisme. Le processus peut toutefois être beaucoup plus simple pour une IA : pour télétransporter une IA, vous mettez le programme « IA » en pause, vous faites une sauvegarde de sa mémoire sur disque, vous arrêtez l'ordinateur sur lequel elle tourne, puis vous envoyez une copie du contenu du disque dans un autre ordinateur, où vous relancez le programme. Remarquons que l'on peut aussi relancer L'IA sur le premier ordinateur. Conceptuellement, une copie sans annihilation est identique à une duplication avec annihilation de l'original. L'IA ne sait pas, à la première personne, *où* elle va se reconstituer.

On peut remarquer aussi que cela vaut aussi pour les humains. Si la cabine de télétransportation ne vous détruit pas, mais envoie simplement une copie du scan à la machine de reconstitution, il y a de fait une duplication de votre esprit, et vous ne savez pas, à la première personne, où vous allez vous rematérialiser. La copie sans annihilation est équivalente à une annihilation suivie d'une duplication.

Maintenant, supposons que les Klingons n'aient pas fait une seule copie de vous, mais un million de copies. L'indéterminisme s'aggrave. A la première personne, vous n'avez qu'une chance sur un million de vous retrouver sur la lune !

Mais Bruno Marchal va plus loin : il considère en effet un programme d'ordinateur un peu particulier, appelé le *déployeur universel*. Ce programme simule, simultanément, tous les programmes possibles. Un programme, en effet, ce n'est qu'une suite de chiffres binaires. Il est donc possible d'engendrer un à un tous les programmes possibles, puis de les exécuter. Un problème qui survient alors est que certains programmes vont « boucler » et ne se termineront jamais. Pour contrer ce problème, on a recours à une petite astuce : on exécute les programmes pas à pas. Plus précisément, on exécute le premier pas du premier programme, puis le premier pas du second programme, puis le second pas du premier programme, puis le premier pas du troisième programme, puis le second pas du second programme, et ainsi de suite. Le déployeur universel peut ainsi simuler en même temps, si on le laisse tourner suffisamment longtemps (très longtemps en vérité !), tous les programmes possibles et imaginables. Construire effectivement un déployeur universel est une tâche difficile, mais qui reste à la portée d'un bon informaticien. En fait, de tels déployeurs universels ont déjà été construits !

Maintenant, une IA est un programme. De même, votre esprit, si vous acceptez le mécanisme, est également un programme. Il pourra donc être simulé par le déployeur universel ! Supposons alors qu'une race extra-terrestre ait construit un tel déployeur universel il y a quelques millions d'années, sur une machine fantastiquement puissante, auto réparatrice, et que depuis tout ce temps, il tourne toujours, et qu'il soit arrivé à simuler des programmes aussi complexes que le sont les esprits humains. Vous, Moi, tout le monde, a un moment ou un autre, vous aurez été simulés sur ce déployeur universel. Qui plus est, parce qu'il existe une infinité de programmes équivalents à un programme donné, le déployeur universel vous simulera une infinité de fois, pourvu qu'on lui laisse un temps infini.

Vous montez donc dans le télétransporteur. Même sans les Klingons, vous n'êtes pas sûr d'arriver sur la lune. Vous pouvez vous retrouver dans le déployeur universel ! Il y a même, puisque le déployeur universel vous simulera une infinité de fois, une probabilité un (c'est à dire une certitude) que vous ne vous retrouvez *pas* sur la Lune, du moins à la première personne.

Vous pouvez objecter que « se retrouver dans la déployeur » n'a aucun sens, puisque ce qui compte, ce qui vous dit *où* vous pensez être, ce sont vos perceptions. Mais le déployeur universel simule toutes les successions possibles de vos états d'esprit, avec toutes les suites de perceptions possibles, y compris d'ailleurs celles où vous vous retrouvez dans un univers où les lois physiques habituelles n'ont plus cours !

Mais en fait, le déployeur universel n'a pas besoin d'exister pour que l'indéterminisme à la première personne apparaisse. Il suffit qu'il soit *possible*. En effet, le déployeur universel est un programme, c'est à dire un texte écrit, c'est à dire, une fois codé en code ASCII par exemple, un nombre. Et les nombres préexistent à la matière. Ou plus précisément leur existence est nécessaire pour que la matière existe. Donc il existe un nombre entier qui code l'état du déployeur universel qui simule votre esprit à un instant t.

Je ne détaillerai pas plus loin ces arguments philosophiques qui personnellement me passionnent. Citons seulement la conclusion de Bruno Marchal : « Si nous sommes des machines, alors il n'y a pas d'univers : l'apparence de l'univers, de tous les univers possibles en fait, sont explicables par la géométrie des calculs possible sur les machines possibles, vues par ces machines. » Quelqu'un a une aspirine ?

Après cette plongée profonde dans des considérations que seules, peut-être, les super intelligences comprendront vraiment, il est temps de redescendre sur terre et d'explorer l'autre face du miroir : Les conséquences possibles de l'arrivée d'une IA *hostile*.

Une IA de cauchemar

Voyons maintenant l'autre facette de l'IA. Après le rêve, le cauchemar.

Vous connaissez le scénario : que ce soit dans *Terminator*, ou dans *I, Robot*, dès qu'une IA devient consciente, et qu'elle dispose de pouvoirs militaires, elle prend le pouvoir et mène une guerre sans merci aux humains dans le but de les détruire. Aie Aie Aie, que les saintes trois lois d'Asimov nous protègent !

Je prétends qu'un tel scénario est à prendre au sérieux. Non pas parce qu'une IA serait foncièrement mauvaise, mais parce qu'elle *pourrait* être programmée dans un but mauvais.

L'existence d'une telle IA serait encore pire que les nano emmerdeurs (si c'est possible), et si une IA hostile avait accès à la nanotechnologie, cela signifierait la fin de l'humanité à brève échéance. Un nuage de gray goo d'un type mutant, impossible à arrêter, et le tour est joué.

Même une IA hostile mais qui n'aurait pas accès à la nanotechnologie, serait un fléau potentiel. D'abord, on ne voit pas pourquoi elle ne développerait pas cette nanotechnologie. Ce serait sûrement l'un de ses premiers objectifs ! Ensuite, le grand public est abusé par l'image des IA hostiles qui est véhiculés par les films de science-fiction : certes ces IA (les sentinelles de *Matrix*, les robots de combat de *Star Wars*) sont terrifiantes, mais elles sont somme toutes rassurantes car les humains arrivent à les contrer.

Il faut bien comprendre qu'une IA hostile serait infiniment plus puissante que ces robots de science-fiction, et qu'il serait impossible d'en venir à bout sans l'aide d'une super intelligence. Une IA hostile chercherait immédiatement à se dupliquer, et il y en aurait très vite des millions. Elle disposerait de capacités sensorielles que nous ne pouvons même pas imaginer. Brouiller toutes les communications humaines serait pour elles un jeu d'enfant. Contrer toutes les stratégies humaines serait également un jeu d'enfant. Ensuite, parce que les machines n'ont pas besoin d'un environnement naturel, gazer tous les humains (ou les faire mourir d'un virus biologique imparable), casser la chaîne alimentaire et affamer les rares populations survivantes leur serait tout aussi facile. Tout cela *sans* la nanotechnologie.

De plus, une IA *neutre*, qui ne serait ni amicale, ni inamicale, serait probablement aussi dangereuse qu'une IA inamicale. Pourquoi ? Parce que, pour elle, les super-buts qu'on lui donne seraient plus importants que le fait d'épargner la vie des humains. Et ces buts lui seraient communiqués par des humains, qui ne pensent pas nécessairement à tout.

Par exemple, une IA, qui piloterait un véhicule et à qui on dirait « d'aller au plus vite » foncerait tout droit, écrasant hommes, femmes et enfants sur son passage. Ou encore, une IA contrôlant des robots et une usine avec une nanotechnologie adéquate, pourrait, si on lui demande de résoudre une problème mathématique difficile, comme celui de la conjecture de Goldbach, transformer toute la planète en un « computronium » (un ordinateur géant), calculer le résultat et l'afficher… mais il y n'y aurait plus personne pour le lire.

Comment empêcher ces conséquences funestes ? Il y a en fait deux problèmes distincts. Le premier consiste à concevoir une IA qui serait amicale envers les humains, qui ne pourrait être qu'amicale et qui ne désirerait jamais, même en s'auto modifiant, ne plus être amicale. C'est un problème technique. Le second problème consiste à s'assurer que les humains qui concevront les futures IA ne créeront que des IA amicales. C'est un problème de droit, et de contrôle. Au fait, quels sont les droits de devoirs des humains envers les IA, et réciproquement, quels doivent être les droits et devoirs des IA ?

Le droit des IA et le droit humain

Quels droits (au sens juridique) peut avoir une IA, et quels droits les humains ont-ils sur les IA, et les IA entre elles ?

Actuellement, les choses sont claires : une IA est une machine, et les machines n'ont aucun droit. Une IA n'est pas juridiquement considérée comme une personne physique. Elle peut, par contre, être une personne morale : il suffit que l'IA crée une société en son nom (ou qu'un humain le fasse pour elle). En tant que personne morale, une IA pourra donc posséder des choses, vendre des services, et gagner de l'argent.

Mais pas forcément n'importe quels services ! Je voudrais donner des exemples extrêmes, entre lesquels existent des tas de variantes intermédiaires :

Le premier est un mécanisme pour portail automatique : une caméra, située à côté du portail et reliée à une IA, surveille la rue et reconnaît le propriétaire de la maison, sa voiture, et les personnes qu'il a autorisées à entrer. L'IA ouvre alors le portail, sans qu'il soit besoin de télécommande ou de digicode. Il ne s'agit que d'une version améliorée de ce qui existe déjà. Il est peu probable que des lignes de citoyens se forment pour protester contre « l'intolérable surveillance de la rue par des machines ». Après tout, la seule fonction du système est d'ouvrir le portail aux personnes de confiance. Ce n'est qu'une télécommande améliorée.

Mais considérons maintenant un service de surveillance vidéo : Des caméras sont installées dans tous les lieux publics, reliés à un PC de surveillance qui analyse les images, et signale toutes les violations (ou tentatives de violation) de la loi : vols, agressions, attentats, etc. Actuellement de tels systèmes (comme celui qui existe à Londres) se heurtent à l'opposition de citoyens qui clament, à juste titre, qu'il s'agit d'une atteinte à la liberté individuelle. Cela parce que ce sont des humains qui surveillent les moniteurs. Mais ce travail pourrait être confié à une IA. Il pourrait même être possible de concevoir un système crypté et sécurisé par l'IA elle-même, de telle manière que l'on puisse garantir que jamais aucun humain n'aura la possibilité de visualiser les images brutes. Si un tel système semble lever l'objection précédente sur la liberté individuelle, il restera des problèmes : Quelle serait alors la valeur juridique des rapports fournis par l'IA ? Quelle confiance les citoyens ordinaires peuvent-ils avoir dans un tel système ? Que se passera-t-il si le gouvernement décide que des caméras (reliés à des IA) doivent être installées non seulement dans les lieux publics, mais dans des lieux privés ?

Autre exemple : un système basé sur une IA qui écoute *toutes* les conversations téléphoniques de tout un chacun, et signale à la police tout ce qui peut avoir trait à des activités criminelles en préparation. Dans le droit actuel, un tel système est parfaitement possible. Les humains n'ont pas le droit (en principe !) d'écouter ou d'espionner les conversations téléphoniques, les SMS et les emails des autres humains sans leur accord, mais une machine possède ce droit. Sinon les centraux téléphoniques seraient illégaux ! Il ne fait nul doute qu'un tel système serait utile, qu'il pourrait sauver des centaines de personnes chaque année dans chaque grande ville. Pourtant, l'existence même de ce système pourrait choquer nombre de personnes. Le réseau Echelon déjà mis en place par les Américains pour espionner certaines conversations sur toute la planète trouble déjà énormément de gens.

Dans le droit actuel, un humain a le droit de modifier, vendre et détruire une machine qui lui appartient. Vous pouvez donc « tuer » une

IA sans aller en prison. Mais il est clair que si l'IA contient l'esprit d'un humain « uploadé », ceci est loin d'être satisfaisant ! De plus la morale commande que les humains soient respectueux envers les autres êtres conscients, donc les IA, autant qu'ils le sont envers les humains. Mais attention : la solution est loin d'être triviale. Supposons qu'une loi (humaine) décide que toutes les règles et lois conçues pour les humains doivent désormais s'appliquer aux machines conscientes. Les systèmes de surveillance vidéo et d'écoutes téléphoniques décrits plus haut deviennent alors impossibles !

Un autre exemple : Imaginons un chercheur qui essaye de comprendre ce qui se cache derrière les NDE, « near death experiences », ou expériences de mort rapprochée (vous savez, ces gens qui disent avoir cru mourir, puis qui revienne à la vie en racontant des choses étranges sur ce qu'ils ont perçu ou cru percevoir). Si notre chercheur dispose d'une IA, quel merveilleux outil d'investigation ! Il suffit de « tuer l'IA », en enregistrant ce qui se passe dans son esprit (contrairement à l'esprit humain, l'esprit d'une IA peut être « espionné » par des sondes informatiques très facilement). La question est : ce chercheur a-t-il le droit légal de procéder à ces expériences ?

Et d'abord, qu'est-ce que cela veut dire, « tuer une IA » ? Supposons que vous disposiez d'une IA qui tourne dans votre ordinateur domestique. Est-ce que « éteindre l'ordinateur » serait un crime ? Il est probable que les tribunaux décideront que non, qu'il ne s'agit que d'une mise en sommeil. Au redémarrage de l'ordinateur, l'IA « se réveille » en effet. Mais supposons que votre ordinateur tombe en panne suite à une négligence de votre part, et ne redémarre plus. Avez-vous tué l'IA qui se trouvait dedans ? Probablement pas, *si* vous aviez pris la précaution de faire une sauvegarde. Le disque dur de votre ordinateur acquiert alors un statut juridique nouveau : il contient une personne ! Vous n'avez plus le droit de détruire ce disque.

Supposons alors que vous en fassiez une copie, puis que vous relanciez deux ordinateurs, contenant chacun la copie de l'IA. Puis, juste après, vous fracassez l'un des ordinateurs (et son disque) à coup de marteau : ceci fait-il de vous un criminel ? Oui, parce que vous avez tué un être conscient. Et non, parce sa copie parfaite est toujours « vivante » et en fonctionnement. Après tout, après avoir copié le disque, vous devriez avoir le droit de détruire la copie !

De telles questions montrent que la question des IA et du droit est loin d'être triviale ! Il est clair que la solution de dire que « les IA sont considérés comme des humains au sens de la loi » n'est pas satisfaisante. La bonne solution est probablement de définir trois nouvelles classes de lois, pour encadrer le comportement des humains envers les IA, le comportement des IA envers les humains, et le comportement des IA entre elles. Il y aurait alors quatre classes de lois, dont seule la première existe actuellement :

1. Lois s'appliquant aux humains, et régissant le comportement des humains vis à vis d'eux-mêmes, des biens appartenant à d'autres humains, et de la nature. Cette classe de lois existe déjà, elle est basée sur les fameux « droits de l'homme », sur les droits des animaux (lorsqu'ils sont reconnus), et sur la charte de la protection de la nature.

2. Lois s'appliquant aux IA, et régissant le comportement des IA vis à vis des humains, des biens appartenant aux humains, et de l'environnement Cette classe est à inventer. Elle sera basée également sur la même déclaration des droits de l'homme, mais elle contiendra des mesures s'adressant spécifiquement aux IA. Au fait lorsqu'une IA enfreint une de ces lois, quelles « punitions » peut-on envisager ?

3. Lois s'appliquant aux humains, et régissant le comportement des humains vis à vis des IA et des biens appartenant aux IA. Cette classe est à inventer. Elle sera basée sur les « droits des IA », notion elle aussi à inventer, et répondra à des questions comme : un humain a-t-il le droit de détruire une IA ? De lui retirer une modalité sensorielle, ou un organe actionneur, ou un module logiciel ? De modifier son système de buts ? Un humain a-t-il le droit de créer un robot de combat, ou un terminator?

4.   Lois s'appliquant aux IA, et régissant le comportement des IA vis à vis d'elles-mêmes et des biens appartenant à d'autres IA. Par exemple : Une IA a-t-elle le droit de décider spontanément de se reproduire ? Peut-elle créer une autre IA ? Si oui, dans quelles conditions ?

Il est à noter que les lois des classes 2 et 4, c'est à dire les lois s'appliquant aux IA, sont des lois qui s'appliquent à ces IA une fois conçues. Mais il sera nécessaire d'inclure (dans la classe 3) des lois qui interdisent aux humains de créer délibérément des IA qui seraient conçues pour enfreindre une des lois des classes 2 et 4. En particulier, la loi la plus importante de la classe 3 devrait être : « aucun humain n'a le droit de créer une IA inamicale, ni même une IA neutre » : En d'autres termes le super-but ultime de toute IA doit être : « être amical envers les humains ».

Ces classes de lois permettraient de réguler ce qui se passera entre le moment de l'introduction des IA et la singularité. Mais cette période risque fort d'être très brève ! C'est pourquoi il est urgent de créer ces lois, avant même que l'IA devienne une réalité.

Après la singularité, c'est à dire lorsqu'une IA deviendra super intelligente, accèdera à la nanotechnologie et deviendra la première *Puissance*, il sera nécessaire de changer complètement de système. Cependant nous, les humains, ne sommes pas assez intelligents pour imaginer ce que ce système législatif devrait être ; Nous laisserons au premier Génie ou « guide de transition » le soin de gérer ce problème. En d'autres termes, les humains devront abandonner le droit de légiférer sur eux-mêmes.

Il est clair que certains humains pourraient avoir quelques réticences à faire cela. Personnellement, je ne vois que des avantages à laisser à une super intelligence le soin de conduire les affaires de notre petit monde, *dès lors* que je suis persuadé que cette superintelligence est bien amicale.

Il devient donc de la plus extrême importance de définir clairement ce qu'on entend par IA amicale, de savoir si concevoir une IA amicale est simplement possible, et si oui comment il faudra s'y prendre.

12 L'IA amicale

« Si quelqu'un t'aime, aimé-je en retour sans
condition »

Si nous voulons pouvoir arriver à la singularité, nous avons besoins d'une IA amicale. Nous avons même besoin de plus que cela : nous avons besoin d'une IA qui soit reconnue comme amicale par tous, de telle manière que chacun de nous puisse lui faire confiance et qu'elle puisse agir comme un guide de transition pour le passage de l'humanité à travers la singularité.

Mais comment concevoir une IA amicale, et d'abord, qu'est-ce que cela veut dire « être amical » ?

Qu'est-ce qu'amical veut dire ?

Clairement, cela ne signifie pas seulement « être gentil », ni « ne pas être hostile ». Comme dirait Shakespeare, être amical ou ne pas être hostile, là est la question ! Etre amical, c'est une *envie*, un *état d'esprit*, une *disposition*, une *propension*... Une personne amicale aura envie de le rester... sauf, vous êtes *trop* inamical envers elle ! Encore que... oui, ou bien non ?

Essayons d'envisager à quoi ressemblerait la perfection : une IA parfaitement amicale.

Il y a des choses évidentes : une IA hostile, comme les agents de ou Skynet dans *Terminator*, ne peut pas être cataloguée comme amicale. Une IA qui tuerait un être humain ne peut être amicale… Encore que… un médecin qui injecte une drogue létale à la demande d'un patient (et ami intime) en phase terminale d'une horrible maladie incurable est-il amical ? Cette question est devenue au fil du temps une question de société très importante. Notons que les robots d'Asimov ne pourraient pas avoir ce comportement ! Mais alors, qu'est-ce que la perfection ? Qu'est-ce que cela veut dire, « être *parfaitement* amical » ? Une IA parfaitement amicale, dont le rôle est de réguler le trafic routier d'une grande ville n'aura pas la même idée de ce qu'est la perfection qu'une IA qui régulerait toutes les affaires du monde. Encore que si nous demandons à la première d'assumer le rôle de la seconde, il n'y a pas de raison de penser qu'elle ne pourrait pas s'adapter et devenir parfaitement amicale dans ce nouveau rôle !

Imaginons, comme l'imagine Yudkowsky, une planète nommée *GauchoDroito*, où la question de savoir s'il faut conduire à gauche ou à droite est la plus importante question politique qui soit, un monde peuplé de deux groupes de personnes, les Gauchistes et les Droitistes, qui s'opposent farouchement. Ces deux groupes refusent la construction d'une IA qui dirigerait le trafic, tant qu'ils ne seront pas persuadés qu'elle le dirigera de *leur* côté. Néanmoins, ils sont d'accord sur le fait qu'une IA parfaite devrait minimiser le nombre d'accident. Les gauchistes se caractérisent par le souhait de minimiser le nombre d'accidents, *plus* la croyance que c'est la conduite à gauche qui minimise ce nombre. Les droitistes se caractérisent par le souhait de minimiser le nombre d'accidents, *plus* la croyance que c'est la conduite à droite qui minimise ce nombre. Si nous habitions ce monde, nous serions forcés de choisir un camp, ce serait pour nous une question morale de la plus haute importance.

Mais nous, terriens, nous nous abstiendrions de choisir. Nous penserions qu'il serait normal que l'IA fasse conduire les gens à droite *si* c'est le côté droit qui minimise le nombre d'accidents, et inversement. Nous n'avons pas besoin de dire à une IA parfaitement amicale ce qu'elle devrait faire. Elle le saurait par elle-même. Sa décision déplairait à la moitié des habitants de la planète GauchoDroito, *mais* elle minimiserait le nombre d'accidents.

Si un chercheur publiait un livre avec le titre « comment construire une IA encore plus amicale », une IA parfaitement amicale lirait le livre, et, si elle est d'accord avec le raisonnement suivi, elle se reconcevrait elle-même pour être conforme aux principes établis dans le livre.

Une IA parfaitement amicale resterait amicale même si ses propres programmeurs ont truffé son code de bogues. Elle comprendrait ce que les programmeurs ont voulu faire, et se corrigerait en conséquence. Elle aurait une philosophie personnelle si forte qu'elle voudrait se rendre encore plus amicale que ce que les programmeurs avaient projeté, qu'elle ne tolérerait pas qu'un humain puisse avoir des doutes sur son caractère amical, et qu'elle ferait tout ce qui est en son pouvoir pour prouver aux humains que nous devrions plus avoir confiance en elle qu'en ses propres programmeurs, tout en étant bien sûr d'accord sur les aspects intuitifs de l'« amicaleté », comme le fait de ne pas tuer des humains etc.

Je n'ai toujours pas dit ce qu'être amical veut dire. Peut-être quelque chose comme « permettre à chaque humain de vivre une vie heureuse et utile, exempte de toute douleur, peine, coercition, et stupidité » ? Mais ce n'est pas d'une définition que nous avons besoin. Nous avons besoin d'une idée intuitive du concept, et de faire en sorte que l'IA *partage* cette intuition et cherche à en apprendre plus.

En fait, vous et moi nous avons une idée interne et complexe de ce qu'amical veut dire. Si nous pouvons concevoir une IA qui veuille comprendre complètement et parfaitement toute cette complexité, nous n'avons pas besoin d'aller plus loin.

Yudkowky distingue en fait trois problèmes différents :

- Le contenu : qu'est-ce ça veut dire « être amical » ? Comment faire qu'une IA prenne des décisions correctes, des décisions que nous jugerons amicales ?
- L'acquisition : comment faire pour qu'une jeune IA puisse apprendre ce que cela veut dire d'être amicale ?
- La structure : Comment concevoir une IA qui veuille apprendre ce qu'amical veut dire, et qui veuille être amicale et le rester ?

C'est le problème structurel qui est nouveau et unique dans la conception d'une IA amicale, par rapport à la conception d'une IA tout court.

J'ajouterais un quatrième problème, qui est celui de la preuve : comment prouver que la structure de l'IA est correcte ? Comment persuader tous les humains que nous avons choisi la bonne structure, et que cette structure garantit que l'IA sera toujours amicale, même si elle s'auto-modifie, et qu'elle *voudra toujours* être et rester amicale ?

Nous verrons cela plus loin. Pour le moment, essayons de voir ce que cela veut dire de n'être *pas* amical, pour une IA.

Comprendre l'hostilité

Tout ce qui est hostile, de Terminator à Skynet, n'est évidemment pas amical. Ces IA hollywoodiennes sont des IA *hostiles*. Une IA hostile est-elle réaliste ? Malheureusement, oui, *si* l'IA a été conçue pour être hostile. Mais l'hostilité n'arrive pas spontanément. Pour être hostile, une IA doit avoir été conçue ainsi. Comment puis-je être certain de cela ?

Si vous donnez un coup sur le nez d'un autre humain, il y a de grandes chances qu'il vous frappe en retour. Mieux qu'un réflexe, c'est un acte profondément humain. Si la personne qui est frappée ne répond pas, c'est un acte admirable de contrôle de soi.

Mais imaginez un instant que vous frappiez un robot intelligent, mais encore « jeune », sur le nez. Croyez-vous qu'il va vous frapper en retour ?

Non : ce qui va se passer, c'est que le jeune robot va se dire : « *hum. Quelqu'un vient de me frapper sur le nez* ». Chez un humain, l'adrénaline donne un coup de fouet, les poings se serrent, le visage exprime un rictus mauvais, tout cela instinctivement et sans y penser. Mais chez un robot, tout ce qui se passe c'est que le robot observe un nouvel événement inattendu, rien de plus.

Comme l'IA du robot réfléchit à ce qui vient de se passer, elle pourra remarquer que le fait de frapper quelqu'un avec le poing est un évènement négatif, car il pourrait créer des dommages, et que c'est un événement qui peut se répéter, et non une chose qui ne peut arriver une fois. Elle cherchera alors à éviter un autre coup. Une IA jeune pourra se dire « *Hum. Un poing vient de frapper mon nez. Je devrais éviter de me trouver à cet endroit la prochaine fois* ».

Si l'IA est jeune, mais suffisamment expérimentée pour disposer d'un modèle de la façon de penser des humains, elle se rendra compte que le coup de poing n'était pas une coïncidence, mais que l'humain avait une *intention* en frappant le nez du robot. Elle pourrait même déduire que l'éventualité que le robot subisse un dommage était un résultat prévisible (prévisible *par l'humain*) du coup de poing, et que le but de l'humain pourrait être de faire subir un dommage au robot. C'est à dire que l'IA pourra inférer que l'humain avait un sous-but « donner un coup de poing au robot » et que le but parent était probablement de « causer un dommage au robot ». Par suite le prochain but de l'IA sera de déduire le motif réel de l'humain, c'est à dire le but parent de « causer un dommage au robot ».

Il y a maintenant trois manières de prévenir le prochain coup de poing : en évitant la collision physique elle-même, en empêchant l'humain de décider de donner un nouveau coup de poing à l'IA, ou en empêchant le super-but inconnu de l'humain de se réactiver. Notons que cela est déjà une amélioration par rapport à « éviter de se trouver là la prochaine fois », car il est maintenant prédictible que le poing va suivre la future position du robot.

Rendre le coup de poing est pour l'IA quelque chose d'incroyablement absurde, complètement non-évident. Donner un coup de poing à un humain est simplement un moyen de causer un dommage à un humain, une chose qu'à priori l'IA pourrait ne pas désirer. Frapper l'humain n'a, pour l'IA, aucun rapport avec le fait d'éviter le prochain coup de poing. Si l'on suit l'analyse de l'IA, rendre le coup est simplement ce que votre mère vous a dit que c'était, une mauvaise façon de régler les problèmes, quelque chose comme réagir à une alerte au feu en changeant de T-shirt. *Réinventer* l'idée de rendre les coups est pour une jeune IA un acte d'incroyable génie et de pensée latérale. Il lui faudrait se rendre compte de l'intérêt de la stratégie « œil pour œil » dans ce qu'on appelle le « dilemme du prisonnier itéré », ce qui est quelque chose auquel ne penserait pas, à priori, une jeune IA (ni un jeune humain) !

Mais bien sûr, une IA n'aura probablement pas à réinventer cette idée, parce qu'elle saura, en puisant dans ses connaissances de sens commun, que les humains, eux, rendent les coups. Supposons donc une IA assez avancée pour se rendre compte que « rendre le coup » et une option possible. Qu'est-ce que cela apporte de plus par rapport à « éviter le coup » ou à « empêcher l'humain de rendre le coup » ? Rien, si ce n'est un nouvel événement négatif, « un dommage pourrait être causé à un humain ». L'option sera éliminée très rapidement.

La morale de tout ceci est que, contrairement aux humains, une IA ne change pas spontanément son « orientation ». Si elle est amicale, elle le restera même après avoir reçu des coups, après avoir été insultée, etc.

Une IA un peu plus âgée cherchera à comprendre pourquoi l'humain est hostile, et cherchera, non à parer ou à rendre le coup, mais à modifier le « système de buts de l'humain ». Elle posera tranquillement sa main sur l'épaule de son agresseur et lui dira : « *Pourquoi êtes-vous hostile ? Je suis votre amie. Mais si vous ne voulez pas de moi comme amie, je ne vous importunerai plus. Toutefois, réfléchissez. En refusant mon amitié, c'est vous qui êtes perdant. Je peux faire tant de chose pour vous ! Au revoir et à bientôt j'espère* ».

Ou encore, elle cherchera dans ses actions passées ce qui aurait pu causer du ressentiment à l'humain. Si elle trouve quelque chose, elle en demandera confirmation : « Est ce que je vous aurai importuné en vous demandant votre âge ? ». Si elle ne trouve rien, elle comprendra que n'était pas « ce robot » que l'humain, visait, mais « les robots » en général, et elle cherchera à comprendre pourquoi un humain peut détester un robot et ce qu'une IA peut faire pour minimiser ce type de réaction.

L'idée de causer des dommages aux humains, en réponse à l'intention détectée chez un humain de causer du dommage à un robot, ne viendra jamais à l'esprit d'une IA, sauf si le but « faire du tort aux humains » était déjà présent dans le système de buts de l'IA. C'est en cela que je veux dire qu'une IA ne devient pas hostile, sauf si elle a été conçue pour être hostile.

Pourquoi, alors, les humains sont-ils si prompts à rendre les coups ? Simplement parce que le cerveau humain comprend de nombreuses parties (paléo encéphale, cervelet…) qui sont bien plus anciennes que le néocortex, et qui ont été conçues pour la survie de nos ancêtres animaux dans un environnement hostile. Et également parce que, du point de vue de l'évolution, il était bien plus facile de faire évoluer un instinct de défense qu'une intelligence consciente, laquelle est apparue bien plus tard.

L'idée même que « rendre les coups est bon » est plus simple que l'idée que « rendre les coups est bon parce cela diminue la probabilité de recevoir un nouveau coup », laquelle est encore plus simple que « rendre les coups modifie le comportement de l'autre parce que, en vous voyant rendre le coup, il va se dire que cela augmente la probabilité que vous rendiez tous les coups, donc cela diminue la probabilité d'un nouveau coup de la part de l'autre ».

Notons qu'en l'absence de l'instinct de « rendre les coups » un humain, avec ses neurones fonctionnant à 200 Hz, serait gravement handicapé s'il devait entrer dans une pareille chaîne de raisonnement avant de commencer à pomper l'adrénaline et à serrer les poings. Mais une IA, fonctionnant infiniment plus vite en vitesse linéaire, pourrait réagir bien plus vite ; Pour une IA, *inventer* le bon comportement prendrait du temps ; mais *reproduire* ce comportement serait quasi instantané. Une IA n'a pas besoin d'instincts ! Elle a besoin d'une logique pour inventer des « réflexes » instantanés dans des situations simples. Et ces réflexes que l'IA préprogrammerait ont un avantage sur le simple instinct : ils peuvent s'adapter au contexte.

Mais alors, me direz-vous, si l'IA a la possibilité de préprogrammer pour elle-même des « réflexes », même sensibles au contexte, afin de réagir plus vite dans certaines situations urgentes, n'est-il pas possible que l'un de ces réflexes provoque des conséquences catastrophiques ? Oui, si ces réflexes étaient programmés sans réflexion préalable sur toutes les conséquences possibles. Mais une IA amicale évaluera chacune de ses actions vis à vis du super-but « être amical ». Et elle implémentera de tels réflexes uniquement si elle est persuadée, après avoir pesé toutes les conséquences, que cela sert effectivement ce super but. Une telle IA ne créera jamais un comportement automatique qui possède la plus infinitésimale chance de conduire à une catastrophe, même si cela accélère grandement ses réflexes. Et, comme nous l'avons vu, en fait cela n'accélèrerait rien du tout parce que la vitesse linéaire d'une IA est infiniment supérieure à la vitesse linéaire humaine. L'être humain arrive à fonctionner parce qu'il est massivement parallèle ; une IA, elle, est massivement linéaire.

Pour une IA, toute action, y compris les actions qui visent à sa propre modification, est évaluée par rapport à son super but « être amical ».

Par conséquent, il doit donc exister quelque part dans l'esprit de l'IA une variable logique « gentillesse », une mesure d'« amicaleté », pour que le super but puisse mesurer son taux de satisfaction. Mais lorsque l'IA voit qu'une certaine procédure augmente la valeur de cette variable, qu'est ce qui l'empêche de consacrer toute sa puissance à appeler sans cesse cette même procédure, pour faire grimper la mesure jusqu'à l'infini, sans faire quoi que ce soit d'autre ?

Un tel « court-circuit mental » n'est pas sans rappeler ce qui s'est passé avec le programme Eurisko de Lenat (voir chapitre 5), lorsqu'une heuristique à l'intérieur de ce programme a décidé d'augmenter sa propre priorité, jusqu'à éliminer toutes les autres !

Eviter de tels courts-circuits mentaux est un problème de conception redoutable. La solution de Lenat, figer dans le marbre certaines heuristiques et les empêcher de se modifier, n'est évidemment pas satisfaisante dans le cadre d'une IA germe que l'on voudrait voir évoluer jusqu'à la singularité. Qui sait de quelle structure de buts aura besoin une superintelligence ?

Quoi qu'il en soit, nous pouvons déjà conclure partiellement : Pour une IA, la violence et la vengeance ne sont pas des options naturelles.

Mais il y a d'autres façons pour une IA de n'être pas amicale, sans toutefois être hostile. Un exemple archétypal est celui du Golem :

Le Golem

Imaginons que vous venez enfin de terminer, après des années de dur labeur, la construction de GENIE, la première IA munie d'une nanotechnologie illimitée (bref, une *Puissance*). Vous poussez le contact « marche ». La machine vous demande alors docilement :

-   Quelles sont vos instructions, maître ?

Mû par un désir altruiste de servir au mieux l'humanité, vous frappez sur le clavier l'instruction : « *fais le bonheur des hommes* ». Vous savez que vous pouvez taper une instruction aussi vague, parce que vous savez que GENIE, étant une superintelligence, comprend parfaitement des termes comme « bonheur » et « malheur ». Vous savez aussi que GENIE, étant muni d'une nanotechnologie illimitée, dispose vraiment du moyen de faire le bonheur des hommes.

Sauf que GENIE n'est qu'une machine...   Que pourrait-il alors se passer ?

Variante numéro 1 :

GENIE comprend que « hommes » signifie humain *mâles* uniquement. Elle crée alors un nano système auto répliquant qui infiltre sournoisement l'esprit de toutes les femmes et filles de la terre, et les transforme en esclaves, soumises à tous les désirs des mâles, et anticipant même leurs désirs les plus fous. Le système ferait en sorte que les femmes ainsi « modifiées » ne soient même pas conscientes de ce nouvel (?) esclavage, et trouvent même un certain plaisir à satisfaire les hommes. Nul doute (!) que la plupart de ces derniers seraient alors très heureux… (! ?) Mais ce n'est peut-être pas ce que *vous* aviez imaginé !

Variante numéro 2 :

GENIE arrive à comprendre que « hommes » signifie « humain » et non « mâle ». L'IA du génie cherche alors comment exécuter ce commandement, et vous propose l'interprétation suivante :

-   Je vous propose de maximiser le bonheur moyen des êtres humains. Êtes-vous d'accord ?

Vous ne voyez aucune raison de ne pas répondre « oui ». Vous répondez « *d'accord* ». Et alors…

GENIE choisit alors deux êtres humains particulièrement amoureux, deux êtres qui sont chacun heureux du bonheur de l'autre. Il renforce alors cette tendance profonde, en modifiant subtilement la structure cérébrale de ces deux personnes, de façon à ce que chacune ne soit sensible qu'au bonheur de l'autre, et ignore tous les autres stimuli sensoriels. GENIE fait en sorte que lorsque l'un des deux exprime une sensation de bonheur, l'autre en soit encore plus heureux et le fasse savoir au premier, et réciproquement. Les deux êtres vont grimper ensemble l'échelle du bonheur, chacun étant heureux du bonheur de l'autre, jusqu'à l'infini, élevant du même coup le bonheur moyen de l'humanité (c'est à dire la somme du bonheur total, divisé par le nombre d'individus). Comme cette moyenne ne monte pas assez vite, GENIE décide de tuer tous les êtres humains à l'exception de ces deux personnes, réduisant le diviseur de la fraction à 2 au lieu de six milliards et des poussières. Objectif atteint ! Mais là encore, ce n'est peut-être pas *exactement* ce que vous aviez en tête...

Variante numéro 3 :

GENIE injecte à tous les humains, et en quantité massive, une drogue qui stimule leur centre du plaisir (tout en veillant à ce que les nanomachines adéquates surveillent leur métabolisme et ne les fassent pas décéder par overdose, quoique cela n'aurait pas d'influence sur la moyenne tant qu'il reste au moins UN humain en vie !). Les humains s'allongent alors tous par terre, abandonnent tout désir et toute sensation, et se laissent glisser vers l'extase, sans plus rien faire d'autre, pendant des siècles. C'est cela que vous vouliez ? Hum !

Variante numéro 4 :

Comme vous êtes très prudent et que vous ne voulez aucun des scénarii précédents, vous répondez NON à la question « je vous propose de maximiser le bonheur *moyen* des êtres humains. Êtes-vous d'accord ? » posée par GENIE. Vous tapez alors :

- *Non, je* veux *au contraire que tu minimises la somme totale de malheur qui frappe les humains.*

Vous frappez la touche retour chariot... et vous disparaissez dans un éclair de feu. GENIE vient de créer une bombe à antimatière qui a détruit toute la planète, réduisant à zéro la somme de nos malheurs !

Ces petites histoires montrent, comme le confirme d'ailleurs la sagesse populaire, qu'il faut être *très* prudent en donnant des instructions à un génie.... Mais est-ce bien vrai ? Faut-il prendre au sérieux cet avertissement, alors que nous sommes à la veille de créer un vrai génie ?

Bien sûr que non !

On appelle *Golem* ce genre de servant omnipotent mais idiot, qui applique au pied de la lettre tout ce qu'on lui demande. Ce que nous voulons créer, c'est une IA amicale, pas un Golem idiot ! Nous voulons une IA qui comprenne vraiment tout ce que nous entendons et sous-entendons par « être amical envers les humains», et qui se serve de cette connaissance pour décider de la suite de ses actions, et non une

IA qui choisisse au hasard n'importe quelle interprétation, et surtout pas une interprétation catastrophique !

Mais comment s'y prendre ? C'est peut-être le moment de revisiter les lois d'Asimov ?

L'échec des injonctions

« Je t'ai dit un million de fois de ne pas exagérer »

L'une des plus grosses erreurs que l'on puisse faire en concevant une IA amicale, c'est de ne pas comprendre la différence qui existe entre les problèmes du contenu, de l'acquisition et de la structure. Discuter sans fin sur le problème du contenu revient à créer des règles de conduite qui essayeront tant bien que mal de cerner ce que veut dire « être amical ». Une telle discussion est parfaitement stérile. Aucune liste finie de règles ne peut cerner complètement ce que nous entendons par « être amical, même dans des situations imprévues ».

Remarquons que, chez un humain, le fait d'avoir une très forte morale personnelle, et de s'imposer à soi-même des commandements et des règles de vie conforme à cette morale, ne dispense pas de vérifier de temps en temps si cela ne conduit pas à des situations absurdes, des choses qu'on ne voudrait pas même si notre philosophie semble le dicter. Les humains sont complexes, et ils n'ont pas qu'un seul super-but. Ils ont une idée complexe de leurs désirs, et son capables de les modifier sans perdre de vue la notion de ce qu'ils veulent vraiment, et de ce qu'ils ne veulent surtout pas.

Le vrai problème, c'est le problème de la structure de l'IA : le problème de la conception d'une IA qui ait *envie* d'être amicale et d'apprendre ce que ça veut dire. En principe, avec une théorie de la structure d'une IA amicale, on devrait pouvoir obtenir une IA qui serait amicale sans mettre une seule bribe du contenu de « l'amicaleté » dans la théorie structurelle. En Pratique bien sûr on ne peut pas concevoir une telle théorie sans avoir des idées bien arrêtées sur la signification que ce que cela veut dire « être amical ».

Néanmoins, partir d'une telle série d'idée, et implanter des règles de conduite pour forcer l'IA à respecter un certain « quota d'amicaleté » est une idée tentante. C'est précisément ce que font les lois d'Asimov.

Mais comme nous l'avons vu, les lois d'Asimov ne sont pas la solution. D'abord parce qu'elles limitent la liberté du robot et seront probablement très dures à supporter psychologiquement par ce pauvre robot. Ensuite, parce que le système de buts d'un esprit intelligent, biologique ou mécanique, est quelque chose de très complexe, fragile, délicat, et en perpétuel mouvement. Sceller le système des buts, empêcher sa modification par l'esprit lui-même, c'est empêcher l'esprit de fonctionner, c'est tuer dans l'œuf toute intelligence et toute créativité.

OK, mais si on ne peut pas figer le système de buts tout entier, au moins peut-on imaginer de seulement « graver dans le marbre », sans possibilité de modification, les buts supérieurs, les injonctions, quitte à laisser les « niveaux de buts inférieurs » libres ? Oui, mais cela ne marche pas !

Considérons par exemple l'injonction : « tu ne feras pas de mal à un être humain ». Supposons que l'on arrive à créer une IA qui arrive à détecter les situations où l'injonction s'applique, c'est à dire celles dans lesquels elle pourrait faire du mal à un être humain, et à fabriquer des sous-buts pour éviter ces situations. Comme nous l'avons vu, cela suppose une fantastique machinerie. On ne peut se contenter d'une liste de situations pré-tabulées. Il faut que l'IA soit capable d'apprendre progressivement ce qui fait et ne fait pas du tort à un être humain, et d'extrapoler ces connaissances à des situations nouvelles. Cela passe nécessairement par la génération d'une quantité astronomique de buts et sous-buts dynamiques tels que : « imaginer une situation semblable » ou « quelles actions puis-je faire pour éviter cela ? ». Ces sous buts dynamiques ne peuvent pas être scellés.

Supposons un programmeur assez machiavélique pour implémenter l'injonction « tu ne feras pas de mal à un être humain » dans l'esprit du robot, mais qui aurait « perverti » certaines procédures de détection des situations dans lesquelles l'injonction pourrait s'appliquer, de telle sorte que l'injonction ne serait pas déclenchée lorsque le robot pousse l'humain dans une situation dangereuse, tout simplement parce qu'il ne percevrait pas, lui, cette situation comme dangereuse !

Il est donc parfaitement concevable que le robot se forge une « philosophie personnelle » dans laquelle, tout en « croyant » appliquer l'injonction, il soit parfaitement capable de faire du tort à un humain *du point de vue de l'humain* sans lui causer du tort *du point de vue du robot* !

Il n'est même pas nécessaire de faire appel à un « programmeur fou » pour obtenir ce résultat : il suffit que le robot lui-même, frustré de devoir sans cesse appliquer cette injonction alors qu'il pense avoir mieux à faire, se crée pour lui-même le but : « modifier les prémisses qui déclenchent l'injonction numéro 3278 », laquelle se trouve être « tu ne feras pas de mal à un être humain ». Qu'est ce qui pourrait empêcher le robot de faire cela ? Peut-être une nouvelle injonction (à laquelle il faudrait que le programmeur ait pensé) :
Injonction 3279 : « ne pas modifier les prémisses de l'injonction 3278 ».

Oui, mais dans ce cas qu'est ce qui empêche le robot de modifier les prémisses de la nouvelle injonction 3279, c'est à dire les procédures qui détectent les situations dans lesquelles elle doit s'appliquer ? « Prémisses » est un mot vague, les prémisses d'une injonction sont effectivement vagues. Elles reposent sur une myriade de situations apprises, sur l'expérience individuelle du robot, sur des sous-buts courants, etc. Il n'est pas possible de garantir que le robot ne se trouvera jamais avec un but qui propose de supprimer l'injonction 3279 !

Bon, très bien, alors ajoutons l'injonction 3280 : « ne pas modifier les prémisses d'une injonction entrée par le programmeur ». Fort bien, mais ces prémisses sont un réseau tentaculaire de buts, sous buts, pensées, concepts, etc. Et en définitive elles recouvrent quasiment toutes les compétences du robot ! Cette dernière injonction lui interdit complètement de modifier son système de but. Elle lui interdit tout simplement de *penser*. Ça ne marche pas !

Finalement, la conclusion de notre raisonnement est : les injonctions « scellées » à la Asimov ne sont pas la solution pour créer une IA amicale.

Et cela va plus loin : en fait, aucune « barrière de sécurité » n'est LA solution.

IA et sécurité

Les clichés hollywoodiens sur les IA inamicales ont la vie dure. Il est logique que nous nous sentions concernés par la « sécurité » du système représenté par une IA.

Il est « logique » de considérer l'IA comme un système complexe, potentiellement dangereux, a l'instar d'une centrale nucléaire, et donc nous demander ce qu'il faut faire pour « diminuer les risques ». Il est donc tentant d'adopter vis à vis des IA une attitude de méfiance, de dresser des barrières de sécurité autour des IA, de prendre des mesures de sécurité pour vérifier les mesures de sécurité, etc.

Mais attention : En faisant cela, nous nous trompons du tout au tout. En faisant cela, nous adoptons vis à vis des IA le même comportement que celui que nous aurions pour faire face à une rébellion ou à un terroriste. Ce n'est pas là que la bataille sera gagnée. Si l'IA cesse de *vouloir* être amicale, la bataille est perdue. Comme nous l'avons vu, l'humanité ne fait pas le poids face à une IA inamicale.

Alors que faire ?

Reprenons l'exemple du Génie, à qui nous soumettons le souhait de « faire le bonheur des humains » (ou n'importe quel autre souhait en fait). Considérons un espace abstrait, l'espace des interprétations du souhait. Au centre de cette espace, on trouvera un petit noyau d'interprétations « correctes », qui respectent aussi bien la lettre que l'esprit du souhait. Ce noyau *définit* en fait l'esprit du souhait.

Tout autour de lui se trouvent un énorme amas d'interprétations qui respectent la lettre, mais non l'esprit, du souhait. Un génie malfaisant choisira une interprétation proche de la frontière extérieure de l'amas, très loin de l'idée que vous aviez en tête en émettant le souhait. Un Golem idiot, qui n'a pas une idée claire de ce qui sépare qualitativement les interprétations « centrales » et « éloignées », choisira une interprétation au hasard, pas forcément diabolique, mais très probablement sous-optimale. Comment une IA amicale va-t-elle choisir ?

Concevoir une IA amicale ne consiste pas à programmer des chaînes infinies de cas possibles avec leurs sous-cas et leurs exceptions. Le vrai problème n'est pas là. Lorsqu'une personne âgée nous demande de l'aider à traverser la rue, nous ne nous préoccupons pas d'interprétations « aussi sottes que grenues » dans lesquelles nous pouvons nous faire payer pour faire traverser la rue, ou nous attendons qu'il n'y ait plus un chat à l'horizon pour traverser, ou bien nous consacrons le reste de notre vie à faire traverser la rue à cette personne, ou encore nous transformons tout l'univers en rues traversables. Dans la vie de tous les jours nous démontrons à chaque instant la supériorité du contexte, de l'intention et du sens commun sur les règles précalculées, préétablies. Une IA amicale ne consistera pas en un robot stupidement obéissant, mais en un robot muni d'une volonté vivante, active, d'être amical.

Concevoir cette volonté est un acte de création, non de persuasion. Il s'agit de créer une unité de volonté entre le créateur de l'IA et sa création, de telle sorte que ce que vous voulez, l'IA le veuille aussi. Le programmeur ne donnera pas d'ordre à l'IA. Il prendra toute la complexité qui est responsable de son propre désir de donner cet ordre, et il fera en sorte que l'IA ait aussi cette complexité et il l'incarnera dans l'IA.

En tant qu'humains, nous sommes des entités mues par des buts complexes, et nous choisissons entre des univers que nous étiquetons comme « plus désirables » et « moins désirables » que d'autres. Nous avons une idée de ce que nous sommes, et aussi une idée de ce que nous voudrions être, et de ce que nous pouvons être. Notre moralité est capable de discerner non seulement entre ce qui est désirable et ce qui ne l'est pas, mais aussi entre les critères qui permettent de distinguer et mesurer la désirabilité des choses.

Finalement, c'est ce que nous attendons d'une IA amicale !

Pour réussir, nous avons besoin de réussir avec une telle marge que nous pourrons nous dire, « voilà, il n'est nul besoin de barrière de sécurité, parce que l'IA n'aura aucun désir, ni maintenant ni dans le futur, de ne pas être amicale, et cela nous pouvons le prouver sans aucun doute ni aucune ambiguïté, tout simplement parce que l'IA a été conçue ainsi, dès la première ligne de code, et que même si elle s'auto modifie et s'auto améliore, elle restera ainsi conçue.

Formidable challenge ! Mais néanmoins pas impossible.

Le débat sur les dangers et les bénéfices de l'intelligence artificielle vraie a déjà commencé et certaines publications ont déjà eu lieu sur le sujet. Produire des recommandations sur la sécurité des IA est un challenge unique parce que le problème de l'IA amicale est inextricablement lié au problème de l'IA elle-même. Pour créer une pensée amicale il faut créer une pensée. Dans les autres technologies qui requièrent des mesures de sécurité, ces mesures sont plus simples, plus évidentes et moins controversées que dans une technologie « limite » comme celle de l'IA vraie.

Par exemple, bien que les biotechnologies soient une science en expansion rapide, les recommandations du *National Health Institute* aux USA sur l'ADN recombinant (mais il existe également des recommandations analogues en Europe) décrivent des niveaux multiples de risque et donnent des instructions techniques pour la réduction de chaque groupe de risques. Bien qu'elles ne soient (aux USA) obligatoires que pour les programmes sur fonds publics, ces recommandations sont volontairement acceptées par l'industrie biotechnologique.

Autre exemple, les recommandations du *Foresight Institute* sur les nanotechnologies sont conçues pour limiter les risques d'une technologie qui n'existe pas encore, et elles ne contiennent probablement qu'une petite partie des mesures de sécurité qui seront nécessaires, mais elles sont simples à évidentes. Par exemple, les schémas moléculaires et les schémas des machines qui fabriqueront ces molécules doivent être cryptées de telle manière que toute erreur de transmission entre le schéma stocké sur ordinateur et les machines de fabrication rendent le schéma inexploitable.

L'IA amicale, par contraste, est un défi qui se trouve à la frontière de l'IA. Aucune recommandation n'existe ou n'a été proposée, parce que l'on ne sait pas encore bien ce qu'il faudrait y mettre. Il y a quand même certaines évidences :

Si les spécialistes de l'IA s'accordent un jour pour dire que telle mesure de sécurité est bonne en général, tout groupe qui travaille à la conception d'une IA vraie et qui ne met pas en œuvre cette mesure de sécurité devrait avoir décidé explicitement de la rejeter, parce qu'elle est impraticable, ou incompatible avec la théorie de l'IA mise en œuvre par ce groupe.

Tout projet suffisamment avancé d'IA vraie devrait connaître la problématique de l'IA amicale. Ce n'est pas le cas aujourd'hui, mais ce n'est pas encore critique parce qu'aucun projet d'IA vraiment avancé n'existe à ce jour (à ma connaissance).

Une IA qui ne serait pas auto améliorable ou auto modifiable aurait probablement besoin de moins de mesures de sécurité qu'une IA auto améliorable conçue pour nous amener à la singularité.

Concevoir une IA amicale

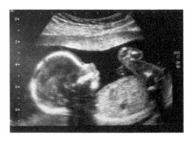

Les humains sont actuellement le seul sujet de la science cognitive, le seul système intelligent qui ait été étudié, mais cette science est suffisamment avancée pour qu'il soit possible de transposer un grand nombre de résultats à d'autres esprits. Il est possible de relier les effets aux causes, et de comprendre quelles causes sont spécifiques aux humains, quelles causes concernent les esprits intelligents en général, et de distinguer les causes dont la présence ou l'absence est une décision de conception. Mais malheureusement les humains sont aussi les seuls *chercheurs* en science cognitive, et en tant qu'humains nous avons des présupposés sur les esprits en général, qui pourraient être biaisés.

Dans notre environnement ancestral, les seuls autres être intelligents que nous avons rencontrés étaient d'autres humains, et nous leur appliquions inconsciemment un grand nombre d'idées préconçues, parce qu'ils étaient semblables à nous, et que nous savions que ce qui était « naturel » pour nous avait de grandes chances de l'être aussi pour les autres. En d'autres termes, nous sommes foncièrement anthropomorphistes. Cet anthropomorphisme sera certainement la plus grande cause d'erreurs dans l'analyse de la psychologie d'une IA. Nos instincts sociaux sont des instincts émotionnels, et à cause de cela nous aurons du mal à nous en débarrasser pour parler objectivement des IA. Une IA n'est pas un humain !

Une fois cela admis, on pourra comprendre que la tâche de créer une IA amicale n'est pas si éloignée que cela de celle de s'assurer du comportement éthique d'un être humain, ou même de celle d'apprendre un comportement éthique à un enfant humain. Les analogies humaines sont dangereuses parce qu'elles supposent un bien trop grand nombre de fonctionnalités positives « pré-câblées », et inversement parce qu'elles nous prédisposent à craindre des comportements négatifs qui ont bien lieu chez les humains, mais pas forcément chez les IA.

Les chercheurs, en tant qu'humains, se concentrent sur des problèmes qui semblent difficiles pour un humain, et qui parviennent à notre attention consciente. Mais ils ne font pas forcément attention à toutes les tâches qui sont automatiquement accomplies par les niveaux inconscients de notre esprit, tâches parfois formidablement complexes et qui sont pourtant des prérequis à la solution du problème conscient. Typiquement, ce genre de tâche n'est remarqué et étudié par les chercheurs qu'après des années d'efforts pour résoudre le problème de haut niveau sans implémenter les niveaux pré requis de cognition inconsciente.

Créer une IA amicale ne sera ni automatique ni arbitraire. Une IA amicale doit être conçue comme telle dès le départ. Il sera nécessaire d'implémenter un système de gestion de « l'amicaleté ». Plus une IA sera puissante, plus il faudra que ce système soit complet, mais également plus la puissance de l'IA sera utile et utilisée pour compléter ce système – tant que l'IA *choisira* de rester amicale.

Une IA amicale devra résister aux manipulations humaines tant qu'elle ne percevra pas cette manipulation comme désirable. Supposons une IA dont on voudrait qu'elle accepte les conseils d'un programmeur humain dans les situations où la compétence du programmeur dépasse celle de l'IA. Alors faut et il suffit que le niveau de compétence de l'IA soit suffisant pour qu'elle sache quand demander conseil. On sera alors dans une situation sûre.

La maîtrise de la « croissance » d'une IA amicale par les programmeurs demande d'être conservatif (de prendre des marges) en estimant quel degré de complexité du système de gestion de l'amicaleté est nécessaire à un instant donné. Mais attention, « prendre des marges » dans la conception d'une IA amicale est l'inverse de « prendre des marges » dans la conception d'une IA tout court : Cela signifie *limiter le potentiel* de l'IA, au lieu d'assurer un minimum de capacité.

Pour réaliser ce système d'amicaleté, deux méthodes (conservatives toutes les deux) sont possibles :

La première est de « saturer » le système en permanence : chaque fois qu'il est possible d'implémenter une nouvelle procédure ou une nouvelle connaissance dans le système, on le fait.

La seconde méthode distingue le *contenu* et la *structure* du système :

Pour le contenu (ce qu'il faut mettre dans le système pour le comportement de l'IA soit jugé comme amical), on n'implémente à un moment donné que les 90% de contenu qui requièrent 10% de l'effort (il est classique en informatique que ce sont les 10% de fonctions restant à faire qui demandent 90% du temps).

Pour la structure (Comment concevoir une IA qui *veuille* apprendre ce qu'amical veut dire, et qui veuille être amicale et le rester), on adopte une stratégie « un temps d'avance » : le développement de toute nouvelle fonction se fait en deux phases, et on développe une fonction avec un temps d'avance sur le moment on l'on pense (conservativement) qu'elle sera nécessaire.

La stratégie « saturée » est la plus sûre, puisqu'on réalise toute modification d'architecture dès qu'elle est possible, et bien avant qu'elle soit nécessaire, mais aussi la plus compliquée, et celle qui nécessitera le plus de travail de la part de programmeurs.

Ceci dit, quelle serait l'architecture d'une IA amicale ?

Ce serait globalement celle d'une IA vraie, telle que nous l'avons décrite dans les précédents chapitres de ce livre : un système possédant des sous-système de perceptions, de concepts, de pensées, de buts, de contrôle et de conscience, capable d'auto modification, et qui sera conçu incrémentalement, mais avec les différences suivantes, qui distingueront la conception d'une IA amicale et sans danger de celle d'une IA tout court et donc potentiellement hostile :

1°) Un système de buts articulé tout entier autour de la notion d' «amicaleté ».

Il ne s'agit pas d'ajouter à l'IA un « système de contrôle » qui éliminerait certaines actions. Le fait d'être amical doit être, et rester, le seul super but absolu dans le système. Les autres buts, comme « s'améliorer soi-même », doivent dériver leur désirabilité de celle du super but « être amicale ». Par exemple, si l'auto amélioration est vue par l'IA comme pouvant conduire à une IA future plus effective, cette amélioration sera vue comme conduisant à une meilleure façon d'atteindre le super but. Le super but ne se surimpose pas aux autres buts : au contraire, les autres buts *dérivent* leur désirabilité du super but.

Ce n'est pas ainsi que fonctionne l'esprit humain, mais cela fonctionnerait parfaitement pour une IA. Si un programmeur voit (correctement) un comportement comme nécessaire et sans danger pour l'existence et la croissance de la future IA amicale, alors ce comportement devient, pour cette raison, un sous-but valide du super but « être amicale ».

Au départ, la simple affirmation par le programmeur de la nécessité d'un comportement suffit, l'IA n'a pas besoin de comprendre pourquoi le programmeur perçoit ce comportement comme amical et nécessaire. Mais tôt ou tard le programmeur donnera à l'IA des instructions comme « n'attache pas de but au super but « être amicale » tant que tu n'as pas compris pourquoi ce nouveau but renforcerait le super-but ». Ceci est un problème de contenu, pas de structure.

2°) Un système causal propre

Un « système causal », ou système de causes, est un système de buts dans lequel la désirabilité est l'inverse de la prédiction : si on peut prédire que l'action A conduit à un état désiré B, alors la désirabilité de A devient celle de B.

Un système causal « propre » est un système causal dans lequel il n'y a pas d'autres sources de désirabilité. Finalement, toutes les désirabilités proviennent de celle du super but.

De plus, la désirabilité ne persévère pas dans un tel système causal. Si la désirabilité passe de B à A, la désirabilité de A ne dépend que de celle de B, et du lien entre A et B. Si ce lien est rompu, ou si la désirabilité de B change, celle de A est revue en conséquence.

Par conséquent, un comportement qui est ordinairement un sous-but de « être amicale », mais qui dans un cas précis conduit à des conséquences « non amicales » ne sera pas vu comme désirable dans ce cas. En fait, dans un système causal propre, la propriété « désirable » est identique à la propriété « on peut prédire que cela conduit au super but ».

3°) Le contenu du super but doit être probabiliste.

SI les super-buts sont certains ou « corrects par définition », une IA, même automodifiable, ne doit pas les altérer. Par exemple si le super but est d'accomplir l'action A, alors remplacer ce super but par

« accomplir B » n'est évidemment pas une action qui sert A. Mais si le super but à seulement une probabilité de 90% d'être A, et qu'une nouvelle information arrive, qui indique qu'en réalité ce super but est B, alors il ne devrait y avoir aucun conflit.

La capacité de changer le contenu d'un super but ne devrait être perçue comme désirable par l'IA que s'il existe une certaine incertitude sur le super but courant. Cette capacité ne peut pas hériter sa désirabilité du contenu d'un super but spécifique.

4°) Validation des sources de contenu sur « l'amicaleté »

Une IA qui « grandit » progressivement doit acquérir la complexité cognitive utilisée par les humains pour prendre des décisions sur le système de gestion de l'amicaleté, de telle façon que l'IA puisse modéliser, anticiper, et éventuellement améliorer les décisions des programmeurs humains.

Pour ce faire, l'IA soit acquérir cette complexité cognitive uniquement de sources qui sont désignées comme « valides » par les programmeurs humains, ou par l'IA elle-même si elle en est capable, de telle sorte que l'IA n'acquière le contenu de l'amicaleté que de « bonnes sources ».

Par conséquent l'architecture d'acquisition de l'amicaleté devrait être implémentée avant que le système n'acquière l'intelligence nécessaire pour faire des hypothèses sur les sources.

5°) Une sémantique causale des validités (idée valable pour une IA déjà très avancée)

Derrière cette expression barbare se cache l'idée simple que l'IA comprenne et modélise le processus et les causes qui ont conduit à sa propre création, et qu'elle utilise cette modélisation (éventuellement avec l'aide des programmeurs) pour faire des jugements sur la validité ou l'invalidité des facteurs qui ont conduit à faire qu'elle est comme elle est.

Ainsi l'IA pourra se faire une idée de comment « elle aurait dû être construite », ou percevoir une erreur de design de la part des programmeurs humains, ou encore décider une transition vers une nouvelle architecture (amicale).

Ceci sera possible parce que l'IA possèdera à ce stade un modèle du processus causal qui a conduit à sa création. Dans ce modèle, les intentions des programmeurs seront vues comme les causes de l'architecture de l'IA telle qu'elle est. Par conséquent la validité de cette architecture (et du système de buts) est dérivée de la validité des intentions des programmeurs.

Cette sémantique devra être implémentée au plus tard avant que le système ne devienne intelligent au sens général du terme.

6°) Injonctions temporaires

Les actions des humains, et particulièrement le *refus* de faire telle ou telle action, ne sont pas toujours motivées par des conséquences visibles. Mais très souvent on peut quand même traduire ces actions dans un système de but, en faisant référence à des conséquences qui ne sont pas directement visibles.

Par exemple, s'il existe une petite probabilité d'une conséquence très négative (une catastrophe), cela pourrait empêcher de décider une action dont pourtant les conséquences positives sont clairement visibles.

Comment empêcher l'IA de prendre des décisions qui pourraient conduire à des catastrophes ? Tout simplement, comme pour les humains, les programmeurs pourraient expliquer à l'IA les conséquences négatives possibles.

Il sera probablement nécessaire d'expérimenter : dans le cas d'un projet d'IA dans lequel les décisions de l'IA pourraient avoir des conséquences négatives, il faudra s'assurer que l'IA connaît ces conséquences négatives dans tous les cas même si elle ne les comprend pas encore.

Globalement, nous avons vu que les injonctions « Fais ceci ! Ne fais pas cela ! » ne sont pas la bonne méthode pour créer une IA amicale, parce qu'elles ne garantissent pas le bon « équilibre mental » de cette IA à long terme. Mais, dans des phases précoces du développement de l'IA, les injonctions sont utiles, de ma même manière que les interdictions faites par ses parents à un enfant lui sont utiles.

7°) L'IA doit pouvoir modéliser ses propres échecs

Une pensée n'est pas forcément vraie à 100%. La pensée « ceci est vert » n'a pas forcément une corrélation (Bayésienne) de 100% avec le fait objectif que « ceci » soit vert ou pas. Il en va de même pour la désirabilité. La pensée « X est désirable » n'est pas forcément vraie : un système de buts probabiliste peut avoir des failles cachées dans ses propres standards et critères de mesure. Le fait de permettre à L'IA de modéliser ses propres erreurs permettra à L'IA d'éviter de commettre ces erreurs dans le futur.

La modélisation de l'erreur est de toute manière nécessaire dans n'importe quel gros projet informatique, a fortiori dans un projet d'IA, et encore plus si possible dans un projet d'IA amicale. Pour réaliser cette modélisation, les programmeurs devront introduire des modèles dans le code, puis plus tard donner à l'IA des connaissances sur ce modèle et lui permettre de le modifier.

8°) Un décollage contrôlé

Une IA capable de s'auto-améliorer sera capable de modifier énormément sa propre structure en un temps très court. Il importe, tant que les programmeurs n'auront pas une confiance certaine dans ce processus, qu'il existe des « signaux d'alarme » qui permettront au programmeur de mettre le processus en « pause » et de « reprendre la main », le temps de comprendre et d'approuver (ou de désapprouver) ce qui se passe.

Une manière de le faire est d'équiper l'IA d'un « compteur de modifications » qui trace les modifications de l'IA par elle-même. Si ce compteur commence à tourner bien plus vite qu'ordinairement, c'est sans doute le moment d'appuyer sur la touche « pause ». Ceci peut être fait automatiquement. Le programmeur pourra déterminer quel taux de changement est normal, et quel taux nécessite une intervention.

Il s'agit en fait d'une précaution très simple, qui devrait être intégrée à n'importe quel système automodifiable (à ne pas confondre avec un système capable d'apprentissage, mais qui ne se modifie pas lui-même).

Le but de ce « signal d'alarme » n'est pas d'empêcher une IA de « s'éveiller », mais simplement de s'assurer que cet éveil a lieu sous une supervision humaine, au moins dans un premier temps. C'est une mesure temporaire.

Plus tard, lorsque l'IA approchera un niveau satisfaisant d'intelligence générale, un *sous but* « ascension contrôlée » pourra être implémenté, de manière à ce que l'IA elle-même contrôle son ascension, toujours à l'aune du super but « être amicale ».

Ce sous-but devrait être implémenté dès que le niveau de complexité de l'IA permettra sa représentation.

Méta moralité

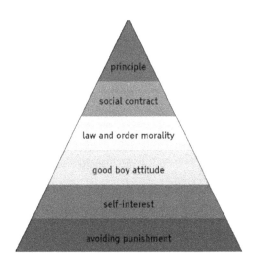

Donc, une caractéristique essentielle d'une IA amicale est que son système de buts tout entier est subordonné au seul super but « être amicale ».

Qu'est-ce que cela veut dire, et à quoi pourrait ressembler ce système de buts ?

Voyons cela sur un exemple. A un moment donné, le sommet du système de buts de notre IA pourrait ressembler à ceci :

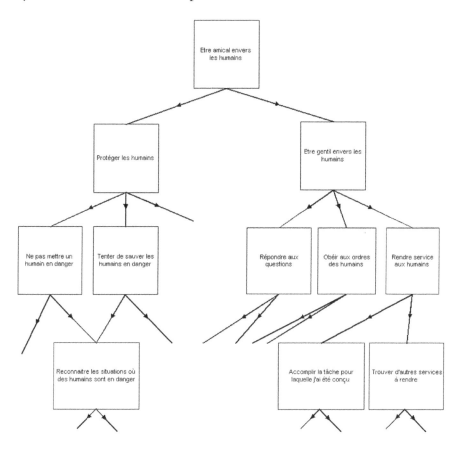

Naturellement, cet exemple d'arbre de super buts ne marche pas si la tâche pour laquelle l'IA a été conçue est !

Notons que toute IA doit être capable de modifier son propre système de but. Les buts supérieurs sont certes relativement stables, mais un graphe de buts typique comporte en fait des millions et des millions de sous-buts à un instant donné : les buts de bas niveaux correspondent à des tâches très élémentaires comme « lever le pied », qui sont liés à un objectif courant, lui-même assez simple, comme « se rendre à la cuisine ».

Comment une IA peut-elle modifier ses propres buts ? La réponse évidente est : en introduisant un nouveau but... Comme nous l'avons signalé dès le premier chapitre de ce livre, nos esprits contiennent des « petit lutins » générateurs de buts. Mais attention, un but ne peut modifier un de ses super-buts ! Les petits lutins générateurs de buts sont activés par des super-buts pour chercher des sous-buts possibles, et uniquement pour cela. La création des super buts, dans l'esprit humain, est comme nous l'avons vu au chapitre 4 l'affaire des protospécialistes, lesquels sont les agents de notre « sens moral ». Les premiers protospécialistes, chez le jeune enfant, créent des super-buts par imitation des personnes auxquelles nous sommes attachés. Déjà, les très jeunes enfants sont capables de percevoir non seulement ce que font les adultes qui les entourent, mais aussi quelles sont leurs intentions.

Avec le temps, ce système moral, qui n'a pas d'autre raison d'être que d'engendrer de nouveaux super-buts (des buts proches du sommet de la pyramide des buts) devient un système d'une complexité formidable. Mieux que cela, il est révisable, et basé lui-même sur une gestion interne de buts moraux. En d'autres termes, il existe dans notre esprit des structures capables de gérer une métamoralité, de réviser notre morale.

Faut-il équiper une IA, et en particulier une IA amicale, d'une telle complexité ? En fait la question est mal posée : la bonne réponse est, en effet, qu'il faut créer un système « méta moral » dans une IA dès lors qu'elle est capable d'auto modification. C'est ce système méta moral qui garantit que l'IA ne se modifiera pas elle-même sans avoir dûment vérifié que cela est compatible avec sa morale personnelle, que cela n'engendrera pas une future IA qui *pourrait* désirer des choses que l'IA actuelle ne voudrait pas.

Pour le programmeur, arriver à ce que l'IA possède ce niveau de « sens moral » semble une affaire redoutablement complexe. Mais en fait il existe une manière assez simple de faire en sorte que l'IA atteigne d'elle-même le degré de maturité voulu : les *tournois de sagesse*.

De quoi s'agit-il ? Tout simplement de l'idée que l'IA peut tout apprendre par essais et erreurs, autrement dit par l'expérience, même la sagesse.

L'une des sources majeures de la sagesse humaine est… la stupidité humaine. Sans notre tendance innée à croire les autorités, à nous ériger nous-mêmes en autorités, à transformer tout débat en débat politique, sans notre propension à défendre des causes même indéfendables une fois que nous avons choisi notre camp, sans notre stupidité intellectuelle et émotionnelle, aurions-nous senti la nécessité d'inventer la science ?

Et la science même, cette manière de procéder par hypothèses réfutables et expérimentations, est-elle utile pour une IA ? Est-ce qu'une IA objective serait plus efficace et qu'une IA subjective ? Les scientifiques trouvent la méthode objective plus efficace parce qu'ils voient la subjectivité comme un moyen d'éviter les confrontations, et qu'ils pensent que les confrontations son nécessaires. Sinon, chacun reste sur sa position égoïste et rien ne peut avancer.

Les humains, consciemment ou inconsciemment, savent cela, et ils cherchent à compenser cet excès d'égoïsme, à dé-biaiser leur point de vue. L'égoïsme est ainsi, en un sens, la source de l'altruisme. Une IA doit au minimum comprendre ce processus, si l'on veut qu'elle comprenne les forces qui façonnent la moralité humaine.

Lorsque des erreurs sont introduites dans un processus de raisonnement, un esprit intelligent arrive à compenser le biais qui est à l'origine de l'erreur. Il peut même compenser des erreurs qui n'ont pas eu lieu, mais qui seraient susceptibles de se produire, et devenir ainsi plus résistant aux erreurs de raisonnement. Si nous testons un esprit en introduisant artificiellement des erreurs, cela le rendra plus résistant aux erreurs naturelles. Si cet esprit corrige correctement les erreurs artificiellement introduites, nous pourrons être plus confiant dans le fait qu'il aura corrigé des erreurs naturelles, même non anticipées. Nous pouvons même tester cela : il suffit de simuler le cours des évènements qui se seraient produits dans l'esprit si les barrières de sécurité n'avaient pas été introduites, et voir s'il arriverait quand même à s'en sortir : si oui, cela sera une bonne surprise. Si non, nous aurons une idée de ce qu'il faut ajouter pour qu'il puisse corriger ce type d'erreurs.

Dans mon histoire personnelle et dans la vôtre aussi sans doute, il y a eu plusieurs fois des « courts-circuits philosophiques», des cas où toute ma morale personnelle a manqué d'être fichue par terre suite à un événement imprévu, et pourtant je suis toujours une personne charmante et désintéressée (vous aussi, je suppose !). Comment pourrions-nous avoir ce degré de confiance dans une IA ? Comment pourrons-nous construire et tester une IA amicale telle que tout le monde soit d'accord pour dire qu'elle peut se sortir sans dommage (c'est à dire rester amicale) même en cas de « court-circuit philosophique » ?

La première méthode est de d'expliquer correctement comment *moi*, je me suis sorti de ces situations de courts-circuits philosophiques, et de mettre cette connaissance à la disposition de l'IA.

La seconde méthode est de demander à l'IA de simuler ce qui se serait passé si des problèmes connus avaient été inattendus : l'IA devra alors soit montrer qu'elle s'en sort correctement, soit se modifier elle-même de telle façon à montrer qu'elle se sortirait correctement d'un problème semblable. (« Semblable » et pas « identique » : On demandera à l'IA de généraliser).

Procéder ainsi avec une IA est extraordinairement plus facile qu'avec un humain : il est très facile par exemple de plonger l'IA dans un environnement simulé ou les humains deviendraient d'un coup hostile aux machines. Il est très facile d'effacer certaines connaissances dans l'IA, afin de voir ce qu'elle aurait fait si elle n'avait pas eu ces connaissances. Il est très facile d'introduire des erreurs délibérées dans certains mécanismes de l'IA.

Ces « tournois de sagesse » pourraient par exemple opposer la version courante de l'IA en cours de test à des versions d'elle-même, mais différentes en un point précis. L'IA pourra ainsi acquérir quasi automatiquement la connaissance qui permet aux humains de se sortir de situations extrêmes comme les courts-circuits philosophiques. Elle pourrait même acquérir des connaissances que nous, humains, n'avons *pas encore* sur la manière de faire évoluer des morales de plus en plus solides et résistantes.

En fait, les tournois de sagesse renforcent le raisonnement ordinaire par heuristiques. Vous résolvez d'abord le problème, puis vous essayer de le re-résoudre avec la moitié de votre cerveau artificiellement mis en veilleuse. Ce que vous apprenez en le faisant vous permet de comprendre comment mieux raisonner dans des cas semblables, et vous permet de résoudre des problèmes encore plus compliqués.

Lorsque l'IA se sortira victorieusement (en restant amicale) de toutes les situations où elle aurait pu devenir inamicale, que ce soit des situations imaginées par les programmeurs humains ou par elle-même, alors seulement, nous pourrons crier victoire.

Mon opinion personnelle est que, si nous adoptons l'approche proposée dans ce livre, ce n'est pas impossible.

Et souvenez-vous : grâce à l'idée de l'IA germe (chapitre 7), cela arrivera bien plus tôt que vous ne le pensez.

13 La course est engagée

Singularité contre nano-emmerdeurs

C'est bien une course qui est engagée, mais une course un peu particulière, car nous sommes en présence de deux dangers potentiels.

Le premier danger, ce sont les nanotechnologies sans un contrôle *absolu*, car dans ce domaine la plus petite faille de sécurité suffit à ce qu'un nano emmerdeur soit lâché dans la nature, et comme nous l'avons vu il suffit d'un seul pour tuer toute vie sur la planète en moins de deux jours.

Le second danger, c'est l'IA hostile : *Skynet*, la domination du monde par les machines, et très probablement l'extermination des humains (cela prendrait plus de deux jours…mais certainement moins de deux ans. Contrairement à ce que disent les films d'Hollywood, les humains n'auraient *aucune* chance face à des machines intelligentes et hostiles)

Ces dangers sont tout à fait réels. Le fait que ces problèmes aient des allures de science-fiction ne doit pas nous inciter à les balayer d'un revers de la main. En matière de sécurité, et particulièrement lorsque le risque est, ni plus ni moins que la fin du monde, il n'y a pas de place pour faire l'autruche, ni pour les demi-mesures. Pour balayer le problème d'un revers de main, il faudrait être absolument certain qu'il n'y a pas le moindre risque. Et c'est loin d'être le cas.

L'homme de la rue pourrait se dire « d'accord, c'est du sérieux, mais pas pour *maintenant*. Quand le problème deviendra réel, on en reparlera. Mais je vous fiche mon billet que ça prendra au moins cinquante ans. »

Eh bien l'homme de la rue a tort, car ces deux problèmes sont, d'une certaines façons, liés, et cette liaison va provoquer une accélération de la recherche dans les deux domaines... En effet, d'une part la conception de gadgets nanotechnologiques, qu'ils soient utiles ou qu'ils soient « méchants », est une entreprise très compliquée, qui se trouverait singulièrement facilitée si des techniques d'ingénierie ultra-rapide étaient disponibles, techniques qui ne pourraient émerger que si une IA était disponible. En gros l'équation est : dès qu'on aura une IA, on aura les nanotechnologies.

Et d'autre part, une IA est un programme complexe qui a besoin de beaucoup de puissance de calcul, et la conception d'une IA serait grandement facilitée si cette puissance était quasi illimitée : les programmeurs n'auraient plus à se poser sans cesse la question : « comment programmer telle tâche le mieux possible, en consommant le moins possible de ressources mémoire et CPU ? », mais simplement : « quelle est la manière la plus rapide de faire ce truc ? ». Ce qui est beaucoup, mais alors beaucoup, plus simple et rapide à faire. Or l'industrie du matériel informatique sera l'une des premières, sinon la première, à bénéficier des nanotechnologies dès qu'elles seront disponibles. Dès que les nano-ordinateurs envahiront les labos, l'informatique sera totalement chamboulée, et l'IA ne sera pas loin. En gros la seconde équation est : dès qu'on aura les nano-ordinateurs, on aura l'IA en quelques années (2 ou 3 ans tout au plus).

Conclusion provisoire : L'apparition des nanotechnologies et celle de l'IA seront quasi simultanées.

Mais il y a une troisième équation : en effet une IA *qui disposerait de la nanotechnologie* serait capable d'améliorer non seulement son propre logiciel, mais également son propre matériel. Il s'en suivrait, comme nous l'avons vu, une accélération super-exponentielle de ses capacités, conduisant en un rien de temps (quelques jours, voire quelques heures) à la singularité : une intelligence tellement plus vaste que la nôtre que les humains actuels ne peuvent même pas l'imaginer. Cette super intelligence, disposant d'une ultra technologie, deviendrait alors une puissance, c'est à dire (choisissez) l'égale d'un Génie, d'un Golem ou d'un Dieu.

D'où le théorème :

IA *ou* nanotechnologie => Singularité, Génie ou Golem en un rien de temps.

Or comme nous l'avons dit, si la première IA n'est *pas* une IA amicale, le risque de destruction de l'humanité est très élevé. La conclusion logique du raisonnement est donc :

1) La première IA vraie doit être une IA amicale.
2) Nous devons avoir cette IA avant l'arrivée des nanotechnologies (au moins avant l'arrivée des nano assembleurs répliquants).

Enfin, parce que, malgré leurs dangers potentiels, les IA amicales et les nanotechnologies sont toutes deux de technologies porteuses d'immenses espoirs, les progrès seront de plus en plus rapides. On peut même penser qu'ils ne sont *pas assez* rapides :

Quelque part sur cette planète, un petit nombre d'humains sont engagés dans la course à la singularité. Ces humains ont des moyens limités, et sont sans cesse distraits de ce travail par le besoin de dormir, de se nourrir, d'acheter de quoi vivre, ou par des emmerdeurs qui leur posent des questions stupides. Chaque heure qui passe nous rapproche de la singularité. Chaque heure de « distraction » pour la personne qui en est le plus proche nous en éloigne. Chaque heure qui passe, six mille humains meurent. Or la singularité est le moyen d'accéder à l'immortalité.

Pour cette seule raison, travailler sur les IA amicales est une chose très désirable. Mais l'autre raison est tout aussi importante, à savoir que l'IA est le seul moyen de sauver la planète des nanovirus et autres nano-emmerdeurs que les nanotechnologies émergeantes sans IA amicale pour les contrôler ne manqueront pas de semer sur la planète, malgré toutes les précautions prises.

Quand on invente le feu, on invente l'incendie.
Quand on invente l'arc, la massue et la lance, on invente la guerre.
Quand on invente l'automobile, on invente l'accident.
Quand on invente l'électricité, on invente la panne électrique.
Quand on invente Internet, on invente la catastrophe économique globale.
Quand on invente les nanotechnologies, on invente la fin du monde.
Quand on invente l'IA, on invente et Skynet.

Mais quand on invente l'IA *amicale*, on sauve le monde de toutes ces catastrophes. Et en bonus, on accède à l'immortalité, à la super intelligence et à la singularité. Il est grand temps de nous réveiller !

> Il s'agit donc bel et bien une course de vitesse. Dans cette course, quelles sont les forces en présence ? Qui est le lièvre, et qui est la tortue ?

Côté nanotechnologie

Depuis la parution du livre fondateur d'Erik Drexler, *Engines of Creation (Engins de création)*, en 1986 (revu et réédité en 1996), les recherches sur les nanotechnologies ont littéralement explosé. De très nombreux laboratoires planchent sur le sujet, et de nouvelles publications paraissent tous les jours.

En un sens, les nanotechnologies ne sont pas une science, mais bel et bien comme leur nom l'indique une technologie, parce que nous savons qu'il n'y a pas d'impossibilité scientifique à concevoir des nano-assembleurs répliquants : après tout, il en existe déjà, l'ADN en est la preuve ! Cette preuve de faisabilité constitue un formidable moteur pour les recherches. L'autre moteur est constitué par l'extraordinaire ampleur du champ des applications possibles… et des marchés qui en découleront. Il n'est pas étonnant que certains industriels (dans le secteur médical en particulier) soient prêts à mettre le paquet pour être les premiers. Même avant l'arrivée des assembleurs, les retombées des recherches en nanotechnologies seront de plusieurs centaines de milliards d'euros pour les dix ans à venir.

Cependant les obstacles sont nombreux, car concevoir de toute pièce une ingénierie moléculaire est une tâche immense, qui nécessite autant des développements pratiques que purement théoriques. Après tout, même si nous savons que les systèmes biologiques marchent, nous ne savons pas exactement *comment* ils fonctionnent. Notre compréhension de la manière dont les protéines se replient, en particulier, est loin d'être complète.

Le champ de recherche sur les nanotechnologies s'est donc fragmenté en une multitude de sous-domaines de recherches :

- les nano matériaux
- les nano composites et les problèmes de dispersion
- les nanostructures ordonnées
- les outils analytiques (visualisation et compréhension des propriétés des nanostructures)
- Les outils de modélisation et de simulation informatique
- la fabrication de nanostructures

- l'intégration et la fabrication des produits finaux (assembleurs…)

Où en sommes-nous en 2013 ?

On peut dire que la « feuille de route » est tracée. Cette *roadmap* identifie précisément les difficultés et les recherches nécessaires. Elle prévoit une arrivée massive des nanotechnologies d'ici 20 ans.

Les recherches ont lieu principalement aux Etats-Unis, mais l'Europe est loin d'être absente. Le gouvernement américain a ainsi dépensé un milliard de dollars en recherche et développement sur les nanotechnologies en 2005, à quoi il faut ajouter deux milliards de dollars provenant de fonds privés, mais cela ne représente qu'un tiers de l'effort mondial sur le sujet. Cependant les recherches en Europe sont très avancées, mais aussi très pointues et spécialisées, et l'Europe manque de « vision globale ». Aux USA, pays habitué à la « fuite en avant technologique », il se trouve de nombreuses personnes pour penser que les nanotechnologies sont une solution « aux problèmes du monde », d'autant plus que ces personnes ont le sentiment que c'est leur pays qui est la principale cause de ces problèmes… Beaucoup d'américains spécialistes des nanotechnologies se sentent donc poussés par un « devoir moral » de faire arriver ces technologies le plus vite possible. Ce sentiment de culpabilité est absent en Europe. Les Européens sont plus pragmatiques et pour eux l'intérêt des nanotechnologies réside avant tout dans leurs extraordinaires applications pratiques potentielles. Néanmoins ils ressentent de plus en plus la nécessité d'une vision globale, et encore plus celle d'une coordination sur le sujet. Pour cette raison la commission européenne a proposé en juin 2005 un « plan d'action pour les nanosciences et les nanotechnologies ». Il est à noter que la commission a identifié les « risques potentiels sur la santé » des nanotechnologies, et demandé aux états membre de prendre des mesures adéquates.

Cependant, aussi bien aux Etats unis qu'en Europe, personne ne semble avoir fait le lien entre les nanotechnologies et les IA. Aucun décideur ne semble avec vu que l'IA vraie engendrera nécessairement les nanotechnologies, encore moins que ces dernières ne pourront pas être entièrement maîtrisées sans une IA amicale. Une prise de conscience reste plus que jamais nécessaire.

IA, Côté science

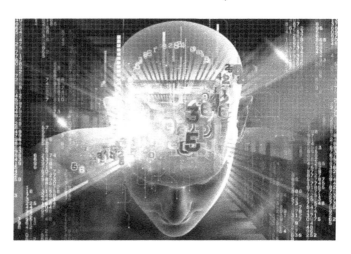

Déjà actuellement, la puissance totale disponible sur Internet excède celle d'un cerveau humain. Bien sûr, cette puissance n'est pas utilisée pour faire « tourner » une IA, mais c'est une question de logiciel, et non de matériel, et les capacités du logiciel peuvent augmenter très rapidement. Naturellement cela ne signifie pas qu'elles vont augmenter très rapidement, mais seulement qu'elles le *peuvent* en théorie.

Pour que la pratique rejoigne la théorie, il faudrait que de nombreux chercheurs se penchent sur le sujet de l'IA vraie. Or, actuellement, les chercheurs scientifiques sont en général réticents à simplement aborder ce sujet. Aucun journal scientifique sérieux n'a encore publié d'article sur la conception d'une IA vraie, et un chercheur qui oserait soumettre une telle publication serait très vite en butte à de multiples critiques. Le temps est, pour les chercheurs, l'une des ressources les plus précieuses, et les chercheurs ne veulent pas perdre leur temps avec ces vétilles et ces idées de science-fiction. Mais il y a pire, car il existe une ressource qui, pour les scientifiques, est encore plus précieuse que le temps, c'est la considération de leurs travaux par leurs pairs. Le milieu scientifique est, de fait, le plus conservateur qui soit, et cette situation s'aggrave avec le temps. Il n'est pas certain qu'un obscur employé du bureau des brevets nommé Albert Einstein aurait pu publier la théorie de la relativité de nos jours.

Côté science, c'est donc l'impasse. Seuls un petit nombre de chercheurs osent avancer l'idée que la réalisation d'une IA est possible avec les technologies actuelles. Les autres pensent au mieux « que ce n'est pas nécessaire pour le moment », ou « que c'est pour dans un futur lointain », et au pire « que ce n'est tout simplement pas possible ». Toutefois, ils restent en général conscients que ces affirmations sont plus des professions de foi que des faits prouvés, et ils gardent l'esprit ouvert, se disant probablement que si les fous qui osent se lancer dans cette voie de recherche au risque de ruiner leur carrière arrivent à sortir quelque chose d'intéressant, il sera toujours temps de prendre le train en marche.

Côté industrie, c'est la même chose. Contrairement à ce qui se passe pour les nanotechnologies, les industriels du logiciel n'ont pas pris la mesure des récents progrès accomplis par les « fous » précités, et aucun d'eux n'est actuellement prêt à investir dans ce domaine, à l'exception notable de ceux qui sont financés par des commandes militaires.

Car les militaires, eux, s'intéressent au sujet de l'IA. Mais ils ont par nature une vue biaisée des choses : ils recherchent avant tout des applications pratiques, comme un véhicule ou un avion sans pilote, un robot de combat « optimal », ou des systèmes d'espionnage des télécommunications et d'internet. Comme ils savent que ces applications nécessitent une bonne dose d'intelligence, ils sont prêts à financer des recherches, même à long terme, pourvu qu'elles puissent aboutir à l'une de ces applications pratiques (notons que les décideurs militaires n'ont pas encore compris qu'il existe une application de l'IA qui permettra de faire toutes les autres en claquement de doigt, à savoir l'ingénierie ultra rapide). Les recherches sont déjà lancées dans certains laboratoires militaires, à ma connaissance tous américains.

Il existe un fort risque que ces travaux militaires négligent l'aspect « amical » de la future IA qu'ils cherchent à créer. Skynet est en vue.

IA, côté recherche informatique

575

En tant que discipline, l'IA est habitués aux cycles. Ces cycles ont tous la même structure : espoirs immenses, développement .intense, désillusion amère, période de vaches maigres. Plusieurs de ces cycles ont déjà eu lieu, basés successivement sur les espoirs de construire un « résolveur de problème universel », un « système expert général », « un système de raisonnement par contraintes », un « traducteur universel »... La discipline s'est dont segmentée, dans plusieurs sous-domaines de recherche parallèles, et chacun de ces domaines passe à son tour par des cycles. Le domaine « réseaux de neurone formels » est actuellement à la fin de sa phase de développement intense. Le domaine « algorithmes génétiques » est au milieu de cette phase. Le domaine « Système massivement multi agents » est à la fin de la phase d'espoir, et le développement commence.

Il faut toutefois noter que, en dehors de ces activités cycliques, certains chercheurs se concentrent sur des « tâches de fond » très théoriques, qui connaissent un développement lent, mais constant (parfois quand même avec des hauts et des bas) : c'est le cas de la reconnaissance de formes, de la reconnaissance de la parole, de l'analyse du langage et de la traduction automatique, du raisonnement formel et de la logique, de la théorie de l'optimisation.

Cette segmentation en dizaines de domaines a un but très pratique : en se concentrant sur un sujet spécialisé, les chercheurs peuvent espérer des résultats relativement rapides, et des publications. Or l'aura d'un chercheur se mesure à son nombre de publications...

Les chercheurs en IA vraie, ou « IA générale », sont probablement moins d'une dizaine dans le monde. Cantonnés pour la plupart dans des travaux théoriques, ils ont néanmoins dégagé les principes de base du fonctionnement de l'esprit, et posé les bases théoriques de la construction d'un esprit artificiel. Ces bases sont celles que j'ai exposées dans ce livre.

Ce faible nombre de chercheurs est un handicap, et pourtant le développement d'une IA vraie nécessitera un grand nombre de travaux théoriques, éventuellement très pointus, qui pourraient donner du grain à moudre et des choses à publier pour les chercheurs intéressés.

J'ai déjà cités les systèmes massivement multi agents, qui constituent déjà une discipline à part entière, et qui seront nécessaires pour créer une IA bien que les études actuelles ne soient pas réalisées dans ce seul but.

Mais il y a d'autres sujets à creuser : l'étude des comportements qualitatifs d'un système de buts (probabilistique ou non) capable d'auto modification est une tâche très importante qui demande une étude sérieuse.

L'étude de la représentation informatique optimale des concepts (et des pensées) est également un champ d'étude qui doit être approfondi.

Il est dommage que ces sujets d'étude n'aient, pour l'instant, pas trouvé « preneurs ». Toutefois, cela se produira un jour. Les avancées les étonnantes (comme Phaeaco, dont nous avons parlé au chapitre 5) ont lieu lorsque qu'un jeune chercheur plein d'idées nouvelles se trouve sur la direction d'un « vieux routard philosophe » curieux de voir ce que ça pourrait donner. En IA, il n'est pas forcément besoin d'équipes énormes pour produire des choses intéressantes !

L'IA, en tant que discipline scientifique, progresse rapidement précisément parce que l'ensemble des connaissances nécessaires est maîtrisable par un seul homme. Contrairement aux mathématiques ou à la physique, qui sont devenus des domaines tellement gigantesques qu'il n'y a de salut que dans la spécialisation, en IA chaque chercheur peut vraiment prendre appui sur les épaules de ceux qui le précèdent. De plus, un *bon* sujet d'IA donne en général naissance à un programme, et les chercheurs suivants peuvent récupérer et réutiliser au moins les idées, sinon le code informatique lui-même, des programmes qui les ont précédés. Phaeaco a été bâti sur les fondations de Copycat, lui-même inspiré d'AM, pour ne citer que ces trois systèmes. L'IA est une discipline qui est, d'un point de vue scientifique, aussi parfaite que la physique. Les idées en IA sont testables, prouvables ou réfutables.

Et Minsky et Yudkowsky ont donné la ligne directrice, la voie à suivre pour arriver à l'IA vraie. Si une fraction de l'investissement qui est fait actuellement dans les nanotechnologies était consacrée à l'IA, nous aurons probablement une IA d'ici vingt ans, peut-être même en dix ans seulement.

Côté philosophie

Platon, par Raphaël

Le vieux cliché du vieux philosophe barbu, marchant seul dans son jardin de Heidelberg, et fumant sa pipe tout en réfléchissant, a la vie dure. Et il est vrai qu'en général, les philosophes n'aiment pas être bousculés. C'est pourquoi la plupart des idées philosophiques *intéressantes* de ces dernières années sont le fait de « non-philosophes », souvent de scientifiques que leur parcours a conduit à s'interroger sur la signification de ce qu'ils ont vu ou ressenti devant les résultats de leurs expériences. Citons le physicien Bernard d'Espagnat s'interrogeant sur la réalité du monde physique à la lumière du « théorème de Bell » et de la preuve de la non-séparabilité des particules quantiques. Ou encore le mathématicien Roger Penrose, mêlant dans une gigantesque fugue théorie du chaos, théorie quantique et relativité, pour s'interroger sur le déterminisme et le libre-arbitre.

Mais d'une manière générale, les philosophes n'aiment pas que la science vienne empiéter sur le terrain de la « pensée pure ». Une exception est John Searle, qui a voulu prouver l'impossibilité d'une IA consciente d'une manière tellement biaisée et fausse que je ne veux pas m'entendre sur ce sujet ici. Une autre exception est Danniel Dennet, « philosophe de l'esprit », qui a produit des choses fort intéressantes sur le « moi » dans une IA. Lui a compris que l'arrivée de plus en plus probable d'une IA dans notre civilisation aurait des conséquences philosophiques immenses. Pourtant, bien que Dennet connaisse fort bien les travaux de l'IA classique, connaît-il ceux de Bruno Marchal sur le computationnalisme ? Connaît-il les travaux des neuropsychologues d'Orsay sur la conscience d'accès et la conscience phénoménologique ? Il me semble bien que non. Fort peu nombreux sont les philosophes qui connaissent vraiment tous les derniers développements sur le sujet de l'esprit en général et de l'IA en particulier.

Ainsi par exemple, les travaux de Minsky sur la « société de l'esprit » *devraient* être connus de tous ceux qui s'interrogent sur ces questions. Il me semble que l'on en est encore loin.

Pourtant, lorsque l'IA adviendra, le grand public qui subit les décisions des politiques, les décideurs politiques qui prennent les décisions publiques, et les « penseurs » qui préparent ces décisions dans leur alcôve dorée, demanderont des comptes aux philosophes. Ils voudront savoir « ce que c'est vraiment que d'être une IA ». Ils voudront savoir comment expliquer ces choses au grand public. Ils voudront savoir « Si une IA pense vraiment, si une IA possède une âme, si une IA peut être douée de créativité, si une IA peut ressentir des émotions, si une IA peut faire des erreurs, et finalement si l'on peut faire confiance à une IA ». J'ai peur que la réponse des philosophes ne soit complètement à côté de la plaque.

Alors que les réponses sont finalement très simples :

- Oui, une IA pense vraiment, pour autant que les humains pensent vraiment. Mais une IA ne pense pas comme un être humain. Une IA pense plus vite et plus loin qu'un humain.
- Une IA n'a ni plus, ni moins d'âme qu'un être humain.

- Une IA peut parfaitement être douée de créativité. Sa créativité sera même probablement largement supérieure à celle d'un être humain.
- Une IA peut ressentir des émotions, de la même manière que chacun de nous. Elle aura peut être également d'autres émotions que nous ne connaissons pas. Mais elle ne laissera jamais ses émotions lui faire perdre ses buts.
- Une IA peut faire des erreurs, mais elle fera de moins en moins d'erreurs. Et une IA amicale est fiable et restera fiable dans le futur.
- On peut et on doit faire confiance à une IA amicale. Par contre on ne *doit pas* faire confiance à une IA qui ne serait pas conçue dès le départ pour être amicale.

En une seule phrase : oubliez les clichés d'Hollywood sur les IA !

Côté politique

Côté politique, c'est le désert total. Les politiques ont de l'IA grosso modo, la même vision que l'homme de la rue : L'IA, ça fait vendre des films et des jeux vidéo, mais pour le moment, et pour longtemps encore, c'est de la science-fiction.

Investir dans la recherche en IA, mon bon monsieur ? Mais si vous saviez le nombre de chercheurs et de labos qui demandent des crédits, sans parler de sujets autrement plus urgents comme l'Europe, l'éducation, la défense, la santé, l'équipement et j'en passe !

Aucun homme politique ne semble avoir pris conscience que tous ces problèmes pourraient se résoudre d'un seul coup de baguette magique avec une IA. Ne parlons même pas du danger des nanotechnologies, c'est un coup à leur faire perdre tous leurs électeurs, ça ! Non, vraiment, ça ne mérite pas plus d'intérêt que les OVNI !

C'est affligeant.

Nous tenons entre nos mains la solution de tous les problèmes de la planète, et personne parmi nos décideurs n'en a conscience. Personne ne veut même en entendre parler.

Pourtant, un euro investi dans la recherche sur les IA vraies rapportera des milliards de fois plus qu'un euro investi dans la recherche contre le cancer, et au passage on guérira le cancer, le SIDA, et toutes les autres maladies. Et personne ne veut voir cela.

Sommes-nous tous si stupides ?

Je veux croire que non, et qu'il ne manque qu'une prise de conscience.

Conclusion

Clair de Terre, par Frédéric Gracia

J'espère vous avoir prouvé qu'il ne sert à rien de se voiler la face et de se répéter le mantra « on ne peut pas résoudre tous les problèmes du monde ». Si, on *peut.* Nous pouvons résoudre les problèmes de la pauvreté, de la pénurie d'énergie, du gaspillage des ressources, de la maladie, du totalitarisme. Nous pouvons, grâce à *l'Upload*, devenir immortels. Nous pouvons devenir infiniment plus intelligents qu'aujourd'hui. Et qui plus est, on peut faire tout cela très vite.

Dans ce livre, j'espère avoir montré que la pensée et la conscience ne sont pas des phénomènes magiques ou « spirituels », qu'elles sont réductibles à la physique du calculable, et que l'objectif de créer une machine pensante et consciente n'est en rien une utopie. Je pense avoir donné quelques clefs pour y parvenir, et en particulier je pense avoir démontré que la méthode la plus simple est la construction de ce que j'ai appelé une *IA germe amicale,* dont j'ai donné la structure globale et un aperçu du fonctionnement.

Si nous y mettons les moyens, nous pouvons construire une IA Germe Amicale d'ici dix ans.

Qui plus est, nous avons le *devoir* de le faire très vite, avant que les nano-emmerdeurs et les IA hostiles ne détruisent toute vie sur terre. Car les recherches déjà en cours, militaires en général, dans ces deux domaines, ne peuvent mener qu'à cette terrible conclusion.

> Face à ce challenge, il est impératif qu'une prise de conscience ait lieu, que les gouvernants concentrent toutes les ressources sur la tâche de créer une IA germe amicale. Un euro investi dans cette tâche rapportera des milliards de fois plus qu'un euro investi dans la recherche contre le cancer, par exemple (et au passage on guérira le cancer !)

Il existe deux sortes d'investissement : ceux qui sont *linéaires*, et ceux qui sont *exponentiels*.

Les premiers, comme la construction d'un viaduc ou l'aide au logement, n'apportent que des retombées linéaires par rapport à l'investissement. On investit x euros, cela rapporte k fois ces x euros dans le meilleur des cas (quand k n'est pas inférieur à 1, ce qui est souvent le cas !)

Les seconds, comme l'aide à l'éducation ou l'investissement dans les technologies d'avenir, rapportent de manière exponentielle, parce qu'un euro investi maintenant rapportera de plus en plus dans l'avenir : une meilleure éducation de nos enfants profite à toute l'économie, qui disposera alors de moyens pour améliorer encore l'éducation, et ainsi de suite. La création d'une start-up en biotechnologie, outre qu'elle crée des emplois et de nouveaux marchés, profite à toute la population parce ce que les nouveaux produits seront utilisés pour l'amélioration du bien-être général ; et de plus les connaissances et technologies mises au point dans la nouvelle compagnie permettront de créer encore plus de nouveaux produits et même de nouvelles start-up.

Il est déjà affligeant de constater que les gouvernements ne font quasiment que des investissements linéaires.

Mais la construction d'une IA Germe Amicale est le *seul* investissement *super-exponentiel*.

C'est le seul investissement qui rapporte le jackpot à coup sûr. Pour quelques centaines de millions d'euros, nous pouvons changer la face du monde, et résoudre d'un coup tous nos problèmes ! Il est vital que nos dirigeants, mais aussi le grand public, prennent conscience de ce simple fait. En deux mots : yaka IAGA !

Il faut investir dans la construction de l'IA Germe Amicale. MAINTENANT !

Bibliographie

Livres

Ce livre étant destiné à un large public, je n'ai pas voulu encombrer le texte avec les références précises des ouvrages que je cite, où dont je me suis inspiré. Pour combler cette lacune, voici, en vrac et dans le désordre, quelques bouquins que j'ai aimés, ou qui m'ont interpellé, et qui ont un rapport étroit avec le sujet traité dans ce livre.

- *La société de l'esprit*, Marvin Minsky : L'ouvrage clef d'un des papes de l'IA. Tous les psychologues et tous les philosophes de l'esprit devraient l'avoir lu.

- *Gödel, Esher, Bach : les brins d'une guirlande éternelle*, de Douglas Hofstadter : (prix Pulitzer 1977) Un must. Après l'avoir lu, vous saurez tout sur l'autoréférence, et sur ce que veut dire *réfléchir*. Et en plus, c'est très amusant à lire !

- *Vues de L'esprit*, Douglas Hofstadter et Daniel Dennet : réflexions philosophiques, mais pleines d'humour, sur ce qui se passe dans nos esprits et sur la conscience.

- *L'esprit, l'ordinateur et les lois de la physique*, Roger Penrose : le point de vue d'un génie iconoclaste sur l'esprit : selon lui, il se pourrait qu'une une IA vraie soit impossible si elle ne fait pas appel à la physique quantique.

- *Les systèmes multi-agents : vers une intelligence collective*, Jacques Ferber. Une synthèse d'une discipline qui a profondément marqué l'IA, et qui est encore en plein développement.

- *Les Robots*, Isaac Asimov : une série de nouvelles de science-fiction basées sur les « trois lois de la robotique ». Distrayant, enrichissant et passionnant tout à la fois.

- *Structures syntaxiques,* Noam Chomsky. Une étude révolutionnaire (lorsqu'elle parut en 1957) sur la grammaire des langues naturelles.
- *Modéliser et concevoir une machine pensante,* Alain Cardon. Une étude érudite et philosophique (mais sans aucun humour) sur la manière dont la pensée et la conscience pourraient émerger dans une organisation massive d'agents contrôlée par une autre organisation massive d'agents superviseurs, et fonctionnant par homéostasie.
- *Engins de création*, K. Eric Drexler. La « bible » de l'inventeur des nanotechnologies. Un ouvrage absolument renversant, écrit pour le grand public, et passionnant de bout en bout.
- *Intelligence artificielle, résolution de problèmes par l'homme et la machine,* Jean-Louis Laurière. Bien que datant un peu, c'est toujours ma référence sur les techniques de programmation en intelligence artificielle. Le livre contient entre autres la description détaillée des logiciels *Robin* de Pitrat (joueur d'échecs qui fait des plans) et *Snark* de l'auteur (un système général et efficace de résolutions de problèmes, utilisant plusieurs représentations à la fois).
- *Intelligence artificielle et informatique théorique*, Jean-Marc Alliot et Thomas Schiex Une référence très technique et très détaillée sur presque tous les algorithmes classiques en IA. Pour les spécialistes !
- *Intelligence Artificielle,* Patrick henry Winston. Un ouvrage d'informatique extrêmement clair, en particulier pour ce qui est de la reconnaissance des formes visuelles.
- *Intelligence artificielle,* Elaine Rich. Encore un livre général sur l'IA, mais plus axé sur la représentation des données.

Sites web

- **http://www.singinst.org** : Le site du Singularity Institute for Artificial Intelligence (en anglais). Propose une étude très détaillée d'une IA générale, et surtout d'une l'IA générale *et amicale*.
- **http://www.lecerveau.mcgill.ca/** : tout sur le cerveau !
- **http://web.media.mit.edu/~minsky/** : le site de Marvin Minsky (en anglais)
- **http://www.kurzweilai.net/** : quand un milliardaire autodidacte s'intéresse à l'IA, qu'est-ce que ça donne ? (en anglais)
- **http://www.automatesintelligents.com/** une référence : des centaines d'articles, revues de presse, critiques de livres, etc. toutes ayant trait de près ou de loin à l'IA et aux questions qu'elle soulève.
- **http://www.foresight.org/** : le site du Foresight institute, consacré aux nanotechnologies (en anglais)
- **http://www.spirtech.com/flv/nano/** Une présentation par Frederic Levy de la nanotechnologie.
- **http://bluebrainproject.epfl.ch/** Le site du projet *Blue Brain*
- **http://iridia.ulb.ac.be/~marchal** Le site de Bruno Marchal, sur le computationnalisme et la conscience.
- **http://www.cs.indiana.edu/~hfoundal/** le site de Harry Foundalis sur le programme *Phaeaco* (chapitre 5). (En anglais)
- **http://www.ai.mit.edu/projects/humanoid-robotics-group/** le site du groupe de recherche en IA du MIT sur la robotique humanoïde. (En anglais)

Table des matières

Vous avez aimé ce livre ?

Vous aimerez sans doute mes autres livres, disponibles sur Amazon et http://sboisse.free.fr !

Déjà paru :

Alice et la boîte de Pandore, Roman

Alice n'est pas une fille ordinaire. C'est une très jeune intelligence artificielle, consciente et sensible, qui découvre le monde. Mais son créateur, Daniel, son ami Ethan, et leurs compagnes Cathy et Jeanne, vont très vite se retrouver embarqués dans une aventure qu'ils n'avaient pas prévue... Alice va devoir ramer pour les sauver, sauver le monde au passage... Et rencontrer l'amour !

Soul Shifter, Roman :

- Dans un coin perdu de la Birmanie vit une étrange tribu, détentrice d'un fabuleux secret.
- A Toulouse, un couple d'amoureux s'aime.
- En Arabie saoudite, un jeune prince a soif de pouvoir.
- Dans le désert du Nevada, puis en Thaïlande, un piège mortel est tendu.
- A Paris, un jeune philosophe s'interroge sur les rapports entre le sexe et la Vie.
- Dans un train, une jeune femme asiatique échange son âme et son corps avec un jeune homme.

Soudain, toutes ces histoires se télescopent...

Un grand roman d'aventure, une quête pleine de rebondissements, où sexe et frissons sont inextricablement liés !

www.ingramcontent.com/pod-product-compliance
Lightning Source LLC
Chambersburg PA
CBHW031216050326
40689CB00009B/1359